BNU Philosophy

宋元道教易学初探

章伟文 著

中国社会科学出版社

图书在版编目(CIP)数据

宋元道教易学初探 / 章伟文著. —北京：中国社会科学出版社，2020.5
ISBN 978-7-5203-6260-3

Ⅰ.①宋… Ⅱ.①章… Ⅲ.①道家—哲学思想—研究—中国—宋元时期②《周易》—研究 Ⅳ.①B223.05②B221.5

中国版本图书馆 CIP 数据核字(2020)第 059442 号

出 版 人	赵剑英	
责任编辑	冯春凤	
责任校对	张爱华	
责任印制	张雪娇	

出　　版	中国社会科学出版社	
社　　址	北京鼓楼西大街甲 158 号	
邮　　编	100720	
网　　址	http://www.csspw.cn	
发 行 部	010-84083685	
门 市 部	010-84029450	
经　　销	新华书店及其他书店	
印　　刷	北京君升印刷有限公司	
装　　订	廊坊市广阳区广增装订厂	
版　　次	2020 年 5 月第 1 版	
印　　次	2020 年 5 月第 1 次印刷	
开　　本	710×1000　1/16	
印　　张	21.5	
插　　页	2	
字　　数	349 千字	
定　　价	129.00 元	

凡购买中国社会科学出版社图书，如有质量问题请与本社营销中心联系调换
电话：010-84083683
版权所有　侵权必究

编委会

主　　编：吴向东
编委会成员：（按笔画排序）
　　　　　　　田海平　兰久富　刘成纪　刘孝廷
　　　　　　　杨　耕　李　红　李建会　李祥俊
　　　　　　　李景林　吴玉军　张百春　张曙光
　　　　　　　郭佳宏　韩　震

总序：面向变化着的世界的当代哲学

吴向东

真正的哲学总是时代精神的精华。进入 21 世纪 20 年代，世界的变化更加深刻，时代的挑战更加多元。全球化的深度发展使得各个国家、民族、个人从来没有像今天这样紧密地联系在一起。以理性和资本为核心的现代性，在创造和取得巨大物质财富与精神成就的同时，也日益显露着其紧张的内在矛盾、冲突及困境。现代科技的迅猛发展，特别是以人工智能为牵引的信息技术的颠覆性革命，带来了深刻的人类学改变。它不仅改变着人们的生产方式、交往方式，而且改变着人们的生活方式和价值观念。在世界历史背景下展开的中国特色社会主义的伟大实践，形成了中国特色社会主义道路、理论、制度、文化，意味着一种新型文明形态的可能性。变化着的世界与时代，以问题和文本的方式召唤着当代哲学家们，去理解这种深刻的变化，回应其内在的挑战，反思人的本性，重构文明秩序根基，塑造美好生活理念。为此，价值哲学、政治哲学、认知哲学、古典哲学，作为当代哲学重要的研究领域和方向，被时代和实践凸显出来。

价值哲学，是研究价值问题的哲学分支学科。尽管哲学史上一直有着强大的道德哲学和政治哲学的传统，但直到 19 世纪中后期，自洛采、尼采开始，价值哲学才因为价值和意义的现实问题所需作为一门学科兴起。经过新康德主义的张扬，现当代西方哲学的重大转向都在一定程度上蕴涵着价值哲学的旨趣。20 世纪上半叶，价值哲学在西方达到一个高峰，并逐渐形成先验主义、经验主义、心灵主义、语言分析等研究路向。其中胡塞尔的现象学开辟了新的理解价值的进路；杜威建构了以评价判断为核心的实验经验主义价值哲学；舍勒和哈特曼形成系统的价值伦理学，建构了相对于康德的形式主义伦理学的质料伦理学，还有一些哲学家利用分析哲学进路，试图在元伦理学的基础上对有关价值的表述进行分析。当代哲学家诺奇克、内格儿和泰勒等，一定程度上重新复兴了奥地利价值哲学学派，创造了在当代有关价值哲学的讨论语境。20世纪70年代以后，西方价值理论的研究重心从价值的元问题转向具体的道德和政治规范问题，其理论直接与公共的政治生活和个人的伦理生活相融合。

中国价值哲学研究兴起于20世纪80年代，缘于"文化大革命"的反思、改革开放实践的内在需要，并由真理标准的大讨论直接引发。四十年来，价值哲学经历了从分析价值概念到探究评价理论，再到聚焦价值观和社会主义核心价值观研究的发展历程，贯穿其中的主要特点是理论逻辑和实践逻辑的统一。在改革开放的实践中，我们首先通过内涵价值的科学真理观解决对与错的问题，其次通过"三个有利于"评价标准解决好与坏的问题，最后通过社会主义核心价值观，解决"什么是社会主义，如何建设社会主义"的问题。同时，与马克思主义哲学研究的相互交融促进，以及与国际价值哲学的交流和对话，也是价值哲学研究发展历程中的显著特点。中国价值哲学在价值本质、评价的合理性、价值观的结构、社会主义核心价值观的内涵与逻辑等一系列问题上形成了广泛学术争论，取得了诸多的理论进展。就其核心而言，我认为主要成就可归结为实践论基础上的主体性范式和社会主义核心价值观的理论建构这两个方面。中国价值哲学取得的成就具有强烈的时代性特征和阶段性特点。随着世界历史的充分展开和中国改革开放的不断深入，无论是回应、解答当代中国社会和人类发展的新矛盾与重大价值问题，还是价值哲学内部的广泛争论形成的理论空间，都预示着价值哲学未来的发展趋向：完善实践论基础上的主体性解释模式，实现价值基础理论的突破；深入探究新文明形态的价值理念与价值原则，不仅要深度建构和全幅拓展以社会主义核心价值观为主导的中国价值，还要探求人类命运共同体的价值基础，同时对人工智能为代表的当代科学技术进行价值反思和价值立法，以避免机器控制世界的技术冒险；多学科研究的交叉与融合，并上升为一种方法论自觉。

政治哲学是在哲学层面上对人类政治生活的探究，具有规范性和实践性。其核心主题是应该用什么规则或原则来确定我们如何在一起生活，包括政治制度的根本准则或理想标准，未来理想政治的设想，财产、权力、权利与自由的如何分配等。尽管东西方都具有丰富的政治哲学的传统，但

20世纪70年代以降，随着罗尔斯《正义论》发表才带来了规范性政治哲学在西方的复兴。其中，自由主义、共和主义、社群主义竞相在场，围绕正义、自由、平等、民主、所有权等一系列具体价值、价值原则及其理论基础相互论争，此起彼伏。与此同时，由"塔克—伍德"命题引发的马克思与正义问题的持续讨论，使得马克思的政治哲学思想在西方学界得到关注。新世纪以来，随着改革开放进入新的历史阶段，国内政治哲学研究开始兴起，并逐渐成为显学。这不仅表现在对西方政治哲学家的文本的大量译介和深入研究；更表现在马克思主义政治哲学研究的崛起，包括对马克思主义政治哲学的特征、基本内容等阐释以及对一些重大现实问题的理论回应等；同时也表现在对中国传统政治哲学的理论重构和现代阐释，以及从一般性视角对政治哲学的学科定位和方法论予以澄清和反思等。

无论是西方政治哲学的复兴，还是国内政治哲学研究的兴起，背后都能发现强烈的实践的逻辑，以及现实问题的理论诉求。面对当代实践和世界文明的裂变，政治哲学任重道远。一方面，马克思主义政治哲学本身并不是现成的，而是需要被不断建构的。马克思主义政治哲学有着自己的传统，其中人类解放，是马克思主义，也是马克思主义政治哲学的主题。在这一传统中，人的解放首要的取决于制度革命，制度革命其实包含着价值观的变革。所以，在当代理论和实践背景下讨论人的解放，不能离开正义、自由、平等、尊严等规范性价值，这些规范性价值在马克思主义政治哲学中需要被不断阐明。而在中国特色社会主义实践背景下建构当代中国马克思主义政治哲学，更应该是政治哲学研究的理论旨趣。另一方面，当代人类政治实践中的重大问题需要创新性研究。中国学界需要以马克思主义政治哲学为基本框架，综合各种思想资源，真正面对和回应当代人类政治实践中的矛盾和问题，诸如民粹主义、种族主义、环境政治、女性主义、全球正义、世界和平等等，做出具有人类视野、原则高度的时代性回答。

认知哲学是在关于认知的各种科学理论的基础上反思认知本质的哲学学科。哲学史上一直存在着关于认知的思辨的传统，但是直到20世纪中叶开始，随着具有跨学科性质的认知科学的诞生，认知哲学作为哲学的分支学科才真正确立起来，并以认知科学哲学为主要形态，涉及心理学哲学、人工智能哲学、心灵哲学、认知逻辑哲学和认知语言哲学等。它不仅处理认知科学领域内带有哲学性质的问题，包括心理表征、心理计算、意识、行动、感知等等，同时也处理认知科学本身的哲学问题，对认知神经科学、语言学、人工智能等研究中的方法、前提、范式进行哲学反思。随着认知诸科学，如计算机科学、认知心理学、认知语言学、人类学、认知神经科学等学科的发展，认知哲学的研究在西方学界不断推进。从图灵到西蒙、从普特南到福多，从德雷福斯到塞尔等等，科学家和哲学家们提出了他们自己各不相同的认知理论，共同推动了认知科学的范式转变。在认知本质问题上，当代的认知科学家和哲学家们先后提出了表征—计算主义、联结主义、涉身主义以及"4E＋S"认知等多种理论，不仅深化了对认知的理解，也为认知科学发展清理障碍，提供重要的理论支持。国内的认知哲学研究与西方相比虽然有一定的滞后，但近些年来，与国际学界保持着紧密的联系与高度的合作，在计算主义、"4E＋S"认知、知觉哲学、意向性、自由意志等领域和方向的研究，取得了积极进展。

　　认知哲学与认知科学的内在关系，以及其学科交叉性，决定了认知哲学依然是一个全新的学科领域，保持着充分的开放性和成长性。在新的时代背景下，随着认知诸科学的发展和突破，研究领域中新问题、新对象的不断涌现，认知哲学会朝着多元化方向行进。首先，认知哲学对已经拉开序幕的诸多认知科学领域中的重要问题要进行深入探索，包括心智双系统加工理论、自由意志、预测心智、知觉—认知—行动模型、人工智能伦理、道德决策、原始智能的涌现机制等等。其次，认知哲学会继续对认知科学本身的哲学前沿问题进行反思和批判，包括心理因果的本质、省略推理法的效力、意识的还原策略、涉身性的限度、情境要素的作用、交叉学科的动态发展结构、实验哲学方法等等，以期在认知科学新进展的基础上取得基础理论问题研究的突破。再次，认知哲学必然要向其他诸般研究人的活动的学科进行交叉。由于认知在人的活动中的基础性，关于认知本身的认识必然为与人的活动相关的一切问题研究提供基础。因此，认知哲学不仅本身是在学科交叉的基础上产生的，它也应该与经济学、社会学、政治学、法学等其他学科相结合，将其研究成果运用于诸学科领域中的相关问题的探讨。在哲学内部，认知哲学也必然会与其他领域哲学相结合，将其研究成果应用到形而上学、知识论、伦理学、美学诸领域。通过这种交叉、运用和结合，不仅相关学科和问题研究会得到推进，同时认知哲学自身也会获得新的发展。

　　古典哲学，是指东西传统哲学中的典型形态。西方古典哲学通常是指古希腊哲学和建立在古希腊哲学传统之上的中世纪哲学，同时也包括18世纪末到19世纪上半叶以康德和黑格尔为主的德国古典哲学，在某种意义上来说，康德和黑格尔就是古希腊的柏拉图和亚里士多德。无论是作为西方哲学源头的古希腊哲学，还是德国古典哲学，西方学界对它的研究各方面都相对比较成熟，十分注重文本和历史传承，讲究以原文为基础，在历史语境中专题化讨论问题。近年来一系列草纸卷轴的发现及文本的重新编译推动着古希腊哲学研究范式的转换，学者在更广阔的视野中理解古希腊哲学，或是采用分析的方法加以研究。德国古典哲学既达到了传统形而上学的最高峰，亦开启了现代西方哲学。20世纪德国现象学，法国存在主义、后现代主义等思想潮流从德国古典哲学中汲取了理论资源。特别是二战之后，通过与当代各种哲学思潮的互动、融合，参与当代问题的讨论，德国古典哲学的诸多理论话题、视阈和思想资源得到挖掘和彰显，其自身形象也得到了重塑。如现象学从自我意识、辩证法、社会正义等不同维度推动对古典哲学误解的消除工作，促成了对古典哲学大范围的科学研究、文本研究、问题研究。以法兰克福学派为首的西方马克思主义，从阐释黑格尔总体性、到探究否定辩证法，再到发展黑格尔承认理论，深刻继承并发挥了德国古典哲学的精神内核。在分析哲学潮流下，诸多学者开始用现代逻辑对德国古典哲学进行文本解读；采用实在论或实用主义进路，讨论德国观念论的现实性或现代性。此外，德国古典哲学研究也不乏与古代哲学的积极对话。在国内学界，古希腊哲学，特别是德国古典哲学，由于其与马克思主义哲学的密切关系，受到瞩目和重视。在过去的几十年中，古典哲学家的著作翻译工作得到了加强，出版了不同形式的全集或选集。研究的领域、主题和视阈得到扩展，如柏拉图和亚里士多德的伦理学、政治哲学，康德的理论哲学、美学与目的论、实践哲学、宗教哲学、人类学，黑格尔的辩证法、法哲学和伦理学的研究可谓方兴未艾。中国马克思主义学者从马克思主义哲学与德国古典哲学关系的视阈对古典哲学研究也是独具特色。

　　中国古典哲学，包括先秦子学、两汉经学、魏晋玄学、隋唐佛学、宋明理学等，是传统中国人对宇宙人生、家国天下的普遍性思考，具有自身独特的问题意识、研究方式、理论形态，构成中国传统文化的核心，深刻影响了中国人的生活方式、思维方式和价值世界。在近现代社会转型中，随着西学东渐，中国传统哲学学术思想得到重新建构，逐渐形成分别基于马克思主义、自由主义、保守主义的不同的中国古典哲学研究范式，表现为多元一体的研究态势与理论倾向。其中胡适、冯友兰等借鉴西方哲学传统，确立中国哲学学科范式。以侯外庐、张岱年、任继愈、冯契为代表，形成了马克思主义思想指导下的研究学派。从熊十力、梁漱溟到唐君毅、牟宗三为代表的现代新儒学，力图吸纳、融合、会通西学，实现理论创造。改革开放以来，很多研究者尝试用西方现代哲学诸流派以至后现代哲学的理论来整理中国传统学术思想材料，但总体上多元一体的研究态势和理论倾向并未改变。在新的时代背景下，随着中国现代化进程进入崭新阶段，面对变化世界中的矛盾和冲突，中国古典哲学研究无疑具有新的语境，有着新的使命。一方面，要彰显中国古典哲学自身的主体性。扬弃用西方哲学基本问题预设与义理体系简单移植的研究范式，对中国传统哲学自身基本问题义理体系进行反思探索和总体性的自觉建构，从而理解中国古典哲学的本真，挖掘和阐发其优秀传统，使中华民族最基本的文化基因与当代文化相适应、与现代社会相协调。另一方面，要回到当代生活世界，推动中国古典哲学的创造性转化、创新性发展。以当代人类实践中的重大问题为切入点，回溯和重释传统哲学，通过与马克思主义哲学、西方（古典和当代）哲学的深入对话，实现理论视阈的交融、理论内容的创新，着力提出能够体现中国立场、中国智慧、中国价值的理念、主张、方案，从而激活中国古典哲学的生命力，实现其内源性发展。

价值哲学、政治哲学、认知哲学、古典哲学，虽然是四个相对独立的领域与方向，然而它们又有着紧密的内在联系，相互影响、相互交融。政治哲学属于规范性哲学和实践哲学，它讨论的问题无论是政治价值、还是政治制度的准则，或者是政治理想，都属于价值问题，研究一般价值问题的价值哲学无疑为政治哲学提供了理论基础。认知哲学属于交叉学科，研究认知的本质，而无论是价值活动，还是政治活动，都不能离开认知，因而价值哲学和政治哲学，并不能离开认知哲学，反之亦然。古典哲学作为一种传统，是不可能也不应该为思想研究所割裂的。事实上，它为价值哲学、政治哲学、认知哲学的研究与发展提供了丰富的思想资源。无论是当代问题的解答，还是新的哲学思潮和流派的发展，往往都需要通过向古典哲学的回溯而获得思想资源和理论生长点，古典哲学也通过与新的哲学领域和方向的结合获得新的生命力。总之，为时代和实践所凸显的价值哲学、政治哲学、认知哲学、古典哲学，正是在它们相互联系相互交融中，共同把握时代的脉搏，解答时代课题，将人民最精致、最珍贵和看不见的精髓集中在自己的哲学思想里，实现哲学的当代发展。

北京师范大学哲学学科历史悠久、底蕴深厚，始终与时代共命运，为民族启慧思。1902年建校伊始，梁启超等一批国学名家在此弘文励教，为哲学学科的建设奠定了基础。1919年设立哲学教育系。1953年，在全国师范院校率先创办政治教育系。1979年改革开放之初，在原政治教育系的基础上，成立哲学系。2015年更名为哲学学院。经过几代学人的辛勤耕耘，不懈努力，哲学学科蓬勃发展。目前，哲学学科形成了从本科到博士后系统、完整的人才培养体系，拥有马克思主义哲学、外国哲学等国家重点学科、北京市重点学科，教育部人文社会科学重点研究基地价值与文化中心，国家教材建设重点研究基地"大中小学德育一体化教材研究基地"，Frontiers of Philosophy in China、《当代中国价值观研究》《思想政治课教学》三种学术期刊，等等，成为我国哲学教学与研究的重镇。

北京师范大学哲学学科始终坚持理论联系实际，不断凝聚研究方向，拓展研究领域。长期以来，我们在价值哲学、人的哲学、马克思主义哲学基础理论、儒家哲学、道家道教哲学、西方历史哲学、科学哲学、分析哲学、古希腊伦理学、形式逻辑、中国传统美学、俄罗斯哲学与宗教等一系列方向和领域，承担了一批国家重大重点研究项目，取得了有影响力的成果，形成了具有鲜明京师特色的学术传统和学科优势。面对当今时代的挑战，实践的召唤，我们立足于自己的学术传统，依循当代哲学发展的逻辑，进一步凝练学科方向，聚焦学术前沿，积极探索价值哲学、政治哲学、认知哲学、古典哲学的重大前沿问题。为此，北京师范大学哲学学院、教育部人文社会科学重点研究基地价值与文化研究中心和中国社会科学出版社合作，组织出版价值哲学、政治哲学、认知哲学、古典哲学之京师哲学丛书，以期反映学科最新研究成果，推动学术交流，促进学术发展。

世界历史正在进入新阶段，中国特色社会主义已经进入新时代。这是一个社会大变革的时代，也一定是哲学大发展的时代。世界的深刻变化和前无古人的伟大实践，必将给理论创造、学术繁荣提供强大动力和广阔空间。习近平指出："这是一个需要理论而且一定能够产生理论的时代，这是一个需要思想而且一定能够产生思想的时代。我们不能辜负了这个时代。"北京师范大学哲学学科将和学界同道一起，共同努力，担负起应有的责任和使命，关注人类命运，研究中国问题，总结中国经验，创建中国理论，着力构建充分体现中国特色、中国风格、中国气派的哲学学科体系、学术体系、话语体系，为中华文明的伟大复兴贡献力量。

目　录

序 …………………………………………………… 郑万耕（ 1 ）
绪言　道教易学概述 ……………………………………（ 1 ）
　第一节　道教易学确立的理与势 ………………………（ 1 ）
　　一　何谓道教易学 ………………………………………（ 1 ）
　　二　道教易学确立的理与势 ……………………………（ 3 ）
　第二节　《周易参同契》与道教易学的确立 …………（ 12 ）
　　一　《周易参同契》可以确定为汉代金丹道教的作品 …（ 12 ）
　　二　《周易参同契》标志着道教易学的确立 …………（ 19 ）
　第三节　道教易学的分期及基本特征 …………………（ 22 ）
　　一　早期道教与易学的关涉 ……………………………（ 23 ）
　　二　魏晋南北朝道书中的易学内容及其特征 …………（ 27 ）
　　三　隋唐道教易学与丹道理论 …………………………（ 31 ）
　　四　宋元明清道教易学流派的孳乳 ……………………（ 36 ）
　第四节　宋元道教易学研究的目的和方法 ……………（ 45 ）
　　一　为什么要研究宋元道教易学 ………………………（ 45 ）
　　二　宋元道教易学研究的方法和原则 …………………（ 47 ）

上篇　宋元易学内丹学

第一章　陈显微的易学内丹学思想 ……………………（ 51 ）
　第一节　陈显微建立易学内丹学思想体系的缘由 ……（ 52 ）
　第二节　载造化之妙理者莫出于《易》卦 ……………（ 57 ）
　　一　牝牡四卦以为橐籥，覆冒阴阳之道 ………………（ 59 ）
　　二　乾坤者，太极之变也。合之为太极，分之为乾坤 …（ 60 ）

三　天符有进退，屈伸以应时 …………………………………（61）
　第三节　金丹者，象乾坤以为体，法日月以为用 …………………（62）
　第四节　乾坤升降有候，坎离配合有机 ……………………………（67）
　第五节　大《易》之作本诸大丹，丹道包空括坏，越数超形 …（72）
第二章　储华谷的易学内丹学思想 ………………………………………（84）
　第一节　储华谷《周易参同契》注年代略考 ………………………（84）
　　一　储华谷"注"的时间上限 …………………………………（84）
　　二　储华谷"注"的时间下限 …………………………………（85）
　　三　储华谷"注"为宋代注本 …………………………………（89）
　　四　储华谷"注"所作时间应在朱熹《周易参同契考异》
　　　　之后，值南宋中晚期 ………………………………………（90）
　第二节　储华谷的易学内丹学思想 …………………………………（94）
　　一　药之与物，二八河图 ………………………………………（95）
　　二　五贼运火，皇极洛书 ……………………………………（100）
　　三　金丹之道，法象羲《易》，按爻摘符 …………………（105）
第三章　俞琰的易学内丹学思想 ………………………………………（110）
　第一节　俞琰论易学与道教修炼的关系 …………………………（110）
　第二节　俞琰易学内丹学的理论特色 ……………………………（113）
　　一　神仙还丹之道与《周易》太极之道 ……………………（113）
　　二　《易》理、《易》符与道教内丹修炼 …………………（118）
　　三　俞琰道教易学内丹学对佛教禅学的"扬弃" …………（121）
第四章　陈致虚的易学内丹学思想 ……………………………………（124）
　第一节　内丹道教的建立：借易道阐发丹道 ……………………（125）
　　一　《易》只阴阳两件物事，能明能行方为圣人 …………（126）
　　二　易之道逆数也 ……………………………………………（129）
　　三　易之道统乎天心 …………………………………………（131）
　第二节　内丹道教修持的根本方法：以术证道 …………………（133）

中篇　宋元道教易图学

第五章　陈抟与宋元道教图书易学的兴起 ……………………………（141）

第一节　陈抟的生平事迹、学术渊源及著述 …………………（141）
第二节　陈抟的道教图书易学思想 ……………………………（151）
　　一　陈抟的"易龙图"与河洛之学 ……………………………（151）
　　二　陈抟与太极图 ………………………………………………（175）
　　三　陈抟与先天图、先天学 ……………………………………（192）

第六章　郝大通《太古集》的道教易图学思想 ………………（206）

第一节　郝大通具有"易"道特征的道教宇宙论思想 ………（208）
　　一　道生万物是一个从无到有，又从有到无的过程 ………（208）
　　二　自然天道与"易"之道、还丹之道 ……………………（210）
　　三　具有"易"道特征的道教宇宙论 ………………………（212）
第二节　郝大通以易图解宇宙化生万物的规律性与
　　　　道教内丹修炼 ………………………………………………（217）
第三节　郝大通法天地造化生物的原理以论还丹之炉鼎的思想 …（226）

第七章　雷思齐的道教易图学思想 ……………………………（234）

第一节　河图、衍数新释 ………………………………………（234）
第二节　河图、衍数与《道德经》 ……………………………（238）
第三节　雷思齐道教易图学的意义 ……………………………（242）

第八章　张理的道教易图学思想 ………………………………（245）

第一节　论图书易学与道教的关系 ……………………………（246）
　　一　道教易学是图书易学传承的一个中间环节 ……………（247）
　　二　图书易学是经由道教学者陈抟数传于邵雍之后而
　　　　明于世的 ……………………………………………………（248）
第二节　张理《易象图说》中反映的道教易图学思想 ………（249）
　　一　《易象图说》对《龙图序》图书思想的阐发对道
　　　　教内丹学的意义 ……………………………………………（249）
　　二　《先后（天）八卦德合之图》与《后天六十四卦变通
　　　　之图》中的道教修持思想 …………………………………（257）
　　三　"先天六十四卦方圆图"与道教的内丹修炼 …………（265）
第三节　张理《易象图说》的意义 ……………………………（272）
　　一　为道教之道切入现实的社会生活起到了重要作用 ……（272）
　　二　为儒学注入了天道自然的内容，使儒学也得到了发展 …（273）

下篇　宋元道教易老学

第九章　李道纯的道教易老学思想 …………………………（279）
　第一节　道本至无，易在其中 …………………………………（280）
　第二节　易象乃道之原，常变乃易之原 ………………………（292）
　第三节　圣之为圣，用易而已。用易之成，虚静而已 ………（299）
结束语　宋元道教易学研究对当代文化建设的价值 ………（308）
参考文献 ……………………………………………………………（312）
后记 …………………………………………………………………（317）
再版后记 ……………………………………………………………（320）

序

易学是中国传统文化研究的热点之一。而学术界一般多集中于对儒家易学进行研究，对道教易学的研究相对较少。道教易学，既不同于儒家易学，亦不同于道家易学，它是为道教炼养学，尤其是道教内丹学提供理论基础的。研究道教易学，既要懂得各时代的易学理论，又要熟悉道教丹道之学的相关知识，因此道教易学是道教研究中的一大难题，研究者寥寥。据我所知，已有的道教易学研究成果，大多集中在探讨《周易参同契》、陈抟易学等焦点问题上，对陈抟以后道教易学的研究则比较薄弱。章伟文博士所著《宋元道教易学初探》一书，尝试着对道教易学作了初步的界定，对道教易学的特征、基本内容及其研究方法作了梳理，建构了一个较为系统的理论框架。全书侧重研究了宋元道教易学，将其分为易学内丹学、道教易图学和道教易老学，依次论述了宋元道教易学九位代表人物的思想。作为一部专题性断代史论著，对于深化、拓展易学哲学和道教史的研究，都具有重要意义。此书史料翔实，考辨精审，分析较为透彻，评价相当中肯，具有较高的学术价值。

在我个人看来，《宋元道教易学初探》的重要收获，至少有以下几个方面：

第一，明确了道教易学的研究宗旨和目标。此书认为，道教易学的宗旨在于弥补道家哲学偏重形上学的弱点，从而开辟道教由人事通向天道的实践之路。道家哲学通融、无碍，其所谓"道"，具有无限的包容性，却又存在难以具体描述的困境。如《老子》所说，"道可道，非常道"（一章）；道作为本体的存在是不可名的，"有物混成，先天地生，寂兮寥兮，独立而不改，周行而不殆，可以为天下母，吾不知其名，字之曰道"（二十五章）。《庄子》以为，道"有情有信，无为无形；可传而不可受，可得而不可见"(《庄子·大宗师》)。而隋唐道教重玄学所设定的终极本体，也是一种"玄之又玄"、"有无双遣"、"无滞无累"、"超凡脱俗"的最高宗教精神境界，是不可言说的；其证悟本体的方式、方法主要是"否定"，亦不利于指导具体的宗教实践。通过引《易》入道，《易》理即是天道之理，循《易》理而行就能与天道相通，达到人与天的合一。因此，道教易学这种学术形式的出现，旨在弥补道家哲学偏重形上学的缺陷，它结合《易》理，如纳甲、卦气、卦变、无极太极、先天后天、五行八卦、河洛数理等等，来探讨天道的内容、表现以及由人事通向天道的路径，既能为道教信仰确立较明确的终极宗教目标，又能为道教的宗教修持提供切实的路径和方法。这在道教义理发展的过程中，具有重要的学术地位和理论价值。

第二，在对道教易学进行界定的同时，对儒学易与道教易的不同特点作了说明。这对易学哲学的丰富和发展，也是有意义的。此书认为，在回答天道之理为何，理想之人道为何，由人道及于天道为什么可能，以及由人道及于天道的路径和方法等问题的过程中，道教引入了《易》学。因此，道教易更为关注天道问题的研究。应该说，儒学易同样重视对于天道的探究，但儒学易探索天道的主要目的是为政治和社会伦理问题提供本体论的根据。道教易和儒学易的不同之处就在于，它重在对自然天道及人与自然天道之合一这个问题进行研究，这种人与自然天道的相合更多地是以个体的、自然人的身份来进行，而不是以群体的、社会的人为基础。这样，儒学易和道教易之间就具有一种相待互补性。而本书对道教易学所作的探讨，对于开展儒学易和道教易的比较研究、对于丰富和发展易学哲学的思想，颇有启发意义。

第三，对宋元道教易学在道教发展史上的地位、性质和意义的论述，相当准确而富有新意。宋元道教易学是内丹学的一种理论形式，而内丹学是在对汉唐之外丹学和重玄学的扬弃中建立起来的。因外丹的不适当服用常造成对生命的戕害，这对道教长生成仙、延年益寿的宗教理想是一个打击；而重玄学对达成道教形上之境的具体操作的路径、方法有所忽略。宋元道教易学致力于为道教的宗教实践提供具体范式的指导，为道教的社会教化寻求更为理性又更具操作性的切入点。本书依据宋元道教易学思想的不同特点，将其概括为三大类型，即易学内丹学、道教易图学和道教易老学。其中易学内丹学主要是以个体为本位，对天道之理进行切身之体悟，以求得个体与天道之相通、相融的具体方法和路径；道教易图学主要是以易图的形式对天道之理进行理论探讨，以为道教内丹修炼提供理论的指导；道教易老学则是对上述这种天人之学的理论综合，以体用的方式来贯通天与人、道体与器用，沟通形上与形下。此种分类研究，对于我们准确地把握宋元道教易学的思想特点、明确其在学术上的地位是有帮助的。

第四，本书对宋元道教易学发展史上的某些具体问题的探讨，也有较多新意。诸如对金代全真道士郝大通《太古集》的道教易图学，元代高道李道纯的道教易老学所作的研究；对陈抟与河洛之学的关系、对署名陈抟著的《阴真君还丹歌注》真伪问题的考察；对储华谷《周易参同契》注年代的考辨；对于宋元道教易学所体现的"天人合一"的内在超越之路与西方哲学发展道路之区别的论述，等等，都能做到言之成理，持之有故，有较强的说服力和较多的创新性。

在充分肯定本书积极成果的同时，我们也深深感到尚有进一步研究的余地。比如道教易学内丹学与道教易图学在思想内容上有部分交叉重合，这两部分的划分及叙述还可再作斟酌；在行文风格上还可以更加简明，引述原文应有所克制，有些可将原始文献化作自己的语言加以表述；在宋元道教易学与宋明理学的关系的探讨方面尚嫌不足；对于宋元道教易学研究的当代意义的探讨仍可丰富，以使之更为深入、更臻全面。

章伟文博士诚敬淡泊，沈潜好学，心不旁骛，矢志于弘扬优秀传统文化。他出生于江西崇仁，曾以故乡先贤、元代大儒吴澄易学研究开启其学术之路，研究生毕业后，进入中国道教协会研究室，担负《中华道藏》的整理出版工作，效力甚多。旋又综合易道，深加探求，著成《宋元道教易学初探》一书，实言前人所未言。若假以时日，继续钻研，相信伟文博士定能有更大创获。我热切地盼望他的一部完整的《道教易学史》的问世。

伟文博士曾先后在北京师范大学随我学习六年，以优异成绩获得哲学硕士和历史学博士学位。现在，其博士论文要在巴蜀书社正式出版，索序于我。于是略述感想，以为祝贺与期盼。

郑万耕
2005年6月于北京

绪言　道教易学概述

第一节　道教易学确立的理与势

一　何谓道教易学

顾名思义，所谓道教易学，或谓道教中的易学，或谓易学在道教中。这两个方面的内容，既相联系，又相区别。道教中的易学，范围比较广泛，它既涉及《周易》经、传及易学发展中出现的种种概念、哲学命题在道教教义思想中的运用，也包括《周易》的卦爻符号系统作为信仰的象征符号在道教中的运用等。易学在道教中，指的是作为经学的《周易》学在道教中的应用、发展的情况。从道教的经籍总集《道藏》来看，尽管如元代高道李道纯作《三天易髓》，曾以《周易》中《乾》、《坤》两卦的爻辞释道教内丹修炼，且这种情况在《道藏》的其它经文也都一定程度的存在；《道藏》中也收有明李贽的《易因》，但此书《四库提要》谓"每卦先列经文，次以己意总论卦象，又附录诸儒之说于每卦之后，书止六十四卦。"[①] 可以说《道藏》中基本没有完整的、专门通过对《周易》经、传的直接解释来阐发道教的教义思想的经文。因此，我们所说的道教易学，主要指的是道教中的易学，即以《周易》的卦爻象、卦数及历代易学中围绕着《周易》经、传本身及对其阐释中出现的种种概念、命题来对道教的信仰尤其是教义思想进行解说的一种学术形式。道教易学主要指的是一种"易外别传"，而不是指通过对《周易》经、传的直接解释来阐发道教的教义、信仰，不是指的"易学在道教中"，不是说在道教中存在一种纯经学的易学表现形式，且这种经学的易学表现形式被用来阐

---

① 转引自任继愈主编《道藏提要》，中国社会科学出版社1991年版，第1164页。

释道教的信仰和教义。

朱伯崑先生较早提出"道教易学"的概念，并将"道教易学"纳入其易学哲学史研究的范围。在《易学哲学史》上册讲"魏伯阳的月体纳甲说"时，他提出："《参同契》的易学，是为炼丹术服务的。但它创建了道教解易的系统，其在道教思想史和易学史上都起了很大的影响。"①"从易学史的角度看，此书以《周易》中阴阳说，特别是汉易中的卦气说，解释炼丹术，标志着汉易发展的另一倾向，成为后来道教易学的先驱。"②

朱先生之后，陈鼓应先生主编的《道家文化研究》第十一辑是一期关于"道教易"的专辑。③ 此书中的一些文章，如卢国龙先生的《道教易学论略》、《论唐五代道教的生机观——〈参同契〉与唐五代道教的外丹理论》、《〈参同契〉与唐宋内丹道之流变》，余敦康先生的《论邵雍的物理之学与性命之学》、《论邵雍的先天之学与后天之学》，陈耀庭先生的《道教科仪和易理》，萧汉明先生的《〈周易参同契〉的易学特征》，詹石窗先生的《〈悟真篇〉易学象数意蕴发秘》、《李道纯的易学思想考论》，李远国先生的《陈抟易学思想探微》，张善文先生的《〈道藏〉之易说初探》，张广保先生的《雷思齐的河洛新说》，刘韶军先生的《〈道藏〉〈续道藏〉〈藏外道书〉中易学著作提要》等，对何谓道教易学、不同时期道教易学的有关典籍作了探讨，对一些重要人物，如陈抟、张伯端、俞琰、李道纯、雷思齐等人的道教易学思想有所介绍。

此外，现代的一些专家及一些学术著作对"道教易学"的某个方面的内容都做了专题的研究。如对《周易参同契》，王明、陈国符、潘雨廷、孟乃昌、萧汉明等先生都有深入研究。陈国符先生确定了《道藏》中有两个注本是唐代的，潘雨廷先生对《参同契》的作者及成书年代有过详考，孟乃昌先生对《参同契》的著录和版本情况有过研究。萧汉明、郭东升先生合著的《〈周易参同契〉研究》（上海文化出版社2001年版），在前人的基础上，对《参同契》文本自身做了系统的研究。在"易学"

---

① 朱伯崑著：《易学哲学史》上册，北京大学出版社1986年版，第235页。
② 同上书，第214页。
③ 陈鼓应主编：《道家文化研究》第十一辑，生活·读书·新知三联书店1997年版。

与"道教文化"的关系方面，詹石窗、连镇标先生所著《易学与道教文化》一书，对易学与道教文化的关系作出了富有特色的探讨。李申先生、张其成先生对于易图学及其与道教的关系也作过重要研究。李申先生著有《话说太极图》、《易图考》等专著，张其成先生著《易图探秘》一书。这都对道教易学的深入研究产生了重要的影响。

对于道教易学，卢国龙先生的《道教易学论略》认为"很难对它作出一个准确无误的界定，更难以一言以蔽之。"① 但他还是给出了一个大体上的定义，他说："大体上说，道教易学是援引《周易》义理以阐发其教理、信仰及修持方法的一种学术形式，可以划分为两个层面，其一是学术或理论性的，其二是信仰或文化传媒方面的。"② "其信仰和文化传媒方面，是以斋醮科仪及各种象征物或图案，将《易》之思想观念以信仰的方式传介到民间。此虽为百姓日用而不知，没有建设性的学理阐释，但对于学术或理论性的探讨，却又是不可缺少的现实社会和文化背景。"③ "在学术事项理论的层面，道教易学与儒家易学是站在不同的领域阐扬同一个经典传统，既同源而异流，表现为两个文化系统，又显现出某种伴生关系，而且相互影响。"④ "因为儒家、道教在文化上同源，天道观又是相一致，并且同样地将《周易》奉为神圣的经典……儒家所关注的，或者说儒家通过阐发易道而力图解决的问题，主要在政治和伦理领域。而道教所关注的，主要在探索自然之理和完成其生命意识方面。"⑤ 卢先生对"道教易学"的这个定义，基本上反映出了"道教易学"这个学术概念的内涵与外延。

二 道教易学确立的理与势

为什么能从道教中能发展出道教易学的思想体系？道教易学产生的思想渊源和历史背景如何？道教易学是否仅是一种纯主观的设定，其本身的

---

① 卢国龙著：《道教易学论略》，陈鼓应主编《道家文化研究》第十一辑，生活·读书·新知三联书店1997年版，第5页。

② 同上。

③ 同上书，第6页。

④ 同上。

⑤ 同上书，第7页。

发展有没有一个合乎逻辑的规律性的东西在其中？等等。这些问题决定了我们必须考察一下道教易学确立的理与势的问题。

一般地说，易学文化和道教文化是在中国远古文化的传统上产生出来的具有代表性的两种文化。这两种文化既有不同的特色，又有其内在的关联。易学文化主要是以一套符号系统，加上神秘的卜辞，所形成的一种文化体系。而道教文化以"道与神仙的信仰"、"追求长生"作为其思想文化的重要内核。两者看起来似乎是不同的，但两者之间实际上有着同源的关系。我们认为，易学与道教文化有着一个共同的文化源头，这就是中国远古的巫史文化。对中国远古的巫史文化的继承，是道教形成的一个重要原因。之所以这么说，原因如下：其一，据《汉书·艺文志》称："道家者流，盖出于史官，历记成败存亡祸福古今之道，然后知秉本执要"，认为道家学派是源出于王官之学中的"史官"之学。而先秦的道家思想是道教的一个重要来源，故道教与史官文化是有着密切联系的。其次，道教与中国远古的巫术文化也是有联系的。尽管对中国土生土长的道教，从不同的角度出发，不同的专家和学者有着不同的定义和看法，但从一些学者对道教的定义中，都基本肯定了道教与中国远古巫术文化的关系。李养正先生在其《道教概说》（中华书局1989年版）中有一定义，后又在其所著《道教史略讲》中作为修正。他说："我在1989年出版的《道教概说》中也曾尝试地下了一个定义，原文为：'道教是以我国古代社会的鬼神崇拜为基础；以神仙存在、神仙可求论和诱使人们用方术修持以追求长生不死、登仙享乐和用祭祀醮仪以祈福免灾为主体内容和特征；又文饰以道家、阴阳五行家、儒家谶纬学说中神秘主义成分为神学理论；带有浓厚的万物有灵论和泛神论性质的宗教。'后经同道教界中之师友讨论，亦认为不尽旨意。他们认为，道教之所以称为道教，关键在于宗仰黄帝、老子之道，尊崇黄老的理论与术说。这是道教教理教义的基础，也是其异于传统宗法宗教与儒、释的特征。因之，宗仰黄、老之道，以神仙家的术说及道家学说为中心，融合传统宗教习俗以告谕、教化世人，追求宗教和谐、国家太平及相信人们修道积德定能安乐幸福、长生久视的宗教，称'道教'。我以为这个定义比较贴切，也是值得尊重的。"[①] 尽管李先生的观点

---

① 李养正著：《道教史略讲》，中国道教学院1997年编印，第2页。

前后有所不同，但道教"以我国古代社会的鬼神崇拜为基础"，"用祭祀醮仪以祈福免灾"为主体内容和特征之一，这些界定应该说是符合创始期道教的实际情况的。

胡孚琛先生主编的《中国道教大辞典》认为："所谓道教，是中国母系氏族社会自发的原始宗教在演变过程中，将各种巫术、禁忌、方技术数、鬼神祭祀、民俗信仰、神话传说等综合起来，以融汇道家和神仙家的黄老学说为旗帜和理论支柱，杂取儒家、墨家、阴阳家、五行家、医家、方技家、养生家等诸学派的修炼理论、伦理观念和宗教信仰成分，在劝世度人、长生成仙，进而追求与道合一的目标下神学化、方术化为多层次的宗教体系。它是以道的信仰为核心，融汇中华民族传统文化的多种成分，不断汲取佛教的宗教形式，逐步发展而成的具有民众文化特色的宗教。"① 亦认为巫术与先秦道家学说等内容的结合，是道教的一个重要内容和特征。朱越利、陈敏两先生所著《道教学》，引有日本学者福井康顺等所监修的《道教》第一卷中对道教归纳的13种定义，其中一些也肯定道教与中国古代巫史文化的关系。诸如第二种：道教"是从神仙道吸收服食炼养，从道家哲学吸收治心养性，从民间信仰吸收多神，从巫祝吸收章醮之法，将这些综合统一起来。"② "第七种道教是从中国古老的民间信仰发展起来的，其内容和形式又分为二。一是拥有道观和道士的教团组织的成立道教（亦被称为教会道教或教团道教），另一个是总称民间一切道教信仰的民众道教。道教内容包括：1. 道家哲学；2. 谶纬、巫祝、阴阳、神仙、卜筮等术数性部门；3. 辟谷、调息、导引、房中术等医术性部门；4. 民众伦理性部门。道教是以这些内容为基本内容，仿效佛教归纳而成的自然宗教。"③ 因此，综合上述观点，可以看出中国远古的巫史文化是道教的一个重要来源。

那么《周易》与中国远古的巫史文化又有什么联系呢？对于《周易》一书的性质，前人早就说过："《易》本卜筮之书。"④ 卜指的是龟卜，筮指的是占筮。也就是说，《周易》这部书，最早是从卜筮的方术中发展而

---

① 胡孚琛主编：《中华道教大辞典》，中国社会科学出版社1995年版，第44页。
② 朱越利、陈敏著：《道教学》，当代世界出版社2000年版，第3页。
③ 同上书，第3—4页。
④ 朱熹：《朱子语类》卷66。

来的。《左传·僖公十五年》记载韩简的话说："龟，象也；筮，数也。""象"与"数"，再加上卜筮者对于这些"象"、"数"解读所形成的卜辞与筮辞，则《周易》最重要的三个因素——理、象、数则都具备了。一些历史上的重要典籍，对于《周易》与巫史文化的关系，亦有一些记载。如《周礼·春官·宗伯》记载："太卜掌三兆之法，一曰玉兆，二曰瓦兆，三曰原兆。其经兆之体皆百有二十，其颂皆千有二百。"关于占筮，《周礼·大卜》："大卜掌三易之法，一曰连山，二曰归藏，三曰周易。其经卦皆八，其别皆六十有四。"《周易》由卜人和筮人来掌握，卜人和筮人是能解读神意和天意的人，能沟通天、神与人的关系，跟巫、史有着相似的功能，在大多数的情况下，巫、史本身也即为卜人和筮人。"最早的巫师又都是传达神旨和利用各种手段预测吉凶的预言家"，"史前时代的巫师又是天文学家和历史记录者。"① 因此，《周易》及其文化与中国远古的巫史文化是有着密切联系的。

可以说，道教文化与《周易》文化两者都有中国远古巫史文化这个共同的源头，在思想的来源上是有相同之处的，因而两者关注的问题也有相同之处，思想的特点也比较接近。如它们一般都主张"神"、"帝"主宰说，认为在现实世界的背后，有一种力量存在，它可以支配现实的世界。同时，两者都持人神沟通说，认为天、神与人之间是可以沟通的。如《周易》，它的主要特点在于"推天道以明人事"。《周易》著名的天地人"三才说"，认为人可以法天地之道而行事。② 道教也认为人与天、神之间可以沟通。道教的各种宗教科仪形式，都是人天沟通的形式；道教中还有用丹砂书符以驱邪役鬼之事；甚至道教的服食（也叫服饵），都体现了一种天人合一的思想。葛洪在其《金丹》一篇中就说："金丹之为物，烧之愈久，变化愈妙。黄金入火，百炼不消。埋之毕天不朽。服此两物，炼人身体，故能令人不老不死。此盖假求外物以自坚固，有如脂之养火不可来。铜青涂脚，入水为腐，此是借铜之劲以扞其肉也。金丹入于身中，沾洽荣卫，非但铜青之外傅矣。"天地长久，金丹等物是天地的精华，人服

---

① 胡新生著：《中国古代巫术》，山东人民出版社1998年版，第11、13页。
② 《周易·乾》卦之《象》曰："天行健，君子以自强不息。"认为苍天在上，运行无有停息，人当法天之健不息，奋发有为。等等。

食了天地的精华之物，便能和天地一般长久。这就是所谓"假求于外物以自坚固"，其中体现出来的思想，就是一种天人可以合一的思想①。道教与《周易》也都持趋福避祸说，认为人通过与天、神的沟通，能了知天、神的意旨，从而主动循天、神之意旨行事，以趋福、避祸。如此等等。"神"、"帝"主宰，人与天、神的沟通，趋福避祸等思想，其文化的意义要大于其思想本身的意义。这些命题、思想在今天看来，非常肤浅，甚至有迷信之嫌，但这种思想背后体现的文化探索精神对于我们今天来说，仍然有着重要的价值。因为它反映了我们的祖先对于世界本质问题的思考，这种思考认为有一种普遍存在的力量支配着我们的现实世界，这种力量是世界的根据，是世界之所以存在的原因；现实的世界和本质的世界可以沟通，这种沟通非常重要，因其有了这种沟通，故而现实世界能与本质的世界相接近，甚至达到本质的世界；进而人的现实的生活态度，如趋吉避凶，不仅是可能的，而且是必要的。在这种看似非常粗俗的理论形式中，反映出了我们的祖先对于终极问题的思考，对于人文世界与自然世界关系的看法，对于人的现实的生活态度的探讨等。而对这些问题的不同思考，直到今天，对于人类的生活也还是具有重要的价值。

如上所述，道教文化与《周易》文化在源头上的相近，使得两者思想在内在的精神方面有着一些共同的气质，为它们之间的结合奠定了一定的基础。但结合应该是以双方各自的独立为前提的。可以说，道教文化与《周易》文化是同源而异流的关系，所谓同源，是指两者在源头方面有相近的人文精神；所谓异流，是指在发展的过程中，两者由于各自侧重思考的对象的差异，又分别具有不同的特点。但因两者对源头上共同具有的人文精神的继承，在一定的历史条件下，又有可能重新走近，互释互训，进行文化的融合。

因道教前史的研究尚嫌不够，现在学界一般以祖天师张陵创立道教教团作为道教的正式开始，因此比较起来，《周易》及其文化在道教正式创立前，已经有了一个较成熟的发展。在道教创立教团之前，《周易》及其文化受儒家思想的影响更多一些，尽管在这个过程中，它也受到诸如道家、阴阳家等诸子百家思想的影响。《汉书·艺文志》"人更三圣"的观

---

① 此观点转引自李零《中国方术考》，东方出版社2001年版。引者对所引观点略有综合。

点，以及朱熹"人更四圣"的观点，表明《周易》一书的成书历程主要经历了从伏羲、周文王到孔子，或在周文王与孔子之间再加上周公这么一个过程。这个过程，从早期《周易》重卜筮、重对神意的前知和遵循，人事更多的是服从天、神之意；到周公的"以德配天"，积极从事人事，以与天德相配；再到以孔子为代表的儒家"敬鬼神而远之"、"尽人事以听天命"，有一个重与鬼神沟通、重神秘体验到逐渐转向重人事、重理性的转变。在这个转变的过程中，《周易》及其思想渐渐脱去了筮史文化的神秘性外衣，而一步一步地理论化、理性化了。这个过程之所以能发生，不能仅从《周易》及其思想本身去找原因。儒家学说重现实教化的这个特点，决定了它必须对《周易》及其思想作出这个发展方向的改变。教化要切入现实，必须具有更重人事的特点，这使得儒家学者对《周易》及其文化力图进行改造，使之逐渐脱去神秘巫术的形式，更多地以实实在在的理性态度、阐发哲理的方式去对《周易》经传及卦爻象、卦爻辞进行说明。这直接影响到《周易》及其思想的发展历程，使《周易》逐渐地从远古巫史文化时期的卜筮之书转为讲哲理的书。

　　因为现实统治的需要，西汉经历了由汉初重视以黄老学说治国到汉武帝"罢黜百家，独尊儒术"的转变。儒家学说在汉武帝之后，成为官方的意识形态。作为意识形态，要对现实的生活进行规范，要对至高无上的王权进行监控，故汉易尤其是汉儒之易在先秦易学的发展基础上，从内容到形式又都有了新的发展。朱伯崑先生认为，西汉学者解易，有三种倾向：一是以孟喜、京房为代表的官方易学，以奇偶之数、八卦象征物、卦气说来解说《周易》经传文及其原理，并利用《周易》讲阴阳灾异；二是费直以《易传》文意解经，注重义理；三是以道家黄老之学解释《周易》，讲阴阳变易。[①] 应该说，这些易学形式的出现，都受其内在理势发展的必然所驱使。我们先看儒家易学，儒学易讲阴阳灾异，似乎又有回到远古巫史文化的倾向。但阴阳灾异的背后，是希望以天道的权威来规范和约束人世间无所不能的王权，无论其形式和精神，都与远古巫史文化有着巨大的差别。就其形式而言，汉儒解《易》的卦气说、奇偶之数、纳甲之法，是力图对天道进行理性化的理论说明，它具有一套可具体操作的方

---

① 朱伯崑著：《易学哲学史》上册，北京大学出版社 1986 年版，第 108、109 页。

式、方法，和巫祝通神的神秘体验是根本不同的。就精神而言，阴阳灾异的出发点是人事，是要对王权进行规范和约束；而远古巫史文化的出发点是要探寻天、神的意旨。因为远古时代，生产力十分低下，人们对自然、社会和人本身的认识都非常肤浅，抵御自然灾害的能力非常有限，对于个人和群体的命运，经常出现无所适从的感觉，因此有了对自然力的崇敬而产生的自然崇拜，或者对本部落英雄或祖先的崇拜。可以说，远古巫史文化是自然崇拜的一种形式，它更重视对所谓天、神意旨的探寻；而汉儒言阴阳灾异则更偏重于人事。

但为什么又会在汉儒的易学之外，出现以道家黄老之学解释《周易》、讲阴阳变易和炉火之事的最初的道教易学呢？这也必须联系汉代的具体情况来看。汉武帝独尊儒术，儒学获得了充分发挥其作用的路径，儒学的发展，对于汉代社会来说，有利有弊。卢国龙先生说："两汉社会的相对稳定，既有因于儒学切入现实所发挥的作用，又反过来推动儒学更紧密地与现实相结合，使儒学渗透到社会机制以及生活方式等各个层面。于是积久而弊生，使儒学只能发挥稳定社会秩序而不能发挥调整社会关系的作用。儒学不能适应社会变革的要求，道家之学便重登历史舞台。"[①] 我们知道，道家与儒家两者在学术立场上是相异的。道家在人天关系上，更重天，所谓"人法地，地法天，天法道，道法自然"、"无以人灭天，无以故灭命"。与道家相比，儒家在天人关系中则更重人，孔子"罕言性与天道"，即是如此。以人事为本，从人和现实社会出发，是儒家的特点；而道家更多的是超出人事之外，站在天道的高度对人事进行引导[②]。汉代儒学的僵化，反衬出道家思想的通融无碍，因道家道的概念具有无限的包容性，一切变与不变皆可纳入到其中来。但是道家轻人事、重天道的特征，使其在切入现实生活方面存在一定的难度。而不能切入现实，则不能引领现实。

先秦道家的这个理论的缺陷，使得它必须适应新形势而作出某种改革。而道教便是先秦道家变革后的一个产物。道教直接继承了先秦的道家思想，同时对道家思想又有所扬弃。因为道教作为一种宗教，它要考虑教

---

① 卢国龙：《道教哲学》，华夏出版社1997年版，第6页。
② 此观点受卢国龙先生《道教哲学》一书思想的启发。

化世人的问题，因此也就要考虑如何更好地切入现实的问题。如果说道教对先秦道家的思想有所发展的话，那么，如何更好地切入现实是其中的一个重要方面[①]。从教化的形式看，教化有宗教教化与现实教化等。宗教教化是确立一个宗教的理想，以宗教理想为准则，以现实生活服从宗教理想来对信众进行教化，立足点是宗教理想；现实教化，则主要从现实出发，力图对现实生活进行设计和改造，立足点是现实生活。儒家偏重现实教化。而道教作为一种宗教，在其成立之初，虽然也受到儒家的影响，在教化形式上与儒家可能有相近的地方，但其教化的内容和实质，仍然是宗教的教化。它因应民众信仰的需要，以神道设教的方式，以终极的道、神来统领现实，将现实人事的根据归到终极的神、道之中。两者因其关注点的不同，从而理论的特质也各异，可以说源虽同但流却异。在当时的情况下，两者是相互补充，互为消长的。如果现实教化在现实中遇到阻力，不能持续有效地进行下去；或者人文化成不能适应变化日新的社会生活，在这种情况下，就必然会给宗教教化以更大的活动空间。在汉代后期，如何既推崇天道，确立一个高于现实生活的理想目标，这个目标可以充当引领现实的人事趋向于理想化的准则性的作用，使现实生活不因现实制度的僵化而凝固不化，同时又能有效地切入于现实生活之中，更好地发挥现实教化的功能，是时代提出的课题之一。可以说，道教的产生，亦与此时代的课题有关[②]。道教既吸收了道家在人天关系上的思想，又吸收了儒家重现实教化的特点。它认为人道应该合于天道，天道是人道归趋的目标；同时又重人道之本身，认为归趋于天道的落脚点还在于人道。无论是太平道的"大方"、"小方"，还是早期天师道的"二十四治"、"二十八治"、"靖庐"、"厨会"、"祭酒"、"鬼卒"等一系列政教合一的政治制度和宗教形式，都反映出道教的上述特点。

由人道及于天道为什么是可能的？天道之理为何？由人道及于天道的具体路径为何？道教正是在对这些问题的思考过程中，引入了《易》学，从而确立了道教易学这种独特的道教义理形式。因为《周易》经、传的

---

① 此观点受卢国龙先生《道教哲学》一书思想的启发。
② 此观点受卢国龙先生《道教哲学》思想的启发而提出，见该书，华夏出版社1997年版，第22—28页。

义理内容和卦爻象的数理排列，如卦气说、纳甲说、卦的数理、卦序的排列、卦的取象等，对于天道的敷演，是非常有效的理论形式。汉易以八卦、十二辟卦或六十四卦配一年的四时、十二月、二十四节气；纳甲法以天干、地支配卦，如此等等，在当时能非常精致地、有效地说明天道运行的规律。那时的人们认同于《易》与天道的关系，认为《易》之理即是天理的表现，循《易》理而行就能与天道相通，达到天与人的合一。将《易》引入道教，可以解决由人道及于天道的路径和阶次的问题。人通过法阴阳的消长，如四时、十二月、二十四气的卦气变化，卦象和卦理的变化，纳甲的方法，修丹以合于天道。由人道及于天道的路径和阶次等问题因《易》引入道教而变得更加明晰。同时，引《易》入道，也可以解决先秦道家对道无法具体描述的困难。《老子》认为"道可道，非常道"（一章），道作为存在是不可知其名的，所谓"有物混成，先天地生，寂兮寥兮，独立而不改，周行而不殆，可以为天下母，吾不知其名，字之曰道"（二十五章）；《庄子》认为道"有情有信，无为无形；可传而不可受，可得而不可见"（《庄子·大宗师》）。引《易》入道，天道的内容可以通过《易》来表现。因此，东汉后期出现了道教炼丹术的不朽名作——《周易参同契》，合大易、黄老、炉火而言道教的修丹。它以《易》之乾、坤为天地间两种性质相对待的基本因素；因乾、坤而有坎、离，在《易》则生成六十四卦，在造化言则生成万物；屯、蒙至既济、未济，一正一反，既是对事物变化过程的一个描述，也是炼丹的火候变化规律；至于十二辟卦、月相纳甲等，尽管汉儒都是从对《易》的解说中创制出来的，道教则以之明天道的内容和炼丹的原理。因此，《易》引入道教后，天道不再是恍恍惚惚、不可言说、不可描述的神秘主宰者，而是有着实实在在内容、支配事物变化和发展的规律性存在。而《周易参同契》的出现，也就表明了道教易学的正式诞生。[①]

道教易学以修道成神、成仙从而长生不老为目标，人通过法天道而行

[①] 朱伯崑先生认为：《周易参同契》"以《周易》中的阴阳说，特别是汉易中的卦气说，解释炼丹术，标志着汉易发展的另一倾向，成为后来道教易学的先驱。"（《易学哲学史》上册，北京大学出版社1986年版），第214页。卢国龙先生认为："东汉魏伯阳作《周易参同契》，标志着道教易学的产生。"（陈鼓应先生主编《道家文化研究》第十一辑，三联书店1997年版，第6页。）

事，就能与天道相合，长生不老，得道成仙。天道又可以通过《易》之理来表达，故道教的修道、成神便与《易》发生了沟通。因道教与《易》的沟通，产生了道教易学，也便形成了道教易学独特的论题：

首先，道教易学结合《易》之理，要探讨天道及其表现，以为道教信仰确立终极的宗教目标，也为道教的宗教修持确立方向。因此，以《易》的理、象、数等形式来论何谓道，道与物的关系，道的各种属性，道的特征等，均属道教易学的内容。

其次，道教易学结合《易》之理，要探讨修道的路径和方法，使道教的宗教修持切实可行。因此，以《易》的理、象、数等形式来论修道的方式，如药物问题、火候问题、鼎器问题、路径问题、层次问题等，也都属道教易学的内容。

第三，道教以及道教易学都是要立足于人事教化，以人合天，从而得道成神、成仙，长生不老。因此，道教易学的内容还应包括以《易》的理、象、数等形式来论人性的修养和人的精神超越，对于生与死问题的思考，对于价值问题的思考以及对于社会现实的所应采取的合适的态度等问题。

随着历史的推移、道教的发展，道教易学也经历了具有不同特色的几个发展阶段。到了宋元时期，道教易学发展至极盛，形成了易学内丹学、道教易图学和道教易老学等新的理论形式。本论文将以宋元道教易学为重点，对宋元时期这几种道教易学的新理论形式进行探究，以揭示其在整个道教义理学发展中的地位、贡献及其对当代道教义理学建设的启示。

第二节　《周易参同契》与道教易学的确立

一　《周易参同契》可以确定为汉代金丹道教的作品

道教易学以《周易参同契》的出现作为产生的标志，但历史上对于《周易参同契》是否就是汉代金丹道教的作品有过争议。结合一些学者的考证，我们认为，《周易参同契》可以确定为汉代金丹道教的作品。

认为《周易参同契》不是汉代的作品，乃后来者所伪作，主要有这么几种观点比较有代表性。其一是"黄氏震《日抄》曰：'《参同契》者,汉世魏伯阳所造,其说出于《神仙传》,不足凭。'"①其二是马叙伦先生和陈国符先生的观点,认为今本《周易参同契》为后人伪作,不是汉代的作品。陈国符先生在其所著《道藏源流续考》一书中,引马叙伦先生《读书小志》,并简单作评,其谓:"马叙伦《读书小志》卷二第三十四页云:'《周易参同契》,《隋书》、新旧《唐书·经籍志》皆不载。据《神仙传》谓出魏伯阳。(东晋葛洪)《抱朴子·自叙篇》列所著书虽有其名,然文至不类。且《老子传》(见今本《神仙传》卷一)有葛稚川(葛洪字稚川)云,洪以为老子云云,与抱朴子曰者异例(按葛洪抱朴子各篇各段首皆曰'抱朴子曰'云云)。盖亦出了道流附会。又《抱朴子·遐览篇》列叙道家(按当作神仙家)著作,有《魏伯阳内经》,而无有《周易参同契》之名。(北齐颜之推)《颜氏家训·书证篇》曰:《参同契》以贫为造。(卢文弨补注《参同契》下篇:魏伯阳自叙篇寓其姓名,末云柯叶萎黄,失其华荣。吉人乘贫,安稳长生四句。颜氏曰:贫告岂贫吉之讹与?)是颜氏犹见其书,稚川自无不见之理。即《遐览篇》无之,则自古有《周易参同契》,非此书(非今本《周易参同契》)。且抱朴子中皆犹遵道家(按当作神仙家),于《易》无取。而此书附会《易》象以论神丹,篇题则仿诸纬。观其义实和会儒佛而成修养之术(按马氏指内丹术)。其文多五字句,亦仿佛经。……作者(作另一种《周易参同契》者)既冒其名,后人糅而一之,适为所欺矣。'"②又此书引马叙伦《读书小记》卷第一第24页:"……《说文》易字下云:《秘书》说日月为易,凡许(慎)称《秘书》说即诸讳也。然则亦可证自古有易纬名《参同契》……"③

据此,马叙伦先生的观点主要是:1.《周易参同契》一书,《隋

---

① 转引自清代胡渭《易图明辨》卷三,郑万耕主编《易学精华》本,北京出版社1995年版,第1700页。

② 陈国符:《道藏源流续考·中国外丹黄白法经诀出世朝代考》,明文书局1983年3月版,第66—354页。

③ 同上书,第64—352页。

书》、新旧《唐书·经籍志》皆不载①。2. 如果《周易参同契》为汉代魏伯阳所出，葛洪当知此书，而《抱朴子·遐览篇》却未列《周易参同契》。3.《神仙传》与《抱朴子》异例，疑非葛洪所作。《神仙传》所言《周易参同契》为汉代魏伯阳所出，难以为凭。4. 古有易纬名《参同契》，非今之《周易参同契》。后人以之为同一种书，故以《周易参同契》为汉之古书，误。陈国符先生在马叙伦先生所论的基础之上，提出：1、汉代有《易纬参同契》一书。2. 古丹经不用易理。如"《太清金液神丹经》（西汉末东汉初出世），《黄帝九鼎神丹经》或《九转流珠神仙九丹经》（亦于西汉末东汉初出世），《太上八景四蕊紫浆五珠绛生神方（经）》（又收入《上清太上帝君九真中经》卷下，此经韵文于西汉末、东汉初出世，故《太上八景四蕊紫浆五珠绛生神丹方经》亦于西汉末、东汉初出世），《太微灵书紫文琅玕华丹真经》（此经有单行本，又收入《皇天上清金阙帝君灵书紫文上经》，《太微灵书紫文琅玕华丹上经》韵文最早于萧齐时代出世，详见拙著《上清经箓出世朝代考》）《太清金液神气经》卷上（经考定于东汉末曹魏初出世），以上诸古丹经皆不及《易》理。东晋葛洪《抱朴子》金丹篇、黄白篇，皆不用《易》理。"② 3. 今本《周易参同契》附会

---

① 此乃晁公武的观点，胡渭《易图明辨》卷三云："晁氏公武《读书志》曰：'《周易参同契》三卷，汉魏伯阳撰，彭晓为之解，隋唐书皆不载。'"对晁公武的这个观点，胡渭进行了认真查对，提出了不同看法。《易图明辨》卷三云："《旧唐书·经籍志》丙部五行类《周易参同契》二卷，魏伯阳撰；《周易五相类》一卷，魏伯阳撰。《唐书·艺文志》五行类魏伯阳《周易参同契》二卷，又《五相类》一卷。"（以上所引《易图明辨》卷三之语，均见郑万耕先生主编《易学精华》本，北京出版社1995年版，第1699页。）萧汉明、郭东升两先生在《〈周易参同契〉研究》（上海文化出版社2001年版，第17页）中引梁启超先生《中国近三百年学术史》云："若突然发现一部书，向来无人经见，其中定有蹊跷。如先秦书不见（于）《汉书·艺文志》，汉人书不见（于）《隋书·经籍志》，唐以前不见（于）《崇文总目》，便十有九靠不住。"并认为马叙伦先生强调晁公武关于《周易参同契》一书《隋》、新旧《唐书·经籍志》皆不载的观点，意在从目录考据上来推断《周易参同契》为伪书。

② 陈国符：《道藏源流续考·中国外丹黄白法经诀出世朝代考》，明文书局1983年3月版。文中注为陈国符先生自注，第64—352页、65—353页。

易象以论内外丹①。4. 宋代行世《周易参同契》，本子极多，差误衍脱，莫知适从②。

对于马叙伦先生、陈国符先生关于《周易参同契》一书成书年代的问题，萧汉明、郭东升两先生在《〈周易参同契〉研究》一书中有针对性地提出了反驳的意见：其一，马先生在目录学方面的失误。如前所述，胡渭已确认新旧《唐志》皆著录有《周易参同契》一书；而《隋志》因隋建国后仅维持了二十七年，根本没有可能从事全面的搜集图书的繁重任务，故以《隋志》证伪的可靠程度尚不及新旧《唐志》大。③ 其二，关于《易纬参同契》问题。《易纬》诠注，以郑康成、宋均两家著称。从可考历史文献未见有郑、宋注《契》之事，仅以《参同契》篇名与《易纬》相仿，推断《参同契》原本出自《易纬》不成立；亦不能以《参同契》"日月为易"四字推论《易纬》中有《参同契》，虞翻《易注》中有"易谓日月"，不能因此而认定虞翻《易注》亦是易纬中的一篇；北齐颜之推《颜氏家训·书证篇》所引《契》言，同于今之《参同契》的通行本，今之《参同契》承袭汉易尤多，故不可能为"后人转粺而一"；经学的流传受地域和师承的制约，一些炼丹家和炼丹书不引《易》象，是正常的。其三，《云笈七签》中的《神仙传》非伪书。葛洪《抱朴子外篇·自序》云其著《神仙传》，《隋志》、新旧《唐志》、《宋志》、《太平御览》皆著录；《云笈七签》为《大宋天宫宝藏》的缩编本，故《云笈七

---

① 因内外丹在道教中的兴盛的时间各异，以此推论，则《周易参同契》不可能为同一时代、同一作者所为。于此，陈国符先生引有马叙伦先生论《易纬参同契》，认为在《易纬参同契》外，另有人伪作另一种参同契，附会易象，以论神丹。后人转粺而一之，以成今本《周易参同契》。

② 陈国符先生举宋代行世《周易参同契》本子的不同分章情况；又从目录学的角度，如《周易参同契》三卷，汉魏伯阳撰，抱素子注；又五卷，翟直躬注；《阴阳统略周易参同契》三卷，徐从事注；《阴真君周易参同契》三卷（正统道藏收阴长生《周易参同契注》三卷）；《周易参同契分章通真义》三卷（正统道藏收彭晓注《周易参同契分章通真义》三卷，当即此书）《参同契五相类》一卷，汉魏伯阳撰等等，认为诸书标题虽相似，而文字、分章与否、分章则分多少章，各不相同。由此说明判定《周易参同契》一书的确切时代、作者等问题的不易。

③ 唐太宗开始设国家史馆，编纂出《晋书》、《梁书》、《陈书》包括《隋书》等多部官修史书。《隋志》虽编成于唐代，但其编纂时仍然以隋朝官方所收集之文书为主体，而隋建国后维持时间短，确是没有可能从事全面的搜集图书的繁重任务，故其证伪的价值应该说是不大的。

签》中的《神仙传·魏伯阳传》应为葛洪所撰。彭晓常以己意述引文，其《周易参同契分章通真义·序》所引《神仙传》文中，夹杂有己意，不能用来证伪。其四，《遐览篇》不能证《周易参同契》为伪书。《抱朴子·遐览篇》只著录《魏伯阳内经》，不及《参同契》、《五相类》。但《遐览篇》只载葛洪未藏图书之目。因此，它对《神仙传·魏伯阳传》、魏伯阳著《参同契》、《五相类》，都不具备证伪的作用。①

　　从潘雨廷和孟乃昌两位先生对《周易参同契》的真伪及成书年代的考证，我们也能得出《周易参同契》是汉代金丹道教的作品这一结论来。在20世纪80年代，中国道教协会编有"道教知识丛书"，《周易参同契考证》就是其中的一本，是由潘雨廷、孟乃昌两位先生所著。其中，潘雨廷先生考证了跟《周易参同契》密切相关的魏伯阳、徐从事、淳于叔通大致的生活年代，通过对今本《周易参同契》文本的分析，说明他们三者与今本《参同契》的成书的直接关系。潘先生认为：徐从事曾笺注《周易参同契》；他同意朱熹认为今本《周易参同契》后之《赞序》可能即为徐从事所作的观点；且"《参同契》一书，实为三人之言，主要作者为魏伯阳，内容为四字句的《参同契》，当魏氏回乡里，更以示淳于翼（即淳于叔通），翼为之作《乱辞》与《鼎器歌》，宜魏氏又为之补作《五相类》"。② 而"淳于翼之年纪基本可确定。魏氏授以《参同契》，当在梁冀被刺前后，即以梁冀被刺年（159年）论，翼约五十岁左右，伯阳可能长十岁左右，徐从事可能更长于伯阳二十岁左右。而《参同契》之书，约当顺帝（126—144在位）末成于燕间，徐氏之上篇亦成。魏氏归会稽后，与翼相见而更撰《五相类》，即在梁冀被刺前后。经叔通之力，可于桓灵之际（167）行于会稽。"③ 潘先生的考证说明今本《周易参同契》的主要内容在后汉时期已经基本成型。孟乃昌《〈周易参同契〉的著录和版本》一文，对《周易参同契》著录情况进行考察，以说明其确为东汉魏伯阳所撰，不是伪书。孟乃昌、孟庆轩两位先生还编有《万古丹经王——〈周易参同契〉三十四家注释集萃》一书，由华夏出版社1993年出版。孟先生的论证主要从以下几个方面来进行：首

---

① 详细内容见萧汉明、郭东升《〈周易参同契〉研究》，上海文化出版社2001年版，第16—26页。

② 潘雨廷、孟乃昌：《周易参同契考证》，中国道教协会1987年编，第16—17页。

③ 同上。

先，《周易参同契》传本在正文最后有内证，即"委时去害"这一段内隐"魏伯阳著"四字。这是东汉时代庾辞，即早期迷语①。其次，从内容上，"《周易参同契》对前此经典的引用，是精心设计的。如：'于是仲尼赞鸿蒙，乾坤德洞虚。稽古当元皇，关雎建始初。昏冠气相纽，元年乃牙滋。'（彭晓注本第十一章原文）经过历代注释，到清代才弄清楚，这原来是依次采用儒家六经《易》、《书》、《诗》、《仪礼》、《春秋》的第一句话，组成对创世、人类社会、男女成婚、生育下一代，即由自然到人类繁衍的全过程的叙述。巧妙之处不仅在于都选取了上述经典的第一句话，而且上述经典的引用顺序也正是汉代刘向《别录》、刘歆《七略》和《汉书·艺文志·六艺略》所举的顺序，而不用《庄子·天下》、《庄子·天运》的经典顺序，这在当时恰是对新提法的引用。而且我们研究表明，这六经中缺少《乐经》，正是汉代今文经学派、古文经学派争论点之一，前者主张没有《乐经》，后者主张有而亡于秦火。《契》的成书正处于今、古文经学斗争互为消长的时代。"② 孟乃昌先生还披阅《道藏》，检出唐宋炼丹术原著二十六种，摘出引《周易参同契》句子七十余条，分布于今本处甚为匀称，故唐以来本子即与今本接近③。第三，《周易参同契》著录于正史虽较晚，只能说明官方收藏情况，但该书自问世以来，私家著述却不绝如缕，有所提及。④ 第四，唐以来，官修史书对《周易参同契》一般均有著录。如《旧唐书·经籍志》丙部五行类："《周易参同契》二卷，魏伯阳撰，《周易五

---

① 潘雨廷、孟乃昌：《周易参同契考证》，中国道教协会1987年编，第21页。
② 孟乃昌、孟庆轩辑编：《万古丹经王——〈周易参同契〉三十四家注释集萃》，华夏出版社1993年版，第3—4页。
③ 潘雨廷、孟乃昌：《周易参同契考证》，中国道教协会1987年编，第21页。
④ 孟先生举的例子有：三国虞翻（164—223）撰《易注》九卷，亦曾注《周易参同契》。根据在于唐陆德明《经典释文》有："易字下曰：'虞翻注《参同契》云，字从日月。'"而今本《参同契》确有"日月为易，刚柔相当"句子；晋葛洪《抱朴子·遐览》有《魏伯阳内经》，似即《周易参同契》；北齐颜之推《颜氏家训·书证篇》有："参同契以人负告为造"，今本多作"吉"，这是指《参同契》四句庾辞隐"魏伯阳造"四字那一段；南梁陶弘景《真诰》卷十二有注："《易参同契》云，桓帝时上虞人淳于叔通受术于徐从事……"；唐刘知古《日月玄枢篇》有：'刘子曰：道之所秘者，莫若还丹；还丹可验者，莫若龙虎；龙虎之所自出者，莫若《参同契》焉。"；《道藏》托名阴长生注本与容字号无名氏注本，过去重视不够。陈国符以《唐书·地理志》等考订此书二本为唐本（孟先生还以唐代有关丹书的内容对此两种《参同契》注进行考证，证明其为唐本）。以上内容见潘雨廷、孟乃昌《周易参同契考证》，中国道教协会1987年编，第21—24页。

相类》一卷，魏伯阳撰。《新唐书·艺文志》五行类：魏伯阳《周易参同契》二卷，又《周易五相类》一卷。《宋史·艺文志》沿之而扩大。郑樵《通志·艺文略》始别立《参同契》一门，载注本一十九部三十一卷等。五代及其以后，彭晓、朱熹、陈显微、储华谷、俞琰、陈致虚、蒋一彪、朱元育、张文龙、仇兆鳌等注本更是层出不穷，不绝如缕①。

结合上述诸先生的考证，我们认为《周易参同契》并不是伪书，其主体的内容应是出自于汉代，与汉代流行的黄老学和金丹道教有关。至于今本《周易参同契》在内容和结构上存在重复，甚至自相矛盾的地方，许多学界前辈都作出了说明。如宋元时期的俞琰认为《周易参同契》可能不像彭晓所说是由魏伯阳一人所作，徐从事，淳于叔通可能对之进行笺注，这些笺注的文字有可能被渗入《周易参同契》本文，造成经文出现了一些结构上的混乱；明杜一诚在俞琰之说的基础上，开始将《周易参同契》进行内容的重新分类，以四言为魏伯阳之经，五言为徐从事之注，《赋》、《乱辞》及《歌》为《三相类》，乃淳于叔通之补遗；潘雨廷先生基本以四言为魏伯阳作，五言及《赞序》可能为徐从事所作，"五位相得而各有合"为《五相类》的内容，可能为魏伯阳晚年所作（也可能为淳于叔通所作），而乱辞的文风与四言经不类，则可能为淳于叔通所作；孟乃昌先生也认为《周易参同契》四言、五言、骚体、鼎器歌，可能分属不同作者。他说："关于《周易参同契》的作者，也应说几句话。若干时间以来，基本以魏伯阳为作者，彭晓本的序言尤为力倡。如前所述，经考证得知容字号无名氏和托名阴长生注本实早于彭晓。而这两本的序言均提出徐从事据古经写《契》，授淳于叔通，后又传魏伯阳。这与唐代《日月玄枢篇》的提法一致。从《契》文有'八石正纲纪'和'八石弃捐'不同，'始文使可修，终竟武乃陈'和'首尾武，中间文'不同，可证《契》非出自一人之手。而'委时去害……'的庚辞，嵌有'魏伯阳著'，可能有一部分四言句就是魏伯阳写的。而五言句、三言句是徐从事，淳于叔通写的。内容表明，五言句实为经，四言句为传。古代传统认识《诗经》是四言句，后来才有'古诗十九首'等五言韵文，故有人认为《契》四言为经，

---

① 详见潘雨廷、孟乃昌《周易参同契考证》，中国道教协会1987年编，第21页。

五言为传，这是将文字传统不适当地推衍了所得出的结论。"① 萧汉明先生则肯定《周易参同契》的五言句为《参同契》，四言句为《五相类》，它们的作者均为魏伯阳。《周易参同契》的结构变迁有四个阶段：第一阶段约当后汉末至两晋，《参同契》（五言句）、《五相类》（四言句）各自为篇。第二阶段，南北朝至隋唐，《参同契》二卷、《五相类》一卷。第三阶段，隋唐之际，《周易参同契》上、中、下三篇。第四阶段，明以后出现以四言句为经、五言句为传的《古文参同契》②。

总之，虽然我们不能说今本《周易参同契》的内容和结构形式完全等同于后汉时代的《参同契》，甚至也不能说后汉时代的《参同契》就已经采用了《周易参同契》这一书名，但就今本《周易参同契》的主体内容来讲，它们均完成于后汉时期。在这一点上，诸位专家的意见是基本一致的。我们也正是在这个意义上讲，《周易参同契》可以确定为汉代金丹道教的作品。

二 《周易参同契》标志着道教易学的确立

对于《周易参同契》与《易》的关系，朱熹有一说明："按魏书，首言《乾》、《坤》、《坎》、《离》四卦橐籥之外；其次即言《屯》、《蒙》六十卦，以见一日用功之早晚，又次即言纳甲六卦，以见一月用功之进退；又次即言十二辟卦，以分纳甲六卦而两之。盖内以详理月节，而外以兼统岁功，其所取于《易》以为说者如是而已。初未尝及夫三百八十四爻也。今世所传火候之法，乃以三百八十四爻为一周天之数，以一爻直一日，而爻多日少，则不免去其四卦二十四爻，以候二十四气之至而渐加焉。"③ 认为《周易参同契》一书对于《周易》，尤其是汉易的卦气说、纳甲说以及卦、爻的阴阳变异原理用于道教的丹道修炼。将易学的原理用

---

① 孟乃昌、孟庆轩辑编《万古丹经王——〈周易参同契〉三十四家注释集萃》，华夏出版社1993年版，第5页。

② 详细内容见萧汉明、郭东升《〈周易参同契〉研究》，上海文化出版社2001年版，第38—40页。

③ 朱熹：《周易参同契考异》，《道藏》第20册。又：本书所引用道教经典，如注明见《道藏》某某册某某页，均以文物出版社、天津古籍出版社、上海书店出版社1988年版《道藏》为准。此后不再出说明，第131页。

于道教的丹道修炼为什么是可能的，正如《周易参同契》所说："大易情性，各如其度。黄老用究，较而可御。炉火之事，真有所据。三道由一，俱出径路。"即所谓《周易》之道、黄老之道、炉火之理，三者可以相参相同，其究为一，故名之为《周易参同契》。事实上也正是如此，在《周易参同契》中，《易》的原理脱离开其在汉易经学中的原有形式，被用来解释道教炼丹的理论，无论其内容还是意义，都与汉代经学易有着差异。因此，《周易参同契》确立，可以意味着道教易学的确立。

如前所述，朱伯崑先生较早提出"道教易学"的概念。他认为："《参同契》的易学，是为炼丹术服务的。但它创建了道教解易的系统。"① "从易学史的角度看，此书以《周易》中阴阳说，特别是汉易中的卦气说，解释炼丹术，标志着汉易发展的另一倾向，成为后来道教易学的先驱。" "《参同契》的一大特征是以阴阳五行学说解释炼丹术中的化学知识，标志着阴阳五行说发展的一个新的方向。但汉代阴阳五行学说，又是同易学的发展联系在一起的。从孟京易学到《易纬》，到郑玄、荀爽解易，都吸收了阴阳五行学说，进而发展了汉代的阴阳五行学说。在这种情况下，魏伯阳则将阴阳五行学说，归之为《周易》的系统，从而把《周易》奉为炼丹术的理论基础。"② 朱先生认为《周易参同契》为道教易学的先驱，《周易参同契》将汉易的阴阳五行说和卦气说等作为炼丹术的理论基础，因之而形成了独具特色的道教易学思想。《周易参同契》将易学与道教炼丹术进行结合，主要体现在两个方面："一是以阴阳变易法则解释丹药的形成；一是将汉易中的卦气说，发展为月体纳甲说，解释炼丹的火候。"③ 汉易京房之说以及《易纬》以坎离两卦为《周易》六十四卦变易的重要依据，而《周易参同契》则法之以坎离两卦来解释丹药的形成；《周易参同契》的月体纳甲说亦来自京房易学以及《易纬·乾凿度》，其内容含六十卦纳甲、八卦纳甲和十二消息卦说，此说的目的在于说明炼丹

---

① 朱伯崑：《易学哲学史》上册，北京大学出版社1986年版，第235页。
② 同上书，第214、215页。
③ 引自朱伯崑先生《易学哲学史》上册，北京大学出版社1986年版，第216页。朱先生认为，从易学哲学的领域看，《周易参同契》主要讲了这两个问题。其实从《周易参同契》中表现出来的道教易学思想，也应该就是这两个方面。

的火候①。

　　王明先生著《道家与道教思想研究》中有《〈周易参同契〉考证》一篇。此文对于《周易参同契》为何引《易》理来解释炼丹有所说明。王明先生说："《周易参同契》，东汉魏伯阳撰。其书名盖仿图纬之目，犹《易纬稽览图》《孝经援神契》之类也。五代彭晓《周易参同契通真义·序》云魏伯阳'博赡文词，通诸纬候'。明陆深曰：'魏伯阳作《参同契》本之纬书。'朱子云：'《周易参同契》魏伯阳所作，魏君后汉人，篇目盖放纬书之目，词韵皆古，奥雅难通'。……魏君既通诸纬候，其论作丹，何以不采《尚书》《春秋》，而独冒《周易》为称，盖亦有故。"② 原因有这么几个方面：其一，如《黄氏日钞》所说，这是炼丹术"附会《周易》，以张大粉饰之"。其二，炼丹主要依靠的是阴阳两元素的配合变化，要法阴阳变化之义，故要以讲阴阳之大义的《周易》为取法对象。王明先生引俞琰《周易参同契发挥·序》："《易》之为书，广大悉备，有天道焉，有人道焉，有地道焉，仁者见之谓之仁，智者见之谓之智，千变万化，无往不可"、"以天道言，则曰日月，曰寒暑；以地道言，则曰山泽，曰铅汞；以人道言，则曰夫妇，曰男女"，王明先生认为，凡此日月铅汞男女等，无非比喻而已。要其义不外阴阳之变化。阴阳两元素之配合变化，正是《参同契》用之以说明作丹者，故《参同契》引《易》而不是《尚书》、《春秋》来解释炼丹术。③ 王明先生还认为，《参同契》从汉易中吸纳了纳甲说，以言一月火候之进退；以十二消息说通一岁之火候；以六虚说坎离之运用；以卦气说论炼丹之火候等，以说明《周易参同契》与汉易的关系。由此，我们也可以看出从《周易参同契》中反映出来的道教易学的内容及理论的特色。

　　孟乃昌先生认为，"《周易参同契》以《周易》为总的指导思想。《周易·系辞下》说：'《易》之为书也，广大悉备；有天道焉，有地道焉，有人道焉。兼三才而两之，故六；六者，三才之道也。'《周易·说卦》也说：'兼三才而两之，故易六画而成卦；分阴分阳，迭用柔刚，故

---

① 以上参见朱先生《易学哲学史》上册，北京大学出版社1986年版，第216—233页。
② 王明：《道家与道教思想研究》，中国社会科学出版社1984年版，第242页。
③ 同上书，第242、243页。

易六位而成章。'《周易参同契》有：'上察河图文，下序地形流，中稽于人情，参合考三才。'亦即《参同契》遵循《周易》，前者运用后者的基本思想于天、地、人。"①认为炼丹不是孤立的行为，而是要与天地相参。天地人三才的思想是《周易》的重要思想，孟先生认为《参同契》吸取了《周易》的这个思想，来构建其道教炼丹的理论体系。

萧汉明先生曾经探讨过《周易参同契》中易学的主要特征，认为《契》中易学的第一个特征，是以乾坤坎离四卦建构天地的结构模式；《契》中易学的第二个特征，是效法《易》的天地之数以成《契》数；《契》中易学的第三个特征，是以乾卦六爻之象模拟月相的死生盈亏，以阳气盛衰升降之说补纳甲法纯用阴历之不足；以八卦纳支法与六十四卦更值讲炼丹的火候。如此等等。对于《周易参同契》作为一部炼丹著作，为什么热衷于"假借爻象以论作丹之意"，萧先生也作了探讨：首先，《周易参同契》准三圣遗言，歌叙大《易》之道。是因为大《易》之道，效法天地媾精而拟其万物化生之理，《周易参同契》认为这是一个具有普遍意义的道理，故首创乾坤坎离体用之说，以像宇宙的动态结构，并推而至于人本、鼎炉，以及万事万物；其次，《周易参同契》假《周易》爻象，以摹写无形之形容。《周易参同契》认为，对于无法观察到的天道的运行变化，除了《周易》爻象之外，人们无法找到更好的表叙手段；再次，《周易参同契》认为大《易》、黄老、炉火三道由一，同出异名②。

我们可以看到，前辈学者对于《周易参同契》所创立的道教易学的理论的特色以及为什么《周易参同契》要引《易》入道，已经作出了较为详细的论说。由此，我们可以说，《周易参同契》标志着道教易学的确立。

第三节　道教易学的分期及基本特征

道教易学自形成后，经历了几个发展阶段。在每一个阶段，由于历史

---

① 孟乃昌、孟庆轩辑编：《万古丹经王——〈周易参同契〉三十四家注释集萃》，华夏出版社1993年版，第410—411页。

② 详细内容见萧汉明、郭东升《〈周易参同契〉研究》，上海文化出版社2001年版，第86—102页。

背景不同，所关注和要解决的社会问题各异，从而在不同时期和不同阶段，形成了具有不同特色的道教易学思想。下面我们简单地对道教易学的分期及其基本特征作一个梳理，以见其发展的一般线索。

一　早期道教与易学的关涉

早期道教，一般认为，以太平道、天师道和金丹道为代表。太平道的主要经典是《太平经》，天师道的早期经典是《老子想尔注》，而金丹道教的著作可以《周易参同契》作为重要的代表之一。前面我们已经分析过，道教易学以《周易参同契》作为其确立的标志。接下来，我们简略考查一下《老子想尔注》、《太平经》中是否有与道教易学相关联的内容。《老子想尔注》据唐玄宗《道德真经疏外传》、杜光庭《道德真经广圣义》所载，作者为东汉张道陵；唐陆德明《经典释文·序录》存《老子想尔》二卷，注称"不详何人，一云张鲁或云刘表"。此书已佚，只是敦煌残抄本一件基本保存了原书的上卷。饶宗颐先生据此而整理成《老子想尔注校证》一书，由上海古籍出版社1991年出版。《老子想尔注》吸收《周易》谦卦的思想，以之解《道德经》，认为"道意谦信，不隐身形剥，是其效也"。[①]"谦曲后令明，非虚语也；恐人不知，故重申之。"[②]对《周易》中提及的"河洛"，以之为受命君王的图谶，其曰："国不可一日无君，五帝精生，河洛著名，七宿精见，五纬合同，明受天任而令为之。"[③]

我们再来看《太平经》。《太平经》又名《太平清领书》，共约一百七十余卷，现《道藏》本只残存五十七卷。著名道教学者王明先生据相关资料辑校补遗，成《太平经合校》一书，基本恢复了《太平经》之原貌。《太平经》以阴阳五行为天道之准则，强调顺应天道之阴阳五行以治世、养生，就能建立起一个理想的"太平"世界。太平道及《太平经》之所以能在东汉后期迅速崛起，并对国家的政治生活和民众心理产生重要影响，形成道教早期的重要的教团——太平道，亦不是偶然的。东汉后期

[①] 饶宗颐：《老子想尔注校证》，上海古籍出版社1991年版，第12页。
[②] 同上书，第30页。
[③] 同上书，第37页。

的外戚和宦官的轮流掌权，使得社会矛盾日益尖锐，民不聊生，国家处在危机四伏的动荡之中，如何引领社会走上正轨，或者说，怎样将现实社会的种种黑暗消除，建立起一个理想的社会，是时代提出的一个问题。太平道以一种宗教信仰的形式来回答这个时代的问题。它认为现实世界是不合理的，是注定要灭亡的，所谓"苍天当死，黄天当立"，黄天即"太平世界"。"太平世界"之所以能取代现实世界，主要就在于现实世界的不合理和"太平世界"的合理。而"太平世界"的合理，除了它具有宗教理想的性质之外，亦有其理论的根据。这个根据就在于，"太平世界"是合于天地之道的、是顺应天地阴阳五行之则的。而在汉易中，阴阳五行的思想是其中的一个重要的内容，故《太平经》亦对汉易的思想进行引进、加工，以构成其道教教义的思想体系。这就是为什么《太平经》中亦有着丰富的道教易学思想的原因。①

《太平经》重视人与天地阴阳的相合。在《合阴阳顺道法》一节中，作者提出："故顺天地者，其治长久。顺四时者，其王日兴。道无奇辞，一阴一阳，为其用也。得其治者昌，失其治者乱；得其治者神且明，失其治者道不可行。详思此意，与道合同。"②认为道即一阴一阳，以道治国则昌，不以道治国则乱；统治者顺天地、四时之规律来进行统治，就能国家长久兴盛；与道合同，必须探究一阴一阳变化的规律。《庄子》认为"《易》以道阴阳"，故《太平经》与《周易》在理旨方面是一致的。

《太平经》对阴阳关系的考察过程中，重视阴阳的相和。在《名为神诀书》一节中，作者提出："故纯行阳，则地不肯尽成；纯行阴，则天不肯尽生。当合三统，阴阳相得，乃和在中也。古者圣人治致太平，皆求天地中和之心，一气不通，百事乖错。"③又云："天下凡事，皆一阴一阳，乃能相生，乃能相养。一阳不施生，一阴并虚空，无可养也……圣人者象阴阳，阴阳者象天地以治事，合和万物，圣人亦当和合万物，成天心，顺

---

① 尹志华博士在台湾《宗教哲学》1997年7月第3卷第3期发表有《道教易学的发端——〈太平经〉述要》一文，较早从阴阳说、五行说、八卦方位说、十二月卦说等方面对于《太平经》中的道教易学思想作过阐发。

② 王明：《太平经合校》，中华书局1960年版，第11页。

③ 同上书，第18页。

阴阳而行。"① 阴阳相和的方法之一为"乐","夫乐于道何为者也？乐乃可和合阴阳"②。

　　阴阳的变化，有其内在的规律。阴阳或消或长，表现出刑与德两种不同的属性。而"刑德者，天地阴阳神治之明效也，为万物人民之法度"③。《太平经》以汉易的十二辟卦来论阴阳的刑德，其云："是故十一月内怀一德，一群众入从。十二月内怀二德，二群众入从。正月内怀三德，三群众入从。二月内怀四德，四群众入从。三月内怀五阳盛德，五群众贤者入从。四月内怀六德，万物并出见，莫不扰扰，中外归之。此天明效法也。二月八，德与刑相半，故二月物半伤于寒，八月物亦半伤于寒；二月之时，德欲出其士众于门，刑欲内其士众于门，俱在界上，故二月八月万物刑德适相逢，生死相半，故半伤也。子今乐知天地之常法，阴阳之明证，此即是也。"④ 在汉易中，十二消息卦代表一年十二月、二十四气和七十二候的变化，这即是象数易学中有名的卦气说，卦气说以卦的阴阳奇偶之数的变化解释阴阳两气消长的过程，认为得其序则治，失其序则乱，因其序而前知，如此而已。《太平经》吸收了汉易卦气说的这个思想，将阴阳两气的消长看成是天道的主要内容，并以刑德的属性来对之进行规定，重德而不重刑，认为德治强于刑治。"今人不威畏不可治，奈何乎哉？然古者圣人君子威人以道与德，不以筋力刑罚也。不乐为善，德劣者反欲以刑罚威警以助治，犹见去也。夫刑但可以遗穷解卸，不足以生万物，明扰扰之属为其长也。今使人不内附，反欺诈，其大咎在此。"⑤《太平经》对于《周易》十二辟卦的运用，在于释社会治乱之因，并如何才能由乱及于治等社会问题，在这个过程中，应重德而不重刑，这是对汉易卦气说内容的进一步发展。

　　重德不重刑，实际上就是重阳不重阴。在现实中，何谓阳，何谓阴？《太平经》云："天之格分也，阳者为天、为男、为君、为父、为长、为师，阴者为地、为女、为臣、为子、为民、为母。故东南者为阳，西北者

---

① 王明：《太平经合校》，中华书局1960年版，第221—222页。
② 同上书，第13页。
③ 同上书，第105页。
④ 同上书，第107页。
⑤ 同上书，第107—108页。

为阴。"① 阴阳是彼此制约的关系，阴制阳则乱，阳制阴则治。故"天之格谶，东方者畏西方。是故天地开辟以来，王者从兵法，兴金气，武部则致君之象无气。火者大衰，其治凶乱。真人欲乐知天谶之审实也，从上古中古到于下古，人君弃道德，兴用金气兵法，其治悉凶，多盗贼不祥也。是故上古圣人深知天固法，故不敢从兵革武部以治也。帝王欲乐长安而吉者，宜按此天谶，急囚断金兵武务，而急兴用道与至德，以象天法，以黍皇天之心，以长厌绝诸奸猾不祥之属也，立应不疑也。"②"又天谶格法，东南为天斗纲斗所指向，推四时，皆王受命。西北属地，为斗魁，所系者死绝气，故少阴太阴土使得王，胜其阳者，名为反天地，故多致乱也。"③ 但是，这里又出现了一个问题，即在《易》之中，南方为阳，反得巽、离、坤三个阴卦，北方为阴，却得乾、坎、艮三个阳卦，这又是怎么回事呢？《太平经》对此也作了解释："《易》者，乃本天地阴阳微气，以元气为初。故南方极阳生阴，故记其阴；北方极阴生阳，故记其阳；微气者，未能王持事也。故《易》初九子，为潜龙勿用，未可以王持事也，故勿用也。此乾，但以元气之端首耳。"④ 就是说，东南仍然为阳，西北仍然为阴，《易》之所以南方阳位反得巽、离、坤三个阴卦，北方阴位反得乾、坎、艮三个阳卦，原因在于《易》以"元气之端首"来论卦之方。南方本为阳之极，阳极则生阴，故《易》南方之阳位反得巽、离、坤三个阴卦，北方为阴之极，阴极则生阳，故《易》北方之阳位反得乾、坎、艮三个阳卦；同样，东南为地户，西北为天门，亦是同样的道理："然门户者，乃天地气所以初生，凡物所出入也。是故东南，极阳也，极阳而生阴，故东南为地户也。西北者为极阴，阴极生阳，故为天门。"⑤《太平经》对《说卦》中八卦方位说的难通之处进行了创造地发挥，因为《说卦》所谓"震，东方也"，"巽，东南也"，离"南方之卦也"，"乾，西北之卦也"，坎"正北之卦也"，"艮，东北之卦也"等等，按汉代流行的五行方位，南方为火，位之以离卦，北方为水，位之以坎卦，但《易》

---

① 王明：《太平经合校》，中华书局1960年版，第271页。

② 同上书，第268页。

③ 同上书，第272页。

④ 同上。

⑤ 同上书，第227页。

以乾为老阳，坤为老阴，南方阳盛，就应为老阳乾卦，北方阴盛，就应为老阴坤卦，这样看来，阴阳的位置似乎不太顺当。《太平经》的作者发现了这个问题，并运用阳极变阴，阴极变阳的理论来对之进行调和，较好地解决了这个矛盾。《太平经》对《周易·说卦》之八卦方位进行过阐释，其目的在于以对阴阳消长的规律作出说明。而人君如果能深知天地表里阴阳之气的消长，兴阳气，抑阴气，便可以常垂拱而治，无复有忧。

总之，作为早期道教重要经典的《太平经》中，有着丰富的道教易学思想，《太平经》引《易》入道，利用汉易的卦气说、八卦方位说、阴阳五行纳甲、纳支等理论形式，目的在于论证道教的教义和信仰。这是在东汉后期社会矛盾日益加深的情况下，人们力图寻求在现实中创建一个理想社会的强烈愿望以一种宗教理论的形式表现出来的结果。尹志华先生认为，"《太平经》运用易学主要是为了阐述其政治哲学主张，而从《周易参同契》开始，则开辟了另一条道路，即运用易学来阐明道教的内、外丹修炼方术。"① 尹先生的这个观点准确地指出了《太平经》中的道教易学与《周易参同契》中的道教易学的不同特点。不过，道教易学的建立还是应以《周易参同契》为开端，因为《太平经》对汉易的运用基本还是处于局部的、零星的、不系统的状态，而真正系统地运用汉易的思想论道教的信仰和教义，建立起真正意义的道教易学，还应首推《周易参同契》。

二　魏晋南北朝道书中的易学内容及其特征

道教易学史上有一个问题对于后人来说是一个难解之谜：即在东汉后期，《周易参同契》确立了道教的解易系统，但进入魏晋南北朝之后，《周易参同契》的道教解易系统不论是在道教内还是在道教外，似乎都相对沉寂，没有得到更进一步地阐发。对于其原因，一些学者也进行过探讨。我们认为，《周易参同契》作为汉代黄老道思想的一个重要代表，其命运应该和汉代黄老道的兴衰联系在一起。

汉代黄老道教的兴衰，与时势是紧密关联的。汉初之所以实行以黄老

---

① 尹志华：《道教易学的发端——〈太平经〉述要》，台湾《宗教哲学》第3卷第3期（1997年7月），第155页。

思想治国，主要目的在于休养生息，恢复和发展被长年战乱所严重破坏的生产力；西汉发展至武帝时，其时、势与汉初相比已经有了根本的不同。此时，西汉国势达到极盛，为了更好地维护国家的稳定，巩固边疆，创造一个和平的发展环境，以促进生产力的更好发展，迫切需要加强中央集权的政治统治。汉武帝于此时不再以黄老思想作为治理国家的主导思想，而是适时地实行"罢黜百家，独尊儒术"的政策。究其原因，一则在于儒学的经世特色有利于维护中央集权的政治统治，从而能为生产力的发展创造一个相对稳定的社会环境；另外也是出于政治斗争的需要。因为一些地方诸侯王以黄老制谶，有可能削弱中央的集权。故武帝后，黄老思想经历了一个相对沉寂的时期。

东汉前期，光武中兴，亦面临战乱后的重建问题，黄老道思想在这种情况下有可能重新被统治者所重视，得到一定的发展。在东汉中后期，黄老思想又成为反抗腐朽、黑暗的宦官和外戚专权的重要武器，这从汉末的黄巾大起义，可以得到证明。黄巾大起义失败后，统治者深惧黄老思想，故而具有黄老特色的《周易参同契》，可能在当时也受到一定的压制。因此，进入魏晋南北朝之后，《周易参同契》的道教解易系统不论是在道教内还是在道教外，似乎都相对沉寂，没有得到更进一步地阐发。

从易学的发展史来看，由于汉代象数易学的日渐烦琐和神秘化，在经历了两汉的充分发展后，至魏晋时期，汉代象数易学走向了它的反面，被以王弼以代表的玄学易所取代。这种取代，不仅是学风由烦琐趋向简易的变化，并且所讨论的理论话题也有着重大的改变。由于受佛教传入的影响，理论界逐渐抛弃了对汉代天人感应问题的讨论，进而将关注点转向了探讨现实之后的本体问题。这个学术的转向，有其内在的社会、政治原因。从东汉中后期开始，一直到三国两晋南北朝，中国的社会政治生活总是处于动荡和不稳定中。要探究造成社会动荡和不稳定的原因，离不开对现实的社会政治制度的检讨。制度的好与坏，当然必须通过社会的实践来评判。但对于一项制度形成的根据和原因的探讨也很重要，一项好的制度，其形成原因和机制是什么，一项不好的制度，为什么它是不好的。对于这些问题的思考，必然引导人们去探讨现象和事物背后的决定性的因素是否存在、如何存在、它是什么等问题。在这一点上，佛教认为现实世界是虚幻不实的、本体的世界才是真实的这一重视对现象背后的本体进行思考的理论思路的价值就自然而然地流行起来。魏晋玄学吸收了佛教重本体思考的理论思路，适应时代的需要，对有无本末问题，对名教与自然问题进行了重点的思考，这个思考是通过对《老》、《庄》、《易》三玄之学的阐发来进行的。在这种大的时代背景之下，汉易的象数学似乎已经被玄学易所超越。《周易参同契》主要就是结合汉易象数学来论道教的炼丹，因汉易象数学在魏晋时的命运，也直接影响到《周易参同契》在魏晋时期的发展。因玄学的话语系统成为当时的主流文化，《周易参同契》不合时宜的汉易象数学话语系统不为时代所重，故不能不相对地沉寂。

对于《周易参同契》在魏晋南北朝的相对沉寂，卢国龙先生较早进行了探讨。他说："奇怪的是，《参同契》的丹道理论，在隋唐以前几乎没有引起什么注意，而这时候信仰金丹神仙的道士，却又正在寻找已经被写在《参同契》中的丹道理论。这是一种很奇怪的历史现象，也许是道教史上的一个谜。"[①] 为什么《周易参同契》在魏晋南北朝时相对沉寂，其原因何在？卢先生进一步认为："晋南北朝道教丹术对于技术层面的重视，掩盖了对于理论层面的应有关注。"[②] 即晋南北朝道教的金丹家过分重视对于炼丹的技术的探究，而忽略了对炼丹的原理的理论思考，因此，《周易参同契》所讲的炼丹理论也就得不到道教教内外的认可。

应该承认的一个事实是，《周易参同契》不是魏晋六朝时期的显学，但这并不意味着，它就没有影响。当时的一些重要文献对它还是有所提及的，如葛洪的《抱朴子》、《神仙传》，陶弘景的《真诰》，颜之推的《颜氏家训》等。同时，在魏晋南北朝，道教易学仍然有所发展，其主要的特征是，魏晋南北朝的道教易学更为重视对《周易》神化和信仰化。这和《周易参同契》利用汉易构造一套炼丹的理论体系的特点有所不同。卢国龙先生认为："对于《易》，道教还在信仰和文化传媒方面发挥了极为重要的作用。"[③] 他以《周易》的八卦信仰为例，认为《易纬·乾凿

[①] 卢国龙：《论唐五代道教的生机观》，陈鼓应先生主编《道家文化研究》第11辑，三联书店1997年版，第85页。

[②] 同上书，第86页。

[③] 卢国龙：《道教易学论略》，陈鼓应先生主编《道家文化研究》第11辑，三联书店1997年版，第86页。

度》"太一取其数，以行九宫"；东汉郑玄注此句认为"太一者，北辰之神名……四正四维，以八卦神所居，故亦名之宫"等反映的是流行于两汉的太一、八卦之具象信仰。而这种对于《周易》八卦的神化和信仰，自魏晋玄学易兴起后是否依然流传，不太为人注意；但在魏晋南北朝的一些道经中，对此有更明确的叙述。卢国龙先生说："道教的《老子中经》，约成书于魏晋或更早。其中说：'太一君有八使者，八卦神也。太一在中央，至总阅诸神，案比定录，不得逋亡。八使者，以八节之日上对太一。''八卦天神下游于人间，宿卫太一，为八方使者，主八节日上计校定吉凶。'又有《自然真一五称符》，是古灵宝经之一种，其中也谈到八卦神，如谈'灵宝在东方，为香林馆，其真人一人（名）精进，字敬首，治震卦，其神字建刚'等等。""八卦信仰还体现在道教的斋醮科仪中。魏晋南北朝时，道教斋醮科仪的主流——灵宝斋法形成，其斋坛建置，外坛用长短纂围成八门，分别开在四正和四维的方向，门上悬八卦榜。位于四维的巽、坤、乾、艮四宫，通用黄书黑榜，四正位的震、离、兑、坎四宫，则题宫随五方色，底色取五行相克，如木克土，则东方震宫用青书黄榜，余此类推。八卦榜各题六字，如东方为'震宫洞青之气'等。这种建置，在唐宋时依然是通行的定制。宋以后，醮祭逐渐代替斋法，坛场也因而以设立神位为主，八卦榜的建置遂少见。""同样与八卦信仰有关，道教的重要法器镜和剑，也铸有八卦卦象，并有铭文以释其义。"[①] 魏晋南北朝的道教对《周易》的理解和运用，更多的是采取神化和信仰的方式，这是它的一个基本特征。神化与信仰这种形式本身虽然理论性并不强，即其理论本身谈不上深刻，但却有着系统化和理论化的模式，已构成了一套理论化的体系。这是魏晋南北朝道教引《易》入道，阐发其教义和信仰的重要形式。卢国龙先生认为："道教的八卦信仰中实有其对于《易》道的理解，传播信仰的同时也就传播了《易》道。"[②] 卢先生所言甚是。

[①] 以上所引见卢国龙先生《道教易学论略》，陈鼓应先生主编：《道家文化研究》第11辑，三联书店1997年版，第18—20页。

[②] 卢国龙：《道教易学论略》，陈鼓应先生主编：《道家文化研究》第11辑，三联书店1997年版，第21页。

三 隋唐道教易学与丹道理论

隋唐时期，道教得到了较快的发展，《周易参同契》的影响也逐渐加大。新、旧《唐志》已有对《周易参同契》的记载；在唐代，直接出现了关于《周易参同契》的两种外丹注本，即托名阴长生的注本和容字号无名氏的注本；在当时的很多炼丹的著作中，直接称引《周易参同契》中句子的情况较为普遍①。如《道藏》珠帙《诸真论还丹诀》引青霞子《赞魏伯阳参同契》："魏君三卷《参同契》，于中一一言真谛。子细说还丹，还丹事不难。制时何所似，黄白如鸡子。小小一事中，乾坤法象同。"②唐玄宗朝，有绵州昌明县令刘知古著《日月玄枢论》，其云："且道之至秘者，莫过还丹，还丹之近验者，必先龙虎。龙虎所自出者，莫若《参同契》。"③为什么隋唐之后，《周易参同契》的影响会逐渐增大？这一时期道教与易学的关联如何？我们对此作一简略分析。

从思想史和道教史的发展角度看，受佛教中观"有无双遣"思想以及魏晋玄学思想的影响，六朝后期至隋唐时期，道教中有"重玄"学派的兴起。所谓"重玄"学派的"重玄"，取自《老子》首章所云"玄之又玄"，并以之而开宗明义。唐代道士成玄英、李荣是"重玄"学派的重要代表。成玄英《道德经义疏》释《老子》"玄之又玄"句云："有欲之人唯滞于有，无欲之人又滞于无，故说一玄，以遣双执。又恐行者滞于此

---

① 任继愈先生主编《中国道教史》列举了唐代的一些炼丹术著作，如《通幽诀》、《张真人金石灵砂论》等都征引《周易参同契》。《张真人金石灵砂论》"释还丹篇"引有当时流传歌谣的一首："故谣曰：'紫云顶上生，白虎含真气，自外闲文书，不及《参同契》。'"《中国道教史》还列举了著名诗人白居易《寻郭道士不遇》诗一首："郡中乞假来相访，洞里朝元去不远。看院只留双白鹤，入门唯见一青松。药炉有火丹应伏，云碓无人水自舂。欲问《参同契》中事，更期何日得从容。"（《白香山诗集》卷17）；另有大诗人李白写《草创大还赠柳官迪》一诗，基本是《周易参同契》丹道理论的缩写："天地为橐籥，周流行太易。造化合元符，交媾腾精魄。自然成妙用，执知其指的。罗络四季间，绵微无一隙。日月更出没，双光岂云只。姹女乘河车，黄金充辕轭。执枢相管辖，摧伏伤羽翮。朱鸟张炎成，白虎守本宅。相煎成苦老，消炼凝津液。仿佛明窗尘，死灰同至寂。陶冶入赤色，十二周律历。赫然成大还，与道本无隔。白日可抚弄，清都在咫尺。北斗落死名，南斗上生籍……"等。以上均引自任继愈先生主编《中国道教史》，上海人民出版社1990年版，第400—402页。

② 转引自任继愈先生主编《中国道教史》，上海人民出版社1990年版，第401—402页。

③ 《全唐文》卷334，上海古籍出版社1990年版第2册，第1496页。

玄，今说又玄，更袪后病。既而非但不滞于滞，亦乃不滞于不滞，此则遣之又遣，故曰玄之又玄。"李荣《道德真经注》释"玄之又玄"说："非有无之表定名之曰玄，借玄以遣有无，有无既遣，玄亦自丧，故曰又玄。"[①] 重玄学比玄学更进一步，玄学兴起的原因在于探究现象后面的本体的需要，以求得为现实制度和生活立法的功效，它一般是在有与无的范畴之内来讨论问题的，在其虚无、逍遥的学风中有着浓烈的现实关怀的情感在其中。重玄学虽也是为了求证最终的本体，但这个本体在确立的过程中，排斥任何的规定性，既不"贵无"，亦不"崇有"，也难说就是"独化"；其用来论证本体的方式、方法主要是"否定"。仅就学术思辨的水平言，相对于魏晋玄学，重玄学有了长足的进步。但重玄学的目的主要并不在于为现实的社会制度立法，不是为寻求现实制度的根据而建立，它侧重于引导人们去除对现实的执与滞，直接契入本体。应该说，道教重玄学更近于佛教中观学的出世主义，而与道教一贯重视现实教化的传统有所背离。

　　尽管从思想本身的发展看，从对宇宙生成本原的考察，过渡到对现象背后的本体的考察，再到诸多对本体思考中的心性本体的凸显，这个过程涵盖了对于世界的形成、世界的本质，人与世界的关系等重要哲学命题的思考，呈现出人类在哲学思考理路上的进步和哲学内容的丰富和发展。但是思想反作用于现实的功效性的大小，毕竟是人们在进行思考时必须要顾及的功利性原则。重玄学直接开启了道教义学的心性之路，这是道教在魏晋南北朝和隋唐时期儒、释、道三教互融互摄的大的思想背景下，寻求自身发展的一个新突破，其功效性当然不容抹杀。但随着重玄学的发展，其"绝对否定"的方法论原则越来越构成对道教传统"重现实教化"宗风的破坏。而现实教化不仅表现在要因应、体察现实制度和生活以立教宗，还表现在哲学思考上，应建立起现实与本体之间建设性地、实在地联系，而不能仅用绝对否定的方式来论现实与本体，这样容易使得现实与本体之间隔绝，从而使现实与本体裂为两截。《周易参同契》就其本文而言，是以汉易的卦气说、阴阳五行说、纳甲之说结合黄老思想和道教炉火炼丹的理

[①] 成玄英、李荣注语，转引自任继愈先生主编《中国道教史》，上海人民出版社1990年版，第256页。

论而形成的。汉代象数易学认为宇宙的发生、发展是有规律的，这就是天道；天道不离阴阳消息，阴阳消息的规律可以《周易》卦爻变化的规律来表征；《周易》卦爻的变化反映的是天道的内容，现实的一切无非是阴阳消息作用的结果，掌握阴阳消息的规律，就能认识天道的规律。隋唐以来，道教各家在对《周易参同契》注释的过程中，以汉易的卦气说、阴阳五行说、纳甲说等等为基础，认为《易》体现了天地之道，人法天地之道能修成还丹，与天地同在；更重要的是能认识天道规律、驾驭现实，沟通天与人。这对于恢复道教传统的重现实教化的宗风，在理论上更有价值，在实践中更有实效性。因此，尽管从隋唐一直发展到宋，道教重玄学仍然有所建树，但与此同时，以阐发《周易参同契》的天人思想为重要内容的道教丹道之学开始崛起并趋于兴盛。而唐宋时期，思想比较自由、宽松，道教的地位也相对比较高，因而也不容易出现汉以后的那种情况，即政府和社会对《周易参同契》产生任何不利于其发展的种种偏见。

　　对于《周易参同契》在唐代能成为道教中的一门显学，卢国龙先生较早对此作过精辟分析。他认为："《参同契》之所以在唐代成为道教中的一门'显学'，一个重要的原因，可能是金丹神仙的长期无验，需要对其原理进行探讨。"① 这种对金丹原理的探讨，为什么能导致《周易参同契》而不是别的什么道教丹经成为一门显学呢？卢先生对此也作了分析。他说："《参同契》作为一部丹经，其独特之处正在于引申发挥了《周易》的天道原理，与专言药物方剂、操作程序的丹经不同。""《参同契》对于《周易》原理的运用，使它在炼丹术的形式和神仙信仰的方式下，承传了中国文化所固有的天道观念，成为元气生成论和宇宙生机观的一大载体。"② 卢先生从中国传统文化的大背景来着手考察，认为儒道文化在渊源上是同一的，都承认宇宙的基本原理是元气生成。《易·系》所谓"天地之大德曰生"，《老子》所谓道生德蓄之"玄德"，从原理、信念到应用，都渗透着中国文化的一个根深观念：宇宙间洋溢着生气，生机流转，造化无穷。人得天地钟秀之气而最灵，能体悟宇宙生机的动跃流转，因应

---

　　① 卢国龙：《道教易学论略》，陈鼓应先生主编《道家文化研究》第11辑，三联书店1997年版，第13页。
　　② 卢国龙：《论唐五代道教的生机观》，陈鼓应先生主编《道家文化研究》第11辑，三联书店1997年版，第76—120页。

自然进而驾驭自然。道教的信仰体系和修持炼养方法都建立在《易》、《老》的这种元气生机论的原理基础之上，而在众多的丹经中，《参同契》对此元气生机论的原理阐发是非常突出的。因此，金丹术在实效性和技术操作层面存在的问题，促进道教界进一步思考金丹的原理，以期从理论上取得某种突破，寻求道教金丹发展的新路径。这是唐代时《周易参同契》从众多丹经中脱颖而出，成为显学的一个起因。更重要的是，卢先生认为，唐代佛教以缘起论、性空论、佛性论等冲击着中国传统文化中的元气生成论思想，而这个思想是道教信仰得以成立和道教修持得以进行的一个重要基础。道教必须要巩固这个基础，以期获得生存和发展的空间。《周易参同契》作为元气生成论思想的一个重要的代表，必然受到道教界的重视。这也是唐代时《周易参同契》从众多丹经中脱颖而出，成为一门显学的一个更重要的原因。①

对于唐五代道教外丹内容的主要特征，卢国龙先生结合《周易参同契》的道教易学思想，将之概括为三个方面，即"鼎室中自是一天地"的宇宙观、"元精眇难睹，推度效符证"的阴阳本元论及其运思方法、"修丹与天地造化同途"的火候说及五行返生说。隋唐五代道教易学的宇宙观，认为宇宙的造化发生在天地间，炼丹的造化发生在炉鼎间，《周易》之乾坤两卦反映出来的义理，是对这两个造化体系的同理概括；隋唐五代道教易学的阴阳本元论，以道教炼丹的药物铅与汞与宇宙天地的阴阳精气相比拟，如道经《大还丹鉴》所说："铅汞合天地之元纪，包日月之精华……论大丹唯一阴一阳之道，即合天地机也；一金一石谓之丹，亦天地合也。"② 铅汞是天地日月的精华，其性一阴一阳，天地生生与道教的合丹均不离一阴一阳，引《易》理入说丹理，并将丹术提升到天地生成之道的高度去理解；隋唐五代道教易学还以《易》之卦气说论还丹的火候思想；改造汉易的阴阳五行说，提出五行返生说以论还丹之理。卢先生所概括的上述三个方面的外丹理论的独特内容，也即是隋唐五代道教易学的主要特征。

---

① 以上观点引自卢国龙先生《论唐五代道教的生机观》，陈鼓应先生主编《道家文化研究》第 11 辑，三联书店 1997 年版，第 76—120 页。

② 无名氏：《大还丹鉴》，《道藏》第 19 册，第 345 页。

对于这三个方面的特征，我们还可以给予一些资料上的说明。如对于以修丹之理与天地造化的变化之理进行比拟。似出于唐代的《太清元极至妙神珠玉颗经》，认为人之生成，与天地阴阳五行、四时八卦之运行变化同理，因此人之修炼，亦与天地造化同途。此书所述丹道之诀，其周天符火进退与《周易》卦爻变化是相配合的。唐代丹经《通幽诀》认为道生阴阳，阴阳生五行，五行合而为还丹，还丹之理同于天地造化之理；唐五代丹经《陶真人内丹赋》认为修道者法天地阴阳之两仪，取象《周易》八卦，混阴阳之变化，顺日月之厘度，交媾水火，降伏龙虎，九还七返，可成还丹；原题阴长生注的《金碧五相类参同契》，陈国符先生《道藏经中外丹黄白术经诀出世朝代考》认为出自唐代，此书假乾坤坎离、日月阴阳、四象五行、金石卦爻，以言道教的丹道修炼。上述这些丹书之所以讲炼丹还要结合天地之理来进行论述，反映出隋唐道教的炼丹术和东晋葛洪和南朝陶弘景时的炼丹术相比已有了重大的不同。炼丹的技术当然还是关注的重点问题，与此同时，对炼丹进行理论的论证逐渐成为更为重要的关注点。《周易》天地人三才之道以及《周易参同契》合大易、黄老、炉火言丹道的传统在隋唐五代得到继承和发扬。天道与丹道的同一，使得道教炼丹的过程成为和天地造化同途的过程，炼丹的意义，不仅是求得长生不老，更重要的是求得人与天道的合一。

隋唐道教丹经还以《周易参同契》所载汉易象数学的理论形式，如卦气说、阴阳五行说、纳甲说等，论天地造化的节序，并以之描述道教丹道的火候。《周易》卦爻符号的变化被用来表征天道阴阳消息进退的信号，修道之人法此而行，就能与天地合，与大道通。这里面也暗含了这么一层意思在里面，即道教丹道的修炼节序同于天地造化、生人生物的节序。这个观点，在道教中人看来，是丹道修炼的一个重要前提。如题玄和子撰的《玄和子十二月卦金诀》，以《周易》十二消息卦与十二月、十二时辰相配，根据卦爻阴阳变化及寒暑推移，确定炼丹时间与火候进退，以《周易》卦象与炼丹火候相配，这是本之于《周易参同契》。题魏伯阳撰的《大丹记》[①]、唐人金竹坡撰《大丹铅汞论》、题金陵子述的《龙虎还丹诀》等书均言外丹，以汞象《周易》之离卦，以铅象《周易》之坎卦，

---

① 此书《崇文总目》、《通志·艺文略》均著录，疑为隋唐人所伪托。

真铅真汞为日月之精华,炼之可以成丹。不题撰人的《龙虎元旨》认为炼丹须依阴阳消息、五行生克之理,应六十四卦以分药物铢两,依十二月阴阳消长而定煅炼火候,就能合天地之大道,以成还丹。《太清修丹秘诀》中有《坎离二用法》,以坎离成既济、未济两卦,两卦相配,成六爻纯阳之体。《橐籥子》中有《八卦系象指明》,以日时、月象、八卦、五行、五味、五色、雌雄等相配成图,以明金丹之道。如此等等。

四 宋元明清道教易学流派的孳乳

宋元时期一直到明清,道教易学得到了极大的发展。这一时期,道教易学出现了各种不同的流派。这些流派运用《周易》的原理,分别对道教教义的某一个方面展开论述。如从唐五代肇始的道教易图学,以易图的方式对天地生成之理和节序以理论化方式进行说明,为道教的修丹实践服务。道教易图学主要是以易图的方式来表达道教对宇宙生成问题的看法和态度所形成的道教易学的流派。《道藏》中有相当一部分关于道教易图学的经文,如五代彭晓著《周易参同契鼎器歌明镜图》,是较早用图的形式结合《易》之理来论道教的丹道修养的道教丹经。此后,五代、北宋著名道士陈抟著《龙图易》,提出龙图三变,成"河图"、"洛书",又提出无极、先天诸图,以易理述道教的丹道理论。这些图式就其内容而言,主要是为道教丹道的修持提供理论的论证,而修丹之理同于天地生成之理,由此,道教易图学的内容中对天地生成之理的探讨占了非常重要的一部分。陈抟在宋代易学和道教中的地位是非常重要的。从易学上讲,宋代易学的图书学派如刘牧、朱震,数学派如邵雍,甚至义理学派的程颐等,都受过陈抟的影响。从道教的角度讲,陈抟上承钟吕金丹道教,下启张无梦、陈景元等北宋著名道士,是道教丹道由外丹转向内丹过程中的一个非常重要的承上启下式的人物。

陈抟之后,道教易图学不断得到发展。不题撰人的道经——《龙虎手鉴图》,经文中"匡"字缺笔,出于宋。经首列有 图,以干支、《周易》八卦、五方配以水银、白银、黑银、朱砂、黄土及青龙、白虎、烧铅、煮汞等,示天道周天流转之序次以及人法此秩序而修丹之火候的问题。南宋王道《古文龙虎经注疏》书末附录《攒簇周天火候图》、《金火相交生药图》,论丹道火候与天道周行的关系。南宋道士萧廷芝撰《金丹大成集》，书中首列无极、天心、玄牝、既济、河车、周天火候、大衍数等图像。此书首列之无极图，即北宋周敦颐《太极图》，其说引周氏《太极图说》，论内丹返还之理。萧道存著《修真太极混元图》，内载十六幅图，有三才定位图、天地阴阳升降图、日月弘望图、真五行交合传送图、匹配阴阳胎延迟居图等。南宋道士王庆升撰《三极至命筌蹄》，首列图像。有奇偶、无极、太极、两仪、四象、八卦、皇极、混元三宝、九宫用中，十干纳甲等十七幅图，大抵假借《周易》卦象义理以论内丹性命之道。又著《爱清子至命篇》，内附稽后天四象图、安炉立鼎图、排符进火图、九转成功图等。金侯善渊撰《上清太玄九阳图》，全书计十九图，分三部分，第二部分乃以八卦配月象，教人"神功运移，如环无端；八卦布列，不失于节用"。约成书于金元间，题超然子王吉昌所撰的《会真集》主要论述内丹道法，卷一为图说，内载太极图、五行生数图、四象生八卦图等十余幅图，阐述太极、五行和八卦运行变化之数为主旨，以供内丹修炼者取法。对于五行八卦生成之数，解释精详。认为五行生数始于水，其数一，其色黑，乃乾元之始，八卦之宗，即金丹之本也。炼丹者呼吸升降、采炼抽添、周天运转等，皆须合于阴阳顺逆之数。元初道士雷思齐撰《易图通变》，以《老子》入说《周易》河图、洛书，他另著有《易筮通变》一书。元代俞琰《易外别传》中列举太极图、先天图、先天六十四卦直图、地承天气图、月受日光图、八七九六图、水火金木图、乾坤交变图、坎离交变图、屯蒙反对图，既济未济反对图，万殊一本图等。俞琰以此为"易外别传"，以区别于儒家的经学易。元陈致虚《上阳子金丹大要图》，书中有《太极图》、《太极分判图》、《先天太极图》、《后天太极图》、《金丹九还图》、《金丹七返图》、《金丹五行图》、《太极顺逆图》、《金丹四象图》、《金丹八卦图》等，将易理与丹道相融，以太极顺逆为本，谓太极为阴阳之本始，阴静阳动而顺生万物；修丹者若逆其道，使阴阳相交，五行颠倒，返还太极，则续成大丹。题"嗣全真正宗金元岩编，嗣全真大痴黄公望传"《抱一函三秘诀》，书言内丹修炼之旨。以宋儒图书《易》学及张伯端内丹学理论论炼丹，书中有先后天八卦图、天地五十五数图、造化生成之数图、五行颠倒之图、坎离互用之图、元气始终阴阳升降图等十余幅图。明代全真道士王道渊著《还真集》，以易图论金丹妙旨。如《五行变化图》、《大道心易图》、《朝屯暮蒙图》、《周天火候图》等，以易图的形式对心、玄、中等重要的内丹概念进行解释。又以《周易》河图五十五数明颠倒阴阳之理，假屯蒙卦象示火候进退之则。倡性命双修之旨，认为心虚无欲之时则内观以养性，动而阳生冬至癸生时则行火候以复命。明四十三代天师张宇初撰《岘泉集》，第一卷所收杂著有《太极释》、《先天图论》、《河图原》等篇，以宋儒周敦颐、邵雍之易说明老庄之道等。至于清代，有乾嘉学者的蜂起。他们中的一些人，如毛奇龄、黄宗羲、黄宗炎、胡渭、朱彝尊等为了全面展开对宋明理学的清算，努力探究宋易图书易学之源，并将之归于道教的炉火炼丹之术。认为宋明儒者以道教讲炉火炼丹术的所谓的图书之学看作为比文王、孔子的易学更早、更高明的易学形式，这是颠倒事实和无知的。他们并要求将图书易学从经学易中剔除出去，使之不能紊乱文王、孔子《周易》圣经。乾嘉学者对图书易学所作的考据，对于揭示图书易学与道教的关系，有着重要的学术价值的。但他们以门户之见，竭力排斥图书易学，没有看到图书易学，尤其是没有看到道教图书易学对整个易学的贡献，没有看到图书易学对中国哲学天道观的承传和发展的作用，因此也就没有能够正确地评判图书易学（包括道教图书易学）在宋明哲学史、易学史和道教史上的地位和贡献。我们认为，道教图书易学，并不是单纯地讲道教的炼丹技术，更重要的是探究道教炼丹背后的更深层次的天道理论依据的哲学问题。这个问题如果联系整个宋明思想发展的历程一起来看的话，当是有非常重要的意义的。正因为道教图书易学探究的是天道运行的法则和规律，以指导道教的炼丹。故《道藏》中亦收有儒家学者的一些易图学著作，如北宋刘牧的《易数钩隐图》、《易数钩隐图遗论九事》，元初鲍云龙的《天原发微》，元代张理《易象图说》等。还包括不署撰人的《大易象数钩深图》、《周易图》等。这些易图学著作对于天道理论的阐发和道教炼丹理论的发展都有指导意义，《道藏》编纂者不计门户，均将之收录进来。我们简单罗列了一些有关宋元明清等与道教易图学相关的学术大家及其著述，于其中，我们可一窥宋金元明清道教图书易学发展的概貌。

在宋元明清道教易学中，易学内丹学是其中的一个重要流派。何谓易学内丹学？易学内丹学首先是内丹学，而内丹学又是相对于外丹学而言的。以炼制外丹为修炼方法的道教流派统称外丹派，对外丹炼制进行理论方法的论证，构成外丹学。外丹学从东汉后期魏伯阳著《周易参同契》，到东晋葛洪著《抱朴子》，以及魏晋南北朝的《太清金液神丹经》、陶弘景《养性延命录》、《真诰》，再到隋唐大批讲外丹的道教经文的出现，如《太清石壁记》、《黄帝九鼎神丹经诀》、《石药尔雅》、《铅汞甲庚至宝集成》以及托名阴长生注《周易参同契》等。内丹学则是在外丹学发展的基础上确立起来的道教学术形式。内丹学采用外丹学的术语，将丹道理论中具有重要意义的鼎器、药物、火候等落实于人身之中，以人身的丹田为修持的鼎器，以人身的精气神为修炼的药物，以修炼过程中修炼者的意念和呼吸的调节为火候，由此形成的道教修持的理论体系，即是内丹学。内丹学中，由于修持理念和修持方法所侧重的方面各不相同，形成了不同的流派。如对性命关系从不同角度思考，有先性后命和先命后性的不同，由此形成了创于金元时期中国北方的全真北派，此派创始人为王重阳及其弟子马钰、谭处端、刘处玄、丘处机、王处一、郝大通、孙不二等，强调以"识心见性"为目标，同时辅以精气的修炼，此为"先性后命"的内丹学说。北宋张伯端强调"先命后性"，此后石泰、薛道光、陈楠、白玉蟾将之光大，成内丹学南宗。如对内丹修炼之药物的不同认识，产生了内丹的清修思想和男女阴阳双修的思想差异。如此等等。易学内丹学主要是通过借助于《周易》之理来论道教内丹学的鼎器、药物、火候以及人性与道性等问题，在这个过程中所形成的道教内丹学流派，我们即称之为易学内丹学。它主要是通过注释、阐发《周易参同契》思想的形式来确立自己的理论体系，当然也有抛开《周易参同契》，直接从《易》理的某个方面来论内丹修炼理论的情况。较早开启易学内丹学的是唐五代发展起来的道教钟吕金丹派，其代表性的著作，如《秘传正阳真人灵宝毕法》、《钟吕传道集》、《西山群仙会真记》等丹经著作中，已有用《周易》卦象、易理论说内丹理论的情况。宋元明清各个时期，易学内丹学都有其代表性的人物和著作。如北宋丹经《真人高象先金丹歌》推崇《周易参同契》为"万古丹经王"。在宋元时期，著名的《周易参同契》注有映字号无名氏《周易参同契注》，南宋道士陈显微《周易参同契解》，储华谷《周易参同契》注，宋末元初学者俞琰的《周易参同契发挥》，元代陈致虚的《周易参同契分章注》，还有朱熹撰《周易参同契考异》等。很多学者、道士通过注释《周易参同契》，建立起道教的易学内丹学。此外，很多学者和道教界人士虽然没有直接注解《周易参同契》，但他们也援用《周易》原理以论内丹修炼的理论。这部分的内容虽然比较零散，但亦是道教易学内丹学的重要组成部分。如北宋张伯端著《悟真篇》、《金丹四百字》等丹经，将丹理与易理进行对照。宋代丹经《修真历验钞图》、《紫元君授道传心法》认为内丹功法须依规则，要用十二月火候管十二时，配十二位，行九宫，象八卦，合五行，凭自然之气而成道。《龙虎中丹诀》言内丹功诀，其中有卦式三首，所谓周天式、复卦式、姤卦式，以坎离交媾喻日月交媾，以成还丹。北宋道士洞元子撰《洞元子内丹诀》，《通志·艺文略》著录。其正文分玄元篇、坎宫篇、离宫篇、既济篇、未济篇等二十一篇。大意假阴阳之说及《周易》卦象解释内丹。以一阴一阳为大道，真铅真汞为丹药。从采药归炉至交媾既济，沐浴脱胎，始终皆依阴阳相生相制法则，按八卦相荡盈缩之度，符易道变化进退之机。南宋陈楠撰《翠虚篇》，认为周天卦数、昼夜时刻，无非是指周身精气流行之变态。《许真君石函记》吸收《周易参同契》阴阳五行、卦爻变化之说，以及《阴符经》三才互盗之理，以论炼内丹之理。《上乘修真三要》卷下收入《周易参同大道》、《乾坤体用正道》等十二篇章，每章皆有卦象、图、词、诀，论述内丹原理及功法。元初道士李道纯著《中和集》、《清庵莹蟾子语录》、《全真集玄秘要》、《三天易髓》等书，以《易》、佛、老相融通，倡三教合一，认为易道广大悉备，以之学佛则佛，以之学仙则仙，以之修齐治平则修齐治平，并以《周易》卦理解释内丹火符。儒释道三教同源于太极，并以道之金丹、佛之圆觉与《易》之太极并论以天道。明清时期，道士陆西星撰《方壶外史》，内有《周易参同契测疏》、《周易参同契口义》；清中叶道教龙门派第十一代传人刘一明撰《周易阐真》、《孔易阐真》、《参同直指》、《周易注略》、《三易读法》等书，以天道与易道并论，以易理参天地万物之理和丹道之理，对易学内丹学进行了总结。

宋以后，道教易老学发展到一个新的阶段。易老学是以《周易》卦爻变异的节序性、规律性的思想结合《老子》天道自然的道体观共同对世界和事物作出说明的理论体系。易老学的理论特质在于将宇宙生成论和宇宙本体论进行结合，形成一有体有用的理论体系。我们举宋王元泽、程大昌论《易》、《老》的关系，来看易老学的特征何在。我们先看北宋王元泽解《老》的一段话："夫无者名天地之始，而有名者万物之母……有无之变，更出迭入而未尝离乎道，此则圣人之所谓神者矣。《易》曰：无思也，无为也，寂然不动，感而遂通天下之故。此之谓也。盖昔之圣人常以其无思无为，以观乎妙，常以其感而遂通天下之故，以观其徼。徼妙并得，而无所偏取也。则非神其孰能与于此哉？然则圣人之道，亦可见矣。观其妙所以穷神，而观乎徼所以知化。穷神知化，则天地之道岂有以复加乎？虽然，观乎妙者，惟以穷神而已，而非所以为神也。若夫神则未尝离乎此二者……呜呼，老子之言可谓协于《易》矣。然而卒不能与孔孟并者，何也？盖圣人之于道，未尝欲有所言也。凡所以言者，皆出于应天下之变，而为中才之不知者言耳。以其道虽有无并载，而及其言也，务详于有而略于无。盖《诗》、《书》、《礼》、《乐》、《春秋》之文，皆所以明有。而及其所谓无，则独《易》尝言之而已。然其说也，又必寓之爻象象系，吉凶悔吝之间，而使世之学者，自上观之则见其详乎事物而得其所以有，自下而观之则见其外乎器用而得其所以无。所以贤者观之愈有以自信，而愚者窥之亦不至乎疑而得也。"① 王元泽认为《老子》无欲观妙，有欲观徼，徼妙并得，这与《易》之"穷神知化"是相通的，《老子》之言与《易》相协。但儒家经书务详于"有"而略言于"无"，如《诗》、《书》、《礼》、《乐》、《春秋》，皆是如此。《易》虽然言于无，也还寓之以爻象象系，吉凶悔吝，使人从形上的道体层面能见器用之详，而从形下器用的角度又能窥道体之无。《老子》言无，只得其体，而不得其用；儒者言用而体在其中，所以老子不能与孔孟并。

宋程大昌曾著《易老通言》。对于《易》与《老》的关系，他说："是故《易》之肇言大道也，亦虑乎世人不知本末之相须矣，于是合道器以为一初，而随所形见以名其出也，故其形见而上者则名之曰道，形见而下者则名之曰器。上下云者，尤曰一物之内有升而在上，降而在下者，且非可析升降以为两体也。火之在薪也，其上腾而虚者为焰，下著而实者为炭。焰炭也者，正从一火而分升沉焉。若曰上腾而焰者为火，其著下而炭者不得为火，则人人知其谬误也。此于道器上下之喻，最其切近而易见者也。《老子》祖《易》以言道，而皆变其称谓。故道器之名转为有无，而

---

① 刘惟永、丁易东：《道德真经集义大旨》，《道藏》14册，第69页。

上下之名变为妙徼。"①《易》以形而上者谓之道，形而下者谓之器，但道器并不是两物，而道亦器，器亦道。《老子》所言有无、妙徼正同于《易》之所谓道器。"若使老氏始循《大易》本语，仍用《大易》故名，而正为之言曰：吾其尊道而卑器，吾其运道以役物也，则人将不复疑议矣。惟其变道器以为有无而人不知乎无中悉尝蕴有也。故贵无之语，闻者或不以为然。试于读《老》之际，以道易无，以无想道，则无之可贵，其理自明，其释自释矣。"②程大昌认为，《老子》贵无，是有其道理的，因其无已蕴含有在其中。虽然贵无，但此无并不是虚无，而是道器一体之道。大家能认同道尊器卑，道以役物的观点，同样就能认同《老子》贵无的观点。"《易》分有无则道器两语而已，而《老》之有无等级则甚多也。自无以上，有玄有又玄，乃为众妙之门，而常无者，特可循以观妙而已。若夫总众妙而出之，则必属乎又玄也。自玄以及又玄，即上乎道而为自然者是矣。自然云者，莫之为而为，其在天下自宾自化、自正自富，而不知帝力何有者，是其效也。故老氏而敢鄙薄圣智者，主此地以驾其高也。由道将为德……自此而出为天地造化、为仁义礼智信则皆德矣。而五常之中，每一德者又自分上下也。上德之品既极乎上，而又有深于此之上德者焉，则又加玄以冠其上而曰玄德也。牝之玄牝，同之玄同，览之玄览，亦其类也，则名虽在德，而其实已入乎道矣。其详如此，故言六经《论》《孟》者，率来资焉，信非苟为虚尊也。试举孔孟谈仁之一端，以与《老》语对明，则知儒语虽有分际，而其所立等级，未及如老氏之察也。盖孩童之爱其亲，与并井而救赤子，固皆可名以仁矣。而九合一正者，乃反未得确名为仁也。此在孔孟虽有分际，而亦未暇明立等则也。至于博施济众，推之可极于圣，而子贡尚疑其未能充尽仁理也，为其等级差少而未达者，不能确定其则故也。故六经、《孔》《孟》必资老氏者，盖皆类此也。此非抗老而抑儒也，老语主无，故能于道等加详也。若易地而观，则儒语之详于涉世者，至老氏而又疏略之甚也。……若夫老氏之无，其当资藉六经之有者，则又人人知之，不论可也。"③程大昌认为《易》

---

① 刘惟永、丁易东辑：《道德真经集义大旨》，《道藏》14 册，第 76 页。
② 同上书，第 77 页。
③ 同上。

只言道器，而《老子》的有无概念层次极多，有玄，有又玄，有道，道还有自然，即便是论器物之德，亦能臻于形上之境。所谓"名虽在德而其实已入乎道矣"，就是如此。因此，六经、《论》、《孟》应资以《老》，以《老》之道体的多层次性和丰富性来补儒。当然，儒详于涉世而《老》疏略之，故两者需要互补。

从宋代学者对《易》、《老》两者关系的认识，我们可以看出，《易》《老》互补互训不仅显得必要，而且是可能的。这种《易》《老》的结合就产生了宋代的易老学。其实，在历史上以《易》《老》互训互补的思想产生的比较早，比较著名的当属魏晋的王弼。卢国龙先生比较关注《易》《老》互补互训的问题，并以之作为贯穿道教易学之始终的一种特色。卢先生说："以《易》《老》相发明，可谓是贯穿道教易学之始终的一种特色。""从《参同契》参合《易》《老》而言丹道，到宋元之际的李道纯讲内丹修持而以《易》《老》为群经之首，历代道教学者都在这个方面有所创获。"① 《易》与《老》为什么要互补互训呢？卢先生说："《易》《老》两经的运思理路有所同，皆推天道以明人事，复因人事以鉴天道，但《老子》重言天道之自然，《周易》重言天道之有序。经此同异详略互显，使《易》《老》之间构成一种优势互补的关系。"② 也就是说，以《老》补《易》的必要性是因为《老子》重言天道之自然，而《周易》重言天道之有序，以《老》补《易》，可以确立道的形上性、遍在性与个体性、有序性的合理统一；而以《易》补《老》也是很有必要的。卢先生认为，《老子》哲学特质在于"明体"，在切入现实的达用方面有其薄弱之处。而《周易》的有序性思想及其可操作性，正可以补《老子》之失，可以"达用"。

上面谈及，宋代儒家学者认为《易》《老》互训互补是必要的。那么道教学者对此问题是一个什么样的看法呢？正所谓"英雄所见略同"，道教学者亦认识到《易》、《老》互补的重要性。如元代高道李道纯统合儒、释、道三教，兼宗《易》《老》，提出"道本至无，易在其中"；"易也、

---

① 卢国龙：《道教易学论略》，陈鼓应先生主编《道家文化研究》第11辑，三联书店1997年版，第7页。

② 同上书，第9页。

象也,其道之原乎;常也、变也,其易之原乎";"圣人所以为圣者,用易而已矣,用易所以成功者,虚静而已矣"等重要的道教易老学的观点。这些观点都是为道教的宗教修持和实践服务的。因此,所谓道教易老学乃是将《周易》卦爻变化的节序性、规律性的思想与《老子》论道体的自然无为思想相结合,将道体的虚无自然看作是具象个体变化的本质,而具象个体变化过程中表现出来的规律性和节序性又是虚无自然道体的内容和显现,道体不离个体变化之用,个体变化之用显现道体的内容,从而以体用的方式贯通道体与器用,沟通形上与形下,为道教修持确立形上的本体的依据,也为形上的道体奠定形下的现实的、物质的基础。除李道纯外,宋元道教易老学的代表还有道士牧常晁,他的代表作为《玄宗直指万法同归》,中有《无极太极图序》,认为儒释道三家同一太极、同一性理,认为无极是纯是理,有是理而后有是气,理气混沌,是名"太极",太极生三才立万物,理气为性命之本。无极是太极之真无,太极是无极之妙有,真无为性命之始,妙有为气命之始。大道以无为体,以有为用。体用归一,理气相依,有无动静而成变化之道。合《老》之道体与《易》之变异论理气体用、有无动静,为道教易老学的发展作出了贡献;元代道士邓锜,其代表作为《道德真经三解》,其中亦有丰富的道教易老学思想。他以《周易》解《老》之道德,认为道就是天地大道,此天地之道原始返终,有其数与理,此数理与《周易》卦爻变化之理若合符节;而所谓德,则包括乾坤交索,颠倒水火,东金西木,一动一静等等,由修此德便能进而与道相合。

为什么宋以后,会在道教中重新兴起道教易学,并发展出道教易图学,易学内丹学和道教易老学等多种道教易学的流派?对于这个问题,需要结合道教史来进行考察。我们认为,每个时代的情境不同,欲解决的问题也各异。宋元道教易学的基本精神是对重玄之学和外丹学进行批判性的理论反思。外丹的失败,使得人们转而向内探求,于是有了道教内丹学的兴起。内丹学的理论基础是"修丹与天地造化同途",人法天地之理进行修炼,可以达至与天地齐寿。对于天地变化之理的考察,自然就要把注意的目光转向《周易》。因此道教与《周易》的结合就有了内在的契机。同时,重玄学重以绝对否定的方式试图建立起单一的形上道体的世界,形上之道有与现实裂为两截的危险。要将现实与本体相结合,在理论上要做的工作就是要求得本体与生成的合一，从而既"穷高极远"，又能落到实处。因为光"穷高极远"，在某种程度上，会使得"道"脱离现实，脱离生活，成为一种纯抽象的理念。任何一种理论和信条，当它远离生活，就必然为活生生的生活所淘汰。这样，道教的生命力必然会受到影响。出于对于道教生存和发展的深层考虑，有必要改变重玄学对"道"的单向性的纯形而上的考察。因此，宋元明清道教易学兴起，它是对道教信仰的最高形式"道"进行具体的描述，以期使之能更好体现在形而下的现实中，是对道教的教义思想进行理性的批判和重建。批判是对"道"存在的合理性的依据进行探讨，重建是求得道存在的一种合理模式。使修道能循着一条合理的道路前进。卢国龙先生认为："盛唐前后，道教思想重心由重玄转向内丹，即由抽象的理论思辨转向真性体道的实践修持，学风也由原来以《老》《庄》与佛教中观论疏相发明，转化为以《易》与《老》《庄》相融通，相应地，思想理论则由道物有无之本体论，嬗变为元气生成论。这种理论可以入说于《老》，亦可入说于《易》。陈抟所传学术，当以此纵贯历史视之。至于所谓《易》图，盖旨在探赜造化之机，是对天地生成之理的图式化描摹；内丹则以自身修持体语此造化之理，通达造化之权，是对生成理论的操作性应用。阐发玄言微旨，乃是对这种体用关系的理论性探索。三者圆融一体，代表了中晚唐以来道教思想发展的方向，同时也是一种学术风气以及运思方式。"[①] 卢先生此论可谓精辟。

第四节　宋元道教易学研究的目的和方法

一　为什么要研究宋元道教易学

本论文不是全面地研究道教易学，而只是重点研究宋元时期的道教易学。为什么要重点研究宋元时期的道教易学呢？这是因为，宋元道教易学是道教易学发展最为成熟的理论形态，通过对它的研究，我们可以领略道教易学的丰富内涵。同时，我们认为，无论是从道教史还是从易学史来说，研究宋元道教易学都有着重要的理论意义。

首先，从道教史的研究角度看，宋元道教易学从一个角度映现了道教

[①] 卢国龙著：《宋儒微言》，华夏出版社2001年版，第217、218页。

思想的历史发展，是深入理解宋元道教思想的必然途径。宋元时期，道教的教理、教义思想达到了一个新的发展高度，成为继早期天师道教、魏晋神仙道教、隋唐重玄道教之后的又一成熟的宗教存在形式。宋元时期的道教易学对道教教理、教义的成熟有着突出的贡献。其一，宋元道教内丹学的理论在很大程度上得益于对《周易参同契》的注疏。其二，易老相发明，对构筑道教教理、教义思想，也发挥了重要的作用。其三，道教图书易学以图式的形式来描绘道教的宇宙模式和炼丹模式，丰富了道教的教义思想。同时，宋元时期，道教中研述易学的风气兴盛，相继出现了几位著名的道教学者如陈抟、陈显微、郝大通、李道纯、雷思齐、牧常晁、俞琰、陈致虚等，他们皆通过阐释《易》义以建立其思想体系。通过对宋元道教易学思想逻辑展开过程的考察，有助于理清宋元道教教义思想整个的发展脉络，对考察这一时期儒、释、道三教之间交融互摄的关系也有大的帮助。

其次，宋元道教易学史的研究，对易学史来说，也有意义。我们知道，东汉魏伯阳作《周易参同契》，标志着道教易学的产生。从易学史的角度看，《参同契》对于易理的运用，主要援引孟喜、京房一系的纳甲法、卦气说等，但与孟喜、京房之象数易学"人于讥祥"不同，《参同契》为象数派易学发展了一个新的应用领域，即对汉初以来的炼丹术进行系统的理论阐释和论证，将汉代的元气生成思想理论转载下来，启发宋儒之图书易学，开辟了易学研究的新方向[①]。宋代的图书易学，在道教看来，即是宇宙的生发模式，也是人体的炼丹模式。《易》"推天道以明人事"，宋儒的易学所谓"人事"，侧重于社会、政治等领域。宋元道教易的"人事"，则重在研讨"自然"之理和个体的修炼之事。两者代表了宋代易学发展的不同两个方面，从某种程度上来讲，宋元道教易学代表了宋易发展的一个流向，丰富了宋易的内容。而宋元道教易学作为道教与易学的交叉，属不同学术领域的对话，有助于拓宽学术的视野。

总之，研究宋元道教易学，既对易学史的研究有益，同时也对道教思想史的研究有帮助。它对我们探讨与理解不同学术流派之间的交融互摄的现象必将产生诸多有益的启发；对于我们当前正在进行的关于传统文化的

---

① 此处转引卢国龙先生的观点。

现代转换,也即赋予传统文化以新的时代内容,从而建构起适应时代发展的新的文化体系,也是具有重要价值和意义的。

二 宋元道教易学研究的方法和原则

在讨论宋元道教易学研究的方法和原则之前,我们来看一下以往关于"道教易学"的研究方面存在的几个问题:1. 缺乏整体性。一些学术著作用过"道教易学"这一术语,但对"道教易学"基本没有进行比较完整的整体性研究,往往局限于具体问题的个案性分析,缺乏整体把握。2. 缺乏独特性。卢国龙先生认为,道教易学是援引《周易》义理以阐发道教教理、信仰及修持方法的一种学术形式。在学术的理论的层次上,道教易学和儒家易学是站在不同的领域阐扬同一个经典传统,即同源而异流,表现为两个文化系统。儒家通过阐发易道而力图解决的问题,主要在政治和伦理领域。而道教所关注的主要在探索自然之理和完成其生命意识等方面[①]。所谓道教易学的特色,也就在此。目前有关"道教易学"研究的学术著作和文章,在此注意不够,没能突出"道教易学"的这个特色。3. 研究方法的缺陷。"道教易学"的研究要放在整个道教史和易学史上去考察其意义,要从"史"的角度去找出其内在的理路及发展线索。既要从学术发展的内在逻辑出发,也要从外在的社会、政治背景入手进行研究。现时的"道教易学"研究角度略嫌单一,缺乏对问题进行全方位的把握。

有鉴于此,本论文欲达到以下研究目的:(1)展示道教援易入道的主要方法和途径:以《周易参同契》为载体的道教易学内丹学,道教图书易学,易老学。(2)对宋元道教易学的产生、发展、流变的整个过程提出一个考察的线索。在这个过程中,探讨宋元道教易学对宋元道教思想史和宋元易学史发展的贡献。(3)明确"道教易学"的特质。"道教易学"主要不是对于《周易》文本义的诠释,而是在于援引《易》之大义转而诠释自然之理与修丹的路径和方法。(4)考察宋元道教易学的影响。为达到此目的,本书将采用如下的研究方法:(1)史论结合的方法。以史为线索,在详细占有史料的基础上,抽绎出史料中所反映的一般学术问

[①] 以上观点引自卢国龙《道教易学论略》,陈鼓应先生主编:《道家文化研究》第 11 辑,三联书店 1997 年版,第 7 页。

题,对史料进行理论的升华。(2)历史与逻辑相统一的方法。结合学术史和社会史两个层面来展开对问题的讨论,在此过程中,坚持历史与逻辑的统一。(3)历史文献学的方法。在涉及有争议的学术问题时,坚持以文献为主,让文献说话。

本书上篇重点探讨宋元道教易学内丹学。主要考察南宋陈显微、储华谷以及宋末元初俞琰、元代陈致虚的易学内丹学思想。他们均借助于《周易》之理来论道教内丹学的鼎器、药物、火候以及人性与道性等问题,并主要是通过注释、阐发《周易参同契》思想的形式来确立自己的理论体系。在这个过程中,他们在学术上形成了不同于其它道教内丹学流派的内容和特征,我们称之为宋元易学内丹学。

在本书中篇,我们重点探讨宋元道教易图学。主要考察唐、五代、北宋道士陈抟,金元时期全真道士郝大通,宋末元初道士雷思齐,元代张理的道教易图学思想。他们均以易图的方式对天地生成之理和节序以理论化方式进行说明,以为道教的修丹实践服务。宋元道教易图学以易图的方式表达了道教对宇宙生成问题的看法和态度,是宋元道教易学的一个重要组成部分。

本书下篇重点探讨宋元道教易老学。重点考察了元代道教学术大家李道纯的道教易老学思想。李道纯将《周易》卦爻变化的节序性、规律性的思想与《老子》论道体的自然无为思想相结合,将道体的虚无自然看作是具象个体变化的本质,而具象个体变化过程中表现出来的规律性和节序性又是虚无自然道体的内容和显现,从而以体用的方式贯通道体与器用,沟通形上与形下,为道教修持确立形上的本体的依据,也为形上的道体奠定形下的现实的、物质的基础。除李道纯外,赵实庵、牛妙传还有道士牧常晁等的易老学思想也构成了宋元道教易老学的重要内容。

上篇　宋元易学内丹学

第一章　陈显微的易学内丹学思想

　　陈显微，字宗道，自号抱一子，维扬（今江苏扬州）人氏。南宋宁宗、理宗时临安（今杭州）佑圣观道士。《道藏》中所收其主要论著有《周易参同契解》、《文始真经言外旨》等。另有《立圣篇》及《显微卮言》并《抱一子书》等书[①]。他"天禀凤颖，洞明性宗"[②]。于嘉定癸未（1223）遇至人于淮之都梁（今安徽省盱眙县都梁山），尽得金丹真旨。宝庆初（1225）来辇下，以慈济心接挽后辈，始得《参同契》，读之迎刃无留疑。已而尽谢朋从，入室修炼者余年，功益深而道益著。时人有以《周易参同契》为伪书者，其弟子王夷以此事询于陈显微并问《周易参同契》之蕴意。于是，陈以其亲履实诣，笔诸训解，经年而成此《解》。

　　陈显微的《周易参同契解》共三卷。明《正统道藏》太玄部若字号收录有此书。书前有《抱一子解周易参同契叙》，正文为《周易参同契解》上、中、下三篇，下篇中有《鼎器歌》一节。书后为《参同契摘微》、《参同契后叙》、《又叙》。其中《摘微》为掺入之文，不知为谁氏所作。此书以内丹解《参同契》，认为载造化之妙理者莫出于《易》，造化即大化流行，它是生生不已的。金丹之道就是效法造化的生生之理，最后求得和造化之道一起生生不息，越数超形，永恒存在。金丹之道和易理相通之处就在于《易》承载了造化的生生之理，金丹之道是践履造化之理而求得生生的永恒。由此，金丹之道便和易理有了内在的贯通。金丹之道和易理的贯通，在陈显微看来，又主要体现在以下几个命题上：（一）

[①]　金华洞元天璧壶道人郑伯谦在《抱一子解周易参同契叙》中说："先生，名显微，字宗道。后隐以少微名，维扬人也。号抱一子。有《立圣篇》及《显微卮言》并《抱一子书》传行于世云。"《道藏》第20册，第271页。

[②]　陈显微：《周易参同契解》，《道藏》第20册，第271页。

"载造化之妙理者莫出于《易》卦"。这是以易道来发明内丹之道的原理。因为内丹修炼主要是通过法造化之道，夺造化之功而成，而大《易》备载造化之道。（二）内丹之道"象乾坤以为体，法日月以为明"，以"乾坤为人身之天地，坎离为人身之日月"。这便通过《易》道，提出了内丹道教修炼的炉鼎、药物以及修炼的方法等重要问题。同时，这也是《易》道"由天及人"、"由人及天"的思路在道教内丹学中的反映。（三）"乾坤升降为候，坎离配合为机"。这是以《易》理来阐述内丹学的火候问题。（四）"大《易》之作本诸大丹"。以金丹之道为《易》道之宗祖，又以《易》道显现金丹之道的原理。陈显微之《周易参同契解》在当时还是产生了相当大的影响。郑伯谦评价此书"言入微而义释，辞不费而理彰，犹蔡墨之辩神龙，和氏之指真玉，丹道有所恃赖矣。"[1] 王夷更是认为："《参同》得先生解而始明，是犹《春秋》之有左传，又得杜预为之释也。"[2]

《文始真经言外旨》按书前序文，其主要内容，是借"三教合一"的口号来阐发道教的义理，其中亦借助了大易之道。"是书也，真所谓剖大化之秘藏，增日月之光明，泄大易未露之机，述楞枷秘密之蕴，即伏羲之本心，尽姬文之神思，探仲尼之精微。"[3] 以易、老、释相参，其中也阐述了对内丹学一些重要问题的看法。因此，我们以这两种书为主，来考察一下陈显微的易学内丹学思想。

第一节　陈显微建立易学内丹学思想体系的缘由

陈显微将易学引入道教，是为了解决一个什么问题？为什么在宋元时期道教和易学会重新建立起密切的联系。[4]从道教发展的历史来看，学术界一般认为有这么几个阶段：即早期天师道、魏晋神仙道教、隋唐重玄道

---

[1] 陈显微：《周易参同契解》，《道藏》第20册，第271页。
[2] 同上书，第297页。
[3] 陈显微：《文始经言外旨序》《道藏》第14册，第691页。
[4] 东汉魏伯阳的《周易参同契》，将汉易改造，引入道教，为道教的炼丹术服务。道教的早期经典《太平经》，对《易纬》的思想也有吸收。这是在宋元之前，道教较早地和易学建立起联系的实例。

教、宋元明清内丹道教。其中，发轫于唐五代的内丹道教，在宋元时期达到了一个发展的高峰。无论是理论方面的探讨，还是修持的方法，以及各种内丹的流派，都趋于成熟和完善。内丹学取代隋唐的重玄之学，成为宋元时期道教发展的主流，有其内在的原因。对这个原因的探讨，有助于我们了解在宋元时期易学为什么被引入道教，为道教所重的问题。

　　道教重玄学是隋唐时期道教发展的主要理论形式。和魏晋玄学一样，道教重玄学的根本问题也是对道体本身进行考察，围绕着道体的"有"、"无"来展开讨论。和玄学的不同之处在于，重玄学的理论基础既有老、庄之学，亦吸收了佛教的中观学和涅槃学的理论。因此，在对"终极的存在——道"进行定性的时候，它不是单纯地讲"有"，也不是单纯地讲"无"，而是讲既非"有"，也非"无"。"非有非无"使得道教对"终极的存在——道"的描述更为精致和圆满。道既非"有"也非"无"，既不肯定"有"，也不肯定"无"，从而使道体能融摄"有"、"无"。这使得重玄学在理论上更为精致了。但重玄学的总体特征是侧重于用思辨的方式对形上的理体进行探讨，即运用概念、命题来对形上的理体进行描述，对形上理体缺乏真修实证。形上的理体在重玄学中，大多数的情况下，只是思维思考的一个对象。而在思维中，一切在现实中可能和不可能的东西，我们都可以将其想象出来。因此，如果说理体圆满无缺之后，紧接着的应该是重点考虑契合理体的现实的修炼方法。没有方法、路径，形上的理体就只能作为可望而不可即的彼岸而存在，现实中的人对之也只能是画饼充饥。这个问题既然已经提出，就需要有一个解决的办法。同时，重玄道教注重向上一路，其对形上理体的过分关注，又妨碍了其对理的分殊，使得重玄道教具有了名士清谈的品位，而与日常生活绝少联系，这必然削弱道教的社会基础。而且对于理体之"用"——形而下的向下一路不甚关注甚至是排斥，道教重生命、重身体、重鬼神祭祀等传统在重玄学中就很难有其位置，道教贴近中国民众的一些卓有成效的宗教仪式、方法，也就成为可有可无的了。还有就是，重玄学用重玄的方法，通过对一系列的概念、范畴的逻辑阐释为道教所构建的精致的形而上的"道"的理论体系，实际上还是没能跳出佛教哲学思辨的巢穴。因为在佛教看来，"有"、"无"有如"般若空"、"胜义有"，都只是方便设教，都不究竟，只有"有"、"无"同归于"寂"，才是大解脱之道。而重玄学对道体的解释，似仍不出佛教思辨哲学之外。

　　成仙的理想追求决定了道教的教义体系必然有"重生"的特点。同时，道教作为一种宗教，无疑也需要对形而上进行思考。这是重玄之学在隋唐时期成为道教中的显学的一个重要原因。但过分侧重对形上世界的单向追问，必然同时忽略一个对宗教来说是非常重要的问题，即对生活世界、经验世界的态度问题。没有了对生活世界的关注，一个宗教就会失去它存在的基础，宗教就不可能进行教化。宋元内丹道教的兴起，是对隋唐重玄道教的一个革新。它要解决隋唐重玄学所没有解决的一些问题，特别是"重生"的问题。由"重生"问题引展开来，又必然要考虑形上之道体与形下的经验世界、生活世界的关系问题，形上之道体与修证此道体的方法问题等。当然，宋元内丹道教一方面要继续对形而上的领域进行探讨。不如此，就会使道教失去超越性。而一个宗教没有了超越性，表现的和世俗的世界没有什么两样，就不能为人的精神生活提供有益的导向。因为人们所生活的世界，总是一个充满着矛盾的世界，现实中的人对这种种的矛盾有不适和反抗的愿望，如果不能在现实中得到解决，就可能转到精神的世界寻求一种解脱。宗教的超越性，可以使信徒得到这方面的满足。但反过来说，一个宗教只有超越性，甚至由于这种超越而导致了对现实社会和生活的厌弃，这就会削弱它存在的社会基础。因此，内丹道教是要建立起一种新的教义思想和修持体系。在这个思想体系和修持的体系中，"重生"是它的基本特征，在"重生"的统摄之下，既要有对形而上的思考，也要有对形而下的经验世界和生活世界的关注。它们之间并非彼此排斥，而是不可分离的。这种不可分离起到了沟通超验的彼岸与经验的此岸的作用，这样"重生"才是现实和可能的。

　　围绕着"重生"这个中心，宋元内丹道教对实证形上之道体的方法，形上之道体与形下的经验世界、生活世界关系等问题进行了多方面的思考，提出了各种各样的解决方案。陈显微的做法是将道之"体"与道之"用"统一起来。既谈理体的"超越性"，也谈显现理体之用的"造化"的"生生不息"。形上理体是修道所追求的目标，法"造化之生生"从而求得"长生"是体道的路径。"生生之谓易"，要讲造化的生生，这就必然要联系《易》。陈显微通过《易》来贯通形上和形下，他说："易不云乎？天下之动真夫一者也。即以事归道者，得之一息之理也；以道运事者，周之百为即能成天下之务，一致而百虑也。"① 陈显微道教易学的内丹学，既讲本体，也讲生成。"以事归道"，这是向上一路，所谓"天下之动真夫一者也"，即万理归于一理。对于此本体，陈显微亦将其认定为"神"。"神"寂然不动，但感而遂通。他认为，要对"神"有所了解，可以通过考察变化之道来实现。他借《易》言"知变化之道者，其知神之所为"来论证他的观点。道虽一，却又分殊在事事物物中，通过"以道运事"，周之百为，即可以达到《易》所说的"一致而百虑"。得道之后，并不是寂灭无所作为。因为"道非时之所能拘，非方之所能拟，即通乎昼夜之道而不疾而速，不行而至之谓也。可以召风雨，待星辰，则风以散之，雨以润之，可谓佑神之谓也。可以易鸟兽，骑凤鹤，席蛟鲸，制鬼神，则精气为物，游魂为变，知鬼神之情状之谓也。可以入金石，即兑为金，艮为石，山泽通气，然后能变化成万物之谓也。可以卜龟筮，即卜筮尚占受命如响之谓也"。② 这是用修内丹所得的功效对《周易·系辞》文进行的解释。修丹的过程，是"以事归道"；丹成即"天下之动真夫一者也"；丹成之后，自然可以伏虎豹、可以入水火，变化万千，这便是"以道运事"，"一致而百虑也"。因此，陈显微的道教易学的内丹学，通过借用《易》理，既找到了法造化生生不息而长生的修道路径，同时，也沟通了形上理体与形下经验世界的关系。这样道教内丹学能够弥补重玄学只重概念推理，不重实证方法；只讲形上理体，不讲经验世界的不足，使道教的教义思想得到了进一步完善。而这也正是陈显微为什么要将《易》学引入道教的重要原因。

同时，道教"重生"的思想是建立在"造化论"的基础之上的。正因为造化是生生不息的，所以"重生"才是可能的。道教内丹学所理解的道，可以通过造化来显示。造化有其妙理，有其机，求道、炼内丹是要窥造化之机，循造化之妙理以盗其用，从而得道成仙。造化论和佛教的缘起论是不一样的。缘起论目的在于求得不缘起的那个寂静本体，它一般将现实的世界看成是一种虚幻，强调要见性成佛，必须修心、修性。造化论则用阴阳五行的理论来说明现实世界，认为现实世界是实有的，且是生生

---

① 陈显微：《文始经言外旨》卷7，《道藏》第14册，第721页。
② 同上。

不息的，其中有运行的规律可循，通过掌握阴阳五行运行的规律，调和阴阳、五行，便可以入道。陈显微在论《文始经言外旨》一书的篇章结构时，对此作了说明。他说：

> 宇者，尽四方上下之称也，故以一宇冠篇首，谓无是宇，则无安身立命之地，道则遍四方上下无不在焉，无是道则天地造化或几乎废矣。故一宇者，道也。宇既立不可无柱，故以二柱次之，柱者，建天地也，天地定位，圣人居中。圣人者，道之体也。圣人建中立极，故以三极次之，三才既立，四象位焉，故以四符次之，符者，契神之物也，故为精神魂魄。五为数之中心，居人之中，故以五鉴居中以明真心能照也。然无形则心无所寓，故以六七次之。七（从上下文看，"七"应为"六"）者食也，食以养形，故形食一体，形久则化，故以七釜次之。釜者，变化万物之器也。釜中不可无物，故以八筹次之。筹者，物也，物物可为药，药可以杂治，故以九药终之。九者，究也，尽也，物至于为药，功用极矣。然药之功复能活人，有复生之理，以明万物皆具是气、是性，可以生物，不逐形尽也，故以药终焉。今将九篇分为三卷，以见自一生三，自三成九之义，至九则复变为一而无穷矣①。

陈显微认为这段文字在说明了《文始经言外旨》一书的篇章结构安排的原理的同时，也回答了道与阴阳五行及现实世界的关系。陈显微认为，道不是"无"，也不是"空"，而是"宇"（即"尽四方上下"的意思）。道是"无"则天地造化不能存在，人也不可能有安身立命之处。道是"宇"，"宇"之立不能离柱。"宇"的两柱是天、地，即阴阳。阴阳造化生生，成人成物。天地定位，圣人居中，圣人能体道而行，建中立极。因此，道不离天地，也不离圣人，天、地、圣人共成三才。三才的阳变阴合生成精、神、魂、魄四象，三才立则此四象位。四象亦指四符，符为契神之物（按上下文，此神即指"道"）。五为数之中心，这是宋代流行的河洛数理派的观点。在人而言，心处身体中部，真心能照，就如同河

---

① 陈显微：《文始经言外旨·序》，《道藏》第14册，第692页。

洛数理以五为数之中心一般。心不离形，无形则心无所寓。食能养形，形久则化。化是在一个具体的地方来展开的，因而又有了变化之器。在这个天地的变化之器中，物物彼此互生互用，于是能尽物之性，尽物之用，这样物物便都可以为药。药有生生之功，可以活人，可以生物。物物都能彼此为药，天地造化就不会停息，万物就有复生之理。因而在道的统率和贯通下，天地万物成一个生生不息的续列。道由造化而显，造化之妙理在于"生生"，"生生"之原因在于阴阳的对待、流行，从而生天生地，生人生物，物物可以彼此为药，通过调和阴阳、五行，又可以入道。因此，陈显微的易学内丹学的理论基础是法造化生生变易之理，以阴阳五行的生克、变化为主要途径来契入道体，是一种造化论。造化论和佛教的缘起论都把世界看成是一个发展的链条，环环相扣，但不同之处在于缘起论认为这个生生的过程是一种假象，必须超出这种假象才能得到形上本体——佛性的"真寂"。造化论则认为，阴阳五行的生生是道的显现，修道、悟道也不能离开阴阳、五行的作用，通过调和阴阳五行，便可入道。"生生之谓易"、"易以道阴阳"，因此，陈显微认为，道教修炼金丹，其理亦和大《易》之理和造化之理同。

总之，陈显微认为，金丹（即内丹）修炼的原理和方法，"是皆性命之秘，间有形于《易》书者。《易》不云乎？非天下至神、至精、至变、至通，其孰能与于此，苟非其人，道不虚行。故曰惟有道之士能为之。圣人欲显诸仁，藏诸用，以尽内圣外王之道。"[①] 内丹学既是建立在讲阴阳五行生生的造化论的基础之上的，那么，将《易》引入道教的内丹学，就是水到渠成的事情了。

第二节　载造化之妙理者莫出于《易》卦

陈显微说："大道形于造化，而造化至难窥测也。苟能窥造化而测其机，则能探道妙而盗其用。非真仙上圣畴克尔哉。古之圣真，仁天下之心不可思议也。既测造化之机，而利诸己。复明造化之妙，而利诸人。在己者固可以心知意会，而示人者非假象托文，将何以发

[①]　陈显微：《文始经言外旨》卷7，《道藏》第14册，第721、722页。

明，使人默而识之乎？于是，仰观俯察于天地之间，而显造化之妙用者莫大乎日月；旁求于经书之中，而载造化之妙理者莫出于《易》卦。而又将日月往来盈亏之迹，校《易》卦爻画变动之理，莫不相参而一致。"①认为大道是通过造化来表现自己的，而《周易》及其卦、爻象就是讲造化之妙理的。修道就是通过窥造化而测其机，从而探道妙而盗其用，修成真仙上圣。

"载造化之妙理者莫出于《易》卦"这个命题表明了陈显微对《周易》一书性质的理解，也表明了他对于《周易参同契》一书性质的理解。他认为，所谓《周易参同契》有两种意思。第一种意思即是指"大易"、"黄老"和"炉火"三道相契。他说："《参同契》之所由作也，谓参大《易》之道，同造化之妙，契大丹之道。"②又释《周易参同契》"三道由一，俱出径路"。一段时说："大矣哉，道之为道也！生育天地，长养万物，造化不能逃，圣人不能名。伏羲由其度而作《易》，黄老究其妙而得虚无自然之理，炉火盗其机而得烧金乾汞之方。是皆仰观俯察，远取近用，或寓于言，或修于身，或托于物，事虽分三，道则归一也。"③它们事虽分三，道则归一，故名《周易参同契》。在第二种意思中，"参"指"三圣"。"三圣"即《汉书·艺文志》所说的"人更三圣"，指《易》的三位作者伏羲、文王、孔子。《周易参同契》指"三圣"之易道是一以贯之的。他释《周易参同契》"宴然闲居，乃撰斯文"一段时说："此书与三圣所作太《易》，意趣大统相合，故命曰《参同契》云尔。"④认为内丹修炼之道与"三圣"所作"大易"的意趣、理旨相同，故此书名《周易参同契》。因此，陈显微认为，魏伯阳所作《周易参同契》，其精髓和实质不离《易》理。"读是书者，务在顺太（大）《易》相参之理，近求诸己，使其间所言神通变化之用，归之于精神心术之微，则入神致用之妙得矣。入神致用之妙得，则仙道成矣。"⑤依大《易》之理，便可修成金丹大道。

---

① 陈显微：《周易参同契解》，《道藏》第 20 册，第 275 页。
② 同上。
③ 同上书，第 292 页。
④ 同上。
⑤ 同上书，第 293 页。

就《周易参同契解》和《文始经言外旨》两书来看，陈显微所谓《易》载造化之妙理，主要或者说重点表现在以下三个方面：

一　牝牡四卦以为橐籥，覆冒阴阳之道

《周易·说卦》对八卦的来源有一种说法，即"乾坤父母"说。认为其它卦，皆由乾坤两卦生出。此后，不断有人提出内容各异的"乾坤卦变说"。如三国时期著名易学家虞翻认为，乾坤父母卦变为六子卦，即乾二、五爻交坤成坎、艮、震，坤二、五爻交乾则生巽、离、兑，再由十二消息卦变成杂卦。唐李鼎祚《周易集解》一书对此有引。北宋李挺之有卦变图。其中的《变卦反对图》以乾坤二卦为基本卦，其它六十二卦皆为乾坤两卦之变易。陈显微没有提出新的、专门的卦变说。但他在解《周易参同契》"乾坤者，《易》之门户，众卦之父母"时，以麻衣说为据，提出"乾坤错杂，乃生六子"，"六十四卦亦莫不出于乾坤"的卦变说的观点。但对于乾坤具体如何生六子和六十四卦，他并未作出解释。只是提出了两条基本的卦变原理。即首先是乾、坤生坎、离。"乾坤既奠，阴阳自交。乾下交坤而为坎，坤上交乾而为离。"其次是坎、离成而众卦之变又在乎其中。陈显微说："坎、离成而变化又在乎其中矣。……众卦之变虽不齐，而不出坎、离之中爻周流乎六位也，犹车辐之设，虽不一，而不出乎一毂之运居其中也。坎、离中爻，谓坎中之一阳，离中之一阴，上下往来六爻之内。"① 因此，陈显微对于《周易》六十四卦，特别重视乾、坤、坎、离四卦。乾、坤为父母卦，有乾、坤才有坎、离，而众卦之变，皆直接由坎、离两卦所为。乾、坤、坎、离并称为牝牡四卦。他解《周易参同契》"牝牡四卦"一段时说："乾者纯阳，牡卦也。坤者纯阴，牝卦也。坎者阴中有阳，离者阳中有阴，牝牡相交之卦也。故谓之牝牡四卦。其他六十卦，或偏阴在上，或偏阳在下；或偏阳在上，或偏阴在下，阴阳不纯，牝牡不交，不可谓之牝牡。惟此四卦，覆冒阴阳之道，以为橐籥。乾坤者橐籥之体，坎离者橐籥之用，知四卦体用，则犹工者准绳墨而就规矩，御者执御辔而循轨辙，处其理于中，制其妙于外，庶几举无差

---

① 陈显微：《周易参同契解》，《道藏》第20册，第272页。

忒，动合自然也。"① 乾是纯阳牡卦，坤为纯阴牝卦，坎为阴中有阳，离为阳中有阴，属牝牡相交之卦。其余六十卦，或偏阴在上，或偏阳在下；或偏阳在上，或偏阴在下。都属阴阳不纯，牝牡不交之卦。因此不可谓之牝牡。乾为纯阳之牡、坤为纯阴之牝，是橐籥之体，坎、离两卦为牝牡相交之卦，为橐籥之用。因而此四卦能贯通阴阳之道。知此四卦之理，则能举无差忒，动合自然。

乾、坤、坎、离牝牡四卦，覆冒阴阳之道，括尽阴阳之理，是为橐籥，生成众卦。这种卦变生成之说中，又蕴含有造化生成之理。因为造化的生生不息，也不离天、地、日、月。陈显微引陈抟之说，以论证自己的观点。"陈希夷曰：日为天气，自西而下以交于地；月为地气，自东而上以交于天。男女交精之象也。日月往来，寒暑生焉，四时成焉，昼夜分焉，阴阳定焉。天地不能寒暑也，以日月远近而为寒暑。天地不能四时也，以日月南北而为四时。天地不能昼夜也，以日月出没而为昼夜。天地不能晦明也，以日月交会而为晦明。阴阳虽妙，不外乎日月。造化虽大，不外乎坎离。"② 天地造化之道和《易》理是相通的。

二　乾坤者，太极之变也。合之为太极，分之为乾坤

有乾、坤，才有坎、离，也才有其它杂卦。那么，乾、坤又是从何而来的呢？《周易·系辞》提出"易有太极，是生两仪；两仪生四象，四象生八卦"。易学史上，有将此句解意为乾、坤来自太极。陈显微赞同此观点，并对此进行了发挥。他解《周易参同契》"于是仲尼赞鸿蒙"这段话说："形气未具曰鸿蒙，具而未离曰浑沦。《易》曰：易有太极，是生两仪。易，犹鸿蒙也。太极，犹浑沦也。乾坤者，太极之变也，合之为太极，分之为乾坤。故合乾坤而言之，谓之浑沦；分乾坤而言之，谓之天地。"③ 陈显微认为，乾、坤是太极之变。合乾坤而言之，谓之浑沦；分乾坤而言之，谓之天地。这体现了造化的逆顺之理。太初为气之始，太始为形之始，无形无气，即是鸿蒙的状态。有形有气，但形气不离，浑沦一

---

① 陈显微：《周易参同契解》，《道藏》第20册，第272页。
② 同上。
③ 同上书，第274页。

体,是谓太极。乾天坤地从太极而来,乾坤合则为太极,乾坤分则为天地。"易有太极,是生两仪",太极运转而阴阳分,生成天地,这体现的是造化顺生的过程。造化还有逆的路径。乾坤不分则谓之浑沦,阴阳相纽则谓之始初,这是向太极、向道的复归,所谓关雎建始初,就是这个意思。孔子赞《易》,以乾、坤为《易》之门户,乾、坤生六十四卦,这是顺的一路。但乾、坤有洞虚之德,其中又蕴鸿蒙之易。因此,"乾坤未分,阴阳未判,自有其时。"① 这是逆的一路。故而《易》之中尽载造化顺逆之理。

三 天符有进退,屈伸以应时

《周易》六十四卦的卦序,是历代易学家们所考察的重点问题之一。《周易·序卦》专门对《周易》的卦序问题进行探讨。不少易学家还提出不同于《周易·序卦》的卦序排列,并将之运用到历法、阴阳节气、天文、地理等各个领域。陈显微认为,造化生生的时序和节度跟《周易》六十四卦的变化有着密切的关系。天地日月的运行有进退、有屈伸,日升月降,斗转星移,这就是造化的生生不息。但天地日月的运转,并不是盲目的、无规律的,而是有一定的节度和时序。日月往来盈亏之迹,校《易》卦爻画变动之理,莫不相参而一致。他说:"天符者,日月也。日月有进退屈伸,与《易》卦阴阳升降往来代谢之理相应。"② 在解《周易参同契》时,陈显微在多处强调了《易》卦与造化生生的时序和节度的关系问题。如其解"春夏据内体"一段时说:"卦有内外二体。内卦三爻,法一年之春夏、一日之子后午前。外卦三爻,法一岁之秋冬、一日之午后子前。内卦法阳,外卦法阴,乾坤交泰之象。春、夏养阳,秋、冬养阴,子后进火,午后退符,其理一致。"③ 认为造化的运行,一年有一年的阴阳,一日有一日的阴阳。就一年而言,春夏为阳,秋冬为阴;就一日而言,子后午前为阳,午后子前为阴。而《周易》一卦,内卦三爻法阳,外卦三爻法阴。认为《周易》中的一卦,既可喻一年四季之阴阳循环,

---

① 陈显微:《周易参同契解》,《道藏》第20册,第275页。
② 同上。
③ 同上书,第273页。

又可喻一日十二辰之阴阳进退。

《周易参同契》本身还以月体纳甲说、十二辟卦说等喻天地造化运行的规律。认为卦象的变化既可以喻一月之内月形的圆缺，也可以喻阴阳两气在一年四季的循环。汉京房提出纳甲法解《易》，以八纯卦分配十天干，各爻配十二地支，从而用八卦来表示阴阳二气的消长，并以阴阳二气的消长推测一年十二月节气的变化。其中，乾、坤两卦分内外卦，乾卦内卦纳甲，外卦纳壬。坤卦内卦纳乙，外卦纳癸。震纳庚，巽纳辛，坎纳戊，离纳己，艮纳丙，兑纳丁。因甲为十天干之首，故称"纳甲法"。陈显微认为，《易》之纳甲法，与造化运行之理亦合。他解"壬癸配甲乙，乾坤括始终"时说："乾纳六甲、六壬，坤纳六乙、六癸。八卦之中，惟乾、坤纳二干，余卦只纳一干，故曰：壬癸配甲乙，乾坤括始终。以显乾坤之中皆有真水也。少阳数七，少阴数八，合之得十五。老阳数九，老阴数六，合之得十五。四者合之得三十，应一月之数。七、八、九、六者，四象也。大《易》之理与造化之理，莫不一致也。至三十日月没之际，阳气索然灭藏。过是，则一阳又复生矣，宛转循环，终而复始。运移不失其中，则准造化而无差，应卦爻而不忒矣。"① 在纳甲说中，初三日为一阳，震卦当之；初八日为二阳，兑卦当之；十五则三阳，乾卦当之；十六则一阴生为巽；二十三日二阴生为艮；三十日则三阴全而坤体成。阴尽阳来，一阳又重新生起，这样一月之间的阴阳消长，通过几个卦象便得到了说明。至于十二辟卦的卦气说，对阴阳两气在一年四季的消长也有形象的表述。因此，陈显微认为，大《易》之理与造化之理，莫不一致。

第三节　金丹者，象乾坤以为体，法日月以为用

陈显微说："天地形之大者也，人身形之小者也。自形观之则有小大之辨，自神观之则无离契之分，天之日月明暗即人之精神盛衰。……我与天地一乎？二乎？同归乎？各归乎？"② 这是一种天人合一说。"天人合一"是中国传统哲学的一个重要特点，但具体内容又各不相同。儒家天

---

① 陈显微：《周易参同契解》，《道藏》第20册，第276页。
② 陈显微：《文始经言外旨》卷2，《道藏》第14册，第700页。

人一体观，将社会伦理的理想上升为天道，以此指导具体的社会人伦日常。天道的基本精神是从日常生活中寻绎出来，天道以人事为依据，人事之演绎便是天道。道教所理解的天道主要是指自然，所谓"人法地，地法天，天法道，道法自然"。人合于天即是人合于自然。陈显微《周易参同契解·序》中提出"金丹者，象乾坤以为体，法日月以为用"，认为金丹（即内丹）修行的法则即是天地日月的运行法则，正是道教天人观的体现。

陈显微《周易参同契解·序》说："夫物之成乎形象者，久则必毁，而乾坤不毁。物之聚乎精华者，久则必散，而日月不散。物之丽乎木、火、土、水者，其质终坏，而真金不坏。物之属乎砂、石、草、木者，其性可死，而真丹不死。然则乾坤也、日月也，真金也，真丹也，皆物之至神者尔。是以仙家金丹之号，非苟而取。故金丹者象乾坤以为体，法日月以为用。"[①] 造化流行，万物生生灭灭，但天地日月亘古不坏。在《周易》中，乾、坤、坎、离四卦，覆冒阴阳之道。金丹修炼法天、地、日、月造化的永恒，法乾、坤、坎、离四卦覆冒阴阳之道，修成至道。陈显微解《周易参同契》"乾坤者，易之门户，众卦之父母"一句说："《金碧经》曰：神室者，丹之枢纽，众石之父母。魏君谓乾、坤者《易》之门户，众卦之父母，其义一也。非神室则无以成丹，非乾、坤则无以见《易》。乾、坤，纯体之卦也。六子，破纯体而为卦也。……父母之体本是纯阳纯阴，自六子之生而纯阳纯阴之体破矣，乌可复纯乎？陈希夷曰：破体炼之，纯体乃成。是知破体炼之可返纯体而入道，众石炼之可归神室而成丹。然而，众石非外物，吾身中之众卦也。神室亦非外物也，吾身中之乾、坤也。欲炼大丹，先设乾坤为神室；神室既设，而变化在乎其中矣。"[②] 陈显微此处所说"神室者，丹之枢纽"、"欲炼大丹，先设乾坤为神室"，以乾、坤为炼丹之神室，说的是修炼内丹的鼎炉。金丹象乾坤以为体，就是指炼丹之前，先设鼎器。此鼎器非它物，就在自身之内。所有的变化，都在此中展开，为丹之枢纽。按《周易·说卦传》，人首为乾，人腹为坤。因此，乾为鼎在上为头，坤为炉在下为腹。但道教丹经一般均

[①] 陈显微：《周易参同契解》，《道藏》第20册，第271页。

[②] 同上书，第272页。

认为，乾坤鼎炉是先天的，而不是后天的。后天者成乎形象，久则必毁。但乾坤不毁，从这里也可以看出，乾坤并不是指有形有象的后天者，而是一种无形无象的先天者。从后天返还到先天，不是自然而然的，它们必须经过内丹的修炼，为修炼丹功者自己所"设"，才是真实的。一般不修炼之人，其身体的首和腹并不能称之为鼎炉。修炼之人通过凝神，在自身内产出元精。元精是和凡精相比较而言的，凡精即指的是生殖之精，而元精则是凡精的基础，是一种能量，这种能量既可以变现出凡精，顺而生人，也可以逆而成丹。逆的过程是由元精变化生成元气。元气的生成又离不开元神的作用，所谓元神是和一般的识神相比较而言的。识神即是人们的思虑之神，元神则是识神之所以神者。内丹修炼认为，识神处于休眠的状态时，元神就可以充分发挥其作用。修炼者在体内，使元神和元气相依相拥，即所谓神气相抱，这才算是奠定了内丹修炼的基础。修炼者有了这个基础，即到了这一步之后，才可以论"乾坤鼎炉"一事，才可以论修炼大丹一事。"父母之体本是纯阳纯阴"指的即是元神和元气的纯阳、纯阴，识神和凡精都不可称为纯阳、纯阴。在《易》而言，有乾坤父母，则有六十四卦的变化，所谓"乾、坤者《易》之门户，众卦之父母"也。在人身而言，纯阳、纯阴的元神和元气的出现后，势力尚微，需煅炼之，才能逐渐强壮。煅炼的方法仍然是神入气中，气入神中。但煅炼的场所不同，节次也有区别。以气为主是炼精化气，是运元神入气中，位置在下为炉。以神为主是炼气化神，是以元气养元神，最后由气转化为神，位置居上为鼎。位置的一上一下，鼎、炉的区分便出来了。鼎炉是丹之枢纽，有了鼎与炉，才可以正式修炼大丹。所谓"乾坤为丹之枢纽，为众石之父母"。陈显微"金丹者，象乾坤以为体"，此谓也。

修炼内丹要"法日月以为用"。前文提及，乾坤两卦是众卦之始，天地是造化之始。但天地不交则万物不生。天地定位后，阴阳两气相交媾，生日生月。天在上，地在下，乾上坤下，乾下交坤，成坎卦，坤上交乾，成离卦。坎离为日月，日月迭运，造化生生不息，千变万化由此而生起。陈显微说："乾坤刚柔，二者配合，递相包含，则自然阳禀与而阴受藏也。盖阳雄则播施，阴雌则含受，孤阳不生，孤阴不育，雄雌二者相须，精气舒布以成造化，如人受胎莫不以阴阳相交为之造化，故当以乾、坤二卦为始。今云坎离冠首者，盖乾坤为天地，坎离为日月。天地定位不能合而为一。而交于其中合而为一者，日月也。故乾坤为药之体，坎离为药之用。所以只言坎离冠首者，以明大药之用全在坎离也。是则乾坤为鼎，而坎离为药耳。"① 以《易》言之，则乾、坤为父母卦，坎、离出于乾、坤，为子女卦。坎、离运而众杂卦成。以造化言之，日月成而四时行，万物赖此以生长、收藏。以丹言之，坎为神中之气，离为气中之神。元神、元气混融则成丹中之坎、离，这便是内丹修炼的药物。坎、离源自乾、坤，故乾、坤为药之体，乾、坤不交，则坎、离不成，内丹的修炼则没有了根基，是则乾、坤又为内丹修炼之鼎炉。坎、离均为阴中有阳，阳中有阴，只有阴阳相交，神气相抱，才能有内丹修炼的药物之用，故坎、离为药之用。乾、坤不交，则成偏阴偏阳，不能成坎、离，也就不能成药。陈显微解《周易参同契》"物无阴阳，违天背元"说："张紫阳诗云：莫把孤阴谓有阳，独修一物转赢尪。钟离先生诗云：莫谓此身云是道，独修一物是孤阴。须知一阴一阳谓之道，男女媾精，万物化生，而后可语还丹矣。苟二物不合，三五不交，水火未济，刚柔离分，则阴阳隔绝，天地闭塞，所谓偏阴偏阳谓之疾也。"② 所谓二物不合，三五不交，水火未济，刚柔离分，则阴阳隔绝，天地闭塞，都是喻指的阴阳不交。一阴一阳谓之道，偏阴偏阳谓之疾。内丹修炼与天地阴阳之机是相通的，日月双运，方成造化。内丹修炼之药不离坎、离，乾、坤交则坎、离生。

陈显微认为，大《易》之道垂象于日月，大丹之道著明于金火，金火即坎离、日月。内丹修炼者法日月、坎离之阴阳交媾，自然可以夺天地之机，盗造化之妙矣。陈显微解《周易参同契》"《易》者，象也。悬象著明，莫大乎日月"一句说："《金碧经》曰：丹术著明，莫大乎金火。穷微以任化，阳动则阴消。魏君以《易·系辞》参之。然大《易》之道垂象于日月，大丹之道著明于金火，金火即坎离也，故金精盛则玉兔增辉，火德旺而金乌倍烈。学者既穷其神，而知其化，使阳往而阴来，辐凑而轮转，递互出入，相为卷舒，取大《易》爻象而为节符，视日月昏明而行火候，自然夺天地之机，盗造化之妙矣。"③ 何谓金精盛，火德旺？

---

① 陈显微：《周易参同契解》，《道藏》第20册，第283页。
② 同上书，第289页。
③ 同上书，第274页。

这也是内丹中的喻词。陈显微认为，人有魂魄，魂神本性，精魄本命。魂神为明，魄精为暗，一明一暗，法日月以为用。天地交媾有日月，魂神与魄精相合，则人能长生不老。依精魄而炼魂神以为明，则是火德旺。炼魂神使魄精以为坚固，则是金精盛。构成身体质料的精与魄是一种重而且暗的物质，构成心性的轻明的魂神，只有借助于精魄才能不断地生成。修道之士，通过炼精魄为金玉，使精魄历久而不衰，从而使魂神也能得以日日而生长矣。陈显微说："轻者人之魂，明者人之神也，魂为木，所以轻也，神为火，所以明也。日出于卯而魂旺，日中于午而神旺，日晡于申而魂绝，日没于亥而神绝，是则一日之间而吾之魂神与造化俱化而不留矣。惟精与魄重而且暗，可以历久故能胎魂胎神。至于来日，轻明魂神复自精魄，因明因瘟而复生复旺矣。是则轻而明者假重而暗者为母也，使魂神绝于申亥之间而精魄坏而不存，则来日之魂神无自而生矣。知道之士知乎此，故炼精魄为金为玉，使历久不渝，则吾之魂神可以永久乘负得其所托而生长矣。《参同契》曰：吉人相乘负，安稳可长生。是则炼精魄为金玉，则吾身为大吉之身而乘负吾之魂神矣。"① 陈显微认为，《周易参同契》所谓"吉人相乘负，安稳可长生"，其中的"吉人"是指的魂神与精魄相合的修炼之人，精魄乘负魂神，魂魄均得以不坏，于是，就能安稳地获得长生了。情由命生，心由性主。人的情性出于魂魄，情性相合即魂魄相合，而人的魂魄又和天地之日月的运行密切相关，人昼明则用魂用神，夜暗则归精归魄，人的魂魄生于明暗，而明暗生于日月，日月生于阴阳。这样圣人要探求内丹修炼之理，就可以通过对《易》理乾刚坤柔、动静阖辟之机而推测之。陈显微说："夫情性生于魂魄，魂魄生于明暗，明暗生于日月，日月生于阴阳，圣人以乾坤刚柔、动静阖辟之机推测之，此大丹之道所以契大《易》也，其要不出乎以阴阳为度也。故日出于卯则天明而魂盛，日入于酉则天暗而魄盛。魂为阳神，魄为阴神；魂以昼为室，魄以夜为宅，其实不出乎明暗二机也。夫人昼明则用魂用神，而魂神本性也。夜暗则归精归魄，精魄本命也。命生情，故以精魄为城郭。性生心，故存心神为鄞鄂。城郭固全，人物乃安。"② 日月双运，坎离交媾，魂魄

---

① 陈显微：《文始经言外旨》卷7，《道藏》第14册，第724页。
② 陈显微：《周易参同契解》，《道藏》第20册，第286页。

相依，其理是一致的。

第四节　乾坤升降有候，坎离配合有机

内丹修炼法天地阴阳，取《易》理而用之，这主要在于《易》是讲天地阴阳变化之道的，它通过卦爻的变化来比拟天地造化变化的情况。天地的变化由天文、地理、潮候的变化来测度，通过日、月的阴晴圆缺显示出来。内丹修炼是要从人的身体的修炼开始，人的身体中禀有天地的元精，元精是内丹修炼的基础，是至灵至神之至宝。但元精无形可睹，无空间，无方所，无具体的地方可求。内丹修炼，要采取此至宝，怎么办呢？要洞晓阴阳、深达造化，推《易》卦之符证，效其法度，所谓居则观象而准拟其形容，动则立表以占候其吉凶；上察天文，下观潮候，中稽人心。循卦节而行阳，动勿失爻象变动之时；体《象》辞而行阴，静不失至柔含光之理。如是，则乾、坤之用在我施行，而灵神之精可得而采取矣。陈显微说："元精者，至灵至神之至宝也。生于虚无，无形象之可睹。隐于眇忽，无踪迹之可求。将欲采之，必洞晓阴阳，深达造化；推其符证，效其法度；居则观象而准拟其形容，动则立表以占候其吉凶；上察天文，下观潮候，中稽人心。更须循卦节而行阳，则动勿失爻象变动之时；体《象》辞而行阴，则静不失至柔含光之理。如是，则乾、坤之用在我施行，而灵神之精可得而采取矣。八风调则甘露降，阴阳泰则醴泉生。是皆天地治也。和则致祥，乖则致厉，可得不谨欤。"[①]这里强调的是内丹修炼的火候问题。

内丹修炼的火候，指修丹时，作为药物的精、气、神在鼎器中阳生阴降时的节度。火候如果掌握不好，有一点差失，则炼丹不能成功。对于火候在内丹修炼中的重要性，陈显微说："精水一合魄金四为五，神火二合魂木三为五，精藏魄而神藏魂，是则四物虽居两处可以一五擒之。然魂木为龙，魄金为虎，使魂藏于神，魄藏于精，则二物分于二所，终不能相制。惟火能熔金、燔木，故神可以制魂魄，殊不知神寓于魂如火附于木，而火二木三之五运于西北，制精炼魄使四象五行俱归于土，实资神火之功

[①] 陈显微：《周易参同契解》，《道藏》第20册，第276页。

也。故丹法始终全资火候者，火之功用大矣哉！"① 道教内丹认为，精藏魄而神藏魂，精为水，其先天数为一，魄为金，其先天数为四，神为火，其先天数为二，魂为木，其先天数为三，一五指的是中央意土，土之先天数为五。常人魂神和精魄各居一方，不能相互作用，神在上居天，精在下居地。所谓"人徒知神为天而精为地，而不知神火自地升，精水自天降，欲升不升者为木为人，欲降不降者为金为物，金木者，水火之交也。故各具水火之性，运而不已，包而有在四方立焉。四时既生，四方既立，则大中成焉，大中成则土为尊矣。……自夫大中之气周乎太空，则天自中而升，地自中而降，而天地之形分矣。无有升而不降，无有降而不升。"② 内丹修炼是通过神火入水，逼出水中之金，则神火自地升，精水自天降，而此时神火也变而成为火中之木，在中央意土的调配下，火中之木与水中之金的互相作用，结成丹头。将此四物融摄在一处，所谓四象五行俱归于土，在这整个的过程中，都不离神火的作用，因此，火候对于内丹修炼来说，就显得格外重要。

对内丹修炼的火候问题，陈显微提出"乾坤升降则有候，坎离配合则有机"③的观点，认为内丹修炼时的火候是有一定的节度的，此节度与《易》理合，《易》之爻象和卦的变化即表征了内丹火候的变化。内丹修炼首重"一阳生"，即所谓卦当阳生之震。陈显微论此时之火候说："《易》有三百八十四爻，药有三百八十四铢。二十四铢为一两，三百八十四铢为十六两，即二八之数。据爻象阴阳升降之理，摘卦为符而视符行，火符即爻画，非别有符也。据《易》言之谓之卦，据丹言之谓之符，故曰符谓六十四卦也。卦当阳生之震，则火进一阳之符，当斯之时，神室炼其精，金火相运推。雄阳，龙也；雌阴，虎也。播玄施者，龙腾玄天而降雨也；统黄化者，虎入后土而产金也。上天入地，混沌交接之象也。于是，权舆而立其根基，经营而养其鄞鄂，其神既凝，其躯自成。凡大而天地，细而蠕动，有形有气者，莫不由是而出。惟产此一点于外，乃降本流末为生生不穷之道。产此一点于内，乃返本还元、长生超脱之道也。"④

---

① 陈显微：《文始经言外旨》卷4，《道藏》第14册，第708页。
② 陈显微：《文始经言外旨》卷2，《道藏》第14册，第699页。
③ 陈显微：《周易参同契解》，《道藏》第20册，第271页。
④ 同上书，第274页。

此段论火进一阳之符的情况。当此之时，金火在神室中混沌交接，阴阳相合，时间不长，便能产出一点真阳。真阳产后，内丹修炼的根基更立起来了。将此真阳规之在内，对之不断进行培护，便能神凝躯成。此乃返本还元，长生超脱之道。将此真阳放之在外，它就降本流末为生生不穷之道了。从真阳产到立此真阳以为内丹修炼之根基，都有火候的问题。所谓一阳生则"金火相运推"，此为武火；金火混沌交接之后，则"经营而养其鄞鄂"，此为文火。一武一文的火候运用得当，才能为结丹打下良好的基础。

内丹修炼有节度和步骤，在筑基完成之后，配合阴阳，生成药物，药物之质开始时尚不纯，必须对药物进行煅炼，煅炼之后，便可凝结成胎。内丹在结胎之后，还须养育。这时火候的运用当顺阴阳之降腾，随刑德而进止，如同怀中藏有至宝，如同保护自己的眼睛，如同养育胎儿，如同端持盛满东西的容器，不可有丝毫的马虎。在这个过程中，一个小的举动，就会带来一个大的感应。这就如同《易》所谓君子居室，应在千里。只有俟时之至，不违于卦月，才有可能成功。陈显微解《周易参同契》"君子居其室"一段说："修丹之士，一年处室为艰难，所动虽小，所感甚大，如万乘之君深居九重，动止语默，关系天和，如《易》所谓君子居室，应在千里，正可为比。惟当顺阴阳之降腾，随刑德而进止，如怀至宝，如护目睛，如养胎儿，如持满器。俟时之至不可违于卦月，《屯》则自子至申，《蒙》则自寅至戌，其余诸卦各自有时。盖一日两卦，一时一爻。欲识阴阳，须分昼夜；欲知昼夜，须分黑白；黑白既分，卦爻斯得。《易》曰通乎昼夜之道而知者，此也。"① 天道的运行，如果阴阳失常，就会造成灾难。修炼内丹，亦是如此。如果阴阳配合失去常轨，就不可能结成大丹。所谓"一日两卦，一时一爻。欲识阴阳，须分昼夜；欲知昼夜，须分黑白；黑白既分，卦爻斯得。"就是指的内丹修炼过程中，文火和武火须交替使用。知道什么时候用文火，什么时候用武火，也就知道了内丹修炼的火候问题。而《易》所谓"通乎昼夜之道而知者"，陈显微认为也是火候的文武之道。"能通昼夜之道"，就能懂内丹修炼的火候问题。

陈显微认为，修丹时阳生阴降的火候，无有停止的时候，也没有常处

---

① 陈显微：《周易参同契解》，《道藏》第20册，第283、284页。

不变的位置，但仍有其规律可循。修道是法天机而追求阴阳配合的动态平衡，但天机玄远，难以测度，圣人作《易》，备述阴阳造化之理，所以《易》中含金丹之妙理，八卦参造化之玄机，《易》之卦爻象可形炼丹之妙，《易》之理辞可言丹道可兆之功。陈显微说："一日之间，火候周旋如璇玑之运，自子升上，至午降下，周历六爻，虽无形迹可观，而默运造化会之于心，其时灵药随日往来，升降上下，未尝停止，岂有常位。所以与大《易》阳生阴降之理合也。"① 认为内丹火候的运用，就如同天象的璇玑之运，自子时升，自午时降。子时，一阳生起，至于午时，则一阴生起。修炼之人，心中默会造化之理，火候升降于身体上下，而灵药则随火候的上下升降而得到烹炼。这个过程就如同卦爻在卦象中的运动一样，《易》言卦之爻"周流六虚，上下无常，唯变所适"。正因为卦爻的变动，所以《易》才有了丰富的卦象变化。内丹修炼的过程伴随着火候的变动，也不断变化，其变化之理和《易》中卦爻的阳生阴降之理相合。陈显微解《周易参同契》"消息应钟律，升降据斗枢"一段说：

> 消息应钟律者，一月增一爻也。据斗枢者，一时进一爻也。每月初三日，月现微明于西方庚位，应震之一阳初生。而《周易》纳甲法震卦纳六庚，其造化之理参合如此。初八日，月现上弦于南方丁位，应兑卦二阳生。而纳甲法则兑纳六丁。以至十五日月满于东方甲位，则乾卦又纳六甲。其时卦备三阳，兔蟾俱盛。蟾蜍本金气之精，故视卦节而渐旺。玉兔乃卯木之魄，故望太阳而吐光。七八者，十五也。三五之道已终，则满者亏而伸者屈，高者低而升者降。至十六日，一阴生，而当阴用事，月于平旦现在西方辛位，以应巽卦纳辛。至二十三日，月于平旦现在南方丙位，应艮卦纳丙。至三十日，月没东方乙位，应坤卦纳乙。节尽则又相禅与，阳复用事，继体生龙。龙者，震也。八卦之中，独坎、离二卦不与者；往来升降于六卦，即坎、离之二用也。坎、离之用大矣哉。②

---

① 陈显微：《周易参同契解》，《道藏》第20册，第285页。
② 同上书，第275、276页。

这是以《易》之纳甲法来讲内丹的火候问题，说明内丹修炼的火候升降是有规律可循的，此规律即存在于《易》理中，关键是坎、离两卦的运用，坎、离运用得当，则乾、坤升降就有序了。因此，对于内丹重要的火候问题，陈显微主张用《易》理来进行阐发。陈显微解《周易参同契》"朔旦屯直事"一段说："麻衣曰：消息画象，无止于辞，辞外见意，方审《易》道。又曰：卦有反对，最为关键，反体既深，对体尤妙。《屯》卦也，反之为《蒙》卦也。自《需》、《讼》以下皆以倒体为次，如《颐》、《小过》之类。不可反者，则以对体次之，故《颐》卦则以《大过》卦次之，此对体也。自朔旦用《屯》、《蒙》，至晦爽用《既》、《未》，晦爽循环，终而复始。可见，朝阴则暮阳，昼动则夜静，亲疏勋互，主客递分，消息盈虚，避就生杀。进火忌斯须之谬，退符防毫勲之差。抽添须辨浮沉，运用审之昏晓。学者因象而求意，得意而忘象可也。《悟真篇》诗云：此中得意休求象，若究群爻谩役情是也。"①《周易》之卦序变化的规律，唐代孔颖达将之归纳于"二二相耦，非覆即变"。即每两卦组成一组，每组两个卦的关系是相综相错或非覆即变。如《颐》卦之对体为《大过》，这种两卦同位之爻性全部相异的关系，称作"错"或者"变"。陈显微取麻衣《易》的说法，称之为对体之卦。而《需》与《讼》，两卦彼此卦形颠倒即为对方，称作"覆"或者"综"，陈显微称之为反体之卦。《易》理中卦与卦之间的反体、对体，在陈显微看来，形象地说明了内丹修炼中，火候运用之"朝阴则暮阳，昼动则夜静，主客递分，消息盈虚"之理，也就是文火和武火的运用之理。修炼之人要"避就生杀，进火忌斯须之谬，退符防毫勲之差。抽添须辨浮沉，运用审之昏晓。"即只有文、武火候运用不差，进火、退符才会有时，才可望炼就大丹。在这个过程中，又不能执泥于具体的某卦和某爻，而是要因象而求意，得意而忘象。

内丹火候的运用，全凭心意下功夫。陈显微说："丹居神室，犹人君之立国；而人君之立国，盖取于天象，有三台公辅之位，有文昌统录之司。台辅之职则坐而论道；调燮阴阳，使百官各任其职，故诘责在台辅也。统录之司，则揆量人材，黜陟贤否，使百官各尽其能，故统录在文昌

---

① 陈显微：《周易参同契解》，《道藏》第 20 册，第 273 页。

也。百官有司，各称其职，则民物安妥而天下太平；众卦火符，不失其度，则万化流通而圣胎增长。然治国者在一人之所招，修丹者在一心之所感而已。"① 造化的运行有其规律，政府各部的职能法造化运行的规律，百官各居其职。而人君能统率百官，百官各尽其能，各称其职，天下就可以得到太平。修丹与此相通，众卦火符，不失其度，则万化流通而圣胎增长。人心的作用，就好比人君的作用，人君能统率百官，人心也能调理一身之阴阳，循造化之规律，修成还丹。所以治国者，由一人所治，修丹者，在一心所招。虽说内丹修炼全凭心意下工夫，但心本身是无所谓动静的。心乘时而动，乘时而静，都在于时。《易》特别重"时"，卦、爻的吉凶祸福都由时来定，"动静不失其时，其道光明"。修炼内丹，要善观其时，陈显微说："时行则行，时止则止。圣人初何固必哉。时乎用九，则圣人自强不息，非动也，因时而动不容息也；时乎用六则圣人利永贞，非执也，因时而静不容动也。《易》曰：动静不失其时，其道光明。故学道有时节因缘。圣人初何所容心于动静哉。善观圣人者，观其时而已矣。"② 乾健用九则自强不息，而心不动，坤顺用六则静而利永贞，心亦不静，圣人之心无所容于动静，要很好地了解圣人，只有通过对圣人适时动静的情况有全面的了解，掌握其"乾坤升降之候，坎离配合之机"，才能做到。而这种适时动静的"候"与"机"，在内丹来讲，就是火候的问题。

第五节　大《易》之作本诸大丹，丹道包空括坏，越数超形

《周易参同契》提出月相纳甲法，以喻阴阳两气在一月中的循环消长，阴阳两气"循据璇玑，升降上下。周流六爻，难可察睹，故无常位，为《易》宗祖。"③ 即在大化之中，阴阳两气升降上下而无常位，《易》准此而作，故阴阳两气的消长为《易》之宗祖。陈显微在解《周易参同契》此段文字时，提出一个观点："圣人先悟金丹之理以自修持，超凡入

---

① 陈显微：《周易参同契解》，《道藏》第20册，第276页。
② 陈显微：《文始经言外旨》卷1，《道藏》第14册，第699页。
③ 陈显微：《周易参同契解》，《道藏》第20册，第285页。

第一章　陈显微的易学内丹学思想

圣而后述是理于《易》以示后，是知大《易》之作本诸大丹，而大丹之道乃《易》之宗祖也。"①

大《易》之作本诸大丹，大丹之道乃《易》之宗祖。从这个命题出发，陈显微考察了丹道与《易》的关系，《易》所载为造化之理，大《易》之作本诸大丹，那么，大丹之道亦是造化之本。前文提及，陈显微认为"大道形于造化"，大道通过造化来显现自己，但大道形于造化和造化即道，具有不同的蕴意，是两个不同的命题。造化即道，是讲在造化之外非另有一道，大道形于造化则是说道是造化的根本，从理论上讲，无造化之前即有道，造化生成之后，道即在造化中，这是一种本体论的命题。陈显微说：

> 天地之大不可以程度计，今云一呼一吸日行四十万里，则人一昼一夜凡一万三千五百息。日行五十四亿里为一周天。昔人以表影长短验日之行度远近，亦以世之寻文为准，既可以寻文计则可以步里计矣。愚妄以谓日行四十万里，岂得无奇是，盖总其大数耳。果有奇则恐满五千五亿里之数，则与易之天地之数五十有五合矣。日月五星离合顺逆，圣人皆能测而为历，而昧者莫不见，莫能知者是也。夫速莫速于大化。昔人谓揭天地以趋新，负山岳以舍故，造化无斯须不移也，万物无暂忽不变也。山川日更矣，而世人以为如昨，时世日新矣，而世人以为如故，今交一臂而失之者皆在冥中去矣。故向者之我非复今之我，今日之我非复故吾矣，是则我与今俱往矣，而昧者不知，横谓今日所遇可系而存，安知一息之顷而大化已行四十万里哉。惟圣人不逆化而存，亦不顺化而变。故曰不存不变②。

陈显微认为天地造化无时不移，万物无暂忽不变，《易》之数理，是对天地造化的一个测度，天地大化的流行，不出于《易》的理、象、数之外，因此，天地虽大，造化虽妙，圣人可以测而度量之，并以之来为修丹服务。圣人修得大丹之后，能不逆造化而存，不顺造化而变。不存即不

---

① 陈显微：《周易参同契解》，《道藏》第20册，第285页。
② 陈显微：《文始经言外旨》卷7，《道藏》第14册，第722页。

来，不变即不去。在造化的永不停息的运行中，有一个亘古不变的本体存在，它是变易之造化的根本。圣人借造化变异之理，和那个不存不变、不来不去的本体相契，大丹所契之本体为造化变异之本，故而大丹之道为《易》之宗祖。

《易》讲造化变化之理，内丹是以《易》之理修成不存不变的大丹。陈显微所谓"大《易》之作本诸大丹"，提出了《易》之变与大丹之不变之间关系的问题，而实际反映的是哲学上本体与现象的关系问题。陈显微认为，变异的造化是现象，不变的道是本体。陈显微说："有形有数者必化，在圣人不欲苟免也，何则？既谓之形必有数焉，非我所有也，天地之委蜕也，天地且不能停化，而形岂能违化哉？虽然，圣人假众物以游世，对五行以寓形，应万事不敢为天下先，故不为主而为宾，御万物而不为万物所役，故立于独而无待也，为宾则如寄，谓来去自如耳，无待则无偶，谓存亡不二耳，如是则若形若数，岂能拘哉？"① 万事万物有形就有数，有形有数者，就有变化，不能自作主宰。天地是日新的，修行之人面对造化的流行不已，假众物以游世，寓形于五行之中，对世事、万物应之，但不先之。不为主，只为宾，通过这样，达到御万物而不为万物所御的境界，这就是得道，道的存在不能以形数拘之，因此，和"大道形于造化"这个命题相应，陈显微提出"太虚即性"，他说："我之与物，林然在大化之中，性一而已矣，犹蛟鱼生于大海之中，水一而已。知大海为一水，则蛟鱼相忘矣，知太虚惟一性，则人我相忘矣，何者为死，何者为生？"② 太虚一词，较早见于《庄子·知北游》："不过乎昆仑，不游于太虚"，以虚空深远为太虚。太虚乃道家、道教、玄学经常使用的术语，其涵义有二：一指虚空；一指世界的本原、本体，即太极。北宋著名儒家学者张载提出"太虚即气"的命题，说："气之聚散于太虚，犹冰凝释于水，知太虚即气则无无。故圣人语性与天道之极，尽于参伍之神，变易而已。诸子浅妄，有有无之分，非穷理之学。"③ 又说："知虚空即气，则有无、隐显、神化、性命通一无二，顾聚散、出入、形不形，能推本所从

---

① 陈显微：《文始经言外旨》卷7，《道藏》第14册，第722、723页。
② 同上书，第723页。
③ 张载：《横渠易说·系辞上》，转引自朱伯崑《易学哲学史》中册，北京大学出版社1988年版，第294页。

来，则深于易者也。"① 张载此说是认为气有聚散而无生灭，万物之生灭乃气聚散的不同形式，肯定了气的永恒性。张载从气一元论出发，以气为形而上，以有形之物为形而下。将"无"归结为气无形而有象，将"有"归结为气聚而有形。以气之聚散解释有和无的转化，从而提出了"气之生即是道是易"的观点。

陈显微批评了"太虚即气"的观点，认为太虚是灵真之性，而不是一气。气能变现万物，但气并不是太虚，因为气有阴阳，由阴阳之气构成的万事万物是形而下者，不能逃天地阴阳之役。陈显微说："我之一心本同太虚，于一气中变成万物，而彼一气不名太虚，昧者直以一气名为太虚焉，能逃天地阴阳之役哉？"② 灵真之性是形而上者，不役于阴阳。人心涵有灵真之性，故人之心本同太虚。心乘气而行，一气变现之万物在心中便历历呈现，心本来是虚无的"太虚"之体，心对外物有识，识更生情，因情而执万物为实有，则物无尽而造化无穷，如此，心岂能得到超脱。只有时刻保持心的虚灵的状态，不执于物，冥情复归于道，则能与大道相通。陈显微说："一情善恶为有知，动物皆然，一情之冥为无知，无知则与太虚同体矣。故曰：普天之下，道无不在。"③ 对于道教来说，要求超出所役，获得自由，而且是一种绝对的自由，有如庄子中所说的逍遥的境界，无待、无己。陈显微认为，人之所以不自由，不能得到解脱，原因是因为人心对外物生情，产生执着，被外物所累，从而得不到绝对的自由。所以陈显微说："天地虽大，阴阳虽妙，能役有形气者，不能役无形气者。而我之一心无形无气，天地阴阳尚不能役，反受制于情，受役于物，何耶？至于无中执以为有，至于变中执以为常，因识生情，因情著物，物来无穷，造化无定，使去使来，不得自在。或者谓我之一心能变为气为形。既为气矣，既为形矣，役于五行，拘于阴阳盛衰往来，初不在我，造化役之，安能自由哉？"④ 因此，陈显微提出学道有三品之说："学道有三品，上品者以神为主，中品者以气为主，下品者以形为主。以神存气，

---

① 张载：《正蒙·太和》，转引自朱伯崑《易学哲学史》中册，北京大学出版社 1988 年版，第 294 页。
② 陈显微：《文始经言外旨》卷 5，《道藏》第 14 册，第 715 页。
③ 陈显微：《文始经言外旨》卷 1，《道藏》第 14 册，第 696 页。
④ 陈显微：《文始经言外旨》卷 5，《道藏》第 14 册，第 715 页。

以气存形，所以延形，合形于神，合神于无，所以隐形，二者虽有微妙之分，然皆以神为主，上品者。以一气生万物，以一气合万物，如采祖气，服元气，闭胎息，袭气母之类，皆以气为主，中品也。食巨胜则寿，无月火则隐，如服食金石草木，存意形中一处，皆以形物为主，下品也。然三者之中，至清者神，至浊者形，半清半浊者气，夫以至浊之形犹可合可分，可延可隐，而况于气乎？而况于神乎？"① 陈显微在这段话中，提出学道之三品，上品以神为主，中品以气为主，下品以形为主。就人的形体而言，"人之形体，亦天地间一物耳，无顷刻不与造物俱化者也。"② 从人的形体来看，是很难获得自由的。陈显微说："夫人拘于形则不能变化。若夫炼形为气，使形尽化为气，则聚成形而散为气矣，故能化万物。今观云之变化，则知气之变化也。"③ 在陈显微看来，气聚则能成万物，散则仍为一气，就好比是云，云的变化千奇百怪，但散去后，在陈显微看来，仍然不过是一气罢了。人通过道教内丹的修炼，使形转化为气，如此，则气聚而成形，散则重新为气了。所以，道教内丹修炼有炼形化气一说。但炼形化气主要依靠的是"神"，故金丹大道则以炼神为主，其主要的特点是：以神存气，以气存形，所以延形；合形于神，合神于无，所以隐形。延形与隐形，都是金丹妙道，二者虽有微妙之分，然皆以神为主。正因为以神为主，所以能越数超形，一得永得。能不毁、不散、不坏、不死。延形与隐形，都只是形体的变化，形体在陈显微看来，是至浊之物，犹可延可隐，半清半浊之气，聚则化万物，散则仍然为气，尚能不灭，那么至清之神，更是能长生久视。所以，陈显微说："至宝炼成，一得永得，此其所以不毁、不散、不坏、不死欤。大矣哉，金丹之道包空括壤，越数超形，非其他妙法、三千六百门所可望洋也。"④

　　陈显微认为，太虚即性，无所不在。但由太虚如何生成万物，则认为还是有秩序的。他说："尝疑夫太素之先有太始，太始之先有太初。是则道未尝无本末也。太素者质之始，太始者形之始，太初者气之始，人能反本还源。自太素以至于太初，如上百尺竿头至矣！尽矣！不可以复上矣！

---

① 陈显微：《文始经言外旨》卷6，《道藏》第14册，第718页。
② 陈显微：《文始经言外旨》卷7，《道藏》第14册，第724页。
③ 同上书，第722页。
④ 陈显微：《周易参同契解》，《道藏》第20册，第271页。

殊不知太初之外更有所谓太易焉,太易者未见气也,是犹向百尺竿头更进一步方见太易,无首无尾、无源无归,莫知所终,莫知所始者矣。"① 道有本有末,太初为气之始,由有形有质的太素、太始到无形无质的太初之气,是一条返本还原之路。然太初并不是本源,在太初之气前,尚有未见气之太易,此太易乃形而上者,无首无尾、无源无归,莫知所终,莫知所始。性是不生不灭的,气也是不生不灭的。生灭和气的聚散有关,生是气之聚,死是气之散,气本身是不生不灭的。性非气,更是不生不灭的。"是则生者一气之聚,死者一气之散耳,彼非气者,何尝有聚散生死哉?"② 那么性与气是什么关系呢?性是气之本,性生气。"有形之物虽互隐见,而一气在天地间未尝化也。一气犹且不化,况吾之非气者哉?何谓非气,气之所自生者……吾之灵真若寓于形,则虽千年亦化,寓于气则一而不化也。"③ 性与心、情又是什么关系呢?他说:"性者,心未萌也。无心则无意矣。一意不存,五行皆废,斯能浑天地造化之所妙者,皆为吾魂;浑天地造化之所有者,皆为吾魄,是则万物皆为吾役而不役于物矣。"④ 性是心的未萌状态。性是先天,心乃后天,性先心后,所以,是性即理,而不是心即理,性为主而不是心为主。对于当时人们认为性生于心,以心为母,以性为子的看法,陈显微还有一个专门的论述,对之发表了不同的意见。陈显微说:"后世言性者,皆曰性生于心,以心为母,性为子,谓如五常之性,根于一心,皆未达夫真性之所以为性。三教圣人发明性真如出一口,而贤人谬之,此其所以未入圣域,与孔子言穷理而后尽性,理者,心也;与孟子言尽其心者知其性,知其性则知天意同。释氏言明心然后见性,故直指人心,见性成佛。与今言心生于性,皆以性为母,心为子也。而尚恐学者未明,又以水喻之曰:性,水也,心,流也,情,波也,则本末次第历然易辨矣。苟事物来干我而以心应之,不亦劳乎?天下之事物无穷,吾心之精神有限,以有限对无穷,吾心殆矣。惟圣人以性受之,则心不生而事物浮浮然不能入吾之灵府矣。"⑤ 真性是普遍的存在,

---

① 陈显微:《文始经言外旨》卷1,《道藏》第14册,第695页。
② 陈显微:《文始经言外旨》卷4,《道藏》第14册,第711页。
③ 陈显微:《文始经言外旨》卷7,《道藏》第14册,第723页。
④ 陈显微:《文始经言外旨》卷4,《道藏》第14册,第709页。
⑤ 陈显微:《文始经言外旨》卷5,《道藏》第14册,第715页。

就好比水一样，心相对于真性而言，就如水之有流一样，真性是水，心是水之流，而情则是水之波。

陈显微以"真性"为本的思想，可以看出，是对两宋以来儒家理学思想的一个总结。当然，这个总结是站在道教的立场上作出来的。我们知道，北宋张载的关学主张以"气"为本，提出"清虚一大"为万物源。而程颢、程颐的洛学主张以"理"为本，认为天理是宇宙的最高本体，理为形而上者，有是理则有是气、有是象与数，从而也就有了形而下的器，"理一而分殊"，万事万物中其所以然者即是"理"，人类社会中的人伦道德与纲常亦是"理"，"理"必有对，从而宇宙生生不息。生生不息为"变"，而变中又有"常"，此"常"即所谓"定理"，执此"定理"，以应万化，即是中庸之道。对于此"天理"的体味，程颢强调"心即理"、"只心便是天"，主张"知心养性"、"反躬内求"；程颐认为"天下只有一个理"，要对此"理"进行认识，在于"致知"，在于"格物"。"致知在所养"，在于"涵养"、"存敬"，只要"涵养"、"存敬"，久之天理自明。同时，"致知"也须"格物"。通过格外物之理，来启发自己心中之"理"。南宋陆九渊的"心学"则提出"人皆具是心，心皆具是理"，提出要"发明本心"、"格我穷理"，而朱熹则在二程理学的基础上，将"理"与"气"进行了巧妙结合，构筑体系庞大而又理论精致的哲学体系。陈显微生活在南宋中晚期，理学发展至南宋，基本已定型。对于理学，陈显微既有吸收，又有改造。在"太虚"问题上，陈显微认为"太虚即性"，反对张载的"太虚即气"说。在"性"与"心"的关系问题上，陈显微不同意程颢的"心即理"说，也不同意象山的"本心"说，而是认为"心"从"性"出，"性"为"心"母，由"性"至于"心"和"意"有着本末次第的关系，不是"心统情性"，而是"真性"统帅人之"心"、"情"与"意"。人在修养之时，可以无意，不能无心。无心则心如土木，不能应物。所谓断思绝念即是如此。而无意则指应物时，不要有妄念。陈显微认为儒、释、道三教教义思想的精髓都是如此。"三教圣人皆主张无意而不主张无心者，旨必有在也。学者当思念之时，推求意之所生，则不知其所以然而然，故其来无踪，其往无在，如是则意未尝有意，意未尝有意则思未尝有思，念未尝有念，而无思之思、无念之念与天地之本原不古不今而长存矣。视夫断思绝念心如土木者异矣。"① 无意则无执著，不生妄念，无意之思，虽思而不同于通常之妄思；无意之念，虽念而不同于妄念。无思之思、无念之念实际上仍然是思、仍然是念，但由于是循性而动，故能在无思中思，在无念中念，即思而无思，即念而无念。

要求得那不变的本体"真性"和本体之道，又不能离开变异之现象。陈显微说："惟五行参差不一，故胎、卵、湿、化，有色、无色、有想、无想等类众生，盈天地间，生生不已。然圣人本无我，不假于物则不能游世，如火不附木则无所托形，然物之在世，岂能坚久哉？圣人必以五行对之，然后生生不穷，如水火相克却成既济，金木相克却成夫妇，皆对法也，是道也，如兆龟数蓍，至诚自契，诚若不至则五行无一应者矣。"② 因五行的参差不同，形成了充盈于天地之间胎、卵、湿、化，有色、无色、有想、无想等类众生的生生不已。众生与物因五行参差而生，亦因五行参差而死，不能长久。众生与物之在世虽不能长久，但得道之"圣人"亦从众生中出，亦需假于"物"才能游于世。五行之间有阴阳的生克，陈显微称之为"对法"，如水火相克却成既济，金木相克却成夫妇。修丹法五行生克之"对法"，以元精、元神互相作用，求得生生不穷。陈显微说："精神水火也。自水生木，木生火，火生土，土生金，金复生水，则互生也。自火克金，金克木，木克土，土克水，水复克火，则互灭也。其来无首，其往无尾，灭已复生，生已复灭，则知精未尝有一滴存亡，神未尝有一焱起灭。惟无我、无人、无首、无尾，与天地冥契，则精神长存矣。"③ 元精好比是水，自水生木，木生火，火生土，土生金，金复生水，是互生的一条路。神好比是火，自火克金，金克木，木克土，土克水，水复克火，则是互灭的一条路。生死是循环的，其来无首，其往无尾，灭已复生，生已复灭。生灭是由五行造成的，如何超出于生灭之外呢？陈显微认为，既由五行而有生灭，亦应由五行而超出生灭。他说："苟知夫我之妄心皆出于五行而以五行胜之，则妄心可以消释矣。"④ 妄心出于五行，

---

① 陈显微：《文始经言外旨》卷5，《道藏》第14册，第713页。
② 陈显微：《文始经言外旨》卷4，《道藏》第14册，第709页。
③ 同上书，第707页。
④ 陈显微：《文始经言外旨》卷7，《道藏》第14册，第720页。

如何消除妄心呢？释家从心出发，去除妄心，则为真心。全在心地上下工夫。道教从五行出发，妄心出于五行，则从五行而胜之。这二者在方法上是不同的。

要超出五行之外，必须调和五行，调和五行离不开精与神的作用。对于精、神的作用，陈显微反对主观妄为，而强调"自然"、"无为"。认为圣人无我、无人、无首、无尾，与天地冥契，则其精、神全而无生灭，从而能调和五行，在生死的流转中不随波逐流。这里的精和神不是我们通常所说的精神，而是指的元精、元神，要使原精、原神得到长存，只有无我、无人、无首、无尾，与天地冥然一体，相契相承，就能得以实现。故陈显微说："性者，心未萌也。无心则无意矣。一意不存，五行皆废，斯能浑天地造化之所妙者，皆为吾魂；浑天地造化之所有者，皆为吾魄，是则万物皆为吾役而不役于物矣。"① 又说："一情善恶为有知，动物皆然，一情之冥为无知，无知则与太虚同体矣。故曰：普天之下，道无不在。"②

陈显微认为，丹道为易道之所出，其理是相通的，都可以归到本体的道中来。他解《周易参同契》"三道由一"说："大矣哉，道之为道也。生育天地，长养万物，造化不能逃，圣人不能名。伏羲由其度而作《易》，黄老究其妙而得虚无自然之理，炉火盗其机而得烧金乾汞之方。是皆仰观俯察，远取近用，或寓于言，或修于身，或托于物，事虽分三，道则归一也。"③ 伏羲作《易》，将此道寓于言中，黄老究大道之妙，得虚无自然之理以修身，炉火将此道托之于事，盗其机而得烧金乾汞之方。陈显微认为，事虽分三，道则归一。金丹之道和黄老之道、易道都可以归到本体之道中来，因此，金丹之道可以"包空括坏"、"越数超形"。为此，陈显微还力图调和道教自然、无为的丹道修持思想，使之和现实的社会生活相协调，这在理论上表现为以儒补道。

之所以要以儒补道，是因为道教的金丹修炼的出世思想总是构成了对现实社会的伦理纲常的冲击。不少儒者常诟病道教的出世修炼的思想和行为，故陈显微力图说明，道教所讲的金丹修炼之道，并不会构成对现实社

---

① 陈显微：《文始经言外旨》卷4，《道藏》第14册，第709页。
② 陈显微：《文始经言外旨》卷1，《道藏》第14册，第696页。
③ 陈显微：《周易参同契解》，《道藏》第20册，第292页。

会的伦理纲常的冲击,反而更能有益于现实社会的伦理纲常的维持。因为道教要修得与不生不灭、无始无终的本体相冥契,并不是要求修持者无所作为,或离群索居,而是要积极入世济世。只不过在积极入世济世的过程中,必须时刻以道教的自然无为的思想作为行动的指导。因此,陈显微就社会生活的一些重要方面证明了道教金丹之道"自然"、"无为"思想所起到的重要作用。如对在政治生活中如何实行"自然"、"无为",陈显微说:"天地无为而万化成,圣人无为而天下治。圣人何心哉?人徒见夫制礼作乐理财御侮立法制器周济曲成而不遗,将谓圣人物物思之事事计之而以一己之智力当天下之事物也。殊不知圣人本之以谦,含之以虚,行之以易,变之以权,因人之贤而贤之,因人之愚而愚之,因是是之,因非非之,不以古今而先后其心,不以内外而轻重其事,而以天下治天下也。天下归功于圣人,圣人不自以为功而任功于天下。是道也,尧、舜、禹、汤得之,故皆曰自然。"① 认为儒家所尊崇的圣王尧、舜、禹、汤治国时运用的都是道教金丹修炼的"无为"、"自然"思想,从而天下得到治理。对于儒家所特别强调的伦理纲常的践行问题,陈显微也以其"自然"、"无为"的道教金丹思想作出了解释:"圣人之五常亦犹众人之五常,夫岂异乎人哉?特众人之五常未能忘我而圣人之五常本于无我,此其所以异乎人矣,仁无我则同天下之我以为仁,义无我则权天下之事以为义,礼无我则戒天下之心以为礼,智无我则照天下之识以为智,信无我则守天下之言以为信,此其所以不可企及与?"② 认为圣人践行五常并不异于常人,但常人践行"五常"时不能无我,而圣人在这个过程中本之以"无我"的观念,这是常人所不能达到的一种境界。正因为圣人本着"自然"、"无我"的观念来践行"五常",所以"圣人言满天下无口过,行满天上无怨恶,何则?任物理之自然而君臣上下父子兄弟贵贱尊卑之间感应贯通,出于口而行于身。譬如夫唱妇随,牡驰牝逐,雄鸣雌应,莫不顺其自然之理也。圣人初何容心哉?贤人制礼法以防人心,故不得不拘之,至有言行枢机荣辱之戒,善恶千里违顺之几,故学者不得不谨言行也。"③ 圣

---

① 陈显微:《文始经言外旨》卷3,《道藏》第14册,第702页。
② 同上书,第703页。
③ 同上书,第706页。

人不容心于物，只任"自然"、"无为"而君臣上下父子兄弟贵贱尊卑之序自定，而贤人（这里的贤人陈显微似指儒家学者而言）往往拘于此序而不能通达，并因此而制礼法以防人心。这与圣人"不容心于物"而天下治相比，就显得低了一个层次。《易传》所谓"言行，君子之枢机"，即是如此。

圣人所修金丹之道，并不和"天下之道术"相违，也不是静止不变的，而是与时偕行。陈显微说："天下之道术或尚晦或尚明，或尚动或尚止，皆自然之理也。圣人观天之道以时吾神之晦明，察地之利以宜吾形之动止。近取诸身，如此则远示之人亦莫不然。是则神宜明则明之，神宜晦则晦之，形宜动则动之，形宜静则止之耳。"① 圣人之神宜明则明，宜晦则晦；其形宜动则动，宜静则止，一应自然之理。对于今俗与古道，如何进行选择，陈显微认为："学者欲行古道必善今俗，欲反本源须知末务。苟生于今之世而违今之俗，则害生矣。只知有本源而不知有末务则难立矣。故圣人和光同尘以善今，泛应曲当以善末者，乃所以为行古道立本源之地与？"② 古道为本，今俗为末，欲返古道，须从末务入手。只知有本源而不知有末务，生于今世而违今之俗则害生，所以要"泛应曲当以善末"，才是"行古道"的根本。所以，"圣人之闻见未尝异于众人，众人之闻见随处变异而生好恶和竞得失之心。圣人异于众人而随处不生好恶竞得失之心，则有心矣，有我矣。此贤人不动心之学，望圣人未至者也。若夫圣人则出门同人，随人好恶，从人和竞，成人得失，如老子之人号亦号，人笑亦笑。言利害，此皆圣人不异众人，众人不异圣人之说也，何尝以闻见自异哉？圣人之所谨者，不妄出户庭而无咎，不妄同人于莽而弗克攻，不妄同人于郊而志未得，危邦不入，乱邦不居，特以动止为戒而已矣。"③ 圣人行金丹之道，其闻见交不异于众人，而是随处变异而生好恶和竞得之心，在这个过程中，圣人虽有所"谨"，亦只以动止"无妄"为戒，并不是像贤人那样机械地摒弃"好恶竞得之心"，且谓之为"不动心"。

---

① 陈显微：《文始经言外旨》卷9，《道藏》第14册，第730页。
② 同上书，第728页。
③ 陈显微：《文始经言外旨》卷7，《道藏》第14册，第723页。

因此，圣人本着"自然"、"无我"的观念行金丹之道，此金丹之道和世俗生活并不相离，而是密切相关。陈显微说："道不可须臾离也，可离非道也。若夫可得可行则可失可止，则有时而离矣，惟不可得不可行故须臾不可离，须臾不可离则我在是道在是矣。《易》曰：显道神德行。道故自我以显矣，而德行尤不可不神矣。然圣人于道有所得者皆德也，于道有所行者皆行也。所以积德而不敢失德，累行而不敢失行。功满三千，大罗为仙；功满八百，大罗为客，此皆以可得可行者善吾生也。若夫不可得不可行者，安有所谓生，安有所谓死哉！此所以善吾死也。"① 金丹之道与孔子之道也不相异，金丹之道"随时同俗，先机后事，捐忿塞欲，简物恕人，是数者与孔子翼《易》随时同人，知己成务，惩忿窒欲，易简恕忠之言略同，而学者不知，谓道家之学独尚无为，是则将圣人执一豫格后世。圣人何心哉？古今四方，一家一身，俗尚虽各不相同而圣人权其轻重而为之制，可从先进则先进，可拜下则拜下，惟其无可无不可，所以合不测，契道无方也。孔子不云乎，窃比于我老彭，然则孔老之道其可以异观哉？"② 大丹之道形于生生之造化，而《易》尽包造化之理，故金丹之道与易道通。金丹之道是普适的、遍在的，它"包空括坏"，"越数超形"，并不离世、出俗，故孔老之道不可以异观。

总之，陈显微的易学内丹学思想，引易之理以明内丹修炼之理，建立起了一个独特的道教易学内丹学的理论体系。在这个过程中，陈显微将道教的金丹之道上升为普适、遍在的本体之道，并力图贯通孔、老，以孔补老，使得其内丹学理论不仅体系完整，而且在内容上更显丰富。其在方法上，吸收了两宋儒学的一些重要概念，包括二程的理、张载的"太虚"，朱子的理气论，象山的心学等理论成果，并基于其道教内丹修炼的本位立场，以之来构建新的理论体系，为宋元道教内丹学的发展作出了贡献。

---

① 陈显微：《文始经言外旨》卷1，《道藏》第14册，第696页。
② 陈显微：《文始经言外旨》卷9，《道藏》第14册，第729页。

第二章 储华谷的易学内丹学思想

明《正统道藏》太玄部收有题储华谷注《周易参同契》三卷，作者储华谷，身份不明，《道藏》只收入其《周易参同契》注，其他史料亦未见对其生平的详细记载。任继愈先生主编《道藏提要》认为储华谷为北宋末南宋初人，一说则认为储华谷为南宋时道流之士。[①] 此注采刘牧《周易》之河、洛说以明道教内丹修炼的理论，形成了独具特色的易学内丹学思想[②]。在此注中，储华谷提出乾为离宅，坤为坎郭；药之与物，二八河图；五贼运火，皇极洛书；法象羲《易》，按爻摘符等观点，以《易》理释内丹之道。本文拟对储华谷注此书的年代及其道教易学的内丹学思想进行考察，以就正于方家。

第一节 储华谷《周易参同契》注年代略考

一 储华谷"注"的时间上限

储华谷《周易参同契》注中，引文较早的有晋《天文志》。他注《鼎器歌》"腹齐三"一句说："天有腹齐，天之中也。见晋《天文志》。地与人皆有中，乃三才交媾之门户。在天地为天地之根，在人为玄牝之门。"[③] 也明确引彭晓《周易参同契分章通真义》，其注《鼎器歌》"圆三五，寸一分"一句说："圆三五，寸一分者，阴阳合则三五归一也。彭真

---

① 任继愈主编：《道藏提要》，中国社会科学出版社1991年，第750页。
② 储华谷《周易参同契》注云："人性具离中真阴，非真阳不能变化。杂类岂能相入，金石皆外物尔。"见《道藏》第20册，第301页。
③ 储华谷注《周易参同契》，《道藏》第20册，第311页。彭真

人所谓辞理钩连也。圆者，乾、坤会合也。"①

　　储华谷注本还引北宋张伯端及其《悟真篇》的思想。储华谷注《周易参同契》"刚柔迭兴，更历分部。龙西虎东，建纬卯酉。刑德并见，相见欢喜"一句说："阳长则阴消，阴消则阳长，刚柔迭兴也。二十八宿主十二辰，遍历十二分野，更历分部也。龙位东而临西，虎位西而临东，卯酉相加，故曰龙西虎东也。《龙虎经》云：南北为经，则知卯酉为纬矣。故曰建纬卯酉。卯为德主生，酉为刑主杀；卯酉相加，生中有杀，杀中有生。故二月榆落，戌中辛临乙也；八月麦生，辰中乙临辛也。卯既在酉，自然子在南，午在北，故曰子南午北，互为纲纪。《龙虎经》所谓张翼飞虚危是也。惟张紫阳深明此义，故有八月十五玩蟾辉，正是金精壮盛时之诗。"②又其注《周易参同契》"法象莫大乎天地兮，互沟数万里"一段时说："鼎之与器，法象乾坤。互沟者，阴阳界限，如鼎器交互相接之所，言金木间隔如天地相去何止数万里之远，所以使之合者道也。河鼓临星纪者，火临金位而逼金也。谓离当居下，而反居上，离性炎上，水火未济，不能翕受坎中乾金，违龙低虎昂之旨，失其关键，故刚柔抗行，不相涉入，使真药奔散四出，故曰人民皆惊骇。人民，谕药物也。《悟真篇》虎称岩头龙称海底，火在下金在上也。前篇云炎火张于下，又曰下有太阳气，其法度高下显然可见矣。"③

　　据张伯端《悟真篇·序》，张伯端于宋神宗熙宁二年（1069）遇真人授以"金液还丹火候之诀"，于熙宁八年（1075）著《悟真篇》。储华谷注中，张伯端之后的文献未见明显称引，故而储华谷此注的时间上限为北宋中期，约当神宗前后。任继愈先生主编之《道藏提要》持此观点。④

二　储华谷"注"的时间下限

　　储华谷此注也不会晚于宋末元初的俞琰所作的《周易参同契发挥》和《周易参同契释疑》。《周易参同契释疑》是俞琰合"蜀本、越本、吉

---

① 储华谷注《周易参同契》，《道藏》第20册，第311页。
② 同上书，第309页。
③ 同上。
④ 任继愈主编：《道藏提要》，中国社会科学出版社1991年第1版，第750页。

本及钱塘诸家之本，互相雠校"①后所成之书。在此书中，俞琰对他所了解的《周易参同契》的诸种本子，如彭晓本、朱熹本、陈显微本、詹谷本、刘永年本、陈会真本、李抱素本等诸《周易参同契》注本进行雠校。雠校时，亦有不标出处，只言"一本"者多处，此书为朱熹《周易参同契考异》之后，对《周易参同契》的篇章、词句进行考辨的又一力作。

俞琰的《周易参同契释疑》中，多处对储华谷的注有所评说。如《周易参同契释疑》解"色转更为紫，赫然成还丹。粉题为一丸，刀圭最为神"之"刀圭"，俞琰说："刀圭即是刀头圭角些子而已，言其不多也。若以刀为金，圭为二土，巧则巧矣，然非魏公之本旨。"②在对此句进行解释时，朱熹说："刀圭未详。"③陈显微解此句为"绝后重生，金光转紫，状如紫粉一刀圭许，时时呈露，处处现前，变化不测，神妙不可思议矣。"④彭晓解此句为"一周火足，魂魄改形，转为紫金，赫然成丹，服之一粒，刀圭更神，神妙之功，述无尽已"⑤。映字号无名氏解《周易参同契》此句。只讲"气索火绝。魂消魄复而丹已成矣，非神而何？"⑥对何为"刀圭"，均无解释。俞琰认为"刀圭"即指"刀头圭角"，言其不多，意思是还丹入口不须多，只需"刀头圭角"一些子就有神奇的妙用。

俞琰认为，"以刀为金，圭为二土"，虽然巧，但却不是魏公的本意。俞琰所批评的，即为储华谷《周易参同契》注此句的思想。储华谷解此句说："色转更为紫，赫然成还丹者，紫为乾，大赤之象，《益》之六三《震》之上爻也。其究为健。健，乾也，震变而为乾也。其爻辞有曰：告公用圭。《益》，纯乾，乃有圭象。乾为金，为玉，故曰刀圭也。夫坎离因戊已二土而合，乃成乾体，故圭字从二土也。火候已足，坤化为乾，更历三宫，休死亡魄魂，此第二真景象也。"⑦《周易·益卦》六三爻辞有"益之用，凶事无咎。有孚中行，告公用圭"之句，储华谷取《周易·益

---

① 俞琰：《周易参同契释疑·序》，《道藏》第20册，第262页。
② 俞琰：《周易参同契释疑》，《道藏》第20册，第266页。
③ 朱熹：《周易参同契考异》，《道藏》第20册，第124页。
④ 陈显微：《周易参同契解》，《道藏》第20册，第282页。
⑤ 彭晓：《周易参同契分章通真义》，《道藏》第20册，第143页。
⑥ 无名氏：《周易参同契注》，《道藏》第20册，第104页。
⑦ 储华谷注：《周易参同契》，《道藏》第20册，第302页。

卦》的六三爻辞中"告公用圭"一句，然后以《益》之内卦为震，震其究为健，乾为健，建立起《益》之六三爻与乾卦的关系，乾为金，为玉，所以称"刀圭"。同时，《周易·说卦》认为，乾为"大赤"之象，"紫"为大赤，色转更为紫，即指变为纯乾纯阳之体。又《周易》纳甲法中，坎藏戊土，离藏己土，圭为"二土"合，即坎中戊土，离中己土相合，内丹修炼中坎、离合，修之则能成纯乾之体。所以储华谷认为"刀圭"亦指的是坎离交媾，化成纯阳之体的一种符号象征。俞琰认为，这种解释方法很"巧"，之所以"巧"，是因为符合内丹修炼用语的特征，但认为不是魏伯阳之本意。

又俞琰《周易参同契释疑》释"子当右转，午乃东旋"一句说："子当右转，谓虎向水中生也，午乃东旋谓龙从火里出也。子午即水火也。子当右转者，金水合处，盖从右转至于子也，午乃东旋，若木火为侣，乃自东旋至于午也。天道左旋右转，还丹之道与天道同一。若曰子从右转而加酉，午从东旋而加卯，则是右旋左转，与天道背驰矣。"① 认为"子当右转"是指酉金从西方右转至北方子位，这即是丹家所谓的"金水合处"。"午乃东旋"指的是东方卯木从东旋至南方午位，也即丹家所谓的"木火为侣"。俞琰认为天道是左旋右转的，还丹之道与天道是一致的。

于此，俞琰批驳了"子从右转而加酉，午从东旋而加卯"的观点，认为这与天道的运行恰好是相反的。而俞琰所批驳的正是储华谷在这个问题上的观点。储华谷说："子右转而加酉，午东旋而加卯。酉临午位，正日短星昴，以殷仲冬一阳之时也。当此之时，可以交媾。二名，谓龙虎也。相吞相衔，乃交媾景象。始则相贪，中则相衔，终则相吞，工夫自浅而深，自然合璧，坎离交媾矣。"② 认为北方子水右转至西方酉位，即"子右转而加酉"，为"金水合处"。与此相应，"午东旋而加卯"，为"木火之侣"，也即"离中之汞"。西方金挟水以制离中之汞，西方酉临南方午位，此乃一阳生之时，可以进火，可以交媾。于是，龙虎相吞相衔，始则相贪，中则相衔，终则相吞，工夫自浅而深，自然合璧，坎离交媾矣。

---

① 俞琰：《周易参同契释疑》，《道藏》第20册，第268页。
② 储华谷注《周易参同契》，《道藏》第20册，第306页。

对于"子当右转，午乃东旋"，南宋陈显微的解释是："子从右转来东卯，午从东旋来西酉，皆越九转也，如是，则龙从火里出，虎向水中生，荧惑守西而制金，太白经天而昼现矣，自然龙呼于虎，虎吸龙精。"①认为北方子水从右边转至左边东卯之位，南方午火从东边旋至西方酉位，与此相应，东方卯转至南方午位，为"龙从火里出"，西方酉转至北方水位，为"虎向水中生"。"午从东旋来西酉"为"荧惑守西"，以火制金。"子从右转来东卯"后，西方酉越乾而转至北方水位，为"太白经天"。于是，自然龙呼于虎，虎呼龙精。陈并有四象图一幅，以说明此问题。后蜀彭晓则解为："子右转至酉也，午东旋至卯也，卯酉二界，金木气停也。"②认为子右转至酉也，午东旋至卯也，卯酉二界，金木气停也，为内丹中的沐浴之象。对比彭晓、陈显微、储华谷三家对对于"子当右转，午乃东旋"的解释，可知俞琰批驳的是储华谷《周易参同契》注的思想。在《周易参同契释疑》中，俞琰对储华谷解《周易参同契》"昴毕之上，震出为征"此句亦有不同的看法。俞琰认为，此句"盖谓月初生见于西方，其象如震，以喻身中火候也。若以月出方位论先天卦方位，则先天之震不在西方，火候之震亦不在西，既不识其落处，徒见其说之相戾耳。"③朱熹认为，"此再以纳甲言一月之火候也。"④陈显微认为，"魏君以一月之间月形圆缺喻卦象进退。"⑤映字号无名氏解此句为，"昴毕之上，庚方也。一阳始生，于卦为震，于爻为初九，三日哉生明。"⑥可知俞琰的批驳，不是针对上述几家《周易参同契》注。

储华谷注此句为："下章以先天卦按月出没论火候，故此章先推月之所以生明，由合璧罩持，隐形养魄于晦朔，然后自东北而渐生明也。"⑦先天卦乾南坤北，北方坤卦月晦，自东北而渐生明，东北为震，初三日，进阳火，其后阳渐长，经离、兑至南方乾卦而阳盛，为十五日月圆之象。

---

① 陈显微：《周易参同契解》，《道藏》第20册，第288页。
② 彭晓：《周易参同契分章通真义》，《道藏》第20册，第151页。
③ 俞琰：《周易参同契释疑》，《道藏》第20册，第267页。
④ 朱熹：《周易参同契考异》，《道藏》第20册，第125页。
⑤ 陈显微：《周易参同契解》，《道藏》第20册，第284页。
⑥ 无名氏：《周易参同契注》，《道藏》第20册，第106页。
⑦ 储华谷注《周易参同契》，《道藏》第20册，第304页。

此后，月十六日，卦至西南巽位，一阴生起，开始退阴符。经坎、艮至坤，阴符退尽，一周天火候毕。储华谷以先天卦按月出没论火候，即此意。俞琰认为，储华谷以月出方位论先天卦方位，是不识其落处。因为先天卦震在东北，而上弦之月出现在天的西方，其象如震卦之卦象，先天卦之方位与月出之方位是不相符的，并据此认为储华谷此解是不识落处，徒相戾耳。其实，储华谷并不是以月出没的方位来论先天卦的方位，他的目的在于利用伏羲先天卦卦象阳长阴消、阴长阳消的排列顺序来说明月象出没的时间顺序，不是以月出的方位论先天卦的方位。储华谷解《周易参同契》"故易统天心，复卦建始萌"一段说："《复》见天地之心，是为冬至，候莫秘于一阳也。自一阳而后六阴六阳，一消一息，应十二钟律；诎伸升降，应斗枢转旋。坤初变震，故曰因母。此说出伏羲先天卦。"①认为坤初变震，源出伏羲先天卦，即是此意。可以说，俞琰与储华谷同样采用了"月相"与"先天卦"两个概念，但所论的侧重点并不一致，俞琰从方位上论，故认为储华谷此说是不识落处，徒见其相戾耳。储华谷以月象结合先天卦阳长阴消的顺序以论周天之火候，本不论方位，故能自成其一家之言。俞琰《周易参同契释疑》中还有多处对储华谷注的批评，在此不一一列举了。由俞琰对储华谷注的多处批判可知，俞琰看过并熟知储华谷的《周易参同契》注。因此，储华谷此注所作时间的下限为宋末元初俞琰《周易参同契发挥》、《周易参同契释疑》之前，或至少不晚于俞琰上述两书的著述时间。

三 储华谷"注"为宋代注本

储华谷注中，《周易参同契》经文"天道甚浩旷，太玄无形容。虚寂不可睹，匡郭以消亡。"一句"匡"字缺笔②。当然，其他几处，如"坎离匡郭，运毂正轴"之"匡"③，"隐藏其匡郭，沉沦于洞虚"之"匡"④，储华谷注则不缺笔。

我们以一处"匡"字缺笔，判定储华谷此注为宋代的注本，是否能够

---

① 储华谷注《周易参同契》，《道藏》第 20 册，第 299 页。
② 同上书，第 310 页。
③ 同上书，第 297 页。
④ 同上书，第 300 页。

成立呢？我们认为是可以的。在一般的情况下，注书时间和刻书时间并不完全相同，刻书时间有时比注书时间要晚很多。如果注书与刻书时间处于不同朝代，那么，在刻书时，往往对注书时的避讳的遵守就不那么严格了。如被陈国符先生认为是唐注本的托名阴长生的《周易参同契》注，是一宋刻本，其经文"坎离匡郭"之"匡"缺笔，避宋太祖、宋太宗之讳，而经文"真人潜深渊，浮游守规中"之"渊"字，则不避唐高祖李渊之讳①。

又如南宋陈显微的《周易参同契解》避"匡"和宋真宗"恒"之讳，其《周易参同契解》"坎离匡郭"一句作"坎离围郭"。俞琰认为："陈抱一注本改为围郭，避讳也。"② 陈显微"恒顺地理，承天布宣"之"恒"下亦缺笔。③ 但陈显微的《周易参同契解》避讳也不严格，如陈显微"金返归其母，月晦日相包，隐藏其匡郭，沉沦于洞虚"④ 此句匡不缺笔。"天道甚浩广，太元无形容。虚寂不可睹，匡郭以消亡"⑤ 一句，匡也不缺笔。经文中"太玄"作"太元"，避赵宋王室祖"赵玄朗"讳。但其解言："观夫天道则塞闭不通，浩广而难知，察彼太玄则虚寂隐沦，无形之可睹，果何测造化之机耶？"⑥ 经文"太元"，注文又为"太玄"，则"玄"与"元"亦不严格避讳，可见其刻本和注本亦可能不是同一时期的。

因此，储华谷注《周易参同契》的刻本可能较注本出现为晚，故刻本中，既有不避"匡"字讳者，亦保留有避"匡"字讳者。但根据刻本中有一处出现"匡"字避讳，基本上可以反映出其注本匡字有缺笔的情况，因而其注本为宋本，是可以成立的。

四 储华谷"注"所作时间应在朱熹《周易参同契考异》之后，值南宋中晚期

本书据一些史料，认为储华谷此注出于南宋中后期，约当在朱熹著《周易参同契考异》之后，理由如下：

---

① 长生阴真人注《周易参同契》，《道藏》第20册，第85页。
② 俞琰：《周易参同契释疑》，《道藏》第20册，第263页。
③ 陈显微：《周易参同契解》，《道藏》第20册，第286页。
④ 同上书，第279页。
⑤ 同上书，第288页。
⑥ 同上书，第288页。

（1）储华谷此注受朱熹注影响较深。

如《周易参同契》外有赞序一篇，俞琰说："外有《赞序》一篇，或云后序，或云魏公赞，后人莫知所从，遂总名之曰《赞序》。晦庵朱子详其文意，以为注之后序，注亡而序存耳。近世注释者皆祖朱子此说，因而削去不录。然相本既载，不容不存。愚今并书之，以附于卷末，盖不欲弃其旧也。"① 彭晓《周易参同契鼎器歌明镜图》中有《赞序》一篇，朱熹《周易参同契考异》亦附有此篇，只不过朱熹认为不是《周易参同契》正文，而为后人所作注之序，注佚而序存。俞琰认为，受朱熹此说之影响，后来一些注《周易参同契》者，经文都不录此篇《赞序》。确如俞琰所说，此后，陈显微的《周易参同契解》，陈致虚的《周易参同契分章注》，包括储华谷注《周易参同契》，经文都不录《赞序》一文。

又俞琰认为，《周易参同契》"遂相衔咽，咀嚼相吞"一句，"旧本彭真一注及绍兴刘永年本皆在慈母育养，孝子报恩之下，朱子谓今按二句自属下文俱相贪并之下，四句相承，语意连属，不当在此。愚按此章以母子之情为喻，盖所谓遂相衔咽，如慈乌反哺之意，正当在此，今依旧本移正之。"② 俞琰所看到的彭晓本③及绍兴刘永年本"遂相衔咽，咀嚼相吞"一句均在慈母育养，孝子报恩之下，而朱熹认为此二句应属下文"俱相贪并"之下。按《道藏》阴长生《周易参同契》注，此二句亦如俞琰所论及的彭晓本④之顺序。因此，可能俞琰所移正之句子排列，可能更接近《周易参同契》之原貌。如果确如俞琰所说，"遂相衔咽，咀嚼相吞"两句在经文中的顺序的变动，是自朱熹始的话，那么，陈显微、储华谷注《周易参同契》时，这两句之顺序同于朱熹注，当是受了朱熹的影响。

此外，俞琰认为，《周易参同契》中"阳数已讫，讫则复起，推情合性，转而相与"一段，诸本皆在为道规矩之下，惟朱子本在世为类母之

---

① 俞琰：《周易参同契释疑序》，《道藏》第20册，第262页。
② 同上书，第268页。
③ 今《道藏》本彭晓《周易参同契分章通真义》此两句顺序同朱熹《考异》本，《道藏》本《通真义》不同于俞琰所看到的彭晓本。
④ 《道藏》第20册，第87页。

下，非是。"① 俞琰此段文字在《周易参同契》中的秩序，不同于朱熹《考异》本，而同于彭晓本与《道藏》映字号无名氏本。然陈显微本、储华谷本均同朱熹《考异》本②，这也是储华谷注本受朱熹《考异》本影响的证明。另彭晓本、映字号无名氏本、陈显微本、俞琰本《周易参同契》经文中都有"侥幸讫不遇，圣人独知之"，朱子本无此十字，储华谷本亦无，这也可看作是储华谷注本受朱熹注本影响的又一证明。

储华谷《周易参同契》注受朱熹注影响较大，说明其注出于朱熹注之后。

（2）储华谷注明确提出《周易参同契》经文中含"魏伯阳造"四字隐语，这亦可看作是储华谷注晚出的一个理由。

对《周易参同契》"委时去害，依托丘山。循游寥廓，与鬼为邻。化形而仙，沦寂无声。百世一下，遨游人间。陈敷羽翮，东西南倾。汤遭厄际，水旱隔并。柯叶萎黄，失其华荣。吉人相乘负，安稳可长生"一段，储华谷注曰："此魏伯阳造四字隐语，见前叙。"③ 此书之前叙已佚，但由此句可推知其前叙必对"魏伯阳造"四字隐语是如何组合而来有一说明。彭晓、映字号无名氏、朱熹、陈显微注《周易参同契》，在"委时去害"这一段，都未点明有"魏伯阳造"四字隐语。在此之前，托名阴长生唐注本《周易参同契》于此句下解说云："虞翻以为委边著鬼是魏字，斯得与（鬼）。不然其悟道之后，何得与鬼为邻行耳？"④ 只猜得一"魏"字，北齐颜之推《颜氏家训·书证篇》有"《参同契》以人负告为造"⑤，然对"魏伯阳"三字则无说明。

俞琰于此段廋辞下得出魏伯阳三字，他说："此乃魏伯阳三字隐语也，委与鬼相乘负，魏字也；百之一下为白，与人相乘负，伯字也；汤遭旱而无水，为旸；陁之厄际为阝，阝与旸相乘负，阳字也。魏公用意可谓密矣。"⑥

---

① 俞琰：《周易参同契释疑·序》，《道藏》第20册，第267页。
② 只不过陈显微本经文此句后还少"上九亢龙，战德于野。用九翩翩，为道规矩"四句。
③ 储华谷注《周易参同契》，《道藏》第20册，第311页。
④ 阴长生注《周易参同契》，《道藏》第20册，第94页。
⑤ 转引自潘雨廷、孟乃昌《周易参同契考证》，中国道教协会1987年编，第21页。
⑥ 俞琰：《周易参同契发挥》，《道藏》第20册，第260页。

储华谷注本如果是北宋末、南宋初的作品,那么,其"魏伯阳造"四字隐语说一出,在南宋后,定会造成相当的影响。因为当时关于《周易参同契》著书真伪、经文排序及作者问题,是大家关注的一个热点。朱熹作为有宋一代的学术大家,治学非常严谨,且雅好《周易参同契》,曾搜集多种不同注本,进行比较研究,在此基础上,注成《周易参同契考异》。他对廋辞也是很在行的,其注《周易参同契考异》,化名"崆峒道士邹䜣",就是一例。然他在其《考异》中,对《参同契》经文中的这段廋辞似亦不知此为"魏伯阳造"四字隐语。以他的学术功底及求学的精神,如果北宋末、南宋初有人或有书提出《周易参同契》此段廋辞隐"魏伯阳造"四字,他不会不知道或不理解。一个可能的解释,就是储华谷注本出现较朱熹注本为晚。

当然,前文我们论及,俞琰曾批驳过储华谷此注,可能悉知储华谷注中的"魏伯阳造"四字隐语。俞琰对廋辞隐"魏伯阳"三字的看法,可能是源自于储华谷。但俞琰注为何不及后一个"造"字呢?我们推测,也可能俞琰同意储华谷注对廋辞所隐"魏伯阳"三字的解释,而对其后四句如何组成一"造"字所作的解释不是很满意,故略而不论。

(3)陈显微《周易参同契解》后附有一短文,名《参同契摘微》。其中有语:"余谓魏公玄要,悉在此章。彭真一、陈抱一、储华谷三家议论不同,中间宁无穿凿其说,皆失经意。愚不自揣,辄将师旨,率为之注。此章首尾次序,收功证验,皆有法度,故释其义,其余诸章,引明天道,启发人用,俱可以心领而意会也矣。"① 很明显,此《摘微》不是陈显微及其门人所作,因其中有诋陈显微注之语。此人对当时影响较大的《周易参同契》注,只提彭晓本、陈显微本、储华谷本,其所列彭、陈、储三家注的排列顺序,以及不提宋元之际的俞琰本和陈致虚本的做法,从一个侧面也反映出储华谷注本出现在南宋的中晚期,与陈显微注本同时甚至略晚。

所以,我们认为,储华谷《周易参同契》注为宋代的注本,此注的时间上限为北宋中期,约当神宗前后,下限为宋末元初俞琰之《周易参同契发挥》、《周易参同契释疑》之前,注书时间应在朱熹《周易参同契

---

① 陈显微:《周易参同契解》,《道藏》第20册,第295页。

考异》之后，值南宋中晚期。

第二节　储华谷的易学内丹学思想

关于道教内丹修炼的原理，储华谷在其《周易参同契》注之后，有一篇《赞》文，对此进行了总结。他说："乾为离宅，坤为坎郛。真阴离处，真阳坎居。离纳己妇，坎纳戊夫。日月合璧，戊己为枢。宾浮主沉，制有以无。药之与物，二八河图。五贼运火，皇极洛书。法象羲《易》，按爻摘符。魏君真师，觉我顽愚。百拜稽首，千古范模。上下三十世，火候惟口传。信受奉行者，永为瑶池仙。"① 从中我们可以看出，储华谷易学内丹学的一个重要思想，就是运用《周易》的卦爻象和"河洛之说"来解释内丹修炼的原理。

"河图"和"洛书"是《周易》中的重要的名词术语，《周易·系辞传》云："河出图，洛出书，圣人则之。"后人遂将"河图"、"洛书"与观象画卦联系起来，认为圣人观"河图"、"洛书"而画八卦。五代、北宋前期的道士陈抟将《周易·系辞》中的大衍之数，天地之数同河洛联系起来，制作各种河洛图式，其中就有五行生成图和九宫图等，以此来说明《周易》的原理，陈抟有关这方面的著述有《龙图易》一卷，《宋史·艺文志》著录，《宋文鉴》亦存其《龙图序》一篇，因此，陈抟开有宋一代易学中图书学派之先河。陈抟之后，北宋刘牧对河洛之学进一步进行发挥，提出了一个重要观点——"图九洛十"说。其于《易数钩隐图》中说："今河图相传于前代，其数自一至九，包四象、八卦之义，而兼五行之数，洛书则惟五行生成之数也。"② 即以九宫图为河图，以五行生成图为洛书。

刘牧论"河图"说："昔者宓羲氏之有天下，感龙马之瑞，负天地之数出于河，是为龙图者也。戴九履一，左三右七，二与四为肩，六与八为足，五为腹心，纵横数之，皆十五。盖《易·系》所谓参伍以变，错综

---

① 储华谷注《周易参同契》卷下，《道藏》第20册，第312页。
② 刘牧：《易数钩隐图遗论九事》，《道藏》第3册，第216页。

其数者也。"① 河图为八卦之源，刘牧说："且天一起坎，地二生离，天三处震，地四居兑，天五由中，此五行之生数也。且孤阴不生，独阳不发，故子配地六，午配天七，卯配地八，酉配天九，中配地十。既极五行之成数，遂定八卦之象，因而重之，以成六十四卦三百八十四爻，此圣人设卦观象之奥旨也。"② 又说："水居坎而生乾，金居兑而生坤，火居离而生巽，木居震而生艮。己居四正，而生乾坤艮巽，共成八卦也。"③ 由此"河图"所生成之八卦图式，为离南坎北，震东兑西，艮东北巽东南，乾西北坤西南。即邵雍、朱熹所谓的后天文王八卦。

刘牧以五行生成图为洛书，认为神龟所负之文即洛书。刘牧说："天一生水，地二生火，天三生木，地四生金，天五生土，此其生数也。如此，则阳无匹，阴无偶，故地六成水，天七成火，地八成木，天九成金，地十成土。于是阴阳各有匹偶，而物得成矣，故谓之成数也。"④ "洛书"之数乃五行生成之数。

储华谷同意刘牧的"图九洛十"说，并以之论道教内丹修炼之原理。

一　药之与物，二八河图

内丹修炼最重要的问题，是所谓"炉鼎"、"药物"与"火候"的问题。"炉鼎"是炼丹之所，"药物"是成丹之源，"火候"为结丹之工夫，对何谓内丹修炼之"炉鼎"、"药物"与"火候"，储华谷以刘牧的"河图"——九宫图，配合先天八卦图来说明。而其先天八卦，又是以九宫图错以刘牧的"洛书"——五行生成图之五行生成数而来的。

储华谷解《周易参同契》中"若夫至圣，不过伏羲，画八卦，效天图。文王帝之宗，结体演爻辞。夫子庶圣雄，《十翼》以辅之。三君天所挺，迭兴更御时。优劣有步骤，功德不相殊。制作有所踵，推度审分铢。有形易忖量，无兆难虑谋。作事令可法，为世定诗书"一段说："举伏

---

① 刘牧：《易数钩隐图遗论九事》，《道藏》第 3 册，第 217 页。
② 同上。
③ 刘牧：《易数钩隐图》，《道藏》第 3 册，第 203 页。
④ 同上书，第 211 页。

羲、文王、仲尼三圣，明此道之出于《易》象河图、洛书也。"① 于此文后，储华谷附一图，其图外为"河图"八卦，即后天八卦，内为先天八卦。（见下页图一）储华谷说："魏先生谓天以河图授伏羲，伏羲错之以洛书之数，是为先天八卦。以先天卦加河图，则药物、火候昭然可见。此圣人之所以见道而达造化之机也。夫以乾合离是谓阳炉，离宅于乾也；以坤合坎是谓阴鼎，坎宅于坤也。震与离会，龙从火里出也。兑与坎会，虎向水中生也。亦二物总因儿产母之旨也。至于月出（'出'字原缺，据文义补）震而满乾，减巽而没坤，此又分至火候之妙也。天道浩荡，非《易》象不足以明之。《易》道精微，非圣人不足以发之。是道也，三君启之于前，魏君明之于后，信乎其出于河图矣。"② 认为天道由易道而明，易道由圣人而发，伏羲、文王、仲尼三圣明内丹之道出于《易》象河图、洛书，启之于前，魏君（魏伯阳）《周易参同契》将之进一步阐发于后。为什么说内丹之道出于《易》象之"河图"、"洛书"呢？储华谷认为，伏羲观"河图"并错之以"洛书"之数，成先天八卦，先天卦加"河图"，则内丹修炼之药物、火候昭然可见。据"河图"所画八卦，离南坎北，震东兑西，艮东北巽东南，乾西北坤西南。"洛书"数中，天一生水，地二生火，天三生木，地四生金，天五生土，此为生数。地六成水，天七成火，地八成木，天九成金，地十成土，谓之成数。"河图"八卦，"震顺八数，巽顺三数"，震、巽分别以"洛书"木之生数三和成数八进行卦的错位，则震由东方变为东北方位，巽由东南变为西南方位。"顺"即顺天道左旋之意，实即是顺时针而变动卦之方位。"离顺七数，坎顺一六数"，离由"洛书"火之成数七错卦之位，坎由"洛书"水之生、成数一、六错卦之位，则离由正南变为正东方位，坎由正北变为正西方位。"乾逆四数，兑逆四数"，"逆"即逆天道而右转之意，实即是逆时针而变动卦之方位。乾、兑由"洛书"金之生数四错卦之位，乾逆四数，由西北变为正南方位，兑逆四数，由正西变为东南方位。"坤艮一顺一逆，合皇极十五数"，皇极为洛书，"洛书"土之生、成数为五、十，坤顺四数，由西南错位至正北方位，艮逆三数，由东北错位至西北方位。按先天卦

---

① 储华谷注《周易参同契》卷下，《道藏》第20册，第301页。
② 同上书，第301、302页。

数,艮为七,坤为八,坤艮一顺一逆,正合皇极洛书之十五数。

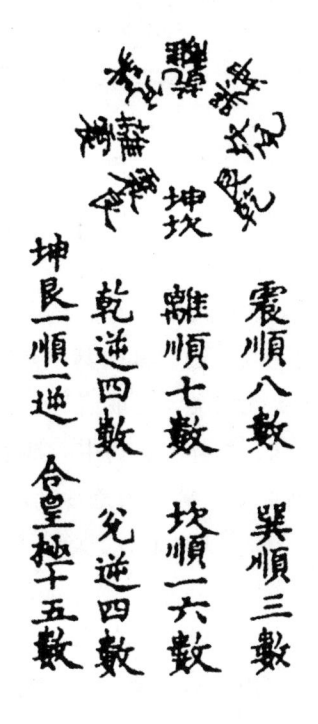

图一 先天卦加河图

"河图"错之以"洛书"之数,成先天八卦。而先天卦加"河图",其内涵则为:离会乾,坎会坤,震会离,兑会坎,先天卦由震、离、兑至乾,由巽、坎、艮至坤,则内丹修炼之药物、炉鼎、火候昭然可见。储华谷认为,"河图"之震、兑,配合先天卦之离、坎,震与离会,震为龙,离为火,蕴内丹"龙从火里出"之意。兑为金,坎为水,兑与坎会,蕴内丹"虎向水中生"之意。木生火,金生水,为五行顺生。丹家逆之而行,求火中之木,水中之金,这就是储华谷提出的"二物总因儿产母"之旨。① 他解《周易参同契》"牝牡四卦,以为橐籥"一段说:"以乾、坤、坎、离为牝牡,造化生成万有。中爻为乾坤妙用,故曰处中以制外。以上言药物。"② 乾、坤一阴一阳,乾卦一爻入坤,为坎,坤卦一爻入乾,

---

① 储华谷注《周易参同契》卷上,《道藏》第20册,第302页。
② 同上书,第297页。

为离。乾、坤、坎、离，往来阖辟，交错而生六十四卦，造化生成万有。而坎中真阳，离中真阴在《易》为乾坤中爻，中爻之运交错而生六十四卦。乾坤中爻在丹则为药物。正如毂之运关键在轴，丹之药物，"处中以制外"，也是结成大丹的基础。

离中真阴、坎中真阳为丹之药物，坎、离究为何物？储华谷间接予以了说明。储华谷解《周易参同契》"河上姹女，灵而最神。得火则飞，不见埃尘。鬼隐龙匿，莫知所存。将欲制之，黄芽为根"一章说："离为姹女，位在午野属周分三河，故曰河上姹女。立名定象，岂苟乎哉？离火生则祸发必克，谕人之性动不以正则散乱失其本真，所谓出入莫知其乡也。如朱砂中有汞，见火则飞走无踪矣。近取诸身，远取诸物，其理一也。此与太阳流珠一章同义。流珠，即姹女，离中火是也。黄芽，即金华，坎中金是也。"① 以"离火生则祸发"喻"人之性动不以正则散乱失其本真"，则可知储华谷所谓"离"，即为人的心性之喻。

人的心思散乱，则失心性清静的本真，所谓"离火生则祸发"。要使人的心思不乱，使心性复归清静之本真，必以"坎中金"——"黄芽"制之。何为坎？储华谷解《周易参同契》"一者以掩蔽，世人莫知之。上德无为，不以察求。下德为之，其用不休。上闭则称有，下闭则称无。无者以奉上，上有神德居。此两孔穴法，金气亦相须。知白守黑，神明自来。白者金精，黑者水基。水者道枢，其数名一。阴阳之始，玄含黄芽。五金之主，北方河车。故铅外黑，内怀金华。被褐怀玉，外为狂夫。金为水母，母隐子胎。水者金子，子藏母胞。真人至妙，若有若无。仿佛大渊，乍沉乍浮。退而分布，各守境隅"一章说："水数一而藏阳金，乃黑铅中之白银，世罕知之。一即上德之坎也。坎为上德，为有；离为下德，为无。离以禀受为用，绵绵若存，故其用不休，所以奉上也。离汞须阳金而变化，金亦须离火而施精，故曰相须。知水中有金，守其水则金自至，母隐子胎故也。水数一而色黑，故曰守黑，明一者掩蔽之义。"② 坎为水，其数为一，其色黑，为人体的藏精、生精之所。五行顺生为金生水，修炼内丹要逆其道而行，知水由金生，则即其水以求其金，金白水黑，此即为

---

① 储华谷注《周易参同契》卷上，《道藏》第20册，第307页。
② 储华谷注《周易参同契》卷上，《道藏》第20册，第300页。

内丹中的"知白守黑"之法。故储华谷所谓"坎",即为人体的先天之精。

　　以人的心性之离交于先天之坎,坎中真阳和离中真阴结合,成为内丹之药物。储华谷解《周易参同契》"子南午北,互为纲纪。九一之数,终则复始。含元虚危,播精于子"一句说:"子南午北,龙西虎东,刑德并会,天地反复,金水盛满,药体纯乾之时也。九一之数,终而复始,坎一加离九,九复加一,相为终始。继之曰含元虚危,播精于子者,午火受胎于子,以午加子,故曰含元虚危也。坎水播施中爻纯粹之精于离,以子加午,故曰播精于子也。"① 二十八宿中,虚、危处于北方方位,午火受胎于子,以午加子,为"含元虚危";坎水播施中爻纯粹之精于离,以子加午,为"播精于子"。坎水所播施的中爻纯粹之精,即为"坎中金"。以"坎中金"制"离中火",生成内丹之药物。储华谷解《周易参同契》"《火记》不虚作,演《易》以明之。偃月法鼎炉,白虎为熬枢。汞日为流珠,青龙与之俱。举东以合西,魂魄自相拘。上弦兑数八,下弦亦如之。两弦合其精,乾坤体乃成。二八应一斤,《易》道正不倾"一段说:"金水同居,故坎月与白虎为熬枢;木火同位,故流珠则青龙与俱。举东合西者,以离受坎,复归纯乾之体。自朔八日而上弦,自望八日而下弦,故曰二八应一斤,药之候也。"② 兑金与坎水同居,震木与离火同位,举东合西,金木相逢,以离受坎,水火相激。自朔旦经八日而月上弦,自月望日而历八日则月下弦,二八应一斤,即指以上弦木、火合下弦金、水,坎、离、震、兑四象混融,坎中真阴制离中真阳,为丹药之候。

　　储华谷所谓"药之与物,二八河图",借《易》河、洛之说与先天卦数,将丹道与易道结合,并将之上升到天道的高度。对于内丹道理论的建设,是一大贡献。同时,"河图"之坎、离,配合先天卦之乾、坤,成内丹修炼之阳炉、阴鼎。"坎藏于坤,离藏于乾,故曰匡郭。"③ 以乾合离是谓阳炉,离宅于乾;以坤合坎是谓阴鼎,坎宅于坤。在人体而言,乾为首,坤为腹;离为性,发为神;坎为精,发为情。于坤腹炼精,坤中藏

---

① 储华谷注《周易参同契》卷上,《道藏》第20册,第308页。
② 储华谷注《周易参同契》卷上,《道藏》第20册,第300页。
③ 同上书,第297页。

坎，是为阴鼎；于乾首炼性，乾中藏离，是为阳炉。储华谷认为，先天卦从震、离、兑至乾为阳长，从巽、坎、艮至坤为阴消，其中又有春分、秋分、冬至、夏至之分，二至为阴阳火符转换的关键点，二分则为运火中的沐浴阶段。故储华谷说："至于月出（出原缺，据文义补）震而满乾，减巽而没坤，此又分、至火候之妙也。"① 即河图加先天卦，中又蕴内丹鼎炉、火候之妙诀。

二　五贼运火，皇极洛书

五贼，指五行。《阴符经》称："天有五贼，见之者昌。"唐李筌认为，"天生五行，谓之五贼"，"五贼者，五行之气也，则金木水火土焉。……所言贼者，害也，逆之不顺，则与人生害，故曰贼也。此言阴阳之中，包含五气，故云天有五贼。……贼者，五行更相制伏，递为生杀，昼夜不停，亦能盗窃人之生死，万物成败，故言贼也。"② 天生五行之气，称"五贼"。五行相生相克是一个无限的连续不断的过程，能主宰人的生死与天地万物的成败。故云"五贼"。

"五贼运火，皇极洛书"，意指五行之间的生克互用，其原理同于洛书之数理，为修炼内丹之重要原理。储华谷解《周易参同契》"五行相克，更为父母"说："五行相克，谓金见水则金衰，木见火则木克。更为父母者，木本生火，火乃孕木；金本生水，水乃胞金是也。"③ 在丹家看来，五行顺生，其意实相克，如金生水则金衰，木生火则木克。五行顺生对于生者乃是被克，故要反其道而行之，这就是"更为父母"，即木本生火，反之，则从火中求取木，金本生水，反之，从水中取得金。内丹修炼就是如此法五行生克之妙用，以合大药，结成大丹。

储华谷以五行生成图为洛书，他解《周易参同契》之《五相类》，对于其中"五位相得而各有合"之图，指出"此洛书先天数也"。④ 此图中间一列为"三木、二火、五土、四金、一水"，即洛书先天数。洛书先天数配天干，三木配甲乙，甲为沉石，乙为浮石。二火配丙丁，丙为武火，

---

① 储华谷注《周易参同契》卷上，《道藏》第20册，第302页。
② 《黄帝阴符经疏·富国安人演法章》，《道藏》第2册，第741页。
③ 储华谷注《周易参同契》卷上，《道藏》第20册，第307页。
④ 同上书，第310页。

丁为文火。五土配戊己，为药物。四金配庚辛，庚为世金，辛为世银。一水配壬癸，壬为真汞，癸为真铅。并认为，此洛书五行先天数的组合，可以尽大易之性情。

储华谷又论洛书五行之成数，他解《周易参同契》"壬癸配甲乙，乾坤括始终。七八数十五，九六亦相应。四者合三十，阳气索灭藏。八卦列布曜，运移不失中"一段说："壬、甲配乾，乙、癸配坤。七、八、九、六，乃洛书五行之成数，皆得十五，应十五日三爻属乾，十五日三爻属坤，合三十日。日月一会，终而复始。八卦列布曜，运移不失中者，谓八方布二十八宿，斗运中天，火符阴阳之分不可违也。中谓二至也。"[1] 认为《周易参同契》此章是论纳甲之火候，洛书之成数七八合十五，九六亦合十五，壬、甲配乾，乙、癸配坤，乾坤日月一会正好一月，合三十日。这既可以用来表明进阳火、退阴符的刻数与节度，而且此刻数与节度是循环流转的。在这个循环流转中，重点要把握住"二至"，即所谓"冬至"一阳生和"夏至"一阴生。同时，洛书五行成数的配合，也将内丹修炼的方式、方法阐明出来了。对于此"洛书"五行成数的具体配合在修炼中的寓意，储华谷解《周易参同契》"将欲养性，延命却期。审思后末，当虑其先。人所禀躯，体本一无。元精云布，因气托初。阴阳为度，魂魄所居。阳神日魂，阴神月魄。魂之与魄，互为室宅。性主处内，立置鄞鄂。情主营外，筑垣城郭。城郭完全，人物乃安。于斯之时，情合乾坤。乾动而直，气布精流。坤静而翕，为道舍芦。刚施而退，柔化以滋。九还七返，八归六居。男白女赤，金火相拘。则水定火，五行之初。上善若水，清而无瑕。道之形象，真一难图。变而分布，各自独居"一段说："人之未生，一真而已。自无而有，变气以成形体，托形以居魂魄。日魂本阳神，月魄本阴神。房日兔反在月中，毕月乌反在日中，坎、离之中爻亦然，互为室宅也。性为魂，情为魄，性得情以守卫，则不失其初矣。坎男得乾画，动而施精；离女得坤画，虚而翕受；自然九火、七金还元返本，八木、六水归根居源，此以洛书成数论四象也。金白火赤，故曰赤白。金乃坎男中真阳，火乃离女中真阴，此金、火之二用。上言七、八、九、六四象，下止言金、水、火者，与三物相含受同义。四象合体，是为

---

[1] 储华谷注：《周易参同契》卷上，《道藏》第20册，第299页。

真一，其象不可名状；散则五行各得一方之气而已。此章言学士之用。"①储华谷在这一大段的解释中，对于道教的关于人的产生、道教的形神观、道教的修炼思想和方法都作了说明。他认为，人以"一真"变气以为形体，托形以居魂魄精神。所谓金情、木性、心火、肾水是也，此四者即可以"洛书"七、八、九、六五行之成数来表示。在人处于后天凡质的情况下，此四者分散，各自得自己一方之气，各自的位置与先天状态相比都不恰当，因此便"失其初"。只有使"性得情以守卫"，使"坎男得乾画，动而施精；离女得坤画，虚而翕受"，在这种情况下，自然九火、七金还元返本，八木、六水归根居源，从而四象合体，是为"真一"，返回到人之未生前的先天状态。在此，储华谷以"洛书"五行之成数的配合，引入到阐明内丹修炼之理上来，这使得内丹修炼术得到了理论的提升。因为"河洛"之学，按宋代人的理解，乃往昔先圣的绝学。《周易》为儒家五经之首，其源头之一就是"河图"、"洛书"。内丹的修炼之理同于"河洛"之理，其理论地位因之而得到提升。通过引"河洛"之学对内丹修炼之理的论说，本身也使得内丹之理显得更加精致。

对于运用洛书数理谈内丹修炼，储华谷首重"冬至"一阳生。道教内丹修炼中，非常看重一阳生，所谓"一阳初复"。对于"一阳初复"，储华谷解《周易参同契》"枝茎华叶，果实垂布。正在根株，不失其素。诚心所言，审而不误"一段说："譬如果木自春而抽茎发枝，至夏而开花布叶，至秋而结果成实，要其发生之源，在于根株，故曰正在根株，不失其素。谓不失其本然之性也。由交泰壮而至纯乾，其根株正在《复》卦，冬至基之。还返妙用，无出一阳子时。圣真所秘，学士但知一阳之用，则《临》、《泰》、《壮》、《夬》自然变化，非假人力，故独以象彼仲冬节一章，表而出之。此章勾接下文之义，以根株喻冬至，故曰：象彼仲冬节，竹木皆摧伤。谓由春之枝茎而为夏之华叶，由夏之华叶而为秋之果实，皆出于冬月之摧伤。元气潜藏于根株，受发生于一阳初复之时也。"②认为一阳初复对于内丹修炼的意义，就好比是种植果木时培护好根株一样。根株培护好了，那么，果树则到了春天自然就会抽茎发枝，到了夏天自然就

---

① 储华谷注：《周易参同契》卷上，《道藏》第 20 册，第 305 页。
② 储华谷注：《周易参同契》卷上，《道藏》第 20 册，第 310 页。

会开花布叶，到了秋天自然结果成实，就其关键而言，首要的是奠定好果木在其原初时的根株培护工作，这一步工作做好了，只要顺果木之自然本性而生长，则抽茎发枝、开花布叶、结果成实，一步一步，水到渠成。就内丹学而言，此一阳子时的发生非常重要，是内丹还返的妙用所在，为圣真之所秘。内丹修炼者但知一阳之用，则《临》、《泰》、《壮》、《夬》自然变化，非假人力，自然就会产生变化。只要一阳来复已成，则由一阳而二阳乃至三阳，皆顺理成章之事。

储华谷认为，《参同契》此章下文接以"象彼仲冬节"一章，主要就是为了对于"冬至"一阳生特别地表而出之。其解《周易参同契》"象彼仲冬节，竹木皆摧伤。佐阳诘商旅，人君深自藏。象时顺节令，闭口不用谈。天道甚浩旷，太玄无形容。虚寂不可睹，匡郭以消亡。谬误勿事绪，言还自败伤。别叙斯四象，以晓后生盲"时说："此以冬至发明一阳之机也。佐阳诘商旅，人君深自藏，即《复》卦之商旅不行，后不省方。学士不得其纲领，复表而出之，其忧后世也深矣哉。别叙斯四象，铅汞皆在壬癸。壬乃乾中之离，癸乃坤中之坎，有旨哉。此二章专言一阳火候。"[1]铅为先天之精，汞为先天之性。先天之精与先天之性的配合，有其时机和火候。此时机和火候首重一阳来复。何谓一阳来复？一阳来复就卦气而言，乃产生于十一月之冬季。此时万物萧条，但地中一阳之气就在此时开始酝酿。这就好比果木虽在冬月受到摧伤，但此时元气正潜藏于根株，到了来年，就会重新生长起来。由于"天道甚浩旷，太玄无形容。虚寂不可睹，匡郭以消亡"，自然之理浩旷而无形，虚寂而不可睹，魏君因此以洛书五行之成数，结合《周易》的月相纳甲，以此来喻丹道之"一阳初复"之时，以使后来者能因此而能明内丹修炼之纲领。《周易》纳甲法，以壬、甲配乾，乙、癸配坤，壬乃乾中之离，癸乃坤中之坎，配以洛书之成数，则为七、八、九、六之数。此洛书五行成数的相配，在内丹即为铅汞，铅汞配合，首产"一阳"，为炼丹之基。

对于铅汞具体配合的几个过程，储华谷一一进行了说明。其解《周易参同契》"以金为堤防，水入乃优游"一段时说："金水同居，举金则水入矣。金九、水六，共十五数。十五分中，水得六数，五分有余也。

---

[1] 储华谷注：《周易参同契》卷上，《道藏》第20册，第310页。

金、水二者为真药，故曰二者以为真也。夫木性资金情以为药，子藏母胞，故水随金入，发火于下，变化生焉。水、金、火三物本者，性也。制木以金，致金以水，炼金以火，木无所事，故言三物而不及木，其三遂不入也。阳极故先液，阴生故后凝。号曰黄舆者，天玄地黄，坤为地，为大舆故也。修炼至此，阳极阴生，乾渐变坤也。坤道穷极，龙战玄黄，形体为灰土，此第一真景象也。此章言阳极阴生。"① 木火炎上，金水下流，两者不相配合，不能成丹。要使木火不炎上，需要以金相制，此金非同一般，须从水中求得，木性资之以金情才能成为药，此金已是水中金，故以"子藏母胞"论之。"水中金"制木，自然火生于下，此时，木无所事，显其无用之用，只言金水火而不言木，言木则落后天，火发成祸，丹不能成。金、水、火三者炼之，阳极阴生，以《周易》卦象言之，为乾渐变坤，此时，铅汞相合，阴阳相凝，储华谷称之为第一真景象。

又其解《周易参同契》"捣治并合之，驰入赤色门。固塞其际会，务令致完坚。炎火张于下，昼夜声正勤。始文使可修，终竟武乃陈。候视加谨慎，审察调寒温。周旋十二节，节尽更亲观。气索命将绝，休死亡魄魂。色转更为紫，赫然成还丹。粉提以一丸，刀圭最为神"一段说："四象以合，塞兑闭门，无思无为，以固际之。及阴剥阳生，自坤化乾，乾为大赤，故曰驰入赤色门。始文使可修者，为修丹进火是也。火不可以遽进，始以文火调之，使刚柔不抗行，度其可修则进火，发火初温微是也。始则发火以姤之，名曰野战；中则文火以养之，名曰灌溉；终则烈火以成之，名曰烹煎；言进火之节也。色转更为紫，赫然成还丹者，紫为乾，大赤之象，《益》之六三、《震》之上爻也。其究为健。健，乾也，震变而为《乾》也。其爻辞有曰：告公用圭。《益》，纯乾，乃有圭象。乾为金，为玉，故曰刀圭也。夫坎离因戊己二土而合，乃成乾体，故圭字从二土也。火候已足，坤化为乾，更历三宫，休死亡魄魂，此第二真景象也。此章言阴极阳生。"② 铅汞相合，阴阳相凝，丹基已得到确立。此时，修丹者绝其外缘，所谓"塞兑闭门，无思无为"，任金、木、水、火四象和合，自然"阴剥阳生，自坤化乾"。其间，始则"发火"，以为"野战"；

---

① 储华谷注：《周易参同契》卷上，《道藏》第 20 册，第 302 页。
② 储华谷注：《周易参同契》卷上，《道藏》第 20 册，第 302 页。

中则养之以"文火",名曰"灌溉";终则"烈火"以成之,名曰"烹煎"。在这个过程中,河车运转,真气在上、中、下三丹田中流转,所谓"周旋十二节",金丹日渐成熟,"色转更为紫,赫然成还丹"。还丹成就后,修炼者就能变凡质为仙质,储华谷称之为第二真景象。

无论是丹道的"一阳初复",还是所谓的"第一真景象"、"第二真景象",都离不开洛书之理——即"五贼运火"之理。对于此理,储华谷认为它不仅仅是丹道所应遵循的道理,更是治国安邦之理。他多处从治国安邦与修身两个角度来论此理的重要作用。例如,他说:"阴阳运转,复姤循环,互为其根。帝王得其道而承天御物,故能千载常存,大其用也。夫帝王身为三极之主,正五事以格天地之和,顺阴阳以御生杀之柄,故能享国长久,民安国富,皇极建而膺五福也。黄帝以之而升举,体用兼明也。否则骄佚亢满,皇极不建,水旱相伐,弦望盈缩,冬暑夏雪,亦罔或克寿矣。自天子达庶人,得之者昌,失之者亡,故下章继言学士之用。"[1] 帝王得"五贼运火"之理,能"正五事以格天地之和,顺阴阳以御生杀之柄",从而享国长久,民安国富;反之,则皇极不建,水旱相伐,天道失序。又其解《周易参同契》"务在顺理,宣耀精神"一章说:"顺此洛书之理,可使神化流通,四海和平。表而出之,则可以治历明时。叙正五行,则可以建极御政,帝王之用也。引而养性,则归根返元,抱一长存,学士之用也。"[2] 帝王用之能"叙正五行","建极御政",修炼者用之能"归根返元,抱一长存"。所以"洛书"五行之数,实则是蕴含了治国安邦、修真养性的大道理于其中。

三 金丹之道,法象羲《易》,按爻摘符

储华谷认为,金丹之道,要"观天之道,执天之行"[3],即修炼之事,必须法天道而行,才有可能成功。但是"天道深远而难窥"[4],要对天道有所了解,必须因《易》象以发明之。故金丹之道,要法象羲《易》,按爻摘符,才有可以获得成功。

---

[1] 储华谷注:《周易参同契》卷中,《道藏》第20册,第305页。
[2] 储华谷注:《周易参同契》卷上,《道藏》第20册,第311页。
[3] 同上书,第298页。
[4] 同上。

这里就涉及储华谷对《易》道的看法问题。对于《易》道，储华谷是从广义的角度，即从所谓"伏羲易"的角度来理解，而不是从"文王易"的角度来理解的。为什么这么说呢？因为在宋代，人们一般都认为，"伏羲易"无文字解说，只有卦爻之图的变化来对《易》道进行说明；而"文王易"则有解说卦画的卦、爻辞等。储华谷认为，《易》道讲的就是天、地、人三才之道，对于天、地、人三才之道，他认为主要是通过卦爻象的不同组合形成种种变化来表达。因此，我们也能间接地看出，储华谷对于《易》，不太重视对其卦爻辞本身义理的研究，而直接诉诸《易》之卦爻象。他解《周易参同契》"玄精眇难睹，推度效符证。居则观其象，准拟其形容。立表以为范，占候定吉凶。发号顺时令，勿失爻动时。上察河图文，下序地形流。中稽于人情，参同考三才。动则循卦节，静则因《象》辞。乾坤用施行，天下然后治。可不慎乎"一段说："天道深远而难窥，因《易》象以见之。立表占候，正欲勿失爻动时而已。言一阳之候，不可失动其机，食其时，斯可以交媾坎离，而成纯乾之体。夫斗极运化，进退屈伸，此天道示象之昭昭者也。潮候应月，相与亏盈，此地道流形之显著者也。是日闭关，商旅不行，人情之顺时合天者也。动静一循《易》道，皆以发明不失爻动之时之妙。"[①] 炼丹时，"动静一循《易》道"，而此《易》道，就是以《易》之卦爻象表现出来的天道的"斗极运化，进退屈伸"，地道的"潮候应月，相与亏盈"，以及人情顺时合天的"是日闭关，商旅不行"等。天、地、人三才之道均可以《易》之卦爻象的变化表现出来，道教修炼所要法的就是以"伏羲易"的卦爻象通过不同排列组合之后的所表达的天、地、人三才之理，以之来指导道教的内丹修炼。

对于"伏羲易"的卦爻象通过不同排列组合之后的所表达的天、地、人三才之道，用之于道教的内丹修炼，除我们前面所及的以"河图"、"洛书"的不同卦象的排列，结合先天、纳甲、五行生成之说，以论道教修炼之理外，储华谷还通过其它的方式论道教还丹的种种问题。

如内丹之火候问题，在内丹修炼中非常重要。储华谷认为，内丹的火候原理，同于天道，而《易》之卦爻画能将此天道完美地展现出来。他

---

① 储华谷注《周易参同契》卷上，《道藏》第 20 册，第 299 页。

解《周易参同契》"数在律历纪,月节有五六,经纬奉日使。兼并为六十,刚柔有表里。朔旦《屯》直事,至暮《蒙》当受。昼夜各一卦,用之如次序。《既》、《未》至晦爽,终则复更始"一段说:"月节五六三十日,两卦直一日,以配六十卦。两卦十二爻,六爻属阳,六爻属阴。按十二时合律之十二声,历之十二月,纪之十二年。始《屯》、《蒙》而终《既》、《未》,周而复始。此章以一月论火候。"① 又解"日辰为期度,动静有早晚。春夏据内体,从子到辰巳。秋冬当外用,自午讫戌亥。赏罚应春秋,昏明顺寒暑。爻辞有仁义,随时发喜怒。如是应四时,五行得其序"一段说:"十二时以应十二月气候,从子至辰巳,自午讫戌亥,定二至阴阳也。赏罚应春秋,爻辞有仁义,定二分刑德也。此章以一日论火候。"②《易》道从朔旦之《屯》,至暮之《蒙》,昼夜各一卦,一直再到《既》、《未》之晦与爽,涵盖除乾、坤、坎、离之余的六十卦,这些卦循环终始,既表明了天道的日月运行一月的晦、朔、弦、望的运行周期,同时,也是丹道中一月内火候变化的规律。炼丹当中的一日十二时,其中的变化之理,可以与天道中春、夏、秋、冬四季"二分"、"二至"的变化之理相等同。此变化之理,储华谷亦将之归之于《易》之理。修炼者明《易》卦火候上合天符之进退,以之指导修丹,就可以获得成功。

《易》之卦爻象,清楚明白地揭示了天、地、人之道的运行之理,因此,对于道教内丹修炼来说,具有重要的指导意义。循天、地、人之理而修则火候正,逆此理而修则火候失调而丹不能成。因此,对于《周易参同契》的许多章节,储华谷均以修炼者对天、地、人道的违逆从而导致内丹修炼火候的合适、不合适来解之,以明金丹之道,要法象羲《易》,按爻摘符,才可能成功。其解《周易参同契》"日合五行精,月受六律纪。五六三十度,度竟复更始。原始要终,存亡之绪"一段说:"一日之间,震、巽迭运,终而复始。此章言循火候之正如此。"③ 而其解"爻象内动,吉凶外起。五纬错顺,应时感动。四七乖戾,侈离俯仰。文昌总录,诘责台辅。百官有司,各典所部,"一段说:"火候爻象运于内,神

---

① 储华谷注《周易参同契》卷上,《道藏》第20册,第297、298页。
② 同上书,第298页。
③ 同上书,第299页。

化景象形于外,先时不及时,则五纬错行,乖戾二十八宿之次。此章言失火候之正如此。"① 日月正常运行,以《易》道言之,乃以先天卦中震、巽迭运,终而复始来表示,丹道法此,为正确之火候运行法;如果"先时"或"不及时",《易》道之卦画失其正常之规律,这于天道言则五纬错行,乖戾二十八宿之次;于丹道言,则失火候之序。又其解"或君骄佚,亢满违道。或臣邪佞,行不顺轨。弦望盈缩,乖变凶咎。执法刺讥,诘过贻主"一段说:"刚柔失其道,动静失其时。此章言交媾不合法度则如此。"② 《易》理即讲刚柔之道,动静之时,失之则《易》理不明,丹道因之而阴阳交媾不合法度。《易》道之理,反映了天、地、人三才之道,故丹道应效法之。效法时,关键在于考察《易》之卦爻画,从而按爻摘符。储华谷解《周易参同契》"故《易》统天心,《复》卦建始萌。长子继父体,因母立兆基。消息应钟律,升降据斗枢。三日出于爽,震受庚西方。八日兑受丁,上弦平如绳。十五乾体就,盛满甲东方。蟾蜍与兔魄,日月气双明。蟾蜍视卦节,兔者吐生光"一段说:"《复》见天地之心,是为冬至,候莫秘于一阳也。自一阳而后六阴六阳,一消一息,应十二钟律;诎伸升降,应斗枢转旋。坤初变震,故曰因母。此说出伏羲先天卦。此章论阳火之候。"③ 认为《易》之复卦,一阳在五阴之下,体现了天地的生物之心,此后卦画由一阳至于六阳,循伏羲先天卦之旨。其阴阳的一消一息,可以体现内丹的阳火之候;而对于《周易参同契》"七八道已讫,屈折低下降。十六转受统,巽辛见平明。艮直于丙南,下弦二十三。坤乙三十日,东北丧其朋。节尽相禅与,继体复生龙。"储华谷认为"此章论阴符之候。"④ 因为此章讲巽变乾之一阴,由一阴直至六阴,故为讲阴符之火候。对于《周易参同契》"昴毕之上"之后的一大段,储华谷解曰:"下章以先天卦按月出没论火候。"⑤ 认为《易》之先天卦,既可以表征天道的运行,也是还丹所必须遵循的原则,可以用之以论还丹。

以上,我们对储华谷的道教易学内丹学思想进行了概括和总结。对于

---

① 储华谷注《周易参同契》卷上,《道藏》第20册,第299页。

② 同上。

③ 同上。

④ 同上。

⑤ 同上书,第304页。

储华谷易学内丹学的理论贡献,我们认为有以下几个方面:其一,引进《周易》"河图"、"洛书"的相关原理,对于内丹学中最重要的药物、鼎炉、火候问题进行说明。在这个说明的过程中,强调内丹术要循天道而行,法天地人三才之道以论还丹,并以《易》理来统摄天、地、人三才之道,从而增强了道教的理论色彩,提升了道教内丹术的理论品位,为将道教内丹由术转为学,作出了贡献。其二,在哲学思想上,阐发了天、地、人三道的有序性、节度性的思想,力图对之进行规律性的认识。这是对魏晋隋唐以来道教重玄学侧重关注道教形而上的本体讨论的一个反动。魏晋隋唐以来道教重玄学侧重关注道教形而上的本体讨论,深化了道教的义理,使道教在本体论问题上得到了充分的丰富和发展,道教的根本问题、终极关怀问题等一系列重要问题也因之而有所解决。但由此也产生了一个消极的影响,许多教徒在修持上耽于对"虚无"本体的直接把握,在习学上偏于名辞概念的剖析,在理论上导致由人之天的单向发展。人之于天,只是其中的一个不显著的附属物,人就容易失却其存在的必要性,从而导致只有本体之"道"自身的孤芳自赏,人之存在变得不是那么重要了,这对于道教传统的"我命由我不由天"的这一教义思想,是一个冲击。由人之天,还要由天之人,道教在由天之人方面,和儒家有所不同,不是主要以天道之内容来规范人伦的纲常、道德,而是强调人通过对天道规律的把握,人就能成为真正的人,人就可以自己把握、自作主宰,这时的人,就等同于天了。因此,道教易学内丹学,强调人可以通过对《易》之卦爻画所表现出来的天道之理的掌握,有节度地精进修持,结成内丹,超越人生的不完善,达到与本体的道同等完善的境界,是对道教教义的丰富和发展。

第三章　俞琰的易学内丹学思想

俞琰（1253—1314），字玉吾，江苏吴郡人。自号"古吴石涧道人"、"林屋山人"、"洞天紫庭真逸"等，道号"全阳子"。乃宋末元初的著名易学家与道教内丹修炼家。其易学与道教内丹修炼相关的著作主要有：《周易参同契发挥》、《周易参同契释疑》、《易外别传》、《水中金诗》、《玄牝之门赋》等。其经学易方面的著作还有《周易集说》、《读易举要》等。俞琰的易学内丹学将道教内丹修炼与易学的象数形式与义理内容相结合，将神仙还丹之道归结为《易》的太极之道。在这个过程中，俞琰用"气"而不用"理"来界定、说明太极；同时，俞琰将易理、易符运用于道教的内丹修炼，以明内丹之理。应该说，俞琰道教易学还是在对佛教禅学的"扬弃"中建立起来的。下面，我们对俞琰的道教易学思想来作一探讨。

第一节　俞琰论易学与道教修炼的关系

道教易学内丹学主要探讨的是易学与道教内丹修炼的关系。对于易学与道教修炼的关系，早在东汉时期，便有魏伯阳的《周易参同契》对此作了专门的探讨。但此书所谈，一般认为讲的是炼外丹。自唐、五代以后，道教内丹修持渐趋兴盛，有不少人便以内丹学来阐释此书，甚至认为此书便是讲内丹修炼的。对此言之成理，持之有据的大家很多，如朱熹、俞琰等。其中，俞琰不仅从理论上对此进行了有力的论证，而且与朱子相比，俞琰还有个优势，即在于他对内丹修炼的体验。他说："《参同契》乃万古丹经之祖，其辞古奥密微，莫可测议。然亦未有真知实践，得其正传，而不能通此者也。"① 为什么要"得其正传"，还必须"真知实践"，才能"通此者"呢？因为"仙家丹书，皆内景法象隐语，所谓口诀之秘，则有师授，断非世儒训诂之学所能意解。夫文公之于是书，岂义有所未究？盖欠教外别传一句耳。"② 朱熹曾化名"崆峒道士邹䜣"著《周易参同契考异》一书。对于此书，俞琰认为朱熹在文义理解上是没有问题的，但在不以文字来表达的方面，如修炼经验和境界上，则有所欠缺。也就是说欠"教外一句"。对于教外一句，俞琰认为自己得到过真传。"忽遇隐者，授以读《易》之法，乃尽得环中之秘。"③ "丹之真运用，盖尝试之；丹之真景象，盖尝见之。"④ 隐者所授读《易》之法，并不是世儒训诂之学，而是结合易学原理来谈的道教内丹修炼法。以易学原理来谈道教内丹修炼，是俞琰在易学研究方面的一个重要特色。道教内丹修炼与易学原理，其关系如何呢？在俞琰看来，道教内丹学和易学，究其原理而言，应该是一致的。俞琰在《周易参同契发挥·序》中说："神仙还丹之道，至简至易，如此○而已矣。此○者何？《易》之太极是也。"⑤ 神仙的还丹之道和《易》的太极之道是一致的，内丹修炼与周易（也就是丹道与易道），关系密切，丹道为易道之一种。俞琰说："易之为书，广大悉备，有天道焉，有人道焉，有地道焉。仁者见之谓之仁，知者见之谓之知，千变万化，无往不可。是故东汉魏伯阳假之以论作丹之意，而号其书为《周易参同契》。参也者，参乎此○也。同也者，同乎此○也。契也者，契乎此○也。"⑥ 易道涵天、地、人三道，而人道中修神仙还丹之道，和易道相参、相契，有着相同的原理，所以，内丹修炼学在一定程度上即是易学。以此为理论依据，俞琰便建立起了其道教易学的内丹修炼学。

俞琰对于道教内丹学的理解，和北宋的张伯端有所不同。尽管他们在学术上都是以承绪东汉魏伯阳的《周易参同契》和东晋时的上清派道书《黄庭经》为主，来阐发自己对道教内丹学的理解。但张伯端侧重于对两

---

① 俞琰：《周易参同契发挥·序》，《道藏》第 20 册，第 192 页。
② 同上书，第 193 页。
③ 俞琰：《易外别传》序，《道藏》第 20 册，第 312 页。
④ 俞琰：《周易参同契发挥·序》，《道藏》第 20 册，第 194 页。
⑤ 同上书，第 193 页。
⑥ 同上。

书的义理解读，所以他在不依傍于两书的情况下，作了《悟真篇》一书。张伯端在内丹修炼的学理上，对《周易参同契》有所继承和发挥。但他拒斥《周易参同契》对于《周易》卦象的运用。如他在《修真十书·读〈周易参同契〉》中说："本立言以明象，既得象以忘言。犹设象以指意，悟真意则象捐。达者惟简惟易，迷者愈惑俞繁。故之修真之士读《参同契》者，不在乎泥象执文。"① 内丹学作为一种体验的哲学，重在修炼中的意会和领悟。故而张伯端持"悟真意则象捐"这么一种观点，也是很自然的。不过，也正由于这一点，使得他的道教内丹学和俞琰的道教易学的内丹修炼学有所区别。俞琰的道教内丹修炼学与《易》学是密切关联的。这表现在两个方面：一方面，道教内丹修炼学的原理和《易》理是一致的；另一方面，道教内丹修炼学又必须假《易》之卦象以发明其说。内丹修炼就其过程而言是一种具象的感觉体验，假《易》之卦象以发明其说，能使无形无兆的内丹修炼之事变成可以忖量和虑谋。所以，他认为讲道教内丹修炼必须联系《易》学义理和《易》学象数。张伯端只重《易》理的运用，而俞琰则对《易》的义理和象数持并重的态度。这可能和俞琰在《易》学上的一个观点有关。俞琰认为"易之理尽在于画"。如他说："当知辞本于象，象本于画，有画斯有象，有象斯有辞。易之理尽在于画，讵可舍六画之象，而专论辞之理哉！舍画而玩辞，舍象而穷理，辞虽明，理虽通，非易也。"② 俞琰说这句话的本意，可能是不满于义理派抛开象数来解易的学风，但在此，他也传达了这么一个观点：即《易》理虽是一种无形无象、无可执着的形而上的存在，形而上的存在并不是脱离开具体物事的超验的抽象存在。在这个问题上，张伯端可能更关注于由形下到形上的向上一路，其认识是"单向度"的。从形而下的言、象到形而上之意，层层递进，通过对用名言、形状表现出来的卦辞、卦象的认识，使精神升华到一种无形象的形而上的意境。这种意境的获得以扬弃、脱离形而下的言、象作为标志。所谓"悟真意则象捐"，便是如此。但这样，形上之境便被最终定格为一种不可言说的存在。俞琰不认同这种观

---

① 无名氏编：《修真十书·读〈周易参同契〉》，《道藏》第2册，第960页。
② 俞琰：《周易集说·自序》，转引自朱伯崑《易学哲学史》第3册，华夏出版社1995年版，第34页。

点，他认为必须在具象中求得作为形而上的《易》理，且形而上的《易》理也只有在具象中才有自己的现实存在。所以，俞琰不仅以《易》理来讲道教内丹修炼，也综合运用了《易》之象数。他讲道教内丹修炼的著作，也不是和张伯端那样去另辟蹊径而作《悟真篇》，而基本上是以阐发《周易参同契》和《易传》来作的。如《周易参同契发挥》、《周易参同契释疑》、《易外别传》等。从《易》之义理和象数两个方面来谈道教内丹修炼，这是俞琰道教易学得以成立的重要基础。正如卢国龙先生所说："易学的历史发展取决于内外两方面因素。就内的方面讲，独特的符号系统和运思理路代表了易学的主体性，非如此不足为'易学'，而可能是'诗学'、'书学'或其他的学术形式。反过来讲，只要运用其符号系统和运思理路进行思维活动或文化探讨，即属易学范围。就外的方面讲，人事的社会性又决定了易学的历史发展不是某种封闭的自我运动，而必然是在吸收社会文化的基础上推陈出新，非如此易学没有生命力，也就不可能形成易学史。反过来说，任何一种形式的文化，都有可能被易学所吸收。吸收的方式或许有各种不同，在境界上也有圆融或者附会等差别，但吸收不但是可能的，而且是合理的。"[①] 卢先生的这个观点认为易学是一个开放的、不断更新的、动态的知识系统，其中又以运用《周易》经传的符号系统和运思理路作为判定一门学科是否跟易学相关涉的标准，这实际上也就是从《易》的象数与义理两个方面结合起来作为判断一门学科是否可以称之为易学或者说跟易学相关涉的一个标准。俞琰和张伯端的不同之处也正在于此。同样是讲道教内丹学，俞琰既讲卦象，也讲卦理，因而其所学可以称之为道教易学，而张伯端之学则只是道教内丹学。

第二节 俞琰易学内丹学的理论特色

一 神仙还丹之道与《周易》太极之道

俞琰道教易学的特色之一，便是将神仙还丹之道归结为《易》的太极之道。这不仅能为道教内丹修炼找到一个本体的依据，从而为道教内

[①] 卢国龙：《道教易学论略》，陈鼓应主编：《道家文化研究》第十一辑，三联书店1997年版，第4—5页。

丹修炼奠定坚实的理论根基，也使得内丹术脱离了其仅仅作为一种方术的尴尬局面。比较一下战国时期的"神仙方术"，它也追求长生不老，但那种追求只是一种初始的追求，其中技术性的方面缺乏理性的范导，不能有力地为自己的合理性作出证明。道教的内丹修炼学有自己的一套严密的理论体系。在这个体系中，"太极"是一个极其重要的概念。道教易学的内丹修炼学以《易》之太极作为其形上追求的终极目标，太极是永恒的存在。在空间上，物物各有一太极；在时间上，太极历世而存。还丹之体和太极一样永恒，这就为道教"长生不老"的理论奠定了一个坚实的基础。

但是，俞琰和理学家们对"太极"的理解并不一样。俞琰所谓的太极是"气"不是"理"，也不是其它的抽象物。他说："大道之祖，不出一气而成变化。析而为黑白，分而为青黄。喻之曰日月，名之曰龙虎。有如许之纷纷，是皆阴阳二字也。其实即一物也。"① 这一物便是先天一气。作为大道之祖的先天一气与"太极"是何关系呢？俞琰在《周易参同契发挥·序》中说："太极动而生阳，动极而静，静而生阴，静极复动。一动一静，互为其根，此乃造化之妙，神之所为，道之自然者也。"②"夫是书所述，皆寓言也。……旁引曲喻，名虽不同，不过一阳一阴而已。合阴阳而言之，不过一太极○而已。散而成万，敛而成一。浑兮辟兮，其无穷兮。与《易》之造化相通，此其所以为《周易参同契》也。"③ 阴阳两气相合便是太极，太极动而生阳，动极而静，静而生阴，一动一静，互为其根。合之，即为太极。分之，则成万物。

太极作为"气"之总汇，和朱子的理本论的太极观是不同的。朱子把"理之极至"称为太极。他说："总天地万物之理，便是太极。"④ 太极是一个客观的精神本体。"太极只是个极好至善底道理。"⑤ 汉唐易学，以"太极"为"气"，这是一种宇宙发生论的观点。在思辨哲学看来，这只是形而下的质料，是所生之物而不是物之所以生者。他们把物之所以生者，归结为一种完满的精神。就如同朱子的"理本"论。从理论上说，

---

① 俞琰：《周易参同契发挥》卷二，《道藏》第20册，第205页。
② 俞琰：《周易参同契发挥·序》，《道藏》第20册，第193页。
③ 同上。
④ 朱熹：《朱子语类》卷九十四。
⑤ 同上。

这个"极好至善的道理"在解释宇宙生成时，总是有一些困难。理与气是性质不同的两回事。承认理是本体，那么气从何来？如果说"有理便有气"，这就有两元论的倾向了。如果以理为本，这种形而上的"理"本，存在于人的经验之外，只是一种理性的假设，是抽象的、空洞无物的。俞琰力图克服在本体问题上的抽象性和超验性，但他又不是向汉唐太极原气论的简单回归。汉唐太极原气论重在讲宇宙生成、演化，这是从"顺生"的角度来讲的。既已生成，便是事实存在。存在的还会演化，其本身并不是恒存的。人和其它存在物也一样，在一般情况下，也是不能恒存的。道教内丹学非常关注人的恒存，希望假之以修炼，使人能"逆而回向"，和本体的太极原气合而为一，达到和本体的太极原气一样恒存的目的。

　　俞琰之所以用"气"而不用"理"来界定、说明太极，还与道教内丹修持的方法有密切关系。单纯生物学意义上的人，在常态下，其自身的自然力量是有限的，人们要超越现成的现实，追求理想的现实，一般从以下两方面来作努力：一方面，作为一种社会的存在物，人能够以社会组织的力量来弥补自身自然力的不足。这是儒家和其它一些学派所持的一种观念。如荀子认为，人"力不若牛，走不若马"，而牛、马却为人所役使，原因在于"人能群，彼不能群也"。他认为"能群"才能"胜物"。作为社会存在物的人按照理想的意图并在理想的力量推动下来利用自然物和自然力。由于这种方式更为倚重群体的力量，是以借助群体的力量来弥补单纯个体力量的不足。因而这种方式的有效运作，要求社会群体组织原则的严密性，如孔子"道之以德，齐之以礼"的德治观；墨子"兼以易别"的社会政治思想；孟子的"制民之产"的仁政学说；韩非的"法、术、势"相结合的法治学说等，都是从如何使这个社会群体更为有效地运作所提出的方案。但等等这些方案都有一个缺陷，即单个的人在这个过程中，往往容易被当作手段而不是当作目的来看待。和这种方式不同，道教内丹修炼采取一种更具主动性和更具个体化的行事方式。即通过积极的、能动的个体的自我修炼活动，改变被给予的现成现实，使理想化的应有现实得以实现。用"理"来界定太极，太极便成为"极好至善底道理"。依据此"道理"，建立起一个和谐、完美的社会，这是一种向外的行为，是末不是本。道教内丹修炼侧重于从单个人的完善出发，有了每个个体的完善，自然就不用考虑由这些个体所组成的群体是否完善的问题了。

完善个体的根据何在？这跟"气"论的太极有关。"夫人之一身，法天象地，与天地同一阴阳也。"① 人之生，即从天地受"与天地同一阴阳"的"先天一气"，"盖神仙之修炼，别无他术，只是采取先天一气，以为金丹之母，勤而行之，指日可与钟、吕并驾。"② 从根据上讲，人禀有和不老的天、地一样的先天一气，人只要发挥主观能动性，通过对个体的"修身"，便能达到与天、地同存，与天地一样完满的状态。从具体修炼上，"人之元气，藏于腹，犹万物藏于坤。神入气中，犹天气降而至于地。气与神合，犹地道之承天。天地以此而生物，吾身以此而产药。"③ 人所禀有的"先天一气"或者说"元气"在人身中潜藏，通过修炼，人能体验这种存在。"盖古之修身者，一念不生，万法俱忘。澄澄湛湛，惟道是从。于静定之中，抱冲和之气。出息微微，入息绵绵。上至泥丸，下至命门，周流不息，神气无一刻之不相聚。及其内丹将成，则元气兀然自住于丹田中，与天、地分一气而治。"④ 一般说来，能体验的东西对于体验者总是比较真实的，而超验的东西则给予人一种不可捉摸的感觉。正如瑞士心理学家荣格在《金华养生秘旨与分析心理学》一书中说："超越了的意识最终将会如何，是心理学家所无法回答的问题。"⑤ "如果我相信，神是绝对的，超越于所有人类体验之外的，那么，他根本就不会理睬我，我们将井水不犯河水，彼此不相关联。但是，如果我认为，神是我灵魂的一个强劲冲动，我就一定要立即使自己与他发生联系，因为那时，他将变得十分重要。……形而上学的断言企图超过人性的界限，把我们的心灵状态的根源归结于一个超出我们体验范畴之外的神性（deity）。"⑥ 荣格认为这种超出体验之外的神性是没有意义的，只有人能体昧的实在的感觉才是心理学的研究对象。"我只满足于可以从心理上体验到的东西，我反对形

---

① 俞琰：《周易参同契发挥》卷1，《道藏》第20册，第194页。
② 俞琰：《周易参同契发挥》卷5，《道藏》第20册，第227页。
③ 俞琰：《易外别传》，《道藏》第20册，第314页。
④ 俞琰：《周易参同契发挥》卷8，《道藏》第20册，第248页。
⑤ 荣格：《金华养生秘旨与分析心理学》，东方出版社1993年版，第116页。
⑥ 同上书，第121页。

而上学。"①"所有超验的说法都应回避掉"。② 荣格反对超验,强调体验。而在这点上,道教与心理学关系密切。因为道教的内丹修炼也不是让人依赖于一个高级的、神性的形上的超验存在,以获得其恩典。而是要求个体对自己下"功夫",由此才能实现个体的自我固有的最深层次的意义——自我实现。道是从个体中生长出来,是可以被体验并可以理解的,具有实在性。因而在道教的内丹修炼中,以期以抽象的、超验的"理"作为追求的最后归宿,当然不如以作为实体的"气"作为追求的最后归宿更具说服力。

"太极"作为先天一气,是实体与功能的统一。就实体而言,太极是气不是理,气是可感的实在。就功能言,太极是万物化生的动因。此太极先天之气内涵阴阳两种属性,阴阳相因相成,维持一种必要的张力,这是大化流行、生生不已的内在根据。人与天地并而成三,人体是宇宙天地的缩影。天地之易,人身亦有。"一阴一阳,天地之易也……是易也,天地有之,人身亦有之。……学者当求之于身中可也。"③ 人身中之易,以"心为太极"。"在《易》为太极,在人为心。人之心为太极,则可以语道矣。"④ 心这个概念,在宋明理学中,一般均将之归于精神的范畴。如"宇宙即是吾心"、"心即理"等。俞琰所理解的心与此不同。他所理解的心既是实体,也是功能。荣格对"心"也有同样的理解。他说:"为了获得对生命的理解,把生命分为肉体和精神两部分,这是西方人的典型作法。但是这些对立的因素同时存在于心灵之中,这是心理学必须承认的一个现实。'心灵'意味着肉体和精神"⑤。俞琰认为,心作为器官是实体,心"神"则是一种功能。这便和天地之易的太极原理是一致的。心作为身中之易的"太极",有着重要的作用。因为"大丹之道,所以与天地相参合者,何也?皆在乎此心之默为之运用也。古之修丹者,仰以观于天文,俯以察于地理,中以稽以人心。于是虚吾心,运吾神,回天关,转地轴,上应河汉之昭回,下应海潮之升降。天地虽大,造化虽妙,而其日月

---

① 荣格:《金华养生秘旨与分析心理学》,东方出版社1993年版,第127页。
② 同上书,第128页。
③ 俞琰:《周易参同契发挥·序》,《道藏》第20册,第194页。
④ 同上。
⑤ 荣格:《金华养生秘旨与分析心理学》,东方出版社1993年4月1版,第313页。

星辰之著明，五行、八卦之环列，皆为吾掇入于一身之中。或为吾之鼎炉，或为吾之药物，或为吾之火候，反身而观三才，皆备于我。盖未尝外吾身而求之他也。"① "夫斗居天之中，犹心居人身之中。是故天以斗为机，人以心为机。丹法以心运火候，犹天以斗运十二辰也。"② 心的功能能使人和天地相参合，人们直观地了解到的天地宇宙是一种动态的永恒存在，人和天地相参，则人自然也可以长生不老。这就为道教内丹修炼追求长生不老奠定了基础。

二 《易》理、《易》符与道教内丹修炼

俞琰道教易学的内丹修炼学的特色之二，便是将易《理》、《易》符运用于道教的内丹修炼。这么做是仿照东汉魏伯阳及其《周易参同契》。但俞琰和魏伯阳在这个问题上也有所不同。俞琰说："愚谓《参同契》之说，不过借《易》道以推明己意，其间引用《易》中之辞，未必皆取本文之义。"③ 确实如此。魏伯阳的《周易参同契》论的是作丹之意。在《参同契》中，魏伯阳以乾、坤为鼎炉，以坎、离为药物，以其余六十卦为火候。不过，此书内容过于晦涩，后人为此书讲的是外丹修炼还是内丹修炼而长期争论不休，就是一个明证。对于丹道与《易》的关系，在此书中，并没有展开来谈。对此，俞琰自己则主要是从以下两个方面来展开的：一是从《易》理中来寻找或者说建立起丹道的理论。在《周易》当中，乾、坤两卦是非常重要的。"乾、坤其《易》之蕴邪？乾、坤成列，而易行乎其中矣。乾、坤毁，则无以见易。"（《易·系辞》）就义理言，乾健坤顺，俞琰将这两卦的义理和道教内丹修炼相结合，并作了一定程度的发挥。对于乾卦，俞琰主要从天健这个角度，结合太极元气的运化，来谈内丹修炼中的长生久视这个问题。俞琰丹道理论的一个重要基础是太极元气论，太极一气化生万物，这个过程是恒存不息的。相比之下，道教炼丹也是一个过程，在这个过程中，身体不断地产生变化，化尽阴质，成纯阳之体。达成纯阳之体之后，不是说就没有什么可做了，仍需日趋进益，

---

① 俞琰：《周易参同契发挥》卷2，《道藏》第20册，第203页。
② 俞琰：《周易参同契发挥》卷6，《道藏》第20册，第235页。
③ 俞琰：《易外别传》，《道藏》第20册，第318页。

维持此纯阳之体不为阴质所侵,方可长保。太极之气的生生是在阴阳的流转和变化中来达成永恒的。而《易》学中阴阳流转、变化日新的观点是非常突出的。如《易·系辞》中所说的。"日新之谓盛德,生生之谓易";"穷则变,变则通,通则久","一阖一辟谓之变,往来不穷谓之通",等等。往来不穷谓之通,通才能久。往来不穷则是生生,是变。日新则变,变则通,通则久。久的条件是通和变。所以"君子尚消息盈虚,天行也"(《易·象传》)。俞琰在太极元气生生不息的基础上,重视阴阳的流转和变化。他以《易》之理来讲修丹。"《易》曰:'天行健,君子以自强不息。'夫子作象之意,欲使知道君子象天行之健也。天之所以常行而不已者,以其健尔。健则能行之无已。君子欲其行之不息,当法乾健以自强其志,斯可矣。"[①] "夫天之所以长且久者,以其昼夜之运也。人能观天之道,反而求之吾身,亦如天道昼夜之运,则长生久视之道,实在于此,舍此更无他道也。"[②] 健即永不中断,永远如此的意思。俞琰把天运的不息和天运的长久相联系,并以之和道教内丹修炼所追求的长生不老联系起来。这种言天及人,言人及天的思维方式是《易传》的典型的思维方式。人道的合理性在于天道,人道又是天道的折射,人道可以能动地反映天道,达到与天道并的理想状态。在强调了人法天健以求得长久的同时,俞琰还从天健中引申出在修丹过程中的用功态度问题。"故夫人之学道,不患不成,惟患不勤。不患不勤,惟患无久远之心。盖久远之心,最为难也。"[③] 从这可以看出,俞琰不仅从《易》理中求得了长生久视的理论依据,同时,也从中指出了炼内丹所应持的态度。这也是俞琰用《易》理来充实丹道理论的一个方面。

《易》理涉及天、地、人三道,在用《易》理和丹道相结合的过程中,俞琰也从地道即从坤顺这个方面对炼丹理论作出一些解释。他说:"吾身之金丹大药,其胚胎于至静之中,而产于阴极之时乎?《易》曰:至哉坤元,万物资生,乃顺承天。坤厚载物,德合无疆。盖坤为地,纯阴之卦也。地能翕受天气,故百昌皆产于土。丹法含光返照之时,潜神于

[①] 俞琰:《周易参同契发挥》卷8,《道藏》第20册,第250页。
[②] 同上。
[③] 同上。

内。与纯阴之月，闭塞成冬，略无少异。"① 丹法比较重视内炼，这和儒学不同。儒学也讲"修身"，但其"修身"是以一套伦理规范来指导人的行为，且其修身是和齐家、治国、平天下联系在一起，以期建立一个和谐的理想社会。丹法重视对个体的身体内部的修炼，这跟《坤》卦"顺"之理有较大的关系。所以，在将天运之健和长久相联系之后，俞琰又从坤顺这个角度，为道教丹法为什么要内炼找了一个理论依据。从《易》理方面看，坤厚载物，因坤之顺，故能禽受天气，从而资生万物。丹法含光返照，潜神于内，就如同坤顺一般。坤代表冬月，虽然冬月天地闭塞，但正因是如此，才能在大地中孕育着春的种子。丹道法《坤》顺内炼，更能播下生机的种子。而道教是一个持"生道合一"观念的宗教，由此便可看出为什么道教要用内炼的方法来进行宗教修持。在俞琰讲修炼的著作中，以《易》理来说明丹道理论的，还有很多方面。如讲内炼的鼎炉、火候、药物等，就不一一列举了。在此，我们再从易符和易数这个方面分析一下俞琰所讲的丹道与《易》道的关系。《易》道文化的一个重要特征是运用了一种独特的象数符号系统来阐发其思想。其中，象为一类事物的象征，数表示象变化的阶段和次序，与象结合的数的变化程序可以预示事物变化的趋势。在《周易》中，象数思维是以易符和数为媒介来对事物的发展变化作出说明的一种方法。俞琰的丹道理论借助了《周易》的象数思维方式。因为内丹修炼讲的是身中之阴阳，"身中之阴阳，则无形可求，百姓日用而不知。苟非假象托物，将何以发明，而使人穷其神，知其化哉"②。俞琰用象数思维的方式，通过具体的卦象以及卦象的变化来表达言语难以涉入的道教内丹修炼中的体悟。如他在释《周易参同契》中的"动则依卦变，静则循彖辞"说："然静极必有动以继之，顷之一阳动于六阴之下，一变而为复，再变而为临，三变而为泰，四变为大壮，五变为夬，至六变为纯乾，则阳气周遍于六虚，而现出深潭日一轮矣。"③ 这是以《坤》卦为例来形象地说明销阴炼至阳的过程。《坤》卦六爻皆阴，为静之极。静极必有一阳继之，一阳动于下，这便是"一阳来复"，从一

---

① 俞琰：《周易参同契发挥》卷2，《道藏》第20册，第203页。
② 俞琰：《周易参同契发挥》卷1，《道藏》第20册，第198页。
③ 俞琰：《周易参同契发挥》卷2，《道藏》第20册，第203页。

变至于六变，则成《乾》卦。《乾》卦六个阳爻，可以形象地说明纯阳之体的状态。至于《易外别传》，俞琰则基本上是通过对图式的说明来阐发其道教易学思想的。①

三 俞琰道教易学内丹学对佛教禅学的"扬弃"

俞琰道教易学的内丹修炼学的第三个特点是注意对佛教禅学的"扬弃"。从道家、道教思想的理论发展来看，由老庄之学到西汉初的黄老之学再到东汉末的道教的正式创立，是一个螺旋式的发展阶段。而由晋葛洪的外丹修炼到隋唐重玄学的兴盛再到宋（金）元时的内丹道的兴起，又是一个螺旋式的发展阶段。晋葛洪的外丹修炼，表明了作为现实存在物的人不满足于自己以及外部世界的现成现实，力图超越现成现实，追求一种高于现成现实的理想。在追求的过程中，人必须有力量克服其实现理想的障碍和困难，但人的肉体生理组织及其自然机能之中的自然力，在通常的情况下，是很脆弱、很有限的。在人的肉体生理组织的结构和可能中，具有利用外部自然物和外部自然力的潜在的理性和技术性素质，这可以合理地解释葛洪的外丹道及其理论的存在。但外丹理论在现实中的可能性证明从一开始就是一个难题，因而，在魏晋南北朝直至隋唐初年那种战乱频仍、动荡不安的社会背景下，人们为了求得对现实苦难的超脱，又转而侧重于对心性的关注。这是重玄之学得以发展的原因之一。重玄之学以佛教中观三论注解《老》、《庄》，以"非有非无"、"有无双遣"为本旨。它虽然能消解人的各种执著，观念地解除人精神上的匮乏，但还不能实际地解除人在物质和身体上的匮乏。由此，重玄之学又让位于道教的内丹修炼学。金元时期的内丹修炼学以《易》与《老》、《庄》相阐发，以"亦有亦无"取代重玄学的"非有非无"。内丹学的"有"是指宇宙本体的"实有"，"无"是指做功夫时的不执著。俞琰说："今夫神仙之修丹，芸锄宿秽，驱遣鬼尸，安静六根，空其五蕴，于正念中清净光明。虚日晃耀，乃得五脏清凉，六腑调泰。三百六十骨节，无有滞凝，八万四千毫窍，皆通畅也。"② 从这句话可以看出，俞琰的丹道理论对佛理有所吸收。

---

① 详见朱伯崑先生所著《易学哲学史》第3册，华夏出版社1995年版。
② 俞琰：《周易参同契发挥》卷六，《道藏》第20册，第239页。

但这种吸收并不是照搬。佛教讲"缘起","缘起"则"性空",反之也一样。从体上讲是"性空",从用上讲是"缘起"。虽说"体用一如",但体所代表的"无所从来,亦无所去"的永恒的"涅槃"境界和道教的实有的本体观有所不同。道教不仅仅停留在精神领域内和观念形态上,认为观念在一定的程度上可以充实人在精神上的本质力量的匮乏,但还不能实际地充实人在实践力量上的匮乏。因而在对佛教教理一定程度上的吸收之后,俞琰建构了一套和佛教修持所不同的丹道修持方法。丹道的修持方法是"有为"和"无为"的统一,也是"动"和"静"的统一。"夫古之至人,其动也天行,其静也渊默。当动则动,当静则静,自有常法。今之学者,不知丹法之动静有常,或专主乎动,或专主乎静。其所谓动者,乃行气之动,其所谓静者,乃禅定之静,二者胥失之矣。"① 俞琰并不是一概地反对禅宗的修持方法,而是反对那种"槁木死灰"的坐禅方法。他说:"或疑此法与禅宗稍同,殊不知金丹乃无中生有,养就婴儿,盖非块然面壁,槁木死灰之谓也。"② "然而丹家所谓虚无,非无心无念,枯木死灰之谓也。……或者不悟,乃认为禅宗之寂灭,则又谬矣!若使金丹即禅学,则径自参禅可也,何必从事乎乾、坤、坎、离之多端,而必须洞晓阴阳,深达造化,然后为得哉!"③ "若徒知无心无念,而不知聚气凝神,则堕于顽空,又安得胎仙之成也。"④ 所以,他也反对道教中存在的一种"任运自然"的修炼方法。"金丹大道,古仙往往以为自然。既曰自然,则有何法度?有何口诀?但付之自然足矣,又安用师授为哉?曰:非然也。大丹之法,至简至易。其神机妙用,不假作为,不因思想,是故谓之自然。必收视返听,潜神于内,一呼一吸,悠悠绵绵,不疾不缓,勿令间断,然后神归气中,气与神合,交结成胎。盖非一味付之自然也。"⑤ 道教内丹修炼有"后发展"的优势,它可以总结过去的各种经验,从中汲取精华,弃去不合于时宜的地方,唯此才能使自己得到发展。道教从人们的常识出发,更是从《易》文化的传统出发。它以元气为本体,以健、顺

---

① 俞琰:《周易参同契发挥》卷5,《道藏》第20册,第224页。
② 俞琰:《周易参同契发挥》卷6,《道藏》第20册,第237页。
③ 俞琰:《周易参同契发挥》卷5,《道藏》第20册,第220、221页。
④ 俞琰:《周易参同契发挥》卷6,《道藏》第20册,第237页。
⑤ 俞琰:《周易参同契发挥》卷9,《道藏》第20册,第255页。

为天地的性质。元气本体是不生不灭的,这在人们的经验中是比较容易接受的。既然不生不灭的存在是一种实体,那么作为实体的人体的不生不灭在理论上便是可以成立的。元气因自身内部阴阳对待的性质而流转变化,有流转变化便有过程和阶段,因此在用功中便不能"任运自然",不能"枯木死灰",而是必须"洞晓阴阳,深达造化"。流转变化在《易》理中便是乾天之健,修炼之人法乾天之健,掌握好发展方向,不断销阴补阳,求取纯阳之体,便可获得长生。在作"有为"功夫的修炼中,也还要注意法坤卦"顺"之理。所谓顺,就是不执著,就是顺物之性,顺物之性,物才能生。不为物所滞,在用功时是很重要的。"岂不闻古人云:'凡所有相,皆是虚妄。'心欲遗识,识神尚在,便化形像,神头鬼面,惑乱心主。若主不动,见如不见,体同虚空,无处捉摸,自然消散。"[①]所以,《易》理和佛理有一致的地方,也有不同。俞琰通过对佛理、禅学的取舍,在《易》的基础上建立了其道教的内丹修炼学。

俞琰将易学与道教内丹修炼结合的独特方式,为道教内丹学提供了较精致的理论基础。其太极元气论在逻辑上也成为从两宋理学的"理本"论、"心本"论向明清罗钦顺、王廷相、王夫之"气本"论发展的一个中间环节,这些在学术史上都有着重要的意义;其综合象数与义理的解《易》方法,对于易学的发展也起到一定的作用。

---

① 俞琰:《周易参同契发挥》卷6,《道藏》第20册,第238页。

第四章　陈致虚的易学内丹学思想

宋元内丹道教成熟的标志，既在其术，更在其理。元代的道教学者陈致虚通过阐发《周易》之理，并对当时流行的思潮，如理学、禅宗等理论进行了扬弃，构筑了一套精致的道教内丹学的理论体系，为使内丹道教成为继早期天师道教、魏晋神仙道教、隋唐重玄道教的又一稳定的、成熟的道教存在形式作出了贡献。陈致虚，字观吾，道号上阳子，江西庐陵人（今江西吉安人），元代全真道的著名大师。其论著主要有《周易参同契分章注》[1]、《上阳子金丹大要》、《上阳子金丹大要仙派》、《上阳子金丹大要图》、《上阳子金丹大要列仙志》、《元始无量度人上品妙经注解》、《紫阳真人〈悟真篇〉三注》等。宋元时期，内丹道教思想逐步趋向成熟，不同程度地渗透到当时道教各派的教义思想和宗教活动中去，从而形成了内涵丰富、形态各异的道教内丹学。陈致虚通过阐发、注解《周易参同契》、《老子》等书的思想，同时，又综合了全真道南、北两宗的内丹修炼的经验[2]，并对当时流行的思潮，如理学、禅宗等理论进行了扬弃，从而形成了自己独具特色的内丹学思想。

---

[1] 此书明《正统道藏》未收，《藏外道书》中有涵蟾子所辑《金丹正理大全周易参同契分章注》，《道藏辑要》和《四库全书》亦收此书，书名和《藏外道书》本略有不同。

[2] 就师承关系而言，陈致虚是当时北方兴起的王重阳全真北宗一系的传人。据《上阳子金丹大要列仙志》（《道藏》第24册第74—77页），陈致虚的师承关系是：黄房公宋德方传太虚真人李珏，李珏传紫琼真人张模，张模传缘督子赵友钦，赵友钦传陈致虚。黄房公师事丹阳真君马钰，马钰为重阳的弟子。就陈致虚的内丹思想而言，在师承道教北宗内丹修炼思想传统的同时，又和南方张伯端一系的金丹南宗派有着密切的关系。

第一节　内丹道教的建立：借易道阐发丹道

陈致虚主要通过阐发《周易》之理来建立其内丹道教的思想体系。《周易》本为卜筮之书，随着历代注释的增多，其性质逐渐发生转变，成为讲宇宙、人生大道理的神圣经典。汉代是易学的繁荣时期，象数易和义理易都有较大的发展。汉武帝采纳董仲舒提出的"罢黜百家，独尊儒术"的建议后，儒学取得了独尊的地位。《周易》作为"五经"之首，自然也格外受到重视，其经文日益被神圣化、哲理化。南宋著名思想家朱熹力图恢复《周易》的本来面目，提出了"易本卜筮之书"的命题。朱熹提出这个命题，主要是站在史学的角度，来恢复《周易》在历史上的原貌。史学和经学的出发点是不同的，史学通过求得历史的真实来为现实服务，经学则是以内容的神圣性和崇高性来规范现实。从史学的角度看，"易本卜筮之书"是有其事实的依据的，而从经学的角度看，这个命题的提出，无疑构成了对《周易》经学的神圣性、崇高性的挑战。陈致虚不同意朱熹的"易本卜筮之书"的观点，他认为《周易》是讲宇宙、人生大道理的神圣经典，不能将《周易》简单地看作是卜筮之书。"宋儒未达，不肯明《周易》之道，总看为卜筮之书，暗藏却羲、文、周、孔神圣之心，暗（藏）却乾、坤、顺、逆造化之道。"[①]"大易之道"是羲、文、周、孔相传之"心"，其中有"乾坤顺逆"之"道"，而此道既是圣人相传之道，也是宇宙造化之道和丹家修炼所据的丹道，因此，易道与丹道是合二为一的。

《周易参同契》是讲易道与丹道的书，"伯阳仙翁深得三圣人之旨，作《周易参同契》，上翼三圣之道，下航万世之人。"[②]《周易参同契》既阐述的是"丹道"，也是"大易之道"，因此它是融贯天道与人事之理的经典之书。很多人认为此书是用纳甲法讲道教炼丹的火候问题，如当时的大儒朱熹，便是这个观点。陈致虚认为，如果仅仅把《周易参同契》看

[①] 陈致虚：《周易参同契分章注》，《藏外道书》第9册，第245页。本书取《藏外道书》之册数及页码数，均以巴蜀书社1992年版为准。此后行文不再说明。

[②] 陈致虚：《周易参同契分章注》，《藏外道书》第9册，第221页。

作是用纳甲法来讲炼丹火候，是只见其小，而不见其大，将抹煞此书的价值，因为此书中还蕴含着比火候重要得多的"丹道"问题。所以陈致虚说"先贤朱文公欲闻至道，不得师传，酷好此事，迨衰病中，答侍郎袁公书曰：'《参同》之书，本不为明《易》，乃姑借此纳甲之法，以寓其行持进退之候。'① 文公该博如此，为无师，指想为纳甲之法。恶知此书直欲明《周易》之道，故曰《周易参同契》。况丹道行持进退之候，并不用纳甲之法。"②

陈致虚作为一名道教学者，之所以也站在经学的立场上反对"易本卜筮之书"的观点，同时，反对将《周易参同契》只看作以纳甲法来讲炼丹的火候之书，其原因在于他要借易之道来阐发其丹道的思想，以期让道教的丹道思想上升到像经学一样神圣的高度。怎样圆满地完成这个提升呢？这就需要对内丹道教进行理论化、系统化，因为单纯的道教炼丹术，无论是外丹，还是内丹，都只是一种方术，一种经验的事实，炼丹术要上升为理论，才可以称之为"丹道"。这种丹道的理论既要能够比较理想地阐释、说明内丹修炼的整个过程，同时在内容方面还要有经典性、神圣性，这样才会有社会的影响力，才能够较大范围地影响信众。陈致虚致力于维护《周易》经学的神圣性，就是因为他在确立其道教内丹学思想的根本原则时借助了《周易》之道，这主要表现在以下三个方面：

一 《易》只阴阳两件物事，能明能行方为圣人

陈致虚认为，作为本体的太极是指"阴阳未分、形如鸡子"的先天一气。③ 太极是气不是理，这是对汉唐以来的太极元气说的继承。陈致虚之所以要认太极为元气或先天一气，也是要为内丹道教确立起坚实的理论

---

① 朱伯崑先生认为，《周易参同契》以月体纳甲来说明炼丹的火候进退，主要有三种说法，其一是六十卦纳甲说，用来说明一月三十日早晚用火的程序。具体为将除乾坤坎离之外的六十卦配一月之六十昼夜，所谓"朔旦屯直事，至暮蒙当受。昼夜各一卦，用之如次序"即是。其二是八卦纳甲说，以月亮的盈亏，说明 月之中用火的程序。其中坎离两卦代表日月，其它六卦代表月亮的盈亏过程，八卦各配以干支。其三是十二消息卦说，以卦气说中的十二消息卦配十二律，说明一月或一年炼丹用火的程序。此说或可帮助我们理解朱熹在此问题上的观点。详见朱伯崑著《易学哲学史》上册，北京大学出版社1986年版，第224—233页。

② 陈致虚：《周易参同契分章注》，《藏外道书》第9册，第243页。

③ 陈致虚：《上阳子金丹大要图》，《道藏》第24册，第70页。

基础。早在五代时期，彭晓就提出"修丹与天地造化同途"的观点，这个观点奠定了内丹道教法天地造化而修丹的思维向度。天地造化的过程就是"气化"的过程，陈致虚认为"夫气者，天地万物莫不由之。在天地之外，包覆天地，在天地之内，运行天地。日月星辰得以明，风云雷雨得以动，四时品物得以生长收藏。"① 此"气"指先天真一之气，可炼还丹。内丹道教所谓的修道就是指要修此先天一气，以回复到"道"本身。考察天地造化如何展开，目的在于通过对这个问题的讨论，来论证向道复归的可能并找到向道复归的路径。先天真一之气通过阴阳来生天生地，生人生物。反之，要求取先天真一之气，也离不开阴阳两气的作用。而《易》就是"道阴阳"的，通过考察《周易》之理，能明内丹修炼之道。陈致虚在其《周易参同契分章注》中，首先强调了"《易》只阴阳两件物事"的观点，并对此进行了发挥。他说："我紫琼翁（指陈致虚的师祖张模）初受太虚真人（指张模的老师李钰）入室语，首问《参同契》为明《易》耶？为行《易》邪？太虚曰：《易》只阴阳两件物事，能明、能行，方为圣人。"② 陈致虚在注《周易参同契》时，将《参同契》第一章命名为"大易总叙章"。在这一章中，他对《参同契》首句"乾坤，易之门户，众卦之父母"有一个注解。"夫乾之为物，阳也，故为易之户；坤之为物，阴也，故为易之门。太极胚运，非得乾坤之门户，则天地何由而设位，日月何由而光明，人物何由而化生，圣人何由而行其道哉？"③ 天地、日月、人物都是在阴阳两气作用下生成的，阴阳之气迭运，生成万物。没有阴阳，则天地、日月、人物都不可能化生，此阴阳两气迭运，生成万物就是易道的展开过程。陈致虚说："乾坤变化，各正性命。乾之太始，用九乘坤，阳含其阴，虚而成离。坤之太乙，用六承乾，阴含其阳，实而成坎。是坎离得专阴阳之体，变易而用，包囊生育，愈无停机。"④ 天地造化离不开阴阳，而阴阳便是易之门户，便是道的纲纪，无此纲纪，则道几至于息而不显。"夫此阴阳之道、之气，或幽潜于其身，或沦匿于各体。或变化居中而包囊万物，或懋施生杀而为道纪纲，倘非乾、坤二用

---

① 陈致虚：《上阳子金丹大要》，《道藏》第24册，第12页。
② 陈致虚：《周易参同契分章注》，《藏外道书》第9册，第238页。
③ 同上书，第221页。
④ 同上书，第224页。

纪纲妙道，则道或几乎息矣。"① 所以，陈致虚认为，《周易参同契》不仅仅是讲内丹修炼的炉鼎、药物、火候的问题，更为重要的是此书阐发了内丹修炼的大旨。《周易参同契》"此书解者，百有余人，少有能深造其奥。惟真一子彭晓虽知火药而且次第，乃章章指为药物、火候，篇篇指为丹鼎功夫，其中或恐后人附会。岂知仙翁述此一书，无重复语。上篇叙阴阳造化，炼成大丹之旨，中篇又细议还返、温养、防虞之用，下篇乃拟法象备露成丹之详。"② 《周易参同契》上篇主要就是揭示了通过法阴阳而炼成大丹的圭旨，内丹之道就是通过法易道阴阳造化，内炼阴阳以成丹的。"岂知古圣先贤，方便立名，所炼之丹，奚出阴阳之外而别有路耶？此道惟圣人为能勤行。自古迄今，一道而已。三教大圣，必须同类，方可施功。故云：古今道由一，对谈吐所谋。除此一途，更无他术。"③ 不离阴阳而施功，陈致虚认为这是一切古圣先贤寻求性命解脱的必由之路。

内丹道教认为个人的内修是长生成仙的根本途径，而向道体的回归，下手之处或者说出发点不离阴阳，通过调和阴阳，去阴存阳，出离阴阳，最后达成纯阳。陈致虚说："圣人以实而形虚，以有而形无，实而有者，真阴真阳也，同类有情之物也，虚而无者，二八初弦之气也，有气而无质者也，两者相形，一物生焉。所谓一者，即先天地真一之气凝而为一黍之珠也。原天地之内，已有形质者，皆后天地之气，属阴，独先天地之气属阳。"④ 又说："修真之士若执己而修之，无过炼精气神三物而已。奈何三物一致，俱是后天地生，纯阴而无阳，安能化形于纯阳而出乎天地之外耶？此言一身之精气神也。紫阳盖欲题省世人，未得先天地之阳神与身中精气神相配，终不仙也。"⑤ 对上述两段话中的阴阳我们不能作同一个层次的概念来理解。因为道教将得道看成是取得纯阳之体，道即先天一气，先天一气有纯阳的属性，因为先天一气无形质，只是乾乾不息地运动。后天有形质的东西相对于先天一气的纯阳而言，属阴。但就后天有形质的东西而言，其自身亦有阴阳，上文所谓"实而有者，真阴真阳"即是。就

---

① 陈致虚：《周易参同契分章注》，《藏外道书》第9册，第224页。
② 同上书，第222页。
③ 同上书，第244页。
④ 陈致虚：《上阳子金丹大要》，《道藏》第24册，第14页。
⑤ 同上书，第15页。

后天而言，因为无论是天地万物还是人都是禀阴阳而生的，所以偏阴偏阳均为疾。而先天一气的纯阳已不是后天中和阴相对之阳了，即先天一气已超出于后天的阴阳之上，是一种纯阳，纯阳不等于偏阳。但要炼成纯阳之体又离不开后天的阴阳，通过内丹修炼的方法，将后天的阴阳转化为先天之阳，炼成纯阳之体，正是内丹道教追求的目标。所以，陈致虚说："修丹者不离阴阳以立根基，倘真一之气即还，丹已成熟，则方跳去阴阳之外。"① 内丹道教修炼的基础是人体的精气神，最后得道要得的是先天的纯阳一气，所以，陈致虚认为太极是先天一气，内丹修炼主要是通过求取先天一气，炼成纯阳，方谓之道。

二 易之道逆数也

"易之道逆数也"这个命题源于《周易·说卦》。《周易·说卦》说："天地定位，山泽通气，雷风相薄，水火不相射，八卦相错。数往者顺，知来者逆，是故易逆数也。"东汉虞翻结合卦气说来解此段话，认为"数往者顺"是"谓坤消从午至亥，上下故顺也。"即阴消从午至亥，由上到下，所以为顺行；其解"知来者逆"说："乾息从子至巳，下上故逆也。"（《周易集解》）即阳长从子至巳，由下而上，所以为逆行。虞翻以右行为顺，左行为逆。北宋邵雍据《周易·说卦》这段话提出了"伏羲先天八卦方位图"，目的在于说明一年四季的变化乃阴阳消长的过程。不过，邵雍此说以左行为顺，以右行为逆，不取上下义，"数往者顺"是讲阳息的过程，"知来者逆"是讲阴息的过程，和虞翻所说不同。②

陈致虚提出"易之道逆数也"这个命题，和上述虞翻、邵雍的观点角度有所不同。他认为"数往者顺"是讲阳消的过程，"知来者逆"是讲阳息的过程。阳消是自无入有，万物一生一死，轮转不息；阳息是自有入无，自有入无，则可以长存不灭。陈致虚说："无与有为，两者何也？太极之分，有先天，有后天。何谓先天？形而上者谓之道，以有入无也。何谓后天？形而下者谓之器，以无入有也。"③ 又说："世人惟顺行后天之

---

① 陈致虚：《周易参同契分章注》，《藏外道书》第9册，第249页。
② 朱伯崑：《易学哲学史》中册，论邵雍"先天易学"一节对此有说明。北京大学出版社1988年版。
③ 陈致虚：《周易参同契分章注》，《藏外道书》第9册，第224页。

道，故一生一死而轮转不息。圣人善逆用先天之道，故致知、格物、正心、修身，乃长存而不泯。数往者顺，知来者逆。故易之道逆数也。"①内丹道教认为，道之属性为先天一气，道的异化过程中，先天一气化生为阴和阳，在此基础上再生成天地万物。虽然天地万物和人都包含在阴和阳之内，但天地万物和人只是道的异化过程中的产物，既是异化，就有一个回复到天道自身的问题，怎样回复到天道自身呢？只有不走异化的路子，并且消除此种异化，才能实现向本体之道的复归。陈致虚说："子抑不闻之乎？天地之道也，阳极而阴，阴极而阳，故万物终焉，万物生焉。人之道也，阴极而已，世故有生死焉，阳极而已，世故有金丹。世之生死者，后天地之道也，有盈虚焉，有消息焉。唯金丹也者，即先天地之道也，不为人也，不为物也，非顺求之，乃逆取之，有生也，无死也，是之谓圣人也，是之谓仙佛也。"②

内丹以阴阳修之以出阴阳，在丹家看来，这是一条逆常规而行的路径。逆是内丹道教的根本原则之一，这个原则能否在经典中得到证明呢？陈致虚认为，《老子》和《周易》都讲了"逆"这个原理。《老子》讲"反者道之动"，而《周易》不仅《说卦》中讲"易逆数也"，在《周易·系辞》中所谓"原始反终"、"精气为物，游魂为变"也都是讲丹道之"逆"的原理。《周易·系辞上传》说："原始反终，故知死生之说；精气为物，游魂为变，是故知鬼神之情状。"陈致虚在注《周易参同契》时，结合道教内丹学思想对此进行了解释。他说："何谓原始？盖顺行阴阳之道以生人物，故云冠婚气相纽也，是之谓知生也。何谓返终？能逆行先天之道，超凡圣，故云元年乃芽滋，是之谓知死也。昔者子路问死，子曰：未知生，焉知死。圣人好问、好察，惜子路当时不就问生死之说，以发露《易》之道，使后世人知有顺死逆生之理，知有和顺道德之义，知有穷理尽性以至于命之道。"③ 又说："盖雄雌相须凭精气，精气舒布要雌雄。《翼》曰：精气为物，游魂为变。为物者，顺行而生，生人生物也；为变者，逆用而成，成佛成仙也。"④

---

① 陈致虚：《周易参同契分章注》，《藏外道书》第9册，第224页。
② 陈致虚：《上阳子金丹大要》，《道藏》第24册，第50页。
③ 陈致虚：《周易参同契分章注》，《藏外道书》第9册，第227页。
④ 同上书，第246页。

宋元内丹道教兴起后，以陈致虚为代表的一系道教学者，以《老子》的思想结合中国传统文化的经典《周易》来完善道教的教义思想，为道教的修炼实践服务。他的内丹道教思想将本体之"道"理解成先天一气，由于人禀阴阳之气而生，而阴阳之气的根据和源头又在于先天一气，所以，内丹的修炼就要通过"逆"的路径求取此先天一气。所谓"金丹乃先天之气，圣人善与天地合德，逆施造化，以生此气也；圣人能与日月合明，颠倒用功，以行此气也；圣人能与四时合序，以用此气而寒暑不相拘。圣人潜与鬼神合吉凶，以成此气。"① 陈致虚强调"易之道逆数也"，是要为其内丹道教"逆"的原理找到经典的依据，旨在使内丹修炼上升为"道"的高度而不至于流为"术"。

三　易之道统乎天心

内丹修炼主张丹道运行有一定的规则，此规则是道演化的路径。修炼者只要把握了天道发展、演化的规律，就能参赞天地之化育，为此陈致虚强调"易之道统乎天心"这个命题在道教内丹学中的意义。他说："是以圣人之降世也，仰观俯察，精审阴阳，以阴为符，以阳为命。何谓上观显天符？盖阴气在天地间曰天符，阳气在天地间曰天命；阴气在人身中曰火符，阳气在人身中曰性命。若阴阳屈伸之时，则符为进退之候，符候准乃不失时，故易之道统乎天心。"② 对于"天心"，陈致虚作过解释，典型的有两例：一是认为"天心"为阳生之户。他说："天心，乾之正位。子为天心，阳生之户。"③ 乾为阳，子为阳生之户。阳气主生，天心即造化之生生不竭的动力。二是认为"中乃天心"。内丹修炼者通过稽古观天，明日月之合，体乾坤之用，辨明阴阳，识符火进退，从而应符节，谨动静，法天地造化的法度而使自身内之天地治。陈致虚说："是知八卦乾、坎居北，艮、震归东，巽、离返南，坤、兑还西，交布列曜，运用推移，不失于中，中乃天心，即太中极。"④ 陈致虚的《上阳子金丹大要图》中有《金丹八卦之图》和《金丹八卦图说》，图中八卦之间交布列曜，运用推

---

① 陈致虚：《周易参同契分章注》，《藏外道书》第 9 册，第 249 页。
② 同上书，第 228 页。
③ 同上。
④ 同上。

移。所谓"不失于中","中"指天地造化虽有节度,但阴阳调和,不失其序。因为《金丹八卦图说》中说:"卦者,象也。有体则必有用,有变则必有合。以艮为体,则以坤为用,以震为体者,则以兑为用,《易》曰西南得朋,乃与类行。尤离以坎为类也。"① 内丹讲调和汞铅和龙虎,此汞、铅用《周易》卦的符号来表示就是离、坎,龙、虎用卦象来表示就是震、兑。"以艮为体,则以坤为用",是因为艮在《金丹八卦图》中代表"独修一物",而艮与坤合则代表阴阳和合的"同类得朋"、"乃与类行"的状态,因此,所谓"中",即是指阴阳的调和。总之,"子为天心,阳生之户"的观点,将"天心"看成是天地始物的最初动力,在此动力的推动下,万物生生不息,这便是"易";易的生生不息不是无序的,而是有规律的。概括起来说,天地万物运化万变,却"不失于中",这便是"中乃天心"。在陈致虚看来,所谓"天心",既指天地阴阳消长,造化生物的功能和规律,也指修炼内丹所应遵循的法度。"易之道统乎天心","天心"即造化生生之理,即阴阳配合之义。"天心"在乎手,便可以论还丹之道。

陈致虚强调"易之道统乎天心",遵循的是"推天道以明人事"这个思维的路径。在这点上儒、道两家有很多相似之处。如周敦颐是宋明理学的开山祖师,他在其《太极图说》中,对宇宙化生人物有如下说明:"无极之真,二五之精,妙合而凝。乾道成男,坤道成女。二气交感,万物化生,万物生生而变化无穷矣。唯人也得其秀而为灵。形既生矣,神发知矣,五性感动而善恶分,万事出矣。圣人定之以中正仁义而主静,立人极矣。"② 认为阴阳交感是宇宙化生万物的法则,仁义中正是人道之极,是人道中的阴阳,人类生命的来源和归宿都是阴阳两气的作用。但是,儒家的特点在于其设定了天道的绝对权威之后,就对这个绝对的权威赋予了具有人文特色的内容,他们将支撑整个社会制度的仁义礼智等道德理念看作是天道不变的内容,个人修养的根据虽说也是源自于天道,但这实际上已成为人文的东西了。所以,儒家以外在的制度以及体现这种制度的道德理

---

① 陈致虚:《上阳子金丹大要图》,《道藏》第 24 册,第 72 页。
② 《周子全书》卷一。转引自朱伯崑《易学哲学史》中册,北京大学出版社 1988 年版,第 90 页。

想主义和道德形上学为个体的安身立命处。毋庸置疑，道教也是将个人修养的根据指向天道，但道教的路径和儒家的有所不同，道教较多地赋予天道以自然的内容，作为本体的天道自然演化有其法则和路径。因此，道教在修养方法上，就不像儒家那样侧重于对人文化成进行追求，对现存的社会制度进行完善，因为在道教看来，纲常之道虽说也是道，但不是道之根本，对于至道的追求，主要是对阴阳两物的调制，调和了阴阳，就能得道。

第二节 内丹道教修持的根本方法：以术证道

宗教的一个重要的社会功能就是要为信徒提供安身立命之处，此安身立命之处在很多宗教中都表现为对普遍的神性的追求。普遍的神性是世间万象的根据，世间万象虽然纷繁复杂，但只是神性的异化和显现。从多中求一，从乱中求同，从变中求永恒是各大宗教引导教徒寻求安身立命之处的一个共同的价值追求目标。道教作为中国土生土长的宗教，不仅同样思考着这个重要的问题，而且由于思考问题的角度不同，因而在不同的时期，对这个问题的解答也各不相同。早期的神仙道教将世界的根据归之为人格化的神，神是人和万物的主宰，同时，人格化的神作为普遍存在的万事万物的根据，又被实体化和本体化了。将人格化的神视为本体，容易导致对这个本体之"神"进行实证的困难，欧洲中世纪的神学努力对"上帝存在"进行各种证明，就充分表明了这一点。道教重玄学的兴起，破除了对最高存在物——"神"的实体化、人格化的倾向，最高的神性既不是实有的人格神，也不是空无一物的寂静本体，其本身是不滞有无，通达无碍的。正因为这样，神性才能成为万物的主宰和根据，因而才真正具有了本体的意义。重玄学使道教在探讨最根本的"存在"方面有了重大的理论突破，道教的教义思想在思辨程度上有了一个大的提高。但是，在重玄学中，最根本的存在既非有，也非无，是不可捉摸和无法定义的，在指导具体的宗教实践时，也产生了诸多的困难，最突出的一点就是使道教的宗教实践没有了具体范式的指导，这将会使道教失去很大一部分的信众。作为中国土生土长的宗教，道教在发展中如何坚持自己的文化本位，保持自己的文化传统和特色，来为信众提供安身立命之处，就是一个需要予以重点考虑的问题。

宋元内丹道的兴起，对早期神仙道教和隋唐重玄道教有所扬弃。首先，内丹道教致力于为道教的宗教实践提供具体范式的指导，这是对道教重玄学中非有非无的本体论思想的一个补充。因为重玄学对形上层面的东西讲的较多，对达成此形上的境界，即如何具体操作的方法则谈得不是很清楚。如《清静经》是唐代出现的一部重要的道教经典，其中，对道教重玄学的思想有着精辟的论说，但在陈致虚看来，《清静经》论说的还很不够。因为此经所述的"空"、"无"、"虚"、"寂"、"静"等原则上都是形而上的境界，而不是指导宗教实践的具体范式。所以，陈致虚评论说："《清静经》云：内观其心，外观其形，远观其物，惟见于空，空无所空，所空既无，无无亦无，无无既无，湛然常寂，寂无所寂。语到这里，常人看来，岂非大休歇，大解脱时也？缘何一接欲岂能生？欲既不生，即是真静，真静方能应物，仔细看来，行到真静应物处，方是初学底事，若论修丹，尚未梦见。"①《清静经》所言及的境界，在常人看来好像是到了大休歇、大解脱的地步了，但是从内丹修炼的角度看，这才是初学之事。因为道教内丹学讲穷理尽性以至于命，就内丹修炼而言，《清静经》中所论及的只是穷理一事，随后通过具体宗教修行以尽性乃至于命的路径、阶次则都语焉不详。因此，如果说内丹道教比重玄道教更进了一步的话，那么，其主要表现，就在于内丹道教通过明确宗教修行的路径和阶次，弥补了重玄道教的不足，一步一个脚印地去接近和体验永恒的道体。

而一旦涉及修行的路径、阶次，就不可避免地要讨论道与术的关系问题。道是本体，术则是达成此本体的方法。陈致虚认为，道与术二者不可得而离的，"先哲云：形以道全，命以术延。子书云：鱼相忘于江湖，人相忘于道术。则知道与术二者不可得而离也。术以道为主，道以术为用。要知此道非泛常所言之道，乃天仙之道也。要知此术非泛常所用之术，乃长生之术也。"② 人的形体和性命赖道、术而存在，道、术于人就好比是江河湖海与鱼的关系。而道与术二者是体与用的关系，道是体，术是道之用，无术则不能显道。故而陈致虚特别强调修"天仙之道"的内丹学其

---

① 陈致虚：《周易参同契分章注》，《藏外道书》第 9 册，第 230 页。
② 陈致虚：《上阳子金丹大要》，《道藏》第 24 册，第 46 页。

根本的方法就是要坚持"以术证道"。在宋代,重玄学的余绪仍在,同时,受儒家理学和佛教禅宗的影响,道教中只重心性修养、不重道术修炼的倾向还有很大的影响。如宋邵若愚就认为:"《清静经》云,内观其心,是知也,心无其心,是不知也。能悟心无其心,此为尚矣。道者,心常无思无欲,寂然不知心之所住,若知者,是病矣。"① 邵若愚明确表示道非术,他说:"汉文帝见河上公,公乃如云之升,去地百余丈而与帝言。苟能如是,斯异术也,此亦好事者张其怪焉。列子能六和合一精明,所以心凝形释,骨肉都融,随风东西,如木叶干壳,竟不知风乘我耶? 我乘风耶? 夫乘风履空乃轻举之术,点石为金乃变化之术,经岁不食乃断谷之术,红脸黑发乃修养之术,皆非道德。"② "五千余言,其要在无欲二字,学人但心上无欲,此便是道。"③ 存在着一种对术的轻视的态度。对术的轻视,有背道教的历史传统,使道教的宗教特色有湮没不闻的危险。

　　陈致虚重视以术证道,这不仅是要强调道教的固有传统,更重要的是,他意识到随着道教的发展,对道与术的关系的处理,也逐渐上升为一个关涉道教教义思想建设的重大理论问题。因为在宋元时期,道与术的关系问题的探讨,深入下去,便和道教关于道本体的属性、证道修道的方法、道本体的体与用等诸多问题密切相关,这些问题对于道教信仰体系的建设来说是至关重要的。综观宋元时期,除内丹道教外,还包括有重雷法的道教神霄派、清微派以及上清、灵宝和正一各派中重斋醮科仪的一系以及外丹炼养派等。重雷法和斋醮科仪的这些道派,也强调以术证道,不过其理论根据和内丹道教又有所不同,他们认为"神道合一",道即神,神即道,神仙是道的载体,道体神用,神仙有着广大的神通,能赐福禳灾。修道证道的根本途径是要通过符咒、科仪等法术的修炼,达到与神相通的境地,能与神相通就证明有道。这种观点表明在对道本体的属性的认识上,重雷法和斋醮科仪的这一系道派还是潜在地有一种将与本体的道神化和人格化的倾向,这是在重玄道教之后存在的一种向早期道教拟人化的本体之道的复归趋势。而同一时期的道教净明派则突出提倡"忠孝"对成

---

① 邵若愚:《道德真经直解》,《道藏》第12册,第258页。
② 同上书,第261页。
③ 同上。

就神仙之事的作用，这与南宋所面临的北方少数民族政权的沉重压力有关，因为此时强调"忠孝"，能赢得民众和统治者两个层面的支持，同时"忠孝神仙"的提出，也受到了理学的影响，因而在对本体的神性认可方面倾向于以体现当时制度的道德理想主义和道德形上学为自己的宗门之旨，这又使得净明道又有了和其他道教宗派不同的特色。陈致虚则认为，修道是通过借助于阴阳，按照一定的方法和路径来消除道的异化并复归于道，而这便离不开具体的"术"。所以，陈致虚提出"术以道为主，道以术为用"、"以术证道"的观点。陈致虚对道、术关系的处理，与他构筑内丹道教新的教义思想有关。道为体，术为用，其理论的基础在于他把道之属性理解为先天一气，因为道是先天一气，道的异化使先天一气化生为阴和阳，道为体，阴阳为用，在阴阳的基础上再生成天地万物和人，人要回复到道，需要借助于阴阳，通过调和阴阳，消除道的异化，以实现向本体之道的复归。因此，道与术的关系问题，究其实质而言，就是考察作为先天一气的道与其自身显现的阴阳之间的关系，对这个问题讨论的深入展开，使得内丹道教更为理论化和理性化了[①]。陈致虚提出"以术证道"的观点，另一方面，也与他试图对当时流行的佛教禅宗的一些流弊进行纠正有关。佛教禅宗对本体的佛性持一种生成的观念，在这种观念的指导下，本体的佛性并不被看成是一种静止的存在，体味佛性的禅是活泼泼的，它是在主（禅者）客体（境物）的互动关系中显现出来的，以展开、运动等动态形式存在。由于主客体相互作用的形式、内容等不是静止的和一成不变的，而是不断展开的过程，这意味着禅必须不断地成为自身、显现自身。这相对于传统佛教而言，无疑是具有一种新的气象和革命的气息的。由于禅宗更关注佛性之"是"，而不是佛性之是"什么"，所以"黄花"、"翠竹"、"搬柴"、"运水"均能呈现出般若佛性。禅宗把探讨佛性的规定性转换为佛性的某种结果澄明出来的显象，这用佛教的话来说，主要接引的是"上乘利根"之人，而对于一般刚入禅门的参禅者来说，这种方式无疑是难得要领的。因此，禅宗发展到后期，就逐渐地有流于文字禅和口头禅的可能

---

① 如本书前面所论述的陈致虚内丹道教确立所依据的三条易理原则，"易只阴阳两件物事"、"易之道逆数也"、"易之道统乎天心"，都是围绕此问题而展开讨论的。

了。禅宗后来出现的这种弊端，与其对佛性的理解及证得佛性所采取的方法是密切相关的。内丹道教和禅宗不同。内丹道教询问道是什么的思路，必然预先设定道的本质，所以，在主客体互动过程之先，这个道就已然存在了，道的属性及证道的方法都是非常明确的。文字禅、口头禅和专门谈空说无、不事实际践履的道派，在陈致虚看来，都是不对的。"或以无言是道，或惟打坐、观空。问其砂汞虎龙，金木间隔，三日震象，逆用先天，不晓丹经，哑口无对。世之愚夫，但闻何人打坐几年，某人入圜几处，便纷言其有道，他岂知马祖南岳磨砖之消乎？又岂知阴阳生杀之理乎？有辈俗子，略记前人口滓，日惟说禅，锋辩横论，唤作性宗，指此为道，以愚世人，尤为可笑。彼恶知禅与性哉？何谓性？即乾用九，其动也直，若能了此，即正法眼藏也。何谓禅？即坤用六，其动也辟。若也知之，即涅槃妙心也。禅与性合，以土制铅也；金木相接，以铅伏汞也；仁与义施，以直养气也。故一阴一阳，《易》之道也；离宫修定，禅之宗也；水府求元，丹之府也。名虽分三，道惟一尔。睹其三教修养之端绪，皆要同类，方能成功，此云以类相况也。"① 陈致虚认为，道不离术，术可证道。证道离不开阴阳。修行者通过究五行，辨金木，知龙虎，识铅汞，明坎离，以土制铅，金木相接，以铅伏汞，仁与义施，以直养气，才能证得大道。正是因为道与术之间存在的这种关系，所以在谈到《周易参同契分章注》的主旨和目的时，陈致虚说："物无阴阳，是违造化之天，背其生物之元。修丹者不离阴阳以立根基，倘真一之气即还，丹已成熟，则方跳去阴阳之外。世之愚人，不看丹经，谓修行者必居深山，必先孤处，必弃妻子，必当辟谷，必合无为，必要打坐，以此为道，何其愚哉！若也不用阴阳，不究五行，不辨金木，不知龙虎，不识铅汞，不明坎离，只以无言，乌可成道？是以此书力救其敝，历言阴阳配合，方谓之道。"②

内丹道教兴起后，以陈致虚为代表的一系内丹修炼家，在保持道教原有文化特色的基础上，吸收儒家、佛教禅宗之长，并借助于《老子》尤

---

① 陈致虚：《周易参同契分章注》，《藏外道书》第9册，第257—258页。
② 同上书，第259页。

其是《周易》之理，对当时的内丹各派的修炼经验有意识地进行了理论升华，致力于为道教的宗教实践提供理性的范导，从而为内丹道教具有一个成熟的宗教思想体系作出了贡献，而陈致虚也因此成为宋元内丹道教史上一个具有承前启后地位的重要人物。

中篇　宋元道教易图学

第五章 陈抟与宋元道教图书易学的兴起

第一节 陈抟的生平事迹、学术渊源及著述

陈抟是晚唐五代至北宋初期的著名道士。一般认为，宋以后易学中的图书易学一派，与他有着极深的渊源关系。

关于陈抟的生平，正史见载于《宋史·隐逸传》。宋人的一些笔记，如邵伯温的《邵氏闻见录》、魏泰的《东轩笔录》、陆游的《老学庵笔记》等，也都有关于陈抟事迹的记载。道教的仙传史话，如元赵道一《历世真仙体道通鉴》和张辂《太华希夷志》等，也有关于陈抟的专门传记。据元脱脱等撰《宋史·隐逸传》：

> 陈抟字图南，亳州真源人。始四五岁，戏涡水岸侧，有青衣媪乳之，自是聪悟日益。及长，读经史百家之言，一见成诵，悉无遗忘，颇以诗名。后唐长兴中，举进士不第，遂不求禄仕，以山水为乐。自言尝遇孙君仿、獐皮处士二人者，高尚之人也，语抟曰："武当山九室岩可以隐居。"抟往栖焉。因服气辟谷历二十余年，但日饮酒数杯。移居华山云台观，又止少华石室。每寝处，多百余日不起。
>
> 周世宗好黄白术，有以抟名闻者，显德三年，命华州送至阙下。留止禁中月余，从容问其术，抟对曰："陛下为四海之主，当以致治为念。奈何留意黄白之事乎？"世宗不之责，命为谏议大夫，固辞不受。既知其无他术，放还所止，诏本州长吏岁时存问。五年，成州刺史朱宪陛辞赴任，世宗令赍帛五十匹、茶三十斤赐抟。
>
> 太平兴国中来朝，太宗待之甚厚。九年复来朝，上益加礼重，谓宰相宋琪等曰："抟独善其身，不干势利，所谓方外之士也。抟居华

山已四十余年,度其年近百岁,自言经承五代离乱,幸天下太平,故来朝觐。与之语,甚可听。"因遣中使送至中书,琪等从容问曰:"先生得玄默休养之道,可以教人乎?"对曰:"抟山野之人,于时无用,亦不知神仙黄白之事、吐纳养生之理,非有方术可传。假令白日冲天,亦何益于世?今圣上龙颜秀异,有天人之表,博达古今,深究治乱,真有道仁圣之主也。正君臣协心同德、兴化致治之秋,勤行修炼,无出于此。"琪等称善,以其语白上。上益重之,下诏赐号希夷先生,仍赐紫衣一袭,留抟阙下,令有司增葺所止云台观。上屡与之属和诗赋,数月放还山。

端拱初,忽谓弟子贾德升曰:"汝可于张超谷凿石为室,吾将憩焉。"二年秋七月,石室成,抟手书数百言为表,其略曰:"臣抟大数有终,圣朝难恋,已于今月二十二日化形于莲花峰下张超谷中。"如期而卒,经七日支体犹温。有五色云蔽塞洞口,弥月不散。抟好读《易》,手不释卷。常自号扶摇子,著《指玄篇》八十一章,言导养及还丹之事。宰相王溥亦著八十一章以笺其指。抟又有《三峰寓言》及《高阳集》、《钓潭集》,诗六百余首。

能逆知人意,斋中有大瓢挂壁上,道士贾休复心欲之,抟已知其意,谓休复曰:"子来非有他,盖欲吾瓢尔。"呼侍者取以与之,休复大惊,以为神。有郭沆者,少居华阴,夜宿云台观,抟中夜呼令趣归,沆未决;有顷,复曰:"可勿归矣。"明日,沆还家,果中夜母暴得心痛几死,食顷而愈。

华阴隐士李琪,自言唐开元中郎官,已数百岁,人罕见者;关西逸人吕洞宾有剑术,百余岁而童颜,步履轻疾,顷刻数百里,世以为神仙,皆数来抟斋中,人咸异之。大中祥符四年,真宗幸华阴,至云台观,阅抟画象,除其观田租[①]。

我们综合《宋史》所载,可以大致了解到有关陈抟生平的一些基本情况。陈抟,字图南,自号"扶摇子",宋太宗赐其号为希夷先生。亳州真源人。生年不详,仙逝于宋太宗端拱二年(989)。陈抟少时,读经史

[①] 《宋史》卷457《隐逸·陈抟传》,中华书局1977年版,第13420页。

百家之言，颇以诗名于世。后唐长兴（930前后）中，举进士不第，遇孙君仿、獐皮处士，往武当山九室岩隐居，服气辟谷历二十余年。此后，移居华山云台观，又栖止少华石室中。周世宗显德三年（956）被召至阙。宋太平兴国元年（976）后，两次朝觐宋太宗。端拱二年（989），化形于华山莲花峰下张超谷中。

陈抟历唐末至五代之频繁战乱，可以说是生逢乱世。乱世出英雄。而史志记载陈抟"负经济之才"①。《邵氏闻见录》卷七节录陈抟之《隐武当山诗》云："他时南面去，记得此山名！"② 其自负故如此。对于安邦治国，陈抟颇有其独特之看法。周世宗问以黄白之事，陈抟劝他作为四海之主，要当以致治为念，不能太留意于黄白之事。致治也就安邦定国，黄白之事乃道教之法术。相对于安邦治国的大事而言，黄白之事则为小事。作为一国之君，应该重大事而不要把时间和精力浪费在小事当中去。"帝（宋太宗）恳求济世安民，先生不免，索纸笔书之四字：远近轻重。帝不谕其意，先生解之曰：'远者，远招贤士；近者，近去佞臣；轻者，轻赋万民；重者，重赏三军。"③ 远招贤士、近去佞臣、轻赋万民、重赏三军，仅只"远近轻重"四字，便将济世安民的宏略勾勒出来了。当宋太宗问："尧舜之为天下，今可至否？"陈抟回答说："土阶三尺，茅茨不剪，其迹似不可及。然能以清静为治，即今之尧舜也。"④ 在答宋琪问时，更是显示出其高超的政治识见。他认为宋朝君臣上下协心同德，兴化致治，是其当务之急，也是时势所然。神仙黄白之事，吐纳养生之理，乃至白日冲天，于时无用，亦无益于世？陈抟以益世作为衡量政治好坏和士大夫修养的一个重要标准，故认为士大夫所谓"勤行修炼"，无出于君臣同心，治世于太平。故宋琪与太宗均称善而益重之。

陈抟有着极高明的政见，但自己却淡泊政治，走上修道之路。史志记

---

① （元）赵道一：《历世真仙体道通鉴》，《道藏》第5册，第368页。
② （宋）邵伯温：《邵氏闻见录》卷7，中华书局1983年版，第69页。
③ （元）张辂：《太华希夷志》卷上，《道藏》第5册，第738页。
④ （元）赵道一：《历世真仙体道通鉴》卷47，《道藏》第5册，第369页。

陈抟："年十五，诗礼书数至方药之书，莫不通究。"① 但遇亲亡故，引发了陈抟对人之生命短暂的叹息和思考。他力求要超出此短暂生命的束缚，追求一种永恒的生命。故他说："吾向所学，足以记姓名耳，吾弃此将游太山之巅，长松之下，与安期、黄石论出世法，合不死药，安能与世俗辈汩没出入生死轮回间哉？"② 立功、立言之事，在陈抟看来，只足以名留史册，尚不能使人超出生死之轮回。而要超出生死之轮回，就要像安期生、黄石公那样，修出世法，合不死药。这可以看作是陈抟看破红尘，慨然入道的一个重要的原因。对于世间之功名，陈抟有自己独特的看法，他认为历史上的风云人物，只不过是争些小闲气而已。"闲想张良，闷思范蠡，说甚曹操，休言刘备，两三个君子，只争些小闲气。争似臣，向清风领头，白云堆里，展放眉头，解开肚皮，打一觉睡，更管甚红轮西遂。"③ 当然，在这个过程中，对于出世与入世，陈抟在态度上还是有过反复的。有一首诗，颇能反映出陈抟的这种心理变化，"十年踪迹走红尘，回首青山入梦频。紫陌纵荣争及睡，朱门虽贵不如贫。愁闻剑戟扶危主，闷听笙歌聒醉人。携取旧书归旧隐，野花啼鸟一般春。"④ 在红尘中入世十余年，梦中时时呈现出天下山河的壮丽景色。这表明陈抟对于世间的一切，尚不能完全忘怀。但现实的政治生活，又不过是"剑戟扶危主"，"笙歌聒醉人"，实在不能令人满意。故而陈抟发出"紫陌纵荣争及睡，朱门虽贵不如贫"的感叹，愿意"携取旧书归旧隐"，欣赏野花，听取鸟啼，来感受春光的美好。

陈抟进见宋太宗后，其隐居之心更日益坚决。一方面是他对修道之事的日渐执着，另一方面也在于对政治的有意远离。作为一个负经济之才的人物，陈抟当然知道皇权政治最忌讳的是什么，故他一再向统治者表明自己的修道决心。《历世真仙体道通鉴》引陈抟辞宋太宗皇帝归山之诗云："草泽吾皇诏，图南抟姓陈。三峰十载客，四海一闲人。世态从来薄，诗

---

① （元）赵道一：《历世真仙体道通鉴》卷47，《道藏》，第5册，第369页。
② 同上。
③ （元）张辂：《太华希夷志》卷上引，《道藏》第5册，第738页。
④ （元）赵道一：《历世真仙体道通鉴》卷47，《道藏》第5册，第369页。

情处处真。乞全麋鹿性，何处不称臣。"① 陈抟于此向太宗皇帝传达了自己无意于政治，向宋帝称臣，并甘作一闲人的心志。在谢太宗手诏并赐茶药时，陈抟称："臣明时闲客，唐室书生，尧道昌而优容许由，汉世盛而善存四皓。嘉遁之士，何代无之？再念臣形如槁木，心如死灰，不晓仁义浅深，安知礼义之去就？败荷作服，脱籜为冠，体有青毛，足无草履，倘临轩陛，贻笑圣明。原回天听，得隐此山，圣世优贤，不添前古。数行丹诏，徒烦彩凤衔去，一片野心，已被白云留住。获饮旧溪之水，饱聆松下之风，咏味日月之清，笑傲云霞之表，遂性所乐，得意何言。精神超于物外，肌体浮于云烟。虽潜至道之根芽，尽陶圣域之水土，敢祈睿眷，俯顺愚衷。谨此以闻。"② 认为自己生逢明君统治的时代，甘作嘉遁之士，精神超于物外，遂性所乐，一再韬光养晦。

陈抟的学术思想源自何处，史志当中亦曾间接提到。陈抟少年时，曾读经史百家之言，诗礼书数至方药之书，都有涉猎。从陈抟所交往的朋友情况来看，介于陈抟之道侣和师友之间的人物，《宋史·隐逸传》中有孙君仿、獐皮处士，这两人史志评价为"高尚之士"，曾指点陈抟至武当山九室岩隐居，当为陈抟之老师辈；华阴隐士李琪、关西逸人吕洞宾等，世人皆以为是神仙，亦多次来陈抟斋中，与陈抟应为师友之关系。至于陈抟之弟子，则有道士贾德升。而据《历世真仙体道通鉴》，北宋道士张无梦亦曾师事陈抟，张无梦"居常好清闲，穷《老》、《易》"，"及冠，以资产委其弟，遂入华山，与种放、刘海蟾结方外友，事陈希夷先生，多得微旨。"③ 张无梦的弟子中，著名的有陈景元。《历世真仙体道通鉴》还提及种放曾从陈抟就学，与陈抟交往的道教人物则有钟离子、毛女、赤松子、壶公、李八百、刘海蟾等，还有一衣鹿皮者，乃"太清得道白鹿先生李阮"。魏泰《东轩笔录》述陈抟曾游蜀，从邛州天师观都威仪何昌一学锁鼻术（即睡功），"或一睡三年"④。陆游在《老学庵笔记》中说："予游邛州天庆观，有陈希夷诗石刻云：'因攀奉县尹尚书小南酌回，舍辔特叩松扃，谒高公。茶话移时，偶书二十八字。道门弟子图南上。'其诗云：

---

① （元）赵道一：《历世真仙体道通鉴》卷47，《道藏》第5册，第369页。
② 同上。
③ （元）赵道一：《历世真仙体道通鉴》卷48，《道藏》第5册，第375页。
④ 魏泰：《东轩笔录》卷一，中华书局1983年版，第2页。

'我谓浮荣真是幻,醉来舍辔谒高公。因聆玄论冥冥理,转觉尘寰一梦中。'末书'太岁丁酉',盖蜀孟昶时,当石(后)晋天福(937—944)中也。天庆本唐天师观,诗后有文与可跋,大略云:'高公者,此观都威仪何昌一也。希夷从之学锁鼻术。'予是日迫赴太守宇文衮臣约饭,不能尽记,后卒不暇再到,至今以为恨。"① 从魏泰和陆游的记载看,则陈抟道教修持的一个重要方法是睡功,其睡功是传自于四川邛州天师观的何昌一。从《历世真仙体道通鉴》的记载,陈抟与五代道士谭峭亦为师友。由陈抟少时读经史百家、书数方药之书,可以得出其有着较深的文化底蕴和广博的知识面;其与钟离子、吕洞宾、刘海蟾的交往,可以得知其所学当受钟吕金丹派之影响。《宋史·隐逸传》认为陈抟好读《易》,手不释卷。《历世真仙体道通鉴》也说:"先生经史浩博,尤精易学。"② 由此可知,陈抟对易学有着浓厚的兴趣。《东都事略·儒学传》谓:"陈抟读易,以数学授穆修,以象学授种放,放授许坚,坚授范谔昌。"③《宋史·朱震传》:"陈抟以先天图传种放,放传穆修,穆修传李之才,之才传邵雍。放以河图、洛书传李溉,溉传许坚,许坚传范谔昌,谔昌传刘牧。穆修以太极图传周敦颐,敦颐传程颢、程颐。是时,张载讲学于二程、邵雍之间。故雍著皇极经世书,牧陈天地五十有五之数,敦颐作通书,程颐著易传,载造太和、参两篇。"④《历世真仙体道通鉴》也说:"先生明易,以数学授穆伯长,穆授李挺之,李授康节邵尧夫;以象学授种放,种授庐江许坚,许授范,为此一枝传于南方也。"⑤ 陈抟弟子张无梦,"但于山中常诵《老子》、《周易》而已";曾给宋真宗讲《易》,"上令讲《易》,即说《谦》卦。上问曰:'独说《谦》卦,何也?'曰:'方大有之时,宜守之以谦。'"⑥ 由此亦可间接看出,陈抟对《易》的理解和体会,当是非常之深的。

有关陈抟的著述,《宋史·艺文志》易类有陈抟《易龙图》一卷,

---

① 陆游:《老学庵笔记》卷6,《中华书局》1979年第1版,第78页。
② (元)赵道一:《历世真仙体道通鉴》卷49,《道藏》第5册,第369页。
③ 转引自朱伯崑《易学哲学史》中册,北京大学出版社1988年版,第10页。
④ 同上书,第4页。
⑤ (元)赵道一:《历世真仙体道通鉴》卷47,《道藏》第5册,第371页。
⑥ 赵道一:《历世真仙体道通鉴》卷48,《道藏》第5册,第375页。

《宋文鉴》卷八十五保留有《龙图序》一文。陈抟的其它著述有《指玄篇》八十一章，言导养及还丹之事。当时，宰相王溥还著书八十一章以笺注其旨要。又有《三峰寓言》及《高阳集》、《钓潭集》。另有诗六百余首。《历世真仙体道通鉴》谓陈抟住武当山九室岩凡二十余年，"撰《指玄篇》八十一章，《入室还丹诗》五十首，又作《钓谭集》万余字，皆罗缕道妙，包括至真。"① 不及《宋史》所提的《龙图易》、《三峰寓言》及《高阳集》，仅就论还丹的诗，其数量也只有五十首。可能因为这只是陈抟在武当山九室岩隐居时之所作，《龙图易》、《三峰寓言》及《高阳集》等书及诗亦有可能为陈抟后来居华山时所作。《通鉴》又说："先生经史浩博，尤精易学。"② 郑樵《通志·艺文略》著录陈抟著《赤松子八诫录》一卷，《指玄篇》一卷，《九室指玄篇》一卷，《人伦风鉴》一卷。元张辂《太华希夷志》认为，"先生没后，有弟子曾孙武尊师，因文正范公指教，得《入室还丹诗》于京师凝真院，得《三峰寓言》于太华李宁处士，得《指玄篇》于赤城张无梦，得《钓潭集》于张中庸进士，共三百余篇。"③《三峰寓言》及《高阳集》、《钓潭集》今已佚，《指玄篇》仅有一些残篇保留在俞琰的《周易参同契发挥》、《易外别传》等道书之中。

明《道藏》洞真部玉诀类存有署名希夷陈抟注《阴真君还丹歌注》。对于此书，之所以被认为是陈抟所注，大概是受了周敦颐《读英真君丹诀》的影响。周敦颐的诗文有如下内容："始观丹诀信希夷，盖得阴阳造化几。子自母生能致主，精神合后更知微。"④ 明《道藏》洞真部玉诀类所存《阴真君还丹歌注》，其中内容，如"北方正气为河车，东方甲乙名（生）金砂，两情含养归一体，朱雀调养生金华。金华生出天地宝，人会此言真正道。子称虎，卯为龙，龙虎相生自合同"⑤ 等，与周敦颐《读英真君丹诀》诗的内容有相合之处。如"北方正气"按五行属水，"东方甲

---

① 赵道一：《历世真仙体道通鉴》卷47，《道藏》第5册，第368页。
② 同上书，第369页。
③ （元）张辂：《太华希夷志》卷上引，《道藏》第5册，第741页。
④ 《读英真君丹诀》，《周子全书》卷17，转引自朱伯崑《易学哲学史》中册，北京大学出版社1988年版，第95页。
⑤ 陈抟：《阴真君还丹歌注》，《道藏》第2册，第878页。

乙"按五行属木，"两情含养归一体"即"水木相生"，也即"子自母生"。其后之"子称虎，卯为龙，龙虎相生自合同"，也有此意在。而"朱雀调养生金华"一句，朱雀按五行属南方之火，"金华"按五行则与西方之金有关，其注文引《大丹诀》云："金父木母真铅汞也。铅含五彩，属北方水，水中有金，金作堤防，故号金华。"① 金本生水，但炼丹要求取"水中之金"，此"水中之金"号曰"金华"，在"朱雀"的"调养"之下，生出"金华"，而"金华"又能"生出天地宝"，这也符合周敦颐诗中"子自母生能致主"的旨意。周子诗名为《读英真君丹诀》，而诗中内容又云"始观丹诀信希夷"。则依此思路，似乎顺理成章地得出希夷陈抟为《阴真君还丹歌注》的作者。一些史志认为，陈抟为四川人，并在武夷山九室岩隐居过。观《阴真君还丹歌注》，内容有涉湖北之"汉江"，四川之"嘉陵江"。其注"东方甲乙名（生）金砂"一句说："生金砂者，今天下水有恒河沙数，只如汉江之水，嘉陵之江中，自生金砂，工人淘取炼成黄金也。故又法以采于人身者，居上丹田，有屋宅，号为玉泉洞，洞中有玉泉水，名为清净源，采之功志，名号大功德神水。不知涯岸，纳至下丹田，日久自结为砂。"② 又注"金华生出天地宝"一句说："金华者，似汉江之水中金砂，自然生其中也。"③ 这样看来，也似乎像是陈抟所注。但从对《阴真君还丹歌注》几处内容的分析来看，我们觉得此注为陈抟所著的可能性不大。原因如下：

其一，《阴真君还丹歌注》所言金丹修炼之道，既有内丹法，亦涉于阴丹，即男女双修的房中之术，与有关史书所言陈抟的内修方法不同。此文注"安排炉室须择地"一句说："安排者，采上真气水，安于下元；采下阴气水，运于上元，安排各着炉室，自神化之功。若安排不着去处，于身有祸。炉室者，妙法在女，别在阴丹一诀，丹上法炉室者，以身口为炉也，灶者，以宫室为灶是也。破不堪使用者，是人用过者，弊物不堪使用，是已不中也。房中至甚五级者，大肥不堪用，大瘦不堪用。道三合五级者，是十五已上，二十已下，是中道。人气二十已上，并是不堪使用。

---

① 旧题陈抟：《阴真君还丹歌注》，《道藏》第2册，第878页。
② 同上。
③ 同上。

可用须借其气合汞者方住，以无制之，被鬼神偷他也。上择地者，是知宫室时候。"① 又其注"不得地，莫妄为"一句说："凡欲炼其阴者，若不依前说年纪人，及鼎器之物，不可成宝。不及年借气用之，即得暂住，有却患除魔之功，又不得上救助之力也。若在法度，须不失度数行之，少年成宝也。若只欲取意行之，万无一成也。"②《宋史·隐逸传》所提陈抟的著作中，有《三峰寓言》一书，因此书已佚，其内容不得而知。如果望文生义，则可能推测陈抟亦讲"三峰采战"之房中术。但从一些史志、仙话的记载来看，陈抟的修丹法，主要是"睡功"。《历世真仙体道通鉴》载陈抟论"睡功"之重要性说："于起居寝处尚不能识，欲脱离生死，跃出轮回，难矣！"③ 他论"世俗之睡"与"至人之睡"的区别说："今饱食逸居，汲汲惟患衣食之不丰，饥而食，倦而卧，鼾声闻于四远，一夕辄数觉者，名利声色汩其神识，酒醴膏膻，错其心志，此世俗之睡也。若至人之睡，留藏金息，饮纳玉液，金门牢而不可开，土户闭而不可启。苍龙守乎青宫，素虎伏于西室。真气运转于丹池，神水循环乎五内。呼甲丁以直其时，召百灵以卫其室。然后吾神出于九宫，恣游青碧，履虚如履实，升上若就下，冉冉与祥风遨游，飘飘共闲云出没。坐至昆仑紫府，遍履福地洞天。咀日月之精华，习烟霞之绝景，访真人论方外之理，期仙子为异域之游。看苍海以成尘，指阴阳而舒啸。兴欲返足蹑清风，身浮落景。故其睡也，不知岁月之迁移，安愁陵谷之改变。"④ 又有论"睡功"之诗两首云："常人无所重，惟睡乃为重。举世以为息，魂离形不动。觉来无所知，贪求心愈动。堪笑尘地中，不知身是梦。""至人本无梦，其梦乃仙游。真人亦无睡，睡则浮云烟。炉里长存药，壶中别有天。欲知睡梦里，人间第一玄。"⑤ 陈抟之"睡功"，实是一种内丹的修炼法。其"留藏金息，饮纳玉液"指的是调整呼吸，使之绵绵若存，并徐徐咽下在这个过程中口里所产之津液；"金门牢而不可开，土户闭而不可启"指的是保精惜气，收视返听，藏神于内；"苍龙守乎青宫，素虎伏于西室。真气运转

---

① 旧题陈抟：《阴真君还丹歌注》，《道藏》第 2 册，第 880 页。
② 同上。
③ （元）赵道一：《历世真仙体道通鉴》卷 47，《道藏》第 5 册，第 370 页。
④ 同上。
⑤ 同上。

于丹池,神水循环乎五内"指的是在人体中神气相交,魂魄相依,自然体内产出真气,真气像神水一样在人体的五脏内循环,在丹田中运转;"呼甲丁以直其时,召百灵以卫其室。然后吾神出于九宫,恣游青碧,履虚如履实,升上若就下,冉冉与祥风遨游,飘飘共闲云出没"可能跟内丹道教中"阳神出游"相似。由此看来,陈抟的内丹修持,并未涉及男女阴阳双修。在宋末元初俞琰的《周易参同契发挥》中,引有陈抟《指玄篇》的一些诗文。从这些诗文中所反映出来的内丹法,亦不涉男女双修。如"邈无踪迹归玄武,潜有机关结圣胎"①,这是论内丹的下手功夫;"苗苗裔裔绵绵理,南北东西自合来"②,这是论内丹的药物与火候;"倏尔火轮煎地脉,愕然神瀵涌山椒"③,这是内丹中"一阳生"的情景;"寥寥九地移钟管,暗暗长天运斗魁"④,"一马自随天变化,六龙长驾日循环"⑤,"必知会合东西路,切在冲和上下田"⑥,这是论内丹中的"周天火候"问题;"但能息息皆相顾,换尽形骸玉液流"⑦,"自然功绩自然偏,说自然来不自然"⑧,这是对内丹修炼原则问题的思考。如此等等,都不涉于男女双修之术。而《历世真仙体道通鉴》还有一则关于陈抟谢绝后唐明宗所赐宫女三名的轶事,"后唐明宗闻先生名,亲为手诏召先生。至,长揖人主。明宗待之愈谨,赐先生号清虚处士,仍以宫女三人赐先生。先生为《表》谢上云:'赵国名姬,汉庭淑女,行尤婉美,身本良家,一入深宫,久膺富贵。昔居天上,今落人间,臣不敢纳于私家,谨用安之别馆。臣性如麋鹿,迹若萍蓬,飘若从风之云泛,如无缆之舸,臣送彼复归清禁'。及有诗,上凭听览诗云:'雪为肌体玉为腮,多谢君王送到来,处士不生巫峡梦,空烦云雨下阳台。'以书奏付宫使,即时遁去。"⑨通过对陈抟修持、生平事迹有关文献的考察,我们基本可以得出,陈抟之

---

① 俞琰:《周易参同契发挥》卷一,《道藏》第20册,第19页。
② 俞琰:《周易参同契发挥》卷五,《道藏》第20册,第230页。
③ 同上书。另见俞琰之《易外别传》,第227页。
④ 俞琰:《周易参同契发挥》卷二,《道藏》第20册,第200页。
⑤ 俞琰:《周易参同契发挥》卷五,《道藏》第20册,第226页。
⑥ 俞琰:《周易参同契发挥》卷七,《道藏》第20册,第244页。
⑦ 俞琰:《周易参同契发挥》卷八,《道藏》第20册,第248页。
⑧ 俞琰:《周易参同契发挥》卷九,《道藏》第20册,第255页。
⑨ (元)赵道一:《历世真仙体道通鉴》卷47,《道藏》第5册,第367、368页。

内修方法并不涉于男女阴阳之双修。而明《道藏》洞真部玉诀类所存署名希夷陈抟注《阴真君还丹歌注》，以男女阴阳双修来论还丹，故此注应是后人伪托陈抟所注。

其二，陈抟著有《龙图易》，但《阴真君还丹歌注》中基本不采用《龙图易》的思想。如《阴真君还丹歌注》中，经文有"龙居震位当其八，虎数元生在一宫"一句，其注文称："此是朔至望行之，采上法行道，增魂；从望至晦减之，益魄也。男八岁齿生，十六为之中，十岁已下，得法修真为上，余并得尸解者也。"① 此注文的思想与陈抟《龙图序》中表现出来的图书易学思想有所不同。陈抟"龙图易"讲"龙图三变"。元代雷思齐亲见此书。张理《易象图说》中认为，由天地未合之数、天地已合之序至龙马所负之图为"龙图"之三变。龙马所负之图，有"五行生成图"和"九宫图"，《阴真君还丹歌注》中经文有"龙居震位当其八，虎数元生在一宫"，但注文对龙居震位，其数为八，虎之生成数，坎宫之一数，都不以"龙图易"思想注之。按此句经文其意应指"金水合处"、"木火为侣"、"龙虎交媾"、"生成大丹"，不应是指"十岁已下，得法修真为上"之意。陈抟作为有宋一代的高道，有着精深的内丹修为，似不应对此句经文作如此之理解。因此，《阴真君还丹歌注》应是后人伪托陈抟所注。②

据宋释志磐《佛祖统纪》卷四三所言，陈抟得麻衣道者《正易心法》四十二章，为之注释。南宋曾慥所辑《道枢》，亦收有陈抟之《观空篇》。另陈垣先生之《道家金石略》还收有署名陈抟所撰的《广慈禅院修瑞像记》、《太一宫记》等。

第二节　陈抟的道教图书易学思想

一　陈抟的"易龙图"与河洛之学

《宋史·艺文志》易类有陈抟《易龙图》一卷，《宋文鉴》卷八十

---

① 陈抟：《阴真君还丹歌注》，《道藏》第2册，第879页。
② 此注所引道教典籍有《道德经》、《黄庭经》、《阴符经》、《清净经》等为人们所熟悉的、宋以前所出的一些经典，也有如《大丹诀》、《黄帝诀》、《天丰上经》等一些人们所不熟悉的经典，宋以后的重要内丹道教经典，都不曾及，故此注的时间当出在宋初或宋之前。

五保留有《龙图序》一文，元代张理《易象图说·内篇》卷上亦载此文。全文如下：

> 希夷陈先生《龙图序》曰：且夫龙马始负图，出于羲皇之代，在太古之先也。今存已合之位尚疑之，况更陈其未合之数邪？然则何以知之？答曰：于夫子三陈九卦之义探其旨，所以知之也。况夫天之垂象，的如贯珠，少有差则不成次序矣。故自一至于盈万，皆累然如系之于缕也。且若龙图便合，则圣人不得见其象，所以天意先未合而形其象，圣人观象而明其用。是龙图者，天散而示之，伏羲合而用之，仲尼默而形之。始龙图之未合也，惟五十五数，上二十五，天数也，中贯三、五、九，外包之十五，尽天三、天五、天九，并十、五之位，后形一、六无位，又显二、十、四之为用也。兹所谓天垂象矣。下三十，地数也，亦分五位，皆明五之用也。十分而为六，形地之象焉。六分而成四象，地六不配。在上则一不配形二、十、四，在下则六不用，亦形二、十、四，后既合也。天一居上为道之宗，地六居下为器之本，三干地二、地四为之用（本注：参，一、三、X天数合九，《乾》元用九也。两，二、四地数合六，《坤》元用六也。）三若在阳则避孤阴，在阴则避寡阳（本注：成八卦者，三位也。上则一、三、五为三位，二、四无中正不能成卦，为孤阴。下则六、八、十为三位，七、九无中正不能成卦，为寡阳。三皆不处，若避之也）。大矣哉，龙图之变，歧分万途。今略述其梗概焉。①

张理于《易象图说》，言述而不言作，其意在说明，他是在前人学说的基础上，来对图书之学进行整理的。故其开篇所引陈抟之《龙图序》，主要当为陈抟的思想。古代许多学者，包括宋代的朱熹、清代的胡渭，以其中内容荒谬则有不可胜言者，认为《龙图易》与《龙图序》不为陈抟所作。仅就这一点，还不能充分断定《龙图易》与《龙图序》不为陈抟所作。倒是宋末元初的道士雷思齐所说，曾亲见陈抟《龙图易》全书，

---

① 张理：《易象图说·内篇》卷上，《道藏》第3册，第223、224页。

以及《东都事略·儒学传》[①] 以及《宋史·朱震传》[②] 所记等说明了《龙图易》和《龙图序》为陈抟所作。龙图，也称龙马所负之图。陈抟认为它出现于太古之先、伏羲所处的那个时代。龙图历未合之数、已合之位和龙马所负之图三个阶段，要对此进行了解，应该通过孔子《系辞》中"三陈九卦"之义来详其旨。天象是天之运行的表征，有其特定的运行法则，可以说是环环相扣，有一丝的差失，都不能成天地的秩序。所以从天地之初最简单的"一"开始，到天地形成后复杂的万事万物，都有特定的运行规律贯穿于其中。陈抟的龙图易，便是对此规律的探索。陈抟认为，龙马所负之图，天散而示，圣人（此圣人当指伏羲、孔子）观天之象而明其用。在龙图未合之时，只有五十五数，上二十五为白圈，代表天数，下三十为黑圈，代表地数。天数二十五是如何排列的呢？陈抟认为，"中贯三、五、九，外包之十五，尽天三、天五、天九，并十、五之位"，二十五之天数，五个一组，分成上、中、下、左、右五组，五五即二十有五，这种排列体现了什么思想，有什么规律呢？从上下看，五个数一组，组成三组，从左右看，亦是如此，此即为"天三"；所谓"天五"，指的是每一组天数，其数为五；"天九"则指的是天数的排列中，中间有一"十"字纵横，其数分别为九；"外包之十五"，指的是从整体上来看，五个一组，三组无论是从上下来看，还是从左右来看，其数皆为十五。地数三十，亦分五组，每组共六数。天地之数各以五相分，以明"五"在天地之数变化中之功用。三十之地数，五分之而为六，表征地之形象。这就是天地未合之数。（见下页图二）

天地已合之位，是指天地之数有了交配。具体如何交配呢？有一个原则，"在上则一不配，形二十四"，"在下则六不用，亦形二十四"。"在上"指的是天数，"在下"指的是地数。天地之数交配之时，天数有一个"一"不参与与地数的交配，地数中有一个"六"，不参与与天数的交配。即天数中取一个"一"，地数中取一个"六"，作为基数在后面的变化中

[①] 《东都事略·儒学传》谓："陈抟读易，以数学授穆修，以象学授种放，放授许坚，坚授范谔昌。"转引自朱伯崑《易学哲学史》中册，北京大学出版社1988年版，第10页。
[②] 《宋史·朱震传》谓："陈抟以先天图传种放，放传穆修，穆修传李之才，之才传邵雍。放以河图、洛书传李溉，溉传许坚，许坚传范谔昌，谔昌传刘牧。穆修以太极图传周敦颐，敦颐传程颢、程颐。"转引自朱伯崑《易学哲学史》中册，北京大学出版社1988年版，第4页。

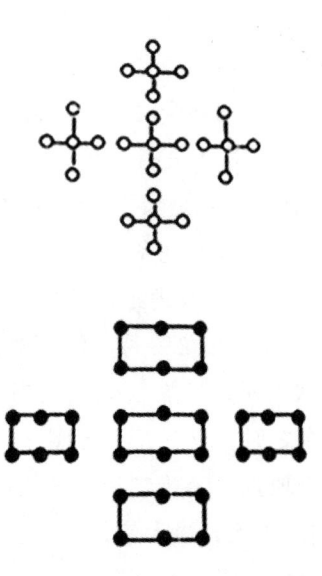

图二　陈抟"龙图易"《天地未合之数图》

不动，亦不用。故言"后形一、六无位"。"又显二十四之为用也"，指天数二十有五，其一作为基数不用，只用其二十四。地数三十，其中一个地六不配，亦只用其二十四数。天数与地数合后，成象如下：上一、右三、中五，为参天。其中，上一组去四余一，右一组去二余三，中一组五数不动，成"上一，右三、中五"之象。下二、左四，为两地。其中下一组去三余二，左一组去一余四，成"下二、左四"两地之象。已合之后的天数共十五，即五行之生数。天数中其余之十数合于地数，地数中间六数一组，以一数合于上为七，以二数合于左为八，以三数合于右为九，下一组地六不动，则成七、八、九、六之数，此为金、木、水、火之成数。所谓"六分而成四象"，即此之谓也。这即是天地之数相配合的"天地已合之序"。天地之数既合之后，天一居上为道之宗。一为阳之始，二为阴之始，刚柔由此而始定。陈抟自注认为，天数已合之图中，其上天数中之一白圆圈，代表《易》之一阳爻，其下地数中之二黑圆圈，代表《易》之一阴爻；其中天数之五，代表四象和五行，具体为，左上一白圈，代表太阳，为火之象，右上一白圈代表少阴，为金之象，左下一白圈代表少阳，为木之象，右下一白圈代表太阴，为水之象，土为冲气，居中以运四方。所谓"冲气"，老子《道德经》曾云"道生一，一生二，二生三，三生万

第五章　陈抟与宋元道教图书易学的兴起　　155

物,万物负阴而抱阳,冲气以为和"(四十二章)。五行中之土,亦阴亦阳,为阴阳之冲气。天数已合之图中,中五右旁三个白圈相连,为天地人三才之象,同时也是《易》卦之所以为三画之象的表征；中五左旁四个黑圈,为春、夏、秋、冬四时之象,同时也是《易》之蓍之所以揲四的依据。天数已合之图,一、二、三、四,实际上是《易》的卦爻和揲数的一个根据。一、二、三、四为《易》卦爻和揲数之体,地数已合之位中,七、八、九、六为《易》卦爻和揲数之用。上体而下用,上象而下形,象动形静,体立而用行,由此,天地造化生生不穷,不可胜既矣。(见图三)

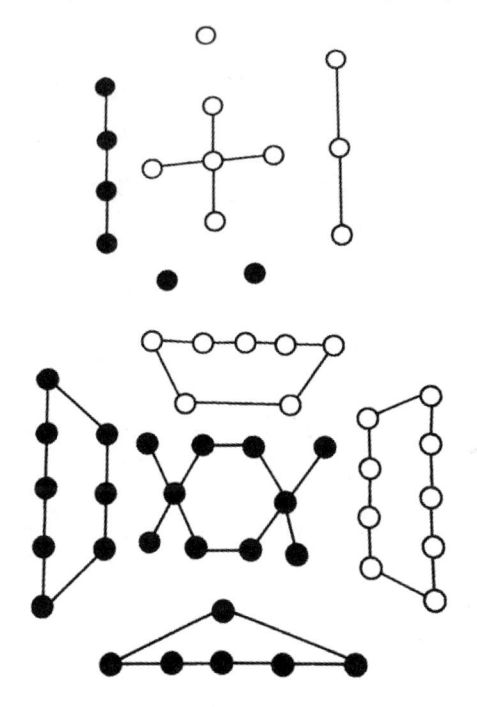

图三　陈抟"龙图易"《天地已合之位图》

第三变为"龙马所负之图"。即天象一、二、三、四、五之图与地象六、七、八、九、十之图进行排列组合。其原则为："天一居上为道之宗,地六居下为器之本,三干地二、地四为之用(本注：参,一、三、x天数合九,《乾》元用九也。两,二、四地数合六,《坤》元用六也)。三若在阳则避孤阴,在阴则避寡阳(本注：成八卦者,三位也。上则一、三、五为三位,二、四无中正不能成卦,为孤阴。下则六、八、十为三位，七、九无中正不能成卦，为寡阳。三皆不处，若避之也。)"① 在天象之图中，一、三、五为阳数三位，二、四为阴数，居天象之图中，为不中不正，一、三、五之阳数三位不能与二、四阴数组合，二、四阴数为天象之图中之孤阴。在地象图中，六、八、十为阴数三位，而七与九为阳数，不中不正，六、八、十阴数三位不与七、九阳数组合，乃地象图中之寡阳。因此，一、三、五为三位，不与二、四相配，六、八、十为三位，不与七、九相配。张理认为，"一、二、三、四，天之象，象变于上；六、七、八、九，地之形，形成于下。上下相重，而为五行，则左右、前后、生成之位是也；上下相交，而为八卦，则四正、四隅、九宫之位是也。"② 按张理的理解，证之以雷思齐所亲见之希夷之《龙图易》，"龙图"第三变，可以得出两种基本的图式：一种是关于五行生成的图式，此图，刘牧、朱震称之为洛书，而朱熹、蔡元定称之河图，张理称为"天地生成之数"图。另一种是九宫图，刘牧、朱震、郝大通等称之为河图，而朱熹、蔡元定称之洛书，张理称之为"洛书纵横十五之象"图。(见下页图四)

关于"天地生成之数"图，张理说："一、二、三、四，天之象也，动而右旋；六、七、八、九，地之形也，静而正位。是故一转居北，而与六合；二转居南，而与七合；三转居东，而与八合；四转居西，而与九合；五十居中，而为天地运行之枢纽。《大传》言错综其数者，盖指此而言。错者，交而互之，一左一右，三四往来是也。综者，综而挈之，一低一昂，一二上下是也。分作二层看之，则天动地静，上下之义昭然矣。"③ 认为此为解《大传》"错综其数"句。其所谓错，指图中三与八合列于左，四与九合列于右，一左一右，三四之往来。其所谓综，指一与六合，二与七合，一低一昂，上下之分。对此图分作内外两层看，则天动在上，地静在下，一动一静，一上一下。关于"洛书纵横十五之象"图，张理说："《洪范》初一曰五行，次二曰敬用五事，次三曰农用八政，次四曰协用五纪，次五曰建用皇极，次六口又用二德，次七口明用稽疑，次八曰

---

① 张理：《易象图说·内篇》卷上，《道藏》第3册，第223页。
② 同上书，第224页。
③ 同上书，第225页。

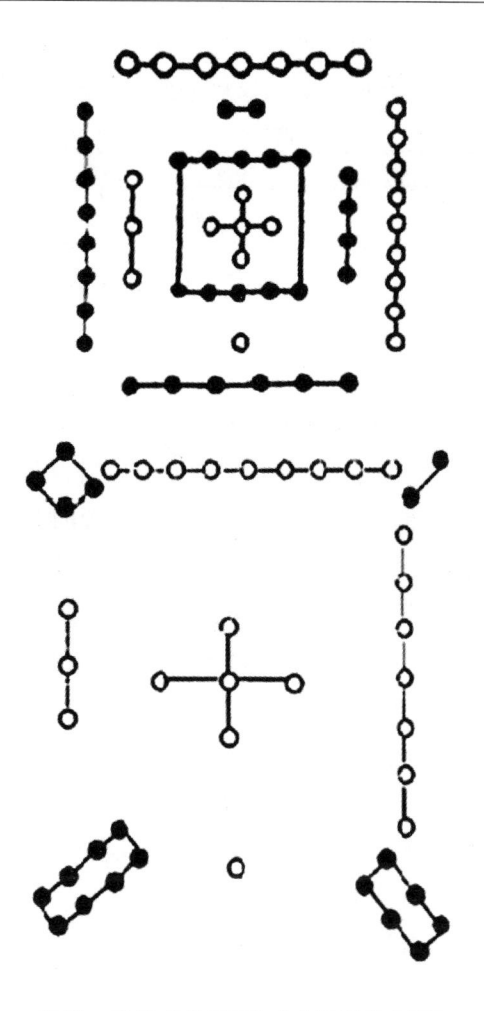

第五章　陈抟与宋元道教图书易学的兴起　　157

图四　陈抟"龙图易"《龙马所负之图》

念用庶徵，次九曰向用五福，威用六极。汉儒以此六十五字为洛书本文，而希夷所传则以此为龙图三变，以生成图为洛书本文，盖疑传写之误，而启图九书十之辨。今以二象两易其名，则龙图龟书不烦拟议而自明矣。"①张理认为，汉儒以《洪范》为洛书本文。而陈抟以此为龙图三变，以"生成图"即五行生成图为洛书。张理认为这乃是传写之误，不是陈抟之本意。因传写之误，故有图书九十之辨。朱伯崑先生认为，五行生成图和九宫图，"乃元人张理依南宋蔡元定所画的图式而作的图解，未必就是陈

———————
①　张理：《易象图说·内篇》卷上，《道藏》第 3 册，第 226 页。

氏龙图易三变的原图。但图中的逻辑思维结构，当出于陈抟。"① 确实如此，龙图三变之后，可以形成多种多样的图式。在《龙图序》中，陈抟自己赞《龙图》之神妙，就认为从龙图中能歧分出千万种的变化。而陈抟自己所述，只不过是龙图之变的一个梗概而已。陈抟作龙图易，其目的何在呢？龙图易的中心思想是什么？朱伯崑先生认为，"龙图易的中心思想是，天地之数，经过三次变化，成为龙图，用来说明八卦卦象起于龙图。陈抟作为道教的大师，为什么要解释'天地之数五十有五'？看来，这与道教的解易系统也是相关的。《参同契》说：'刚施而退，柔化以滋。九还七返，八归六居。'此是以七八九六之数表示阴阳消长循环。又说：'七八数十五，九六亦相应。四者合三十，阳气索灭藏。'这是以七八九六之数表示一月之中月亮盈亏的四个阶段。为了说明七八九六之数和老阳老阴，少阳少阴的来源，道教易学则研究了天地之数演变的过程，最后导出龙图易。其五行生成图来源于郑玄的五行说，九宫图来源于《易纬》的九宫说。不同的是，将两说中的思想画成图式，并且以黑白圈表达奇偶之数或天地之数，此即《序》所说'的如贯珠，少有差，则不成其次序。'"② 朱先生认为，陈抟"龙图易"的中心思想，是通过对《周易·系辞》中天地之数的三次演变，形成龙图，以说明八卦卦象源出于龙图。当然，之所以要解释"天地之数五十有五"，又和道教《周易参同契》的解易系统有关，因《周易参同契》中涉及七八九六之数，对此数的缘起作出道教和易学两方面的说明，便导致了陈抟"龙图易"的产生。朱先生此论很有道理。

我们在这里所要进一步探讨的问题，就是陈抟的"龙图易"在道教史和易学史上分别有什么重大的意义。我们首先从道教史的角度来探讨一下这个问题。《道藏》有关唐、五代、北宋时期的一些道教经书和其它的史料中，对于天地之数、五行生成之数、九宫之数、五行与八卦之关系都有过说明。如对于"天地之数"，署名清虚洞天华阳真人施肩吾希圣撰、三仙门弟子天下都闲客李竦全美所编《西山群仙会真记》卷一有《识法》一篇，其中引道书——《太上隐书》曰："法本无法，理归自然，心因境

---

① 朱伯崑：《易学哲学史》中册，北京大学出版社1988年版，第21页。
② 朱伯崑：《易学哲学史》中册，北京大学出版社1988年版，第21、22页。

第五章　陈抟与宋元道教图书易学的兴起　　159

乱，法本心生。立法之意，救补已失，而防于未萌。故三千六百法，养命数十家。三千六百法者，十年之期；养命数十家者，天一地二，天三地四，天五地六，天七地八，天九地十。一三五七九，五行之阳数；二四六八十，五行之阴数。大道分而为二气，二气裂而为五行，大而为天地，明而为日月，灵而为人，莫不禀二气而生五行，运五行而贯三才也。"① 施肩吾为唐人，"唐宪宗元和十五年（820）登士第"②，其盛年比陈抟生年要早约六、七十年。此书引刘海蟾语，刘海蟾与陈抟弟子种放、张无梦结方外友，故此书的编成当与陈抟同时而略晚。北宋曾慥所编《道枢》也曾摘录此书。此书引《太上隐书》，以"天地之数"为养命之方，提出大道分而为阴阳二气，阴阳二气又进一步裂而为五行。天地之数中，一三五七九，为五行之阳数；二四六八十，为五行之阴数，则天地之数内涵阴阳和五行。天地、日月和人都是禀阴阳二气和五行而生，运二气、五行可以贯通天、地、人三才。人法阴阳五行之理而归于自然，就可以养命。将《周易·系辞》中的"天地之数"纳入到大道生二气，二气生五行，二气、五行生天地人三才的道教宇宙生成论的模式中去，并分天地之数为阴阳五行之数，以明养生之方。对于五行生成之数，《混元八景真经》卷四有《阴阳三元四象五行生成气候气数法则相合持气章》，内云："但依法行持，阴阳三元、四象、五行数足，无不达也。但候满口津液咽归十二重楼，肺先受之，肺为万物之母，万物皆因母气而生，故始传于肺。肺者，西方之正气，生数四，五行乘之得九气，数七，但候行七转于肾。肾者，北方之正气，生数一，乘之得六气，数五，但行五转，转于肝。肝者，东方之正气，生数三，乘之得八气，数九，但行九转，传于心。心者，火也，南方之正气，生数二，乘之得七气，数三，但行三转，传于脾。此是子母相传自然之道。"又云："凡欲行气，先须行火，假令行之，肺先行火一度，故得肺气通入百关肢节，无不至处。肺行七转，又行火一度，要通肾藏之气。肾行五转，又行火一度，要通肝藏之气。肝行九转，又行火一度，要通心藏之气。心行三转，准法行火五度，四象俱受中宫大乘之

---

① 施肩吾撰、李竦全美编：《西山群仙会真记》卷一，《道藏》第4册，第422页。
② （元）赵道一：《历世真仙体道通鉴》卷四五，《道藏》第5册，第359页。

气，方得务四象五行生成气数周足，故曰周天。"① 任继愈先生主编之《道藏提要》认为，此书作者"不类唐人，疑五代北宋间道流所作"。②如此，则此书作者当与陈抟为同时代之人。在此书中，五行生成之数为咽津呐气之法，为道家"子母相传自然之道"。

对于五行与八卦的关系，《太上长文大洞灵宝幽玄上品妙经》中有《五行变异章》和《八卦成象章》，对此有所说明。其《五行变异章》提出："道言，五行者，在天为五行，在地为五岳，在世为五常，在人为五脏。夫五行变异者，金木相生相克，水火相配相合。……金丹皆是五行气变化也，五液皆是五行之升降也，天气皆是五行之作用也。天地为五行之祖，日月为五行之宗，周天为五行之道，八卦为五行之户，大药为五行全在人身之用。《阴符经》云：天有五贼，见之者昌，不识者亡。若修炼五行之运用，依法行持，必可长生。"③ 认为天、地、人三才都贯通五行，五行在人为五脏，依五行相生相克之道理，便可修成金丹，获得长生；其《八卦成象章》云："天以八卦，为应八方。伏羲氏画八卦，以西北为乾，属金，得三阳之象，西南为坤，属土，三阴之象。三阳下生一阴成巽，位在东南，属风。三阴下一阳成震，属雷，位在直东。三阳上生一阴为兑，属泽，位在直西，三阴上生一阳为艮，属山，位在东北。三阳中生一阴为离，属火，位在直南。三阴中生一阳为坎，属水，位在直北。八卦既成象，各配方位，可应人之五脏。乾天为大肠，坎为肾，艮为膀胱。震为肝，巽为胆，离为心，坤为腹，兑为肺。此八门皆有气之法，若修炼之，气通于五脏六腑，同于神气，可以延生。"④ 认为八卦成象，各配五行方位，可应人之五脏，从而八卦也就与五行建立起联系。其中，乾天为大肠，坎为肾，艮为膀胱，震为肝，巽为胆，离为心，坤为腹，兑为肺。此八门皆有气法，若依气法修炼，则神气通于人的五脏六腑之中，可以延生。任继愈先生主编之《道藏提要》认为《太上长文大洞灵宝幽玄上品妙经》"内容较《悟真篇》古朴，似作于唐五代间。"⑤ 题仙人张果（张果

---

① 不题撰人：《混元八景真经》，《道藏》第11册，第444—445页。
② 任继愈主编：《道藏提要》，中国社会科学出版社1991年版，第470页。
③ 无名氏：《太上长文大洞灵宝幽玄上品妙经》，《道藏》第20册，第1—2页。
④ 无名氏：《太上长文大洞灵宝幽玄上品妙经》，《道藏》第20册，第2页。
⑤ 任继愈主编：《道藏提要》，中国社会科学出版社1991年版，第739页。

第五章　陈抟与宋元道教图书易学的兴起　　161

为唐人）述的《太上九要心印妙经》中也有《日用五行的要》、《八卦朝元统要》等篇，对五行与八卦的关系进行论述。其《日用五行的要》云："夫日用者，长以神守于气，气守于神，神气相守，聚而不散者，真日用也。神能通应，意到心成，若神定，则行往坐卧昼夜皆同。神伏气在，气在神，神在形，三物皆在，复归真一，万事毕矣！又五行者，心主神，肝主魂，脾主意，肾主志，肺主魄，五行聚而化为丹也。聚之诀曰：专于一神，志于一意，守于魂魄，会于丹田。魂魄者，人之神气也，气乃命也，神乃性也，一性固命，一命固性，性命相固，共成一气。"①《八卦朝元统要》云："夫八卦者，以心肾为坎离，坎离为阴阳。阳即魂也，阴即魄也。魂者以应东方甲乙木，谓之青龙；魄者以应西方庚辛金，谓之白虎。因坎离生龙虎，乃成四象，内分八卦。八卦者，东方甲乙木，甲主乾，乙主坤；木生丙丁，丙主艮，丁主兑，艮、兑合序为一气者，火也。火生戊己，戊己无形，分于四季，内生庚辛，庚主震，辛主巽，合而为一者，金也。金生壬癸，壬主离，癸主坎，坎离者，阴阳也。阴阳者，内外也，内气为阳，外气为阴，阴阳升降，动静自然，非神所作，乃天地冲和之气，常在坎离之间，绵绵昼夜，息息无穷，此乃八卦还元归根之道也。"② 修炼八卦与五行，使之成为天地冲和之气，绵绵息息无穷，此书称之为八卦还元归根之道。

对于九宫之数，清胡渭《易图明辨》引《唐书·玄宗纪》云："天宝三载十二月癸丑祠九宫贵神于东郊。"③ 又引《唐会要》云："玄宗天宝三载十月，术士苏嘉庆上言请于京城置九宫坛，坛一成其上依位置，小坛东南曰招摇，正东曰轩辕，东北曰太阴，正南曰天一，中央曰天符，正北曰太一，西南曰摄提，正西曰咸池，西北曰青龙，五数为中，戴九履一，左三右七，二四为上，六八为下，符于遁甲（晁氏曰：遁甲之书，见于《隋志》，凡十三家，则其学之来亦不在近世矣，以休、生、伤、杜、景、死、惊开八门，推国家之吉凶，通其学者以为有验，未之尝试也）。"④ "肃宗至德三年六月，置

---

① 张果：《太上九要心印妙经》，《道藏》第 4 册，第 312 页。
② 同上书，第 313 页。
③ 胡渭：《易图明辨》，郑万耕主编《易学精华》下册，人民出版社 1995 年版，第 1697 页。
④ 胡渭：《易图明辨》，郑万耕主编《易学精华》下册，人民出版社 1995 年版，第 1697、1698 页。

太一神坛于南郊，东九宫以四孟，随岁改位行棋，谓之飞位。乾元后遂不易位。武宗会昌二年正月，左仆射王起等奏：按《黄帝九宫经》及萧吉《五行大义》：一宫其神太一，星天蓬，卦坎，行水方白；二宫其神摄提，星天内，卦坤，行土方黑；三宫其神轩辕，星天冲，卦震，行木方碧；四宫其神招摇，星天辅，卦巽，行木方绿；五宫其神天符，星天禽，卦坤，行土方黄；六宫其神青龙，星天心，卦乾，行金方白；七宫其神咸池，星天柱，卦兑，行金方赤；八宫其神太阴，星天任，卦艮，行土方白。九宫其神，天一星、天英，卦离，行火方，紫统八卦，运五行，土飞于中，数转于极。章俊卿《山堂考索》云：'汉立太一祠，即甘泉泰时也。唐谓之太清紫极宫，宋谓之太一宫，尤重其祠，以太一飞在九宫，每四十余年而一徙所临之位，则兵疫不兴，水旱不作。'"[①] 以上所引均有对九宫坛场、九宫之数和九宫之神的记载。在这些记载中表明，唐代道教认为，九宫坛场有九宫之神，依法祀之，可以兵疫不兴，水旱不作；九宫之数可以用来推算一个国家国运的吉凶等。我们通过列举上述史料，可以看出，在陈抟以前或和陈抟同时期的道教经书中，关于天地之数、九宫之数、五行生成之数、八卦之方位与人体修炼之关系的史料已经有很多了。我们没有列举出来的，在《道藏》中也还有很多。通过对上述唐、宋间道教经书有关内容的列举，可以看出，陈抟的龙图易并不是空穴来风，而是有其历史的渊源的。

　　当然，天地之数，五行、八卦、九宫等概念，具体在什么时候被引入道教的经书，也许难能作出一个确定的判断。但在陈抟之前，道教经书已经对这些概念进行运用，则是可以确定的。陈抟"龙图易"在道教史上的价值，在于将天地之数、九宫、五行、八卦等概念综合在一起，形成了一种全新的理论体系。这是非常有意义的。

　　如前所述，我们看到，唐、宋间的很多道书，只是以"术"的形式将天地之数、九宫、五行、八卦等等概念进行内容的赋予，这些概念在这些经书中，都只是一种"方术"的代名词而已。陈抟的"龙图易"，将这些概念纳入到一个天地生成的过程中来，对天地生成的过程进行理论的概括。在这个理论概括的过程中，这些概念的使用使得天地生成成为一个有序的逻辑过程。天地之数首先是天数与地数，它们代表了天地未合之前的

[①] 胡渭：《易图明辨》，郑万耕主编《易学精华》下册，人民出版社1995年版，第1698页。

一种宇宙的存在状态，即天数在上为阳，地数在下为阴，天地未合之数，是对天地未合前的一种理论化形式的说明和描述。我们可以设想，如果因天地交合而生万物的话，那么，在天地交合之前，逻辑地存在一个天地未合的状态。对于这个状态，陈抟的"龙图易"则以天地之数中天数与地数的区分来表达。而论及天地交合之时，则可以运用天地之数本身的相互作用来对之进行说明。天地之数的相互作用，又极容易地引出五行的概念。而在中国古代哲学中，五行是构成世界的基本要素，五行与八卦的结合表明了世界的丰富多彩性。陈抟的"龙图易"将道教经书中散见的关于天地之数、五行、八卦、九宫的概念，结合到一个理论的体系中来，以说明天地未生前，到天地已生后，再到世界万物的形成过程这么一个重大的理论问题，数字变化的规律性和精确性也使得这种对世界的看法更具有理论的价值，反映出道教的一种独特的世界观。

陈抟"龙图易"的形成过程，也是道教中由"术"到"理"发展的一个典型例子，表现出一种理论思维的进步。考察这个过程，我们可以看到，通常先是有"术"的存在，如咽津呐气法等，这还只是一种单纯的方法和技巧，这种方法和技巧在道教中只是属于一种养生、延命的手段而已；在"术"的基础之上，再赋予此"术"以"名"，即以概念的形式为"术"命名，这里就能反映出道教的一种"拿来主义"的精神，即不是以已有的概念来导出"术"的存在，而是在"术"的存在的前提下，将已有的概念，去其原有之内涵，将道教"术"的内涵赋予到已有的概念中，完成对已有概念的内涵的转化，这是道教"方术"之理论化的第一步。我们举一个例子，如对于"咽津呐气"之"术"，在以五行生成之数对之进行方法和步骤的设定时，此五行生成之数，就改变了其原来的理论内涵，转而有了道教咽津呐气的"术"的内容了。同时，这个转化过程中，道教咽津呐气的"术"，便也有了五行生成之数的理论形式。这是道教"方术"理论化的一个表现。在概念的层次上，对道教"方术"进行理论的概括，是道教教义理论化的初级阶段。在概念的基础上，一步一步，不断地向更精致、更圆满的方面发展，便是形成一个由多概念组成的理论体系。陈抟的"龙图易"将散见于道教经书中的关于天地之数、五行、八卦、九宫等概念，结合到一个理论的体系中来，而且这个理论体系是用以说明天地未生前到天地已生后，再到世界万物的形成过程这么一个重大的理论问题的。这便超出了原有的、个别概念的各自的个别性内涵，个别的概念被共组到一个更大的理论体系中来，扬弃了其各自原有的内涵，完成了一个质的飞跃。原有概念的内涵被再一次地超越，形成了更高的理论体系的一个组成部分。陈抟的"龙图易"，在综合、概括原有思想资料的基础上，进行理论的创新，丰富和发展了道教的教义思想。而在这个过程中其所表现出来的方法论原则，即对已有的概念取"拿来主义"的态度，赋予道教意义上的新的内涵；在此基础上，进行理论的升华与创新，将不同的概念联结成一个崭新的理论体系，为道教教义发展服务。这对于道教教义的发展而言，更具有方法上的指导性的意义。这可以看作是陈抟"龙图易"在道教史上的一个重要的贡献。

同时，陈抟"龙图易"所表现出来的对道教"方术"理论化的努力，对于道教教义本身而言，也有着重要的价值。陈抟的《龙图序》认为，"是龙图者，天散而示之，伏羲合而用之，仲尼默而形之。""且若龙图便合，则圣人不得见其象，所以天意先未合而形其象，圣人观象而明其用。"[①]"龙图"是天的意志的表现，天示"龙图"未合之数，已合之位，圣人们观其象而明其用。而"天之垂象，的如贯珠，少有差则不成次序矣。故自一至于盈万，皆累然如系之于缕也。"[②] 天之垂象虽然是天意的体现，是天道的象征，但天之垂象又有其严密的生成秩序和规律，从最简单的"一"到复杂的"盈万"，皆有理念对其变化进行规范。在预先作了这个说明之后，陈抟《龙图序》再示之以"龙图三变"，于是有了天地之数、五行生成之数、九宫之数、八卦之位。我们前面提及，在陈抟之前和与陈抟同时期的道教经典中，已有对天地之数、五行生成之数、九宫之数、八卦之位广泛运用到道教斋醮、科仪和道教修炼术中的情况，陈抟的"龙图易"实际上是将这些道教的"方术"与作为本体的天道纳入到了同一个体系中去了，这种对道教"方术"理论化的努力，对于道教教义本身而言，也有着重要的价值。因为道教的个别性的"方术"与共性的"道"的关系是道教教义发展所要着力解决的问题。一方面，个别性的"方术"如果不能有效地与共性的"道"建立起合理的关系，在充当

---

① 张理：《易象图说·内篇》卷上，《道藏》第 3 册，第 223 页。
② 同上。

"道"教化世人的方式方法上就显得底气不足，其在道教中存在的合法性就会受到质疑，只有当个别性的"方术"被有效地纳入到共性的"道"之中，它才能获得自己在本体论上的更深层次的存在根基；另一方面，共性的道，其外延至大至广，非如此，不足以表明其普适性和遍在性。但在道教看来，道还有其对万物主宰性的属性，要体现出道对万物的主宰性，就应该在道与万物之间建立起联系。在建立这种联系的过程中，道也需要从形上向形下进行过渡，道必须既具备形上属性，也必须同时具备形下属性，形上与形下应该在道中得到贯通。

道教主要是通过道与"术"结合来体现出道形上与形下贯通的特性。道成为万物"效法"的对象，对万物进行主宰和教化。由"术"可以通向道的存在，而"术"的存在方式是个别性的。无数的、个别性的"术"被引进到广延至大、至广的、共性的道中来，这在道教的"道"的概念使用中，便产生出一个奇异的现象：即"道"这个概念，其外延至大、至广，而其内涵又无限丰富。共性的道因其与个别的"术"的结合，使自己的内涵不再空洞，道的内涵得到了丰富，它也就不再仅仅是一种形而上的存在，而是能够深入到万事万物中去，即体即用，圆融无碍。这种对概念使用的方式方法，对于宗教来说，是非常必要，也是非常有效的。

对于陈抟的这个思想，我们还可以从其所著的《观空篇》中得到证实。北宋曾慥所编《道枢》中保留有陈抟的《观空篇》。很多史料，如宋钱希白《洞微志》，宋释志磐《佛祖统纪》等均表明陈抟与麻衣道者为师友关系。麻衣道者乃一僧人，陈抟与之交往而作《观空篇》是有可能的。从《观空篇》的内容看，陈抟对"空"的理解应和其对"道"的理解是相同或相近的。《观空篇》载：

> 希夷先生曰：欲究空之无空，莫若神之与慧，斯太空之蹊也。于是有五空焉：其一曰顽空。何也？虚而不化，滞而不通，阴沉胚浑，清气埋藏而不发，阳虚质朴而不止，其为至愚者也。其二曰性空。何也？虚而不受，静而能清，惟任乎离中之虚，而不知坎中之满，扃其众妙，守于孤阴，终为杳冥之鬼，是为断见者也。其三曰法空。何也？动而不挠，静而能生，块然勿用，于潜龙乾位，初通于玄谷，在乎无色无形之中，无事也，无为也，合于天道焉，是为得道之初者

也。其四曰真空。何也？知色不色，知空不空，于是真空一变而生真道，真道一变而生真神，真神一变而物无不备矣，是为神仙者也。其五曰不空。何也？天者高且清矣，而有日月星辰焉；地者静且宁也，而有山川草木焉；人者虚且无也，而为仙焉。三者出虚而后成者也。一神变而千神形矣，一气化而九气和矣，故动者静为基，有者无为本，斯亢龙回首之高真者也。①

陈抟认为，如果将道理解为"虚滞"，道在这种"虚滞"的状态下，"不化"、"不通"，"虚滞"虽然可以算作是形而上的存在，但这种形而上的存在，没有任何生机与活力，"虚而不化，滞而不通"，跟形而下的物事没有任何联系，对此，陈抟目之为"顽空"，认为是"至愚者"对道的看法。如果将道理解为"虚寂"，只有静寂而无"众妙"之功用，所谓"虚而不受，静而能清"，这虽然也是对道的形而上的理解，但道只有"虚寂"则不能化物，只是属于"孤阴"的状态。在道教内丹中，则属"只修性，不修命"，只知"离中虚"，而不知"坎中满"，陈抟目之为"性空"，是"断见者"对道的理解，所谓"断见"，以文中之意论之，指的是"孤阴"不能"化阳"，是对道的片面的一种认识。如果将道理解为"动而不挠，静而能生"，虽然有动，却又"不挠"，虽然"处静"，却又"能生"，无论是"动"和"静"，均与天道相合，故又可以称之为"无事"、"无为"。此属得道之初者在"法空"状态下对道的理解，可以用"无为而有"来对之进行概括，在道教内丹修炼中，属得气之初，"块然勿用"，犹如乾卦初九的"潜龙勿用"的状态。对于道的理解，还有"真空"、"真道"、"真神"的境界。在这个境界中，体道者"知色不色，知空不空"，"色"乃道之用，"空"乃道之体，从道之体来看，体中又涵有用，从道之用来看，用中又涵有体，因此，"真空"、"真道"、"真神"具众妙之功用，故"一变而物无不备"，这种将"道"理解为"真空"、"真道"、"真神"，乃"神仙"对道的理解。对道能产生出最透彻的理解，在陈抟看来，当属"高真"者，"高真"者对道的理解是"不空"，联系上下文，此"不

---

① 曾慥编：《道枢》，《道藏》第 20 册，第 662 页。

空"可以理解为：道涵盖一切，无所谓空，亦无所谓有，无所谓体，亦无所谓用，但道又是实实在在的存在。就如天高且清，而有日月星辰；地静且宁，而有山川草木；人以虚无之态度，而可以成为仙，这都是道作用的结果。在道的作用下，动者静为基，有者无为本，道由一神而变千神，由一气而化九气。

从《观空篇》中陈抟对"五空"的剖析，可以看出，对于道，陈抟并不仅仅作形而上的理解，而是着力于对道作贯通形上与形下的努力。道"物无不备"，是普适的、遍在的，又具众妙之功用，能"一神变千神"、"一气化九气"，可以生天生地，生人生物。而这与其在"龙图易"中表现出来的贯通"道"与"术"的思路是相一致的。陈抟的"龙图易"将天地之数、九宫之数、五行生成之数、八卦之方位纳入到天地演化的过程中来，以"术"的形式存在的道教方技，得以和本体之道融通，道与"术"相得而益彰，道因"术"而不再空疏，内涵得到极大丰富，"术"因道而不再浅薄，有了深厚的本体论的理论根基。这也可以看作是陈抟"龙图易"对道教教义思想发展的一个贡献。此后，张无梦以陈抟"龙图易"的思想论内丹修炼。其《学仙辨真诀》云："昔轩辕至峨嵋山，问白玉真人真一之道，真人曰：夫长生飞仙，则唯金丹，守形却死，犹真一也。故古仙秘焉！真一者，铅也，外黑，禀北方，属坎，坎为水，其数一。其内白，白属西方兑，兑为金，其数四。若修之合理，阴尽阳生，便是金精化一，青龙受符。青龙之位，为东方震，震属木，其数三，则可谓三一之道也。"[①] 张伯端著《悟真篇》，也以陈抟"龙图易"述内丹修炼的理论，提出"三五一都三个字，古今明者实然稀。东三南二同成五，北一西方四共之，戊己自居生数五，三家相见结婴儿。婴儿是一含真气，十月胎圆入圣机。"道书《子华子》亦云："二与四抱九而上跻也，六与八蹈一而下沈也。戴九而履一，据三而持七，五居中宫，数之所由生，一纵一横，数之所由成，胃之实也，神气之守也，故曰：天地之数莫中于五，莫过于五。"[②] 这些都在陈抟的"龙图易"思想的基础上，对道教的

---

① 张无梦：《学仙辨真诀》，《道藏》第2册，第893、894页。
② 转引自胡渭《易图明辨》，郑万耕主编：《易学精华》下册，北京出版社1995年版，第1737页。

教义有新的发展。

在易学史上，陈抟通过对天地之数的考察，得出"八卦卦象源出于龙图"的结论。由此导出了宋以后的易学史上著名的"河洛之学"。这是陈抟"龙图易"在易学史上的贡献。对于陈抟"龙图易"在易学史上的价值，可以通过对"河洛之学"在易学史上的价值的讨论来得出。关于"河图"，较早的记载出于《尚书·顾命》："陈宝：赤刀、大训、弘璧、琬琰在西序；大玉、夷玉、天球、河图在东序。"孔子《论语·子罕》也有"子曰：'凤鸟不至，河不出图，吾已矣夫'"之句。《周易·系辞》则将"河图"和"洛书"并提，有"河出图，洛出书，圣人则之"之语。但对于何为"河图"、"洛书"，圣人如何则"河图"、"洛书"而画卦则无解释。这也就成为易学发展史上的一大公案。到了汉代，出现了对"河图"、"洛书"与《周易》关系的种种猜测。如"孔安国云：河图者，伏羲氏王天下，龙马出河，遂则其文以画八卦。洛书者，禹治水时，神龟负文而列于背，有数至九，禹遂因而第之以成《九类》。刘歆云：伏羲氏继天而王，受河图而画之，八卦是也。禹治洪水，赐洛书，法而陈之，九畴是也。河图、洛书，相为经纬；八卦、九章，相为表里。"[①] 但据现代所能看到的一些材料表明，汉代有以五行生成数注易者，如后汉郑玄曾以五行生成数注《周易·系辞》的"大衍之数"。其注云："天地之气各有五行，五行之次，一曰水，天数也，二曰火，地数也，三曰木，天数也，四曰金，地数也，五曰土，天数也，此五者，阴无匹阳无耦，故又合之地六为天一匹，天七为地二耦也，地八为天三匹也，天九为地四耦也，地十为天五匹也。二五阴阳各有合，然后气相得而施化行也。（注五位）又曰：凡五行减五，大衍又减一，故四十九也。天一生水于北，地二生火于南，天三生木于东，地四生金于西，天五生土于中，阳无耦而阴无配，未得相成。地六成水于北，与天一并，天七成火于南，与地二并，地八成木于东，与天三并，天九成金于西，与地四并，地十成土于中，与天五并也。（大衍注）。"[②]

[①] 张理：《易象图说·内篇》，《道藏》第3册，第226页。
[②] 转引自胡渭《易图明辨》，郑万耕主编《易学精华》下册，北京出版社1995年版，第1689、1690页。

但未以其为"河图"。① 对于九宫数图，清儒胡渭认为其实肇端于汉代的明堂之说。他说："汉《艺文志》礼十三家，有明堂阴阳十三篇，又明堂阴阳说五篇。……九宫即明堂之九室，故《隋志》有《九宫经》，依托黄帝，然自歆、固以前，未有指直为河图者，唯后汉《刘瑜传》，桓帝延熹八年上书言河图授嗣，正在九房。九房即九室也（《考工记》云，内有九室，九嫔居之。盖王者路寝、听朝时则九嫔在此共听事也）。盖其时已有据《乾凿度》河图八文一章而直指九宫为河图者，此即伪龙图三变之粉本矣（龙图第三变刘牧谓之太皞授龙马负图）。"② 但胡渭认为，在两汉时期，五行生成之数以及九宫之数均非为易而设，即不以其数为河图、洛书之内容。如刘歆以河图为八卦，洛书为九章，郑康成以九篇为河图、六篇

---

① 清胡渭《易图明辨》载：萧山毛太史奇龄《河洛原舛篇》曰："间尝学易淮西，见郑康成所注大衍之数，起而曰，此非河图乎，则又思曰，焉有康成所注图而汉代迄今不一引之为据者。则又思大衍所注见于李氏易解者，干宝、崔憬言人人殊，何以皆并无河图之言。则又思康成所注《大传》，其于河出图句，既有成注，何以翻引入《春秋纬》文（河图九篇，洛书六篇），而不实指之为大衍之数，于是恍然曰，图哉！图哉！吾今而知图之所来矣。抟之所为图即大衍之所为注也，然而大衍之注之断非图者，则以河图之注之别有在也。大衍之注曰，天地之数五十有五，天一生水在北，地二生火在南，天三生木在东，地四生金在西，天五生土在中，然而阳无耦，阴无妃，未相成也。于是地六成水于北，与天一并（一六在北），天七成火于南，与地二并（二七在南），地八成木于东，与天三并（三八在东），天九成金于西，与地四并（四九在西），地十成土于中，与天五并（五十在中），而大衍之数成焉。则此所为注非即抟之所为图乎？康成但有注而无图，而抟窃之以为河图，其根其柢，其曲其里，明白显着，可谓极快！然而赵宋元明千年长夜而及今始得之。其说有二：一则世之言河图者，亦皆知大衍之数，然第以为河图之阳二十五点，河图之阴三十点，与大衍之数一三五七九二四六八十共成五十有五者，其数相合已耳，而其天生地成，地生天成，或北或南，为水为火，能方能圆，有单有复，按之可为形，指之可为象，则河图有之，大衍不得而有之也，而孰知大衍之数，其为形为象原自如此而人初不知，其长夜一。一则魏晋以后，俗尚王学（谓王弼）而郑学稍废，其所遗注第散见于《易》《诗》《书》《三礼》《春秋》疏义及《释文》、《汉书》《文选》诸所引注而迄无成书。故唐惟李鼎祚略采其注于《易解》中，而其在他书则惟王氏应麟复为汇辑而补于其后，此在刘邵言易时皆未之见。今抟提其说而不言所自，或亦转得之他人而并其所亦不之知，皆未可定，则冥冥矣。其长夜二。乃幸而得自显有从来，但当名之为大衍图，非然，则名天地生成图，非然，则名五行生成图，而断断不得名之为河图，浸假河图即此图，则此图因康成所注者也，其于《大传》"河出图"下何难直注之曰，所谓河图，即撰著所称大衍之数天一地二天三地四天五地六天七地八天九地十者，而乃又曰：河龙图发，其书九篇，则岂非衍数、河图截然两分，数不得为图，衍不得为画乎？"（郑万耕主编《易学精华》下册，北京出版社1995年版，第1668页）。

② 胡渭：《易图明辨》卷二，郑万耕主编《易学精华》下册，北京出版社1995年版，第1693、1694页。

为洛书等，即是如此。李申先生也认为，"汉代有九宫数，有五行生成之数，甚至也有用这些数转换成的九宫占盘，但汉代人不认为它们是《河图》或《洛书》。"① 因此，在汉代，人们还没有赋予"河图"、"洛书"以"五行生成数"和"九宫数"的内容。而在东汉道教的一些重要的经书中，比如《老子想尔注》、《太平经》等②，提到河洛出图、出文，亦只说是一种天生的瑞应，不及其图、其文的具体内容。

魏晋隋唐时期，在道教经书、数学及阴阳方术的书中，对于五行生成之数和九宫之数，有所运用和阐发。胡渭在《易图明辨》中说："王应麟《玉海》引《易乾凿度》曰：河图八文，易变而为一，一变而为七，七变而为九，九者，气之究也，乃复变而为一（语本《列子》，彼注云：太极本一而生阴阳、五行，则为七，其变为九，则又以七为少阳而进为老阳，阳主进，阴主退，八退为六，七进为九也）。"③ 程大昌也认为，晋代张湛用九宫之数注《列子》"太易"一章。《隋志》有杨淑《九九算术》一卷，九九算术的内容和九宫数有关。《隋志》还有《黄帝九宫经》一卷，《九宫经》、《棋经》三卷，并郑玄注。又《九宫八卦式图》一卷。《唐志》有《太一九宫杂占》一卷，《遁甲九宫八门图》一卷等。李申先生认为，"魏晋—隋唐时代的人们，仍然把《河图》、《洛书》视作一种书籍。"④ 需要补充说明的是，在这一时期，道教可能已经开始逐渐赋予九宫方位和九宫神以及五行方位以"河图"或"洛书"的内容。如关于"河图"，《道藏》中多处经文均有所涉猎，且大都为宋以前之作。如《太上洞神太元河图三元仰谢仪》、《上清河图内玄经》、《洞玄灵宝河图仰谢三十六土皇斋仪》、《洞玄灵宝河图仰谢三十六天斋仪》、《上清河图宝箓》等，都是带有"河图"字样的经文。《上清河图内玄经》从内容来看，当为六朝时道书，其内容中有《太一

---

① 李申：《易图考》，北京大学出版社2001年版，第150页。
② 《老子想尔注》云："夫圣人天所挺生，必有表，河雒著名。""国不可无一日无君，五帝精生，河雒著名，七宿精见，五纬合同，明受天任而令为之。"《太平经》亦云天"时出河雒文图及他神书"，"河雒出文出图，或有神文书出"等。
③ 胡渭：《易图明辨》卷二，郑万耕主编《易学精华》下册，北京出版社1995年版，第1695、1696页。
④ 同上。

秘讳》篇和《九皇宝箓》篇，《太一秘讳》篇言存思太一神之法；《九皇宝箓》篇言存思九星（北斗七星及辅弼两星）之神及其下属诸真神、天官之隐讳、图形、符箓，认为这样可以消灾延寿。在这里，我们可以看到汉代"太一神"下行"九宫"理论的影子。《洞玄灵宝河图仰谢三十六土皇斋仪》、《洞玄灵宝河图仰谢三十六天斋仪》均不署撰人，从内容看，似出于唐宋间。其斋仪节次主要为向东西南北四方九地之九天帝君凡三十六位礼拜忏悔，以祈一切先亡能脱离幽苦，上升福堂，转轮成真。四方和中央可以组成五行之位，九方则与九宫可以对应起来。《太上洞神太元河图三元仰谢仪》题"广成先生杜光庭修"，其篇首序言谓："天道悯物，玄圣流慈，太上出河洛龟龙之书，青文绿甲之字，以授帝王。此盖教民致福谢过。度厄解灾之法也。"[①] 直接提出，河洛龟龙之书是天的意志，道的产物，为太上所出，体现了太上对天下万物的慈爱之心。河洛龟龙之书代表上天的旨意，由太上授予帝王，目的在于教导老百姓通过它来纳福致祥，谢过赦罪，度厄解灾。

杜光庭关于"河洛龟龙之书"的提法，也是非常有意思的。我们上述所列《道藏》中这些经文的名称都是贯以"河图"的字样，并未及"洛书"，"河洛龟龙之书"表明河、洛中出"龟龙"，"龟龙"身上负有图书，因河、洛均为河，因此也就可以统称之为"河图"，这可能是道教传统中的一贯看法。但"河洛龟龙之书"的提法，极容易启发对"河图"与"洛书"进行区分。由此，我们想到了陈抟的"龙图易"。朱伯崑先生认为："关于陈抟的龙图易，有一个问题是值得研究的。按《龙图序》，只提到'龙图'一辞，并未言及'洛书'。""宋末元初道士雷思齐著有《易图通变》，其在《河图辨征》和《河图遗论》中辩论了这一问题。他说，他看到《龙图》全书，'于本图之外，就以五十有五之数，别出一图，自标之以为形洛书者，已是其初之失也。'"[②] 雷思齐的看法，坚持了道教中关于"河图"的传统看法，即不管龟龙是从河水中出，还是从洛水中出，均应称之为"河图"或者"龙图"，不应该在河图之外还有所谓"洛书"的存在；

---

① 杜光庭：《太上洞神太元河图三元仰谢仪》，《道藏》第18册，第308页。
② 朱伯崑：《易学哲学史》中册，北京大学出版社1988年版，第22页。

他还因此而排斥五行生成图，认为河图即是九宫图，陈抟以五十有五之数，别出一图，以之为洛书，是一个失误。这个失误导致了此后易学史上长期的"河九洛十"和"河十洛九"的争论。因《龙图易》已佚，故陈抟是否已区分"河图"、"洛书"，已不能确知。但从《龙图序》可知，"龙图易"三变之后，其天地之数的不同排列、组合，既可以形成九宫图，亦可以形成五行生成图和更多的其它图式，它们均可以称之为"龙图"，或者"河图"。这与杜光庭提出"河洛龟龙之书"一样，都为后世刻意区分所谓"河图"与"洛书"埋下了伏笔。

陈抟"龙图易"可能受到魏晋隋唐的道教经书及这一时期的数学与阴阳术数书的影响，并对汉易象数学进行了创造性的发挥，创制了"龙图易"，这一方面使得象数易学在继汉代的繁荣之后又在宋代获得了新的发展形式，得到了新的发展；另一方面，古老的五行生成说和九宫说从阴阳术数和谶纬的神秘主义和蒙昧主义中摆脱出来，逐渐地哲学化了。宋末元初道士雷思齐曾对陈抟"龙图易"评价说："河之有图，宓羲则之以画八卦，文王因之以系卦辞，历代宝而传之。自见于《书》之《顾命》，陈之东序者，而今乃谓其无，谁敢哉？然自《记》以思古，则云其出语之伤，今则云其不出《顾》，已皆意之，而非其真见矣。秦火之后，独见于《书传》孔安国之云而已。《汉志》杂以图书，而徒谓其与《书》经纬表里，《易纬》则徒又枝辞蔓引，愈违本旨，以至芒乎莫之究其有无形似之真为何如者，迄于唐五季也。及宋之初，陈抟图南始创古，推明象数，悯其贱用于阴阳家之起例，而芜没于《乾凿度》大（读为'太'）一取其数以行九宫之法，起而著为龙图，以行于世。愚幸及其全书，观其离合出入具于制数之说，诚若刳心而有以求羲、文之心者也。"[①] 认为伏羲氏则河图以画八卦，文王因之以系卦辞，历代都对"河图"非常重视。秦火之后至唐、五季，"河图"被阴阳术数家和谶纬术贱用，背离了"河图"的本旨。陈抟推明象数，创古著"龙图"，刳心而有以求羲、文之心。在此，雷思齐认为陈抟"龙图易"的贡献，在于以天地之数的离合出入，诠释了伏羲、文王画卦、系辞的初心，使"河图"重新建立起与《周易》

---

① 雷思齐：《易图通变》卷之四，《道藏》第20册，第347页。

的关系。雷思齐的这个评价是恰当的，因为陈抟的"龙图易"直接导致了宋以后易学史上"图书易学"的兴盛，以黑、白点"河图"、"洛书"来阐释《周易》的原理，包括解释八卦的起源、天地之数、大衍之数、太极、两仪、四象等易学史的重要问题的风气蔚为成风，不能不说跟陈抟"龙图易"的开风气之作有着直接的关系。

在陈抟之后，北宋刘牧著《易数钩隐图》、《易数钩隐图遗论九事》，系统地阐发"河图"、"洛书"说，"太极"说等，对世界的结构、形成与演变问题，形上之道与形下之器的关系等哲学问题从易学的角度进行思考，促进了易学哲学化的发展；李觏在"河洛之学"上不同意刘牧象出于数的观点，著《删定易图序论》，以阴阳两气解释《周易》之象数，并以太极元气说来说明世界的形成；南宋蔡元定、蔡沉与关郎《易传》都同意"河十洛九"说，以与刘牧的"河九洛十"说相区分，蔡元定的河洛说还提出《周易》象数源自河洛，河洛之数出于自然之"理"的新说，并主张有"理"而后有数。这些都表明，通过对河洛之学展开讨论的方式，宋代的思想大家对当时一些重要的理论问题，如世界的结构与形成，形上之道与形下之器，理、象、数三者的关系，元气论等都作了充分的阐发。这一方面极大地推动了宋代易学哲学的发展，另一方面，对整个宋明理学的发展也是功不可没的。考察宋代思想史以及整个中国思想史，都不能轻忽宋代的图书易学。而陈抟的"龙图易"直接导出了宋代的图书易学，其首创之功，也是不能抹杀的。

清儒胡渭在其名著《易图明辨》中，否认陈抟与河洛之学有关，河洛图式乃刘牧之学。并说："今欲明易，八卦具在，焉用河图，欲明《范》，九章具在，焉用洛书。"[①] 这个观点有失偏颇，没有看到图书易学在易学史和思想史上所作出的贡献。《周易》是中国古老的典籍，对《周易》的研究之所以能发展出后世绵延不绝的易学来，离不开历代研易者对其注释与阐发。陈抟及其它图书易学的倡导者和研究者以其特有的方式来对《周易》原理进行理解，并在理解的过程中，探讨了宋明哲学中的一些非常重要的哲学命题，在理论思维方面为后世提供了有益的启迪。

---

① 胡渭：《易图明辨》卷一，郑万耕主编，《易学精华》，北京出版社1995年版，第1686页。

至于认为陈抟与河洛之说没有关系，陈抟的再传弟子范谔昌的《太易源流》说："龙马负图出河，牺皇穷天人之际，重定五行生成之数，定地上八卦之体。故老子自西周传授孔子造易之原，天一正北，地二正南，天三正东，地四正西，天五中央。地六配子，天七配午，地八配卯，天九配酉，地十配中，寄于未，乃天地之数五十有五矣。"① 陈抟的再传弟子范谔昌述大《易》之源流，认为龙马所负五行生成图即"河图"，乃"造《易》之原"。这表明陈抟之龙图，其内容涵五行生成图，实即宋代河洛之说的源头。故朱伯崑先生认为河洛之说和陈抟的龙图易是有联系的，胡渭的观点"与《东都事略》和朱震所说不符，亦同范谔昌所说龙图易不合，出于其排斥河洛之学的偏见"。② 朱先生此说，是有道理的。

李申先生在其所著《易图考》（北京大学出版社 2001 年版第 156 至 168 页）中认为，道教推崇黄老，北宋道书《云笈七签》卷一百《轩辕本纪》讲《河图》、《洛书》是有文字、有图像（非黑白点）的圣物；刘牧创制《河图》、《洛书》；刘牧的《河图》，第一是黑白点，第二归于伏羲所受，这与当时道教的精神是大相径庭。对于李先生此论，笔者有些不同看法。其一，晚唐金竹坡所传《修真太极混元图》中的《日月弦望图》，作成黑白道同心圆图式，以喻丹药火候之事。因此，道教有作黑白图式的传统。李申先生认为，"假若此时由道教来创制一份《河图》，它就决不会是黑白点，因为不符合道教当时对于图的理解。"③ 李先生这个观点和当时道教的实际情况是不相符合的。其二，道教推崇黄老，是从总体上来说的，具体到个别的人和个别的道派，却会有大不相同的情况出现。比如东晋著名高道葛洪，热衷于"金丹之术"，对于老子之学则颇有微词，就是一例。因此，李先生以道教尊崇黄老，来证明道教即便作《河图》，也"不会把这些图归于伏羲，因为伏羲当时不是道教的圣人"④是缺乏说服力的。其三，对于《云笈七签》，我们认为它的价值在于保留了许多宋和宋以前道教的珍贵资料，但这并不表明它所收道教资料最权威、最全面。所谓不是最全面，是因为《云笈七签》本来就是一个缩写

---

① 雷思齐：《易图通变》卷五引，《道藏》第 20 册，第 351 页。
② 朱伯崑：《易学哲学史》中册，北京大学出版社 1988 年版，第 23 页。
③ 李申：《易图考》，北京大学出版社 2001 年版，第 160 页。
④ 李申：《易图考》，北京大学出版社 2001 年版，第 160 页。

本，略去了很多的内容，节略出去的内容我们现在很可能是看不到的。所谓不是最权威，就是说《云笈七签》中的内容，在当时，乃至后世，不一定都为道教界所统一认可。因为道教在理论上有一个特点，即"杂而多端"。自汉祖天师创道教以来，道教的经书和流派层出不穷，从隋唐至宋元明，这种情况一直是延续着的。不同的经书和不同的道教流派，在观点上的差异是比较大的。比如《云笈七签》卷二《太上老君开天经》，讲道教的宇宙创世说，认为是由道至洪元，至混元，至太初、太始、太素，再至上古，至九宫，至中古等一直演化下去而成世间万物的。而道教《太平经》对此的说法是，"元气恍惚自然，共凝成一，名为天也；分而生阴而成地，名为二也；因为上天下地，阴阳相合施生人，名为三也。"[①]就和《云笈七签》的说法有所不同。而与《云笈七签》的编成约略同时的张伯端，其在《悟真篇》讲："道自虚无生一气，更从一气产阴阳；阴阳再合生三体，三体重生万物张。"这与《太上老君开天经》的说法也有所不同。因此，李申先生以《云笈七签》卷一百《轩辕本纪》关于《河图》、《洛书》的说法，来代表当时整个道教界在这个问题上的观点也是缺乏说服力的。在此我们还要看到，从魏伯阳的《周易参同契》始，道教引易理来建构其理论体系趋势就已形成，而儒、释、道三教自一开始，虽然彼此有所拒斥，但理论上的交融互摄一刻也没有停止过。陈抟精于《易》理，并援《易》理来建构其道教的理论体系，因此，陈抟尊崇伏羲在当时不仅是可能的，而且是必要的。既然如此，我们还要坚持前面所说的那个观点，即说陈抟与黑白点《河图》、《洛书》没有关系，与历史的事实是不相符的。

二　陈抟与太极图

据《宋史·朱震传》谓："陈抟以先天图传种放，放传穆修，穆修传李之才，之才传邵雍。放以河图、洛书传李溉，溉传许坚，许坚传范谔昌，谔昌传刘牧。穆修以太极图传周敦颐，敦颐传程颢、程颐。"据《朱震传》，则周敦颐之《太极图》，亦和陈抟有关。

《宋元学案》卷十二，《濂溪学案下》首列有《太极图》，并附周子

[①] 转引自卿希泰《中国道教》第 2 册，知识出版社 1994 年版，第 245 页。

《太极图说》：

> 无极而太极。太极动而生阳，动极而静，静而生阳，静极复动。一动一静，互为其根；分阴分阳，两仪立焉。阳变阴合而生水火木金土，五气顺布，四时行焉。五行一阴阳也，阴阳一太极也，太极本无极也。五行之生也，各一其性。无极之真，二五之精，妙合而凝。乾道成男，坤道成女，二气产感，化生万物，万物生生而变化无穷焉。惟人也得其秀而最灵。形既生矣，神发知矣，五性感动而善恶分，万事出矣。圣人定之以中正仁义而主静（自注云：无欲故静）。立人极焉。故圣人"与天地合其德，日月合其明，四时合其序，鬼神合其吉凶"。君子修之吉，小人悖之凶。故曰："立天之道，曰阴与阳；立地之道，曰柔与刚；立人之道，曰仁与义。"又曰："原始反终，故知死生之说。"大哉易也，斯其至矣！①

《太极图》最上一圈为"无极而太极"，表明无形无象的太极是宇宙万物生成的本源和本体；第二圈"坎离相抱"，表明"太极"的动静产生了阳性和阴性的物质。阳性物质具有刚健、运动的属性，阴性物质具有柔顺、静止的属性。阴和阳是太极的两仪，它们两者统一于"太极"之中，既互相对立，又互相转化，从而生生不已；第三圈是"五行生成图"，指的是由于"太极"中阴阳两仪的变化和组合，形成了金、木、水、火、土五行，其中，水、金居右，属阴。火、木居左，属阳；第四圈"乾道成男，坤道成女"，指五行相生，人类出现。第五圈"万物化生"，指阴阳五行之气又生成万物。此圈居于人类之下，表明人为万物之首。人禀阴气而为形体，禀阳气而为精神。其所禀受的五行之气成为人的五常之性，即仁属木，义属金，火属礼，水属智，土属信。儒家的圣人于五常之性不偏、不执，取其中正而已，故无欲，无欲故静，从而能"与天地合其德，日月合其明，四时合其序，鬼神合其吉凶"，成贤成圣。（见下页图五）

不管周子《太极图》传自何方，抑或是其自创，从《图》及《说》中，我们可以看出，周子此说的立足点，是强调"圣人定之以中正仁义

---

① 《黄宗羲全集》第 3 册，浙江古籍出版社 1986 年版，第 603、604 页。

無極而太極

陽動　陰靜

火　水
土
木　金

乾道成男　坤道成女

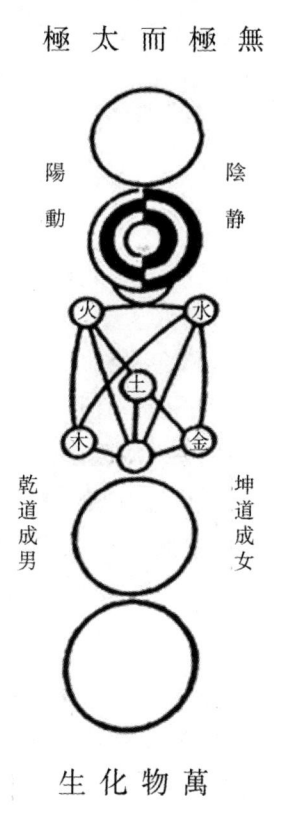

萬物化生

图五　周敦颐《太极图》

而主静",即赋予"静"以"中正仁义"的内容,而其立论的方法,则是以《周易》天、地、人"三才"一理,由"天地自然之理"推及于"人之理",又"原始返终",将"人之理"上升至于"天地自然之理"。由此可以看出,周子学说本身的内容是历史上儒家一贯强调的"中正仁义",而其理论论证、阐述的方法上,则显得新颖而别致,即以"天地自然之理"与"人之理"相发明,将形而下的人伦日用上升为形而上之天道,又将形而上之自然天道赋予了人伦日用的内容。其"主静"一说,更是启发了宋儒对"心性修养"问题的讨论与重视。黄百家就曾在"案语"中说:"孔孟而后,汉儒止有传经之学,性道微言之绝久矣。元公崛起,二程嗣之,又复横渠诸大儒辈出,圣学大昌。故安定、徂徕卓乎有儒教者之规范,然仅可谓开之必先,若论阐发心性义理之精微,端数元公之破暗也。"① 认为汉儒只有"传经"之学，论"性道"之微言，孔孟而后，实由周子破其暗，安定胡瑗及徂徕石介和周子相比，只是在儒教之规范方面有所建树，尚不及儒学之"性道"。这个评价对于周子之学而言，是贴切的。

但是，由于对周子《太极图》及《说》的理解和解读不同，南宋之后，一直延续到今天，围绕着周子的《图》与《说》，学术界展开了激烈的讨论。其中的一个重要问题，就是对《朱震传》中所提及的周子的学术源自道教陈抟这个敏感问题的辨析。南宋时，思想界的两个泰斗人物朱熹和陆九渊就为此展开过论争。陆象山在《与朱子书》中说："梭山兄谓：《太极图说》与《通书》不类，疑非周子所为；不然，或是其学未成时所作；不然，则或是传他人之文，后人不辨也。"② 认为《太极图说》与《通书》在风格上不相类似，因此怀疑《图》与《说》为周子所为；或者是周子学术思想不成熟之时所作；不然，就是传的他人之文，而后人没能辨明此事。之所以这么说，是因为陆九渊认为"太极"之上言"无极"，不是儒学，而是老氏之学。他说："《易》之《大传》曰'形而上者谓之道'，又曰'一阴一阳之谓道'，一阴一阳已是形而上者，况太极乎？……岂宜以'无极'字加于太极之上？朱子发谓濂溪得《太极图》于穆伯长，伯长之传出于陈希夷，其必有考。希夷之学，老氏之学也。'无极'二字出于《老子》《知其雄》章，吾圣人之书所无有也。《老子》首章言'无名，天地之始；有名，万物之母'，而卒同之，此老氏宗旨也。'无极而太极'即是此旨。"③ 而朱熹则极其推崇周子之作《太极图说》，并特为之注解，认为周子《图》与《说》得千圣不传之秘，孔子后一人而已。对于陆九渊在"无极而太极"问题上的发难，朱熹也阐述了自己对这个问题的理解。他认为："不言无极，则太极同于一物，而不足为万化之根本；不言太极，则无极沦于空寂，而不能为万化根本。"④ 无极是对形而上理体的描述，表明其不同于形而下的器物，但无极又不等同于空寂，因为空寂则不能化万物，如果这样，则形而上之理体就不能成为

---

① 黄宗羲：《黄宗羲全集》第3册，浙江古籍出版社1986年版，第586页。
② 同上书，第607页。
③ 同上书，第608页。
④ 同上书，第607页。

万化之根本。朱子说:"周子所以谓之无极,正以其无方所、无形状,以为在无物之前而未尝不立于有物之后,以为在阴阳之外而未尝不行乎阴阳之中,以为通贯全体,无乎不在,则又初无声臭影响之可言也。今乃深诋无极之不然,则是直以太极为有形状、有方所矣,直以阴阳为形而上者,则又昧于道器之分矣。"① 认为象山以"一阴一阳"为形而上者,是昧于道器之分。朱子所理解的"太极",是即物之理。他说:"且夫《大传》之太极者何也?即两仪、四象、八卦之理,具于三者之先,而蕴于三者之内者也。"② 由此看来,南宋两位思想界泰斗人物对"无极"、"太极"问题的争论,实则是他们不同的治学方式的争论。朱子理学在体用关系上,先立"体"以明"用",再即"用"以求"体",人伦日用的根基是天道自然之理体,自然之理体又可以生发出形而下的人伦日用之理。朱子构造的这种新儒学理论,在体用之间设定了一种张力,这种张力的设定是非常有必要的,借用卢国龙先生的一句话来说,就是,"一方面,天道的内涵因应人事经验的积淀和智性的成长而丰富、发展;另一方面,人事又因应天道内涵的发展而超越于经验的层面之上,得以调整乃至重塑"。③ 而象山心学,即体即用,认为体即是用,用即是体,人伦日用即道,不用离人伦日用之外别求所谓"道"的存在。这便直接地为儒学所谓的人伦日用确立了形而上的基础。两者之间在治学方法上的差异和不同,致使在对待周子《图》与《说》的问题上,不能彼此理解对方的观点。黄宗羲在"案语"中对此评价说:

> 朱陆往复几近万言,亦可谓无余蕴矣,然所争只在字义先后之间,究竟无以大相异也。惟是朱子谓"无极即是无形,太极即是有理,在无物之前而未尝不立于有物之后,在阴阳之外而未尝不行于阴阳之中",此朱子自以"理先气后"之说解周子,亦未得周子之意也。罗整庵《困知记》谓:"无极之真,二五之精,妙合而凝"三语不能无疑,凡物必两而后可以言合,太极与阴阳果二物乎?其为物也

---

① 黄宗羲:《黄宗羲全集》第3册,浙江古籍出版社1986年版,第610页。
② 同上书,第609页。
③ 卢国龙:《道教易学论略》,陈鼓应主编《道家文化研究》第11辑,生活·读书·新知三联书店1997年版,第2页。

果二，则方其未合之先各安在邪？朱子终身认理气为二物，其原盖出于此。不知此三语正明理气不可相离，故加"妙合"以形容之，犹《中庸》言"体物而不可遗"也，非"二五之精"则亦无所谓"无极之真"矣。朱子言无形而有理即是，是寻"无极之真"于"二五之精"之外，虽曰无形而实为有物，亦岂无极之意乎？故以为歧理气出自周子者非也。①

黄宗羲认为朱子理学对于"理"的理解持"理先气后"之说，终身认理气为二物。如果说理气是二物，当它们未相合时，各自又在什么地方呢？这对于道家、道教来说，当然不是一个什么问题，因为道家、道教本来就认为"有生于无"，但对于儒家学说而言，这确是一个理论的难题。同时，朱子言"无形而有理"，寻"无极之真"于"二五之精"之外，则"无极之真"虽曰"无形"，却成有别于"二五之精"外之一物，如此，则和朱子本人对"无极"的理解又发生了矛盾。而象山是心学派的大师，认为"宇宙即是吾心，吾心即是宇宙"，理气不分先后，理气为一物，故认为以"无极"加于"太极"之上，是"叠床上之床"、架"屋下之屋"。黄宗羲师刘宗周。刘宗周认为：

  一阴一阳之谓道，即太极也。天地之间，一气而已，非有理而后有气，乃气立而理因之寓也。就形下之中而指其形上者，不得不推高一层，以立至尊之位。故谓之太极而实无太极之可言，所谓"无极而太极"也。使实有是太极之理，为此气从出之母，则亦一物而已，又何以生生不息，妙万物而无穷乎？今曰"理本无形，故谓之无极"，无乃转落注脚！太极之妙，生生不息而已矣。生阳生阴，而水火木金土，而生万物，皆一气自然之变化，而合之只是一个生意，此造化之蕴也。惟人得之以为人，则太极为灵秀之钟，而一阳一阴分见于形神之际，由是渚之为五性，而感应之途出，善恶之介分。人事之所以万有不齐也，惟圣人深悟无极之理，而得共所为静者主之，乃在中正仁义之间，循理为静是也。天地此太极，圣人此太极，彼此不相

---

① 黄宗羲：《黄宗羲全集》第3册，浙江古籍出版社1986年版，第616，617页。

假而若合符节，故曰"合德"。若必捐天地之所有，而畀之于物，又独钟畀之于人，则天地岂若是之劳也哉！自无极说到万物上，天地之始终也；自万物反到无极上，圣人之终而始也。始终之说，即生死之说，而开辟混沌、七尺之去留不与焉。知乎此者，可与语道矣。主静要矣，致知亟焉。①

刘宗周反对理气先后论，认为天地之间只一气流行，气立而理因之寓，造化之蕴在于一"生"字，太极之妙在于其生生之不息。所谓"静"，不是"不动"，循理而动即为静。从学术源流来看，宗周乃阳明后学，整庵与阳明为学术同调，而阳明又是象山心学思想的继承和发扬者。黄宗羲赞同其师刘宗周之说，而与象山的学术立场相近，认为朱子对周子《图》、《说》的理解，未得周子之意，故对朱陆之争有如此之案语。

朱、陆两位大儒，虽然治学方式有所不同，但其理论的归宿，均是为了构造不同于汉唐的新儒学理论，各自对儒学的发展作出了自己的贡献。但朱陆之后，两种观点的争论不仅没有停止，反而愈演愈烈，而且争论的焦点越来越集中到《太极图》的理论来源问题上。因为周敦颐虽然是一个儒者，但却喜欢"从隐者浮老游"。据史料记载，周敦颐与禅师往来密切，曾师事鹤林寺僧寿涯，得"有物先天地，无形本寂寥，能为万象主，不逐四时凋"之偈。周敦颐也喜爱静坐，写过"书堂兀坐万机休，日暖风和草自幽。谁道两千年事远，而今只在眼前来"等谈静坐体会的诗句。他对陈抟及其炼丹术也是十分地推崇，自言"始观丹诀信希夷，盖得阴阳造化几。子自母生能致主，精神合后更知微"。② 因此，一种观点力图要证明周子《太极图》源自道教，其说不是周孔圣人的正统之说，以贬低周子之学的意义，这在清代又转化成为所谓"反理学思潮"反对宋明理学的锐利武器。另一种观点，则是力证周子之《图》与《说》为周子自创，与道家、道教没有关系，以维护宋代以来周、程、张载、朱熹这么一个理学道统的尊严。清代的汉学家毛奇龄、胡渭、黄宗炎、朱彝尊等认

---

① 黄宗羲著：《黄宗羲全集》第3册，浙江古籍出版社1986年版，第604、605页。
② 以上史料见《宋元学案·濂溪学案》、《周子全书》等，转引自朱伯崑《易学哲学史》中册，第95、96页。

为，周敦颐的《太极图》是源出于道教。毛奇龄谓五代彭晓《周易参同契分章通真义》中列有《水火匡郭图》和《三五至精图》（见图六），与周子《太极图》的"阳动阴静"、"五行顺布"两图同。① 而丹家只以此两图讲修炼之事，不是用来讲《易》之"两仪"、"四象"之意。胡渭认为，周子《太极图》同于唐代道经《真元妙经品》。其云："唐《真元妙经品》有《太极先天图》，合三轮五行为一而以三轮中一〇，五行下一〇为太极，又加以阴静阳动男女万物之象，凡四大〇阴静在三轮之上，阳动在三轮之下（三轮左离，右坎者，水火既济之象，二〇上阴下阳者，天地交泰之象，《鼎器歌》云：阴在上，阳下奔，即此义也）。男女万物皆在五行之下，与宋绍兴甲寅朱震在经筵所进《周子太极图》正同。"② 胡渭虽然没有明确认为《太极图》是传自道教，但他认为，《太极先天图》"三轮肖坎离，五行即天地之生数，然伯阳专心修持，特借此以明作丹之意，初非为易而设，盖三轮不可以为两仪，五行不可以为四象，其所谓易，专指坎离水火，非圣人生生之易也。"③

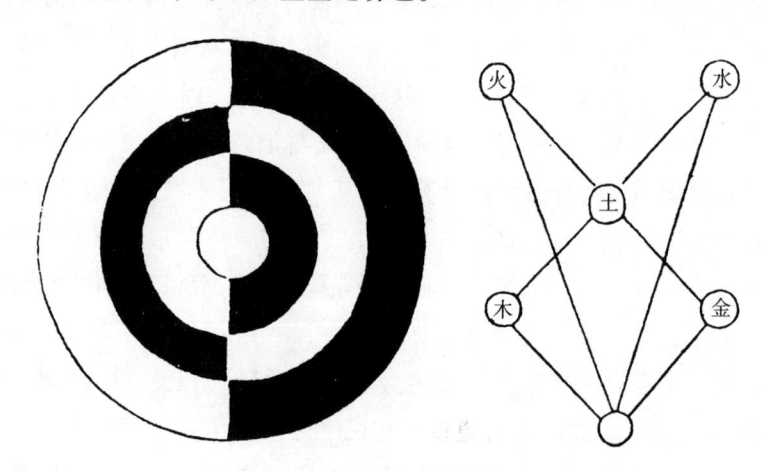

图六　《水火匡郭图》和《三五至精图》

---

① 胡渭：《易图明辨》，引毛奇龄《太极图说遗议》，郑万耕主编《易学精华》，北京出版社1995年版，第1708、1709页。

② 胡渭：《易图明辨》，郑万耕主编《易学精华》，北京出版社1995年版，第1709、1710页。

③ 同上书，第1709页。

而清初的另一学者黄宗炎则认为:"周子《太极图》创自河上公,乃方士修炼之术也,实与老、庄之'长生久视'又属旁门。"① 认为周敦颐的《太极图》是从汉代河上公那里传来的,河上公的本图称为《无极图》(见下页图七),东汉魏伯阳得之以著《参同契》,唐五代时,钟离权得之以授吕洞宾,吕洞宾后来与陈抟同隐居在华山,就将《无极图》传授给陈抟,陈抟将《无极图》刻在华山石壁,并传给了他的弟子种放,种放传穆修,穆修最后传给周敦颐。《无极图》本来是自下而上,以明逆则成丹之法。周敦颐得此图后,颠倒其顺序,将其用于解说《易》理,改其名为《太极图》。黄宗炎认为,《太极图》源自于《无极图》。《无极图》是道教的修炼之图,其图最下一圈称为"玄牝之门","玄牝"出于《老子》"谷神不死,是谓玄牝"一句。黄宗炎认为这指的是人身体中命门两肾之间的空隙之处,此处是道教修炼时所谓"祖气"的发生之处。修丹之士首要的一步,也是关键的一步,就是要找准这玄牝之门。在找准此窍后,第二步是将祖气从此窍中提起,在身体内进行煅炼。这就过渡到此图的第二圈,即"炼精化气"、"炼气化神"阶段。在这一步,通过修炼,将有形之精炼化为微芒之气,将依希呼吸之气炼化为出入有无之神。第三步为"五气朝元"。精、气、神贯彻在五脏六腑之中,阴阳交媾而成孕。第四步,取坎填离。通过取坎水中一阳,填离火中一阴的功夫,结就圣胎。将结就的圣胎,复还于无极,这就过渡到第五步"炼神还虚,复归无极"。至第五步,则修炼的功用就达到了极致。② 黄宗炎认为,周子的《太极图》出于道家的陈抟,这些图与《易》道既无关系,在理论上也不相合。朱彝尊则作《太极图授受考》,认为唐代就有《太极图》,目的也在于论证《太极图》出于道教,与儒学的传统无关。

在《太极图》源流问题论争的过程中,很多的学者也认为《太极图》是出自周子的自创。南宋张栻就认为《太极图》"乃濂溪自得之妙"。③ 宋明时期,因朱子学术地位的不断提升,这个观点基本成为《太极图》源流问题上的一个定论。到了清代,情况又出现了反复,即我们上面所提

---

① 黄宗羲:《黄宗羲全集》第3册,浙江古籍出版社1986年版,第623页。
② 黄百家于《宋元学案》之《濂溪学案》下,引有黄宗炎的这个观点,见《黄宗羲全集》第3册,浙江古籍出版社1986年版,第623、628页。
③ 《太极图解序》,《周子全书》卷1。

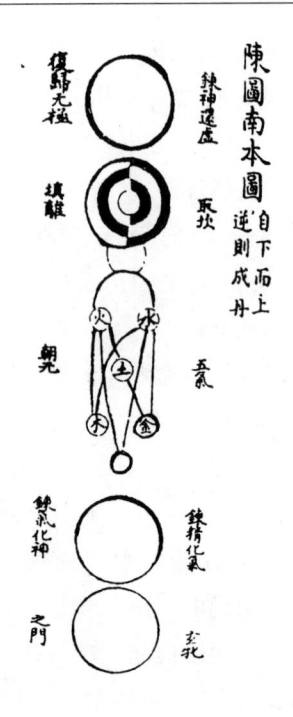

图七　无极图

及毛奇龄、黄宗炎、朱彝尊等人对《太极图》源流问题的考证。现代学者中，冯友兰先生、朱伯崑先生等，也认为《太极图》与道教有一定的源流关系；而钱穆先生、邓广铭先生等则持相反的观点。[1] 李申先生关于易图问题，著有专著《话说太极图》（知识出版社1992年）、《易图考》（北京大学出版社2001年），李先生在王卡先生考证的基础上，自己再考，最后得出结论：《上方大洞真元妙经品》和《上方大洞真元妙经图》都不是唐代的作品，《唐明皇御制序》乃伪托；陈抟并没有刻《无极图》于华山石壁；《太极图》为周子自作，道教借用了周子的《太极图》。对于李申先生的考证，林忠军先生在《象数易学发展史》第二卷（齐鲁书社1998年版）中认为，《唐明皇御制序》不是伪托，因《道藏》编成于明代，序中"欲世民……"不避讳乃后人所为。束景南先生从周敦颐两

---

[1] 钱穆先生有《论太极图与先天图之传授》，载《学思》第1卷7期，1942年4月；邓广铭先生著《关于周敦颐的师承和传授》，载《邓广铭学术论著自选集》，首都师范大学出版社1994年版。

位夫人入手，考证了周与道教徒之间存在的密切关系；同时，认为李申先生的考证，忽视了唐五代大量亡佚的易书与道书，而只凭现在所能看到的有限材料来做出结论，这在考证方法上已经失误。张其成先生著《易图探秘》（中国书店 1999 年版），认为"以图解易，以图论丹，是从《参同契》以来道教丹鼎派的传统，到唐五代时尤甚，如五代彭晓作《周易参同契分章通真义》，就有'三五至精图'、'水火匡郭图'、'明镜图'等（毛奇龄称见过这些图的版本），虽然《正统道藏》本前两图未收录（只有'明镜图'），但不能以此否认散佚的其它版本中可能收录。这些图北宋时保留了一些，周敦颐很可能见过。"①

对于张其成先生所提到的彭晓《周易参同契分章通真义》有多种版本的存在，笔者在阅宋末元初俞琰《周易参同契释疑》时发现，《正统道藏》中所保留的彭晓《周易参同契分章通真义》不同于俞琰所看到的"旧本彭真一注"，也就是说，宋元以来，彭晓的《周易参同契分章通真义》就有多种不同的版本存在。俞琰认为，《周易参同契》"遂相衔咽，咀嚼相吞"一句，"旧本彭真一注及绍兴刘永年本皆在慈母育养，孝子报恩之下，朱子谓今按二句自属下文俱相贪并之下，四句相承，语意连属，不当在此。愚按此章以母子之情为喻，盖所谓遂相衔咽，如慈乌反哺之意，正当在此，今依旧本移正之。"② 俞琰所看到的彭晓本及绍兴刘永年本"遂相衔咽，咀嚼相吞"一句均在"慈母育养，孝子报恩"之下，而朱熹认为此二句应属下文"俱相贪并"之下。今《正统道藏》本彭晓《周易参同契分章通真义》此两句顺序同朱熹《考异》本，因此，《正统道藏》本《通真义》不同于俞琰所看到的"旧本彭真一注"。同时，我们看到，按《正统道藏》阴长生《周易参同契》注，此二句的顺序（阴长生注《周易参同契》，《道藏》第 20 册，第 87 页）亦如俞琰所论及的"旧本彭真一注"之顺序。因此，"旧本彭真一注"之句子排列，可能更接近古《周易参同契》之原貌。如果确如俞琰所说，"遂相衔咽，咀嚼相吞"两句在经文中的顺序的变动，是自朱熹始的话。那么，《正统道藏》中所保存之彭晓《周易参同契分章通真义》，当受过朱熹的影响。因此，

---

① 张其成：《易图探秘》，中国书店 1999 年版，第 184 页。
② 俞琰：《周易参同契释疑》，《道藏》20 册，第 268 页。

在《正统道藏》彭晓注《周易参同契分章通真义》本之外，历史上确有其它的同名注本存在。这些注本中保留有《水火匡郭图》、《三五至精图》也是有可能的，毛奇龄称看到过这样的注本，应该是可信的。而对于贯穿于周子《太极图》、《太极图说》中"太极"、"阴阳"、"五行"、"万物化生"，"天地人三才"一理的思想，在唐五代的道书中，亦可以看到其理论的蓝本。如我们在前面所提及的署名清虚洞天华阳真人施肩吾希圣撰、三仙门弟子天下都闲客李竦全美编之《西山群仙会真记》，其卷一有《识法》一篇，其中引道书《太上隐书》曰："大道分而为二气，二气裂而为五行，大而为天地，明而为日月，灵而为人，莫不禀二气而生五行，运五行而贯三才也。"① 从《西山群仙会真记》所引《太上隐书》的内容，是不是可以看到一些与周子《图》与《说》某些理论观点相似的影子呢？

另卢国龙先生著有《从〈太极图〉源流看儒道融通》一文，提出"周子《太极图》的思想理论有所渊源于唐五代道教，是不可否认的事实"。② 之所以这么说，是因为周子《太极图》中至少有两个方面的内容是不符合儒家易学之旧传统，而这两个方面的内容却都与唐五代道教的丹道理论有关。首先，《太极图》第二圈由坎离二卦代表由太极而化生的阴阳或两仪，要表示这层意思，为什么不用乾坤，却用坎离呢？卢先生认为这是受了唐五代《参同契》流系的丹道用坎离表示生成本元的影响。汉易象数学，尤其是《易纬》，强调了坎离二卦的重要性，但即便如此，在儒家《易》学史上，乾坤始终还是被尊为天地父母卦，是一切生成的根源。就是《参同契》本文，也还沿袭《系辞传》的说法，谓之"乾坤者，易之门户，众卦之父母"。周敦颐一反传统地撇开乾坤不用，直接以坎离表示阴阳两仪？这种表示法，甚至与周敦颐自己的思想不符，如其《通书》说："诚者圣人之本。大哉乾元，万物资始，诚之源也。"显而易见，在《通书》中，周敦颐还认为万物资始于乾元，而非资始于坎离。《太极图》取坎离表示生成本元，在儒学易的传统中无来源根据。卢先生接着

---

① 施肩吾著、李竦全美编：《西山群仙会真记》卷1，《道藏》第4册，第422页。
② 卢国龙：《从〈太极图〉源流看儒道融通》，李养正编《道教综论》，香港道教学院2001年版，第372页。

指出,"精气本元即坎离,在唐五代(道教丹道理论中)是通行的说法,不烦例列。明乎此,则知周子《太极图》用坎离二卦表示作为生成本元的阴阳两仪,虽不合汉《易》之旧说,但实有其历史来由,并非出于一时的创意杜撰。"[①] 所以,卢先生认为,如果脱离了从汉《易》到宋《易》的历史流变,脱离了唐五代《参同契》流系的丹道用坎离表示生成本元的历史发展,这件事情就解释不通。

其次,关于五行,卢先生认为,周子《太极图》及《太极图说》也有问题。《太极图说》云:"阳变阴合,而生水、火、木、金、土,五气顺布,四时行焉。"五气即五行。这个五行顺序,在图中从右上角起,成逆时针方向,但顺序乃相克,非相生,以其顺序配四季,则为冬夏春秋,次序颠倒错乱,又何以称作"顺布"? 其图水火在上的五行方位,也与四季四方的传统说法不符。如果生成自上下,火又如何能生木,水又怎样生出金来? 诸如此类的问题,如果脱离了从汉《易》到宋《易》的历史流变,脱离了唐五代丹道的"五行返生"理论及"五行颠倒"之说,同样也将不可理解。而《太极图》中的五行图式,却能够在唐五代的丹道理论中得到解释,即所谓"五行返生"、"五行颠倒"的道教丹道理论。卢先生认为,"五行返生之说,是由丹道理论中的一对矛盾引出的。按照彭晓对《参同契》丹道理论的概括,是所谓'修丹与天地造化同途'。这个概括是准确的,表述了天地造化的途径,可以用卦气说,十二消息卦等,也可以按照纳甲法用五行相生的理论。但是,用这些理论所表达出来的,都是自然生成的途径,它在时间上是一维的,时间无可逆性,不可以倒回去,又将如何解释所谓'还丹'呢?《参同契》说:'金来归性初,乃得称还丹。'各种丹书又都有九转七返之说,以为铅汞等药物经过九次或七次炼化,可以复返到饱含元精元气的状态,服食之,使元精、元气在人体内雾散若风雨,人体充盈着元精元气,于是可以长生不老。显然,自然生成与所谓'还丹'是矛盾的,要论证修丹既功同造化又复归本元,就必须对这对矛盾作出理论的说明。"[②] 于是道教就有了"五行返生"、"五行颠倒"的丹道理论。

---

① 卢国龙:《从〈太极图〉源流看儒道融通》,李养正编《道教综论》,香港道教学院2001年版,第369页。

② 同上书,第369、370页。

卢先生提出的这两个问题，也曾是朱熹深感头痛的问题。朱熹曾对周子《太极图》作过订正。他在给胡广仲的信中说："太极图旧本，极荷垂示，然其意义终未能晓。如阴静在上，而阳动在下，黑中有白，而白中无黑。及五行相生，先后次序，皆所未明。"又说："周子立象于前，为说于后，互相发明，平正洞达，绝无毫发可疑。而旧传图说，皆有谬误，幸其失于此者，犹或有存于彼。是以向来得以参互考证，改而正之，凡所更改，皆有依据，非出于己意之私也。若如所论，必以旧图为据，而曲为之说，意则巧矣。然既以第一圈为阴静，第二圈为阳动，则夫所谓太极者果安在耶。"[1]其所订正的内容主要有三个方面：首先，将图中阴静阳动的位置进行了改动。从朱熹给胡广仲的信中叙述可知，周氏《太极图》的旧图中，阴静在上，阳动在下，朱熹将之变为了阴静和阳动分列于坎离相抱图的左右，其中，阳动在左，阴静在右。另朱熹又将"无极而太极"一句加于图最上的白圈之上。其次，对于周氏《太极图》旧图中"黑中有白，而白中无黑"的部分，将之改为更为明显的"水火匡郭图"（朱熹认为旧图中黑中有白而白中无黑，因此，明确地将之改为了坎离相抱图。从《周易图》中的《周氏太极图》和《大易象数钩深图》中的《易有太极图》这两幅所谓的"旧图"来看，实际上仍然体现的是黑中有白，白中也有黑，只不过黑中之白明显一些，而白中之黑不太明显而已）。最后，朱熹对五行相生的次序进行了调整，将周氏《太极图》旧图中木、土、水三者之间的斜线横贯改为木与水之间以一曲线连接，并绕过中央之土。朱伯崑先生认为：以上订正"表示朱熹力图扬弃道教图式的影响"。"其目的在于树立道学的威信，以对抗佛道两教的教义"。[2]

我们如何来看待周子《太极图》中五行之间的关系呢？对于五行的关系，一般只讲五行相生或者五行相胜。而在道教的教义思想中，还有五行之间的返生关系的存在。如金能生水，木能生火，是通常的关于五行相生的观念，而道教讲水能反生金，火能反生木，则是与道教修炼相关的对五行关系的一个特殊的运用。从唐宋以来的一些关于丹道修炼的著作中，

---

[1] 朱熹：《朱文公文集》卷42。转引自朱伯崑《易学哲学史》中册，北京大学出版社1988年版，第91页。

[2] 朱伯崑：《易学哲学史》中册，北京大学出版社1988年版，第104、105页。

第五章 陈抟与宋元道教图书易学的兴起

这种思想是很普遍的。例如唐玄宗朝绵州昌明县令刘知古著《日月玄枢论》，其解《周易参同契》"九还七返，八归六居"时说："夫金生数四，成数九，木生数三，成数八，火生数二，成数七，此三者皆本生之气相合，故名返还。六居者，水生数一，成数六，金本生水，水不得与金合居，然自谓之六居。天地左转，日月右行，俯而视之，则金能生水，木能生火；仰而观之，水返生金，火返生木，子当右转，午乃东旋，卯酉界隔，主定二名，此之谓也。"[①] 中唐时流行的《太白真人歌》也提出："五行颠倒术，龙从火里出；五行不顺行，虎向水中生。"都已提出"五行返生"、"五行颠倒"的道教丹道理论。我们知道，外丹以铅汞为药物。比如铅，虽然为药物，但其本身并不能直接服食，而必须将铅进行炼制，铅炼之则成为液态，即像"水"的模样，以五行顺行的理论来看，则此为金生水，但这只是烧炼外丹的第一步。接着，外丹还要求取铅炼化后的结晶体，即铅由液态再升华后所形成的固态的铅化物，这个结晶体因为经过烧炼，在炼丹家看来，已经去除了杂质，这就为服食打下了基础。如果同样套用五行这个话语的系统，便可以用求取"水中金"来对此进行说明。这可能是道教丹道理论持"五行返生说"的一个例证吧。又如，炼丹都是在炉灶中进行的，一般炉灶都由土来筑成。因此在炼丹中，特别强调五行之中的"土"的作用，认为要求取水中之金（铅之精华），火中之木（流汞的精华），离不开"土"的作用，以"土"为媒，将"水中金"，"火中木"，即所谓的木液、金公合作一处，成水火既济，结成丹头，以修还丹。因此，周子的《太极图》中以"土"为中心的五行之间的"颠倒"、"返生"关系，应该和唐五代道教的炼丹理论有渊源关系。朱子将周子《太极图》旧图中木、土、水三者之间的斜线横贯改为木与水之间以一曲线连接，并绕过中央之土，目的是想理顺《图》中五行之间的关系，这个变动部分改变了《图》所具有的道教炼养的原意，也使图的来源问题变得更加模糊。

卢先生认为，唐五代道教的"坎离为生成本元"及"五行返生"之说，可以从历史来源的角度，对《太极图》所遇到的两个挑剔问题

[①] 刘知古：《日月元枢论》，《全唐文》卷334，上海古籍出版社1990年版第2册，第1497页。

作出解释，因此，周子《太极图》的思想理论有所渊源于唐五代道教，是不可否认的事实。卢国龙先生的详细论证见于其所著《从〈太极图〉源流看儒道融通》一文，此文收在李养正编《道教综论》（香港道教学院2001年版）中，就目前所能看到的资料而言，卢先生的考证是有说服力的。尽管卢先生认为，周子《太极图》传自陈抟既不能证实，也不能证伪。但综合以上所列各种材料，我们还是不能轻易地否认《宋史·朱震传》中关于陈抟、穆修、周敦颐之间传承《太极图》的说法。

对这个问题考察初步告一段落后，我们再来思考一下陈抟所授"太极图"的意义。首先，陈抟在这个问题上的看法直接启发了周子在儒学理论上的创新。所谓"创新"，当指周子对传统儒学的改造而言。正如黄百家在《濂溪学案》的按语中所说："孔孟而后，汉儒只有传经之学，性道微言之绝久矣。元公崛起，二程嗣之，又复横渠诸大儒辈出，圣学大昌。"① 周子一改汉儒的"传经之学"，吸收道教的自然天道观，以天道性命问题为中心，创宋明之新儒学。周敦颐作为儒家学者，其讲天道自然的目的，是为提倡正心诚意的性命之学寻找形而上的依据，旨在更好地教人如何成为儒家的圣人。《太极图》提出宇宙的生发有一个模式，即由无极——太极——两仪（分阴分阳的结果）——五气顺布、四时行焉（阳变阴合的结果）——乾道成男，坤道成女——化生万物，万物生生无穷（阴阳二气交感的结果）。应该说，这个宇宙生发模式儒、道两家都能接受，正因为都能接受，说明在理论的源头上有着一致性。但儒、道两家对此模式的理解又有所不同。儒家主要通过将儒家的伦理道德赋予天道的意义，使天道具有了人文的色彩。正如《太极图说》后半部分的一段话所说："唯人也得其秀而为灵。形既生矣，神发知矣，五性感动而善恶分，万事出矣。圣人定之以中正仁义而主静（自注云：无欲故静），立人极焉。故圣人与天地合其德，与日月合其明，与四时合其序，与鬼神合其吉凶。君子修之吉，小人悖之凶。故曰立天之道曰阴与阳，立地之道曰柔与刚，立人之道曰仁与义。又曰原始反终，故知生死之说。大哉易也，斯其

---

① 《濂溪学案》卷上，《黄宗羲全集》卷3，浙江古籍出版社1986年版，第586页。

至矣。"① 而道教则主要是通过对天道自然的描述，强调人要循此天道而行，要以人合天。《道藏》中所收《周易图》、《大易象数钩深图》均有周子"太极图"及"说"，但在文字说明中，均删掉了周子从儒家立场出发的关于提倡正心诚意的性命之学的部分，只保留有："无极而太极。太极动而生阳，动极而静，静极复动，一动一静，互为其根，分阴分阳，两仪立焉。阳变阴合，而生水、火、木、金、土，五气顺布，四时行焉。五行，一阴阳也；阴阳，一太极也；太极，本无极也。五行之生也，各一其性。无极之真，二五之精，妙合而凝。乾道成男，坤道成女，二气交感，化成万物。万物生生，而变化无穷焉。"这也反映了道教在这个问题上的立场。儒、道两教中，儒家重视人文建设，天道的存在或者设定是出于人文建设的需要，所谓"神道设教"，即是如此；道教重视以个体的方式去体味天道，其立论的前提是天道的实际存在。儒、道两教任何一方走向极端化，都会产生严重的弊端。儒家过于强调人文建设的一面，失去天道对人文建设的规范，在理论上就容易成为一种无根的学说；在社会实践和政治生活中，就容易导致儒学的僵化和独裁；而在这种情况下的个体存在也只是一种符号的存在了，因为个体不仅在社会关系上，而且在精神上都被全面地纳入到一个社会的整体中去了。同样，道教重个体对天道的直接体悟，容易导致个人忽视对整个社会人文建设的关怀。要纠正各自的偏颇之处，儒、道两教就必须互补，而周子的《太极图》及《说》，也正是做了这个工作。陈抟所传"太极图"，在这方面对周子是有启发的，其意义是重大的。其次，陈抟的易图理论在易学史上也有重要的意义。它既继承了汉易中以"卦气说"等所表现出来的宇宙生成论和宇宙循环论的思想，也继承了魏晋玄学易的本体论思想，在道教和易学理论上尝试着将宇宙生成论与本体论进行结合。我们看到，《太极图》中，既有由道至阴阳、五行、万物的宇宙发生论；也有万物都具有道性，循一定的程序和规则，万物包括人都可以复归于道的思想。尽管对于此本体的"道"的理解，儒、道两教有所不同。这种理论思路的开拓，在道教的义理建设和易学史上，还是有着重要的意义的。

---

① 《濂溪学案》卷上，《黄宗羲全集》卷3，浙江古籍出版社1986年版，第603、604页。

三 陈抟与先天图、先天学

《宋史·朱震传》说:"陈抟以先天图传种放,放传穆修,穆修传李之才,之才传邵雍。"则陈抟还传有先天图。

所谓先天图,主要指的是乾坤坎离的图式。(见下页图八)邵雍的易学被称为先天易学,据一些史料称,就与陈抟所传之先天图有关。北宋程颢在《邵尧夫先生墓志铭》中论邵雍之学术承传曰:"独先生之学为有传也。先生得之于李挺之,挺之得之于穆伯长,推其源流,远有端绪。"[①]《宋史·邵雍传》谓:"北海李之才摄共城令,闻雍好学,尝造其庐,谓曰:'子亦闻物理、性命之学乎?'雍对曰:'幸受教。'乃事之才,受《河图》、《洛书》、宓羲八卦、六十四卦图象。"《宋元学案》之《百源学案》云:"图数之学,由陈图南抟、种明逸放、穆伯长修、李挺之之才递传于先生。伯长刚躁,多怒骂,挺之事之甚谨。先生居百源,挺之知先生事父孝谨,厉志精勤,一日叩门,劳苦之曰:'好学笃志何如?'先生曰:'简策之外,未有适也。'挺之曰:'君非迹简策者,其如物理之学何?'他日又曰:'不有性命之学乎?'先生再拜,愿受业。其事挺之也,亦如挺之之事伯长,虽野店,饭必襕,坐必拜。"[②]朱熹认为,先天图虽由陈抟传于邵雍,但究其源,可能与《周易参同契》有关。《朱子语类》曰:"先天图直是精微,不起于邵子,希夷以前元有,只是秘而不传,次第是方士辈所相传授,《参同契》所言亦有些意思。"[③]邵雍之子邵伯温著《易学辨惑》亦说邵雍之学问传自陈抟。

对于邵雍的《先天图》及先天学,程颐认为:"《先天图》甚有理,可试往听他说看,观其意甚不把当事,然自有《易》以来,只有康节说一个物事如此整齐。如扬子云《太玄》便零星补凑得可笑,若不补,又却欠四分之一,补得来又却多四分之三。如《潜虚》之数,用五只似如今算位一般,其直一画则五也,下横一画则为六,横二则为七,盖亦补凑

[①] 《二程全书·明道文集》,转引自朱伯崑《易学哲学史》中册,北京大学出版社1988年版,第118页。

[②] 《百源学案》下,《黄宗羲全集》卷三,浙江古籍出版社1986年版,第565、566页。

[③] 转引自胡渭《易图明辨》,郑万耕主编《易学精华》,北京出版社1995年版,第1765页。

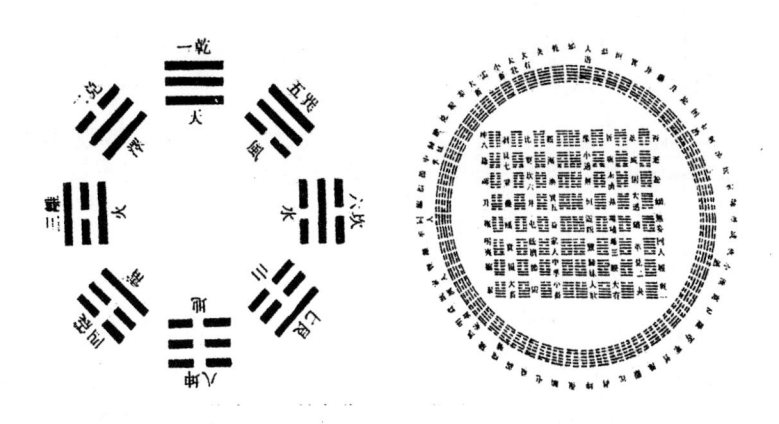

图八　《伏羲先天八卦方位图》、《伏羲先天六十四卦方位图》

之书。"① 朱熹认为："邵氏先天之说,则有推本伏牺画卦次第生生之妙,乃《易》之宗祖。""易之心髓,全在此处。"② 程颐对邵雍的先天学评价基本上是肯定的。而尽管认为先天学与陈抟、与道教的《周易参同契》有关,朱熹也对邵雍之学多有溢美之词。到了清代,对于邵雍先天学的评价出现了不同的声音。清儒黄宗羲、黄宗炎、毛奇龄、胡渭等人以邵雍先天学源自陈抟、源自道教,而否认其在易学史上的价值。胡渭认为,邵雍之先天学乃老氏之易,朱熹列邵雍先天图于《周易本义》卷首,是以老氏之易为圣人之易,必须屏绝先天诸图。其在《易图明辨》中说："朱子尝云:'康节之学似杨子云'。又云:'康节数学源流于陈希夷'。希夷老氏之徒也,不啻若子云之小疵。朱子斥《太玄》学本老氏而顾以出自希夷者为圣人之易,独何与？嗟乎？仲尼没而微言绝,七十子丧而大义乖。汉世崇尚黄老,至谓老子两篇过于五经。子云拟易所以堕其玄中也。魏晋诸人皆以老易混称,历唐宋而未艾。伊川始辟异端,专宗《十翼》,易道昌明如日月之中天矣。而希夷之徒以象数自鸣,复从此而乱之。盖自孔子赞易之后二千年间,其不以老氏之易为圣人之易者无几,迨自宋末元初,《启蒙》之说盛行,以至于今,则反谓文王、周公、孔子之易非伏羲之易,而老列希夷之易乃真伏羲之易矣。晦盲否塞五百余年,非屏绝先天诸

---

① 转引自胡渭《易图明辨》,郑万耕主编《易学精华》,北京出版社1995年版,第1757页。

② 《答袁机仲》,《朱文公文集》卷三十八。

图而专宗程氏易不可得而明也。"① 黄宗炎认为，邵雍以《先天图》中函性天窟宅，千古不发之精蕴，朱熹《周易本义》以先天图为羲皇心传，实则《先天图》不过是道教的养生之说，毫无义理可言。"图南本黄冠师，此图不过仙家养生之所寓，故牵节候以配合，毫无义理，再三传而尧夫受之，指为性天窟宅，千古不发之精蕴，尽在此图。《本义》崇而奉，证是羲皇心传，置夫大易之首，以言乎数则不逮京房、焦赣之可征，以言乎理则远逊辅嗣、正叔之可据，且曲为之说曰：此图失自秦火，流于方外，自相授受，不入人间。夫易为卜筮之书，不在禁例，宜并其图而不禁，岂有止许民间藏卦爻而独不许藏图之事。朱元晦与王子合书云：邵氏言伏羲卦位近于穿凿附会，且当阙之，乃《易学启蒙》、《本义》又如此，其敬信不可解也。"② 理论上的是非是可以论辩的，学者们有不同的学术立场，对某种理论的看法自然就会有所不同。清儒认为，邵雍先天易学受过陈抟的影响，陈抟的《先天图》不过是道教的养生之说，非圣人之易，从而贬低邵雍先天易学的理论价值。这是清儒在力图恢复汉学，全面对宋明理学进行反思的特定的时代背景下所得出的一个结论，当然，清儒的这种理论的努力又是和当时的社会政治环境有着密切关系的，于此我们不作详述。但清儒在进行理论批判时，仅以邵雍理论和陈抟及道教养生说有渊源，则全面否认其价值，这在治学态度和方法上，并不客观和公正。

由于有了清儒对邵雍先天易学的批判，且批判的焦点问题在于邵雍之学与陈抟《先天图》的渊源关系。因此，似乎只要证明邵雍之学与陈抟的《先天图》没有渊源关系，与道教的养生之说没有关系，则邵雍之学的理论价值就能随之显现出来。对于历史上关于邵雍的先天之学源自于陈抟，李申先生在其《易图考》论《先天图》之源流时认为："先天学得自陈抟说，实在也是一个非常大的疑案。我怀疑，其说乃邵伯温的编造。"③ 因为"邵伯温说邵雍学问来自陈抟，当不是为了说明邵雍学问来自道教。朱震说邵雍《先天图》传自陈抟，也不是说邵雍学问来自道教，朱熹说邵雍伏羲四图来自陈抟，更不是为了表白邵雍来自道教。假如他们公开张

---

① 胡渭：《易图明辨》，郑万耕主编《易学精华》，北京出版社1995年版，第1758页。
② 同上书，第1775页。
③ 李申：《易图考》，北京大学出版社2001年版，第209页。

扬此说，把邵雍学问的渊源归了道教，自己又如此推崇邵雍，将何以自处呢？那不是授人以柄，明白承认自己是异端了吗？"① 清儒以邵雍先天易学因受到来自陈抟、来自异端、来自道教的启发而对之进行猛烈的抨击。李先生于是在这个问题上力图证明邵雍的先天图不是源自陈抟，《先天图》对于邵雍，就是他的历史哲学的必要形式，和道教的养生之说是没有关系的。

李申先生认为《先天图》就是邵雍历史哲学的必要形式，确实是高明之见。因为邵雍将方士讲修炼之理的先天图，赋予了它新的内涵。正如张岷述邵雍之《行略》云："先生治《易》、《书》、《诗》、《春秋》之学，穷意言象数之蕴，明皇帝王霸之道，著书十余万言，研精极思三十年。观天地之消长，推日月之盈缩，考阴阳之度数，察刚柔之形体，故经之以元，纪之以会，始之以运，终之以世。又断自唐尧，迄于五代，本诸天道，质以人事，兴废治乱，靡所不载。其辞约，其义广，其书著，其旨隐。呜呼！美矣至矣，天下之能事毕矣。"② 道教养生持"修丹与天地造化同途"的理念，强调个体要和自然天道相应，才能调和阴阳，深达造化，从而与天地齐寿，在这个过程中，道教养生理论特别关注自然天道的运行及其规律。邵雍的先天易学，继承了道教养生说对于天道自然特别关注的态度，吸收了道教天道自然说理论的合理内核，将之与儒家重人事的特点相结合，构筑了一个全新的理论体系。其中所谓观天地之消长，推日月之盈缩，考阴阳之度数，察刚柔之形体，这是本诸天道；以此天道为基础，又参之以人事的兴废治乱，以明皇帝王霸之道。这种新型的天人之学，应该说是邵雍在理论上的自得。

但是理论上的自得、创新和理论上所受到的启发，是两个不同的问题。我们不能因为邵雍在创新其理论的过程中受到过某种思想的启发，从而否认其理论创新的价值。就如我们不能因马克思的思想受过德国古典哲学如黑格尔及费尔巴哈等人思想的影响，从而否认马克思的思想和学说的价值；同样，我们也不能因为其理论是一全新的理论就看不到其理论的来源，就好比我们不能因为马克思的思想和学说是一种全新的理论，就否认

---

① 李申：《易图考》，北京大学出版社2001年版，第209页。
② 《百源学案》下，《黄宗羲全集》卷3，浙江古籍出版社1986年版，第568页。

它曾经受过黑格尔及费尔巴哈等人思想的影响。因为毕竟思想的创新不可能是无源之水、无本之木，不管一种思想和学说多么新奇，都离不开在某种已有思想基础上的扬弃。说邵雍之学就是陈抟之学，或者说是异端、是道教之学，这肯定是有问题的，因为这种观点没有看到邵雍先天易学在理论上的创新，根本不理解邵雍之学；同样，认为邵雍的先天易学就是邵雍自己凭空臆想出来的，没有其思想的来源与理论上所受到的启发，也是不客观的。

对于邵雍先天易学受陈抟或者说受道教的影响，在胡渭《易图明辨》中，有几处说明。如胡渭《易图明辨》引邵子《观物外篇》说："震始交阴而阳生，巽始消阳而阴生，兑阳长也，艮阴长也，震、兑在天之阴也，巽、艮在地之阳也。故震、兑上阴而下阳，巽、艮上阳而下阴。天以始生言之，故阴上而阳下，交泰之义也，地以既成言之，故阳上阴下，尊卑之义也。乾坤定上下之位，离坎列左右之门。天地之所盍辟，日月之所出入，是以晦、朔、弦、望、昼、夜、长、短行度盈缩莫不由乎此矣。"①天地宇宙间的一切生成和变化，邵雍通过先天八卦图的形式，都能进行说明。如震卦代表与阴始交的初阳，巽卦代表与阳始交的初阴；兑卦则阳气开始壮大，艮卦表示阴气开始壮大；乾、兑、离、震代表天道左行，巽、坎、艮、坤代表地道右行，震、兑为在天之阴，故上阴而下阳，有交泰之义，从中折射出天道始生万物的特点；巽、艮为在地之阳，故上阳而下阴，有尊卑之义，折射出地道既成万物的特点；乾、坤为天地定上下之位，离、坎为日月列左右之门，从而形成天地之间阴阳的消长，春夏秋冬四时的更替，日月的晦、朔、弦、望、昼、夜、长、短行度盈缩的不同。于此，我们也能体会到，邵雍通过其先天易图，阐发出了一套完整的宇宙生发的模式。在邵雍看来，这个模式具有普遍的意义，是他在宇宙生成问题上所作出的独特思考，具有哲学的含义在其中。

邵雍的这个思想，受到《参同契》的启发。胡渭认为："按震始交阴而阳生，谓震与坤接而一阳生于下，三日夕月出庚纳震，一阳之气也，即《参同契》所谓三日出为爽，震庚受西方也；巽始消阳而阴生，谓巽与乾接而一阴生于下，十六日旦月退辛纳巽，一阴之气也，即《参同契》所

---

① 胡渭：《易图明辨》，郑万耕主编《易学精华》，北京出版社1995年版，第1765页。

第五章　陈抟与宋元道教图书易学的兴起　　197

谓十六转就绪，巽辛见平明也；自震一阳进，而纳兑之二阳，至乾之三阳而满，此望前三候，明生魄死之月象也；自巽一阴退而纳艮之二阴至坤三阴而灭，此望后三候魄生明死之月象也。"①《参同契》以月体纳甲明丹道修炼时的进火与退符，卦的符号表明修丹时阴阳消长的度，把握住这个度，就能修成还丹。通过比较，我们可以看出，邵雍将丹道讲火候进退的理论改造成为讲宇宙生发的普遍模式。我们通过邵雍的先天易学与道教丹道理论的对比，既可以看到邵雍的先天易学吸收道教《参同契》、陈抟《先天图》的有关内容，亦可以看到邵雍先天易学对《参同契》理论和陈抟《先天图》思想的发展。胡渭又引熊朋来《五经说》曰："《参同契》云：'易谓坎离'。又云：'日月为易'，'乾坤门户'，'坎离匡廓'，'牝牡四卦'。先天以乾坤坎离牝牡兑震巽艮四卦。又云：'坎离者乾坤二用'，老阳变阴用九，老阴变阳用六，其牝牡之体，九六之用，皆坎离也。故就《参同契》言之，则先后天图已在其中，乾坤炉鼎，坎离水火，故后天坎离居先天乾坤之位，以坎中阳实离中阴虚仍为乾坤，故丹经谓之还元。乾专于阳，坤专于阴，曰炉鼎者器之。惟夫离己日光，坎戊月精，互相根柢依在纳甲，则主中宫戊己之功，在先天则为日东月西之象，在后天则正火南水北之位。"② 认为先天图乾坤坎离的模式，是受《参同契》"乾坤门户"，"坎离匡廓"，"牝牡四卦"，"坎离者乾坤二用"之影响；《参同契》中，乾坤为炉鼎，坎离为水火，在先天的情况下，则乾坤为天地定上下之体，坎离为日月位东西之位；如果坎离居先天乾坤之位则成后天，离居南坎居北，正火南水北之位，要由后天返还先天，就必须以坎中阳实离中阴虚，如此坎离仍为乾坤，就能返还先天。道教丹经谓此为还元。因此，《参同契》实函先后天图在其中。

我们可以通过对邵雍先天易学中合于丹道修持的内容，对陈抟之《先天图》的内容进行推理。俞琰认为："先天图虽《易》道之余绪，亦君子养生之切务。"又曰："丹家之说，虽出于《易》，不过依仿而托之者，初非《易》之本义，因作《易外别传》以明之。"③ 就是说借助于

---

① 胡渭：《易图明辨》，郑万耕主编：《易学精华》，北京出版社1995年版，第1765页。
② 胡渭：《易图明辨》，郑万耕主编：《易学精华》，北京出版社1995年版，第1766页。
③ 转引自胡渭《易图明辨》，郑万耕主编《易学精华》，北京出版社1995年版，第1663页。

《易》理而言养生之理,是陈抟先天图的主要内容和特色,虽然与儒家圣人易不同,但可视之为"易外别传",我们可称之为道教易。其内容应该包括有:

(一)论先天八卦方位的顺逆。对于先天八卦,邵子用"加一倍法"成小横图,以为伏羲八卦之次序;又将此次序推之于方位,以自震至乾为顺,自巽至坤为逆,所谓"数往者顺也,知来者逆也",以喻天道之左旋右行。《易传》以"数往者顺也,知来者逆也"讲蓍卦,丹家之旨则在水火,由此,我们可以看出邵雍对《易传》和道教丹理的发挥。至于道教以先天八卦方位论还丹,胡渭《易图明辨》说:

先天八卦方位,丹家用之最切而有味。其所谓易者,坎离也,与儒学不同。故解此章之顺逆,亦自有其义。孔子之意在蓍卦,丹家之意在水火。人之一身,乾为首,坤为腹。自首以下有心,心属火而为气之总会,自腹以下有肾,肾属水而精之所藏。火炎上,水润下,自有生而已然,所谓数往者顺也。乃加以修炼之功,以乾坤为炉鼎,坎离为铅汞,务使火降而下,水升而上,所谓知来者逆也。《鼎器歌》云:阴在上,阳下奔。阴谓水,阳谓火。丹家以坎离为易,水下而反上,火上而反下,故曰易逆数也。《说卦》离南而坎北,丹家抽坎之中实以填离之中虚,故乾南而坤北。《参同契》云:子南午北,互为纪纲,一九之数,终而复始,亦此义也。人之生也,火在水上,未济之象也,神丹既成,则水在火上为既济。以魂守魄,使阴阳不相离,可以长生而久视。《仙诀》云:五行顺行,法界火坑,五行颠倒,大地七宝。是为顺则成人,逆则仙也。①

因为从人的一身来看,乾为首,坤为腹,自首以下有心,心为离属火,而为气之总汇;自腹以下有肾,肾为坎属水,而为精所藏之所;凡人自有生命以来,火炎上,水润下,这就是所谓"数往者,顺也"。及加以修炼,以乾、坤为炉鼎,坎、离为汞铅,使火降而下,水升而上,这就是"知来者,逆也"。水下而反上,火上而反下,水火即坎离,坎离即日月,

---

① 胡渭:《易图明辨》,郑万耕主编《易学精华》,北京出版社1995年版,第1768页。

日月为易，所以说："易，逆数也。"胡渭认为，此即为丹家论先天八卦的顺与逆。此论为是。

（二）论"天根"与"月窟"。邵雍先天六十四卦圆图有所谓"天根"与"月窟"说。其在《观物外篇》中解此图为"无极之前阴含阳也，有象之后阳分阴也。阴为阳之母，阳为阴之父。故母孕长男而为复，父生长女而为姤。是以阳起于复，而阴起于姤也。"① 以坤复二卦之间为"无极"，喻阴尽阳生之际，从坤至姤为图的右半圈，乃"无极之前"，从复至乾为左半圈，为"有象之后"，复为一阳生，姤为一阴生，邵雍此图以六十四卦来喻阴阳互为消长的过程，并以之说明一年节气的变化。如"天根"为冬至将至而未至之时，"月窟"，指夏至将至而未至之时，"复"卦则为冬至子之半，如此等等。进一步，邵雍还以之说明万物的兴衰、社会的治乱和世界的终始变化，以探寻事物发展的规律。这便体现出邵雍此图的理论意义。

对于先天六十四卦圆图及所谓"天根"与"月窟"说，黄宗羲《易学象数论》认为，"康节因先天图而创为天根、月窟，即《参同契》乾坤门户、牝牡之论也。故以八卦言者，指坤震二卦之间为天根，以其为一阳所生之处也，指乾巽二卦之间为月窟，以其为一阴所生之处也。"② 认为"天根"与"月窟"说源出于《参同契》。胡渭认为，"天根、月窟即《参同》纳甲之说。天阳也，月阴也，以八卦言之，月三日生明于庚，纳震一阳之气，庚当乾终巽始，故曰乾遇巽时观月窟。震一阳始交于甲，纳乾初九之气，甲当坤终震始，故曰地逢雷处见天根也。以六十四卦言之，纯乾遇巽之一阴是为姤，于月为生魄，阳消阴息自此始，故谓之月窟，即乾尽午中而阴生之谓也。纯绅遇震之一阳是谓复，于月为合朔，阴消阳息自此始，故谓之天根，即坤尽子中而阳生之谓也（《参同契》云：晦至朔旦，震来受符。当斯之时，天地媾其精，日月相撢持，雄阳播玄施，雌阴化黄包，混沌相交接，权舆树根基。邵子所谓地逢雷处见天根者

---

① 《宋元学案》卷10之《百源学案》下，《黄宗羲全集》第3册，浙江古籍出版社1986年版，第472页。

② 转引自胡渭：《易图明辨》，郑万耕主编《易学精华》，北京出版社1995年版，第1776页。

是）。"① 胡渭也认为"天根"、"月窟"源出于《参同契》的纳甲之说。《参同契》的纳甲说以每月初三日，月生明于西南庚位，象震卦，喻一阳之气发生，庚位于西南之方，当先天卦乾终巽始之位，因此邵雍讲"乾遇巽时观月窟"。坤终震始为复，阴阳始交，坤纳乾初九之气，为震、为复，乃一阳生起之象，故谓地逢雷处见天根也。以六十四卦圆图言之，纯乾遇巽之一阴是为姤，于月为生魄，阳消阴息自此始，故谓之月窟，即所谓乾尽午中而阴生。纯绅遇震之一阳是谓复，于月为合朔，阴消阳息自此始，故谓之天根，乃坤尽子中而阳生。胡渭认为这和《参同契》所云："晦至朔旦，震来受符。当斯之时，天地媾其精，日月相撑持，雄阳播玄施，雌阴化黄包，混沌相交接，权舆树根基"在理论上是相通的。胡渭并以朱子义解邵雍"三十六宫"，以明先天六十四卦圆图之义。认为人身之"天根"在尾闾，"月窟"在泥丸，修炼的方法是，夜半子时，以心神注之于气海而生药；子之后，则自尾闾进火，达于泥丸；午中则自泥丸还元以至于尾闾，成一周天循环之状。从复、姤用功而诸卦皆到，上下往来，终而复始，和气满腔盎然流溢，这就是所谓"三十六宫都是春"。胡渭认为，陈抟有《诗》云："倏尔火轮煎地脉，愕然神瀵涌山椒。"讲的就是人身阴阳之气氤氲交结于丹田，久则升于泥丸，翁然如云，化为甘泽，又从泥丸降于丹田，与此同旨。故陈抟之《先天图》与《参同契》实则为邵雍先天易学的理论之源。②

另邵雍有卦气之说，以十二辟卦每卦管领一时，胡渭亦认为是魏伯阳《参同契》之法。因陈抟之《先天图》，邵雍将"六日七分"之法施于其图，不用传统的"卦起中孚"之说，更之为以复起冬至，姤起夏至，亦不用坎离震兑四正卦主二十四气，而改为乾坤坎离，胡渭认为，这是邵雍论先天六十四卦圆图之卦气的理论的渊源。③

据胡渭于《易图明辨》中的考证，则陈抟之先天图即"阴阳鱼太极图"（见下页图九）。胡渭说："或问：子以希夷先天图为康节之学所自出，其详可得而闻乎？曰：康节受易于李之才，之才以先天古易衍其旨，

---

① 胡渭：《易图明辨》，郑万耕主编《易学精华》，北京出版社1995年版，第1777页。
② 胡渭：《易图明辨》，郑万耕主编《易学精华》，北京出版社1995年版，第1787页。
③ 同上书，第1780页。

著书十余万言（谓《皇极经世》、《观物内外篇》、《渔樵问对》）以发希夷之蕴。史称探赜索隐，妙悟神契，洞澈蕴奥，汪洋浩博，多其所自得者，此实录也。今以八卦次序方位图考之，太极即希夷先天图之环中也，实际画为两仪，即圈之白黑各半，左右回互者，中画为四象即白中之黑，黑中之白，与半白半黑而为四也，终画为八卦，即一圈界分为八而八卦奇偶之画与白黑之质相应者也。从中折取则乾南坤北，离东坎西、震东北、兑东南、巽西南、艮西北，八卦有方位而九宫具焉也。圆者引之使长，合者离之使分，而图遂化为画矣。"①

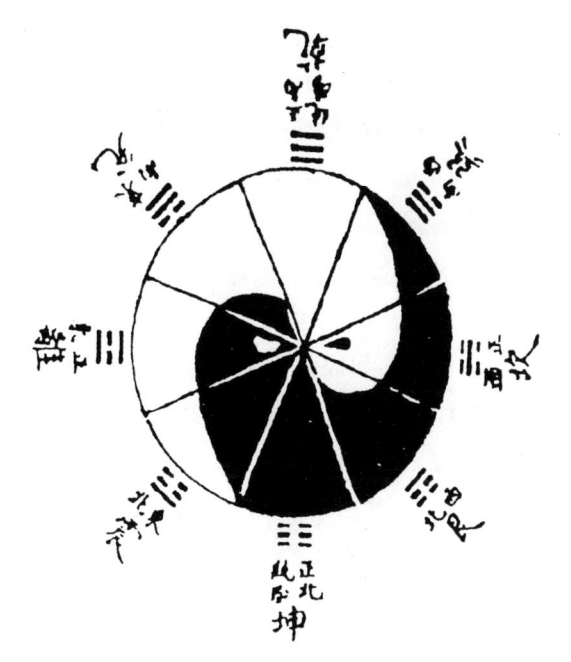

图九　阴阳鱼太极图

胡渭认为邵雍所承继的陈抟的先天图就是阴阳鱼太极图。据朱熹《周易本义》所录邵雍伏羲八卦方位图和伏羲六十四卦方位图，实际已具我们现在所看到的阴阳鱼太极图的基本框架。朱熹在《周易本义》中，对伏羲八卦方位图解释道："《说卦传》曰：'天地定位，山泽通气，雷风

---

① 胡渭：《易图明辨》，郑万耕主编《易学精华》，北京出版社1995年版，第1768、1769页。

相薄，水火不相射。八卦相错，数往者顺，知来者逆。'邵子曰：'乾南、坤北、离东、坎西、震东北、兑东南、巽西南、艮西北。自震至乾为顺，自巽至坤为逆。后六十四卦方位放此。"① 这是说《周易·说卦传》中有关"天地定位"的一段，是对邵雍的乾南坤北、离东坎西的伏羲八卦方位图的证明。而伏羲六十四卦方位图则对阴阳动静、消长进行说明。"此图圆布者，乾尽午中，坤尽子中，离尽卯中，坎尽酉中。阳生于子中，极于午中；阴生于午中，极于子中。其阳在北，其阴在南。此二者，阴阳对待之数。"② 以此与阴阳鱼太极图对照，则理论上基本能吻合。

　　阴阳鱼太极图可以用来说明邵雍先天八卦的方位。如图所示，整个图作为一个圆圈是太极；圆圈中一白一黑两条阴阳鱼互相环抱，白鱼代表阳，黑鱼代表阴；这表示"易有太极，是生两仪"。阴气盛于北方，物极必反，其中阴气中一阳生为震；随着阳气逐渐强盛，依次由震、离、兑至于乾，达到阳气的极盛。在图中，震位于东北，白一分、黑二分，一奇二偶；兑位于东南，白二分、黑一分，二奇一偶；乾正南全白，三奇无偶，为纯阳之卦；而离卦正东，取黑中白点成二白夹一黑，为二奇含一偶（对此，还有一些不同说法。如取西边白色鱼头中两白夹一黑，或者东边白色与西边白色环抱黑色部分，亦成离卦象）。同样道理，阳气盛于南方，一阴生起为巽，随着阴气的逐渐强盛，由巽、坎、艮至于坤，为阴气之极盛。其中，巽处西南，黑一分、白二分，一偶二奇；艮西北，黑二分、白一分，二偶一奇；坤正北全黑，是为三偶，为纯阴之卦；而坎卦正西，取白中黑点成二黑夹一白（或者取东边黑色鱼头中两黑夹一白，或者取西边黑色部分与东边黑色部分环抱中间白色部分），为二偶含一奇。"两仪"由阴阳两鱼来代表，各生四卦，为"两仪生四象"；合而言之，则两个"四象"即成八卦，是谓"四象生八卦"。那么，图中阴阳鱼的黑白两点又起一个什么作用呢？从图中看：阴盛于北而阳气生起，阴避阳，故回入中宫。但是，阳气为什么会生起呢？这是因为黑中仍然有一点之白作为阳精，当晦塑阴盛之时，这一点阳精与口中之阳相感应，使对方之阳生出，从而成为生阳之本。同理，阳盛于南而阴气生起，阳避阴而回入中

---

① 朱熹撰、廖名春点校：《周易本义》，广州出版社1994年版，第14页。
② 同上。

宫。当望夕之时，白中一点之黑作为阴精与月中之阴相感应，使对方之阴生出，从而成为生阴之本。所以，阴阳鱼太极图中的黑白两点，在运转太极图中发挥着重要作用。胡渭认为，阴阳鱼太极图所生之八卦方位，即为邵雍先天八卦方位之源。胡渭的考证，具于其所著《易图明辨》中。他引宋末元初袁桷《谢仲直易三图序》说："朱文公（朱熹）嘱其友蔡季通如荆州，复入峡，始得其三图焉。"这是说，朱熹让他的朋友蔡季通到荆州、入四川（可能是四川青城山），去寻访陈抟所传的三幅易图，并得到了它。三图之一便是先天太极图，也就是我们现在看到的阴阳鱼太极图。但是，胡渭接着引明初赵㧑谦《六书本义》说："此图（即先天太极图）世传蔡元定（即上文之蔡季通）得于蜀之隐者，秘而不传，虽朱子（朱熹）亦莫之见。"即朱熹并没有见过先天太极图。后来，先天太极图经历多次秘密转手，最后由赵㧑谦从一个叫陈伯敷的人手中得到并予以公开。所以，首次将阴阳太极图公开的是明初的赵㧑谦。但赵㧑谦所公开的这幅阴阳鱼太极图，当时并不叫"太极图"，而是被称为"天地自然河图"。明末章潢作《图书编》，其中阴阳鱼太极图居各图之首，又被称为"古太极图"。因为"盖其时，既从启蒙以五十五数为河图，而濂溪又自有所为太极图者，曰太极图而加古以别之。"[①] 即是说，朱熹的《易学启蒙》中，将五十五数的黑白点易图定为河图，并被学界和官方所接受。而周敦颐早在北宋时便自有一幅"太极图"，并作《太极图说》，这也是事实。这样，为不把它们相混淆，阴阳鱼太极图既不称"河图"，也不称"太极图"，而称"古太极图"或者"先天太极图"。胡渭认为，"先天太极图"即是陈抟所传之《先天图》。此图不仅可以用来确定八卦方位，其阴阳消长及八卦方位还可以用来描绘内丹修炼的功夫。结合"离南坎北"的文王后天八卦一起看，离居东方，即移火于木位，这就是"东三南二同成五"；坎居西方，即移水于金位，便是"北一西将四共之"；乾南坤北，即抽坎之中实以填离之中虚，而成"金丹三家相见，结婴儿也"；巽居西南坤位，以长女合老阴，"黄婆也"；艮居西北乾位，以少男合老阳，"筑基也"；兑居东南巽位，以少女合长女，隐寓三七于其中，"鼎器也"；震居

[①] 转引自胡渭《易图明辨》，郑万耕主编《易学精华》，北京出版社1995年版，第1722页。

东北艮位，以长男合少男，隐寓二八于其中，"药物也"；阳气生于东北而盛于正南，从震、离、兑一直到乾，为望前三候（初三、初八、十五），阳息阴消之月象；阴气生于西南而盛于正北，从巽、坎、艮一直到坤，为望后三候（十六、二十三、三十），为阳消阴息之月象，为丹道修炼之火候。总之，从"后天八卦"到"先天八卦"的转变，亦即内丹修炼中从"后天"返还到"先天"。人之生，火在水上，未济之象；神丹既成，水在火上，为既济之象；以魂守魄，使阴阳不相离，则可以长生而久视。

　　如果我们认同于胡渭的考证，则陈抟之《先天太极图》亦还有着精深的哲学蕴意。因为从学理上讲，阴阳鱼太极图还准确地表达了太极与阴阳、八卦的关系。对于太极、阴阳、八卦，除以揲蓍求卦来理解外，还有一种容易产生的趋向就是以生成论来对之进行解释。所谓先有太极，太极生两仪，生完之后，只存两仪，太极便消失了。两仪生四象，四象生八卦，也是如此。陈抟之《先天太极图》的出现，较好地处理了太极与两仪、四象、八卦的关系。而这在哲学上，表现为一与多的关系。对比一下，佛教与理学在此问题上也有一比喻，叫"月映万川"。如禅僧玄觉《永嘉证道歌》中有："一月普现一切水，一切水月一月摄"的句子，论证了普遍的"佛性"与特定物中的"佛性"的关系，它们不是两种"佛性"，而是"一多相容"、"一即一切，一切即一"的关系，每一个体虽然各自不同，但均有共同之佛性，这就为每一个体走向成佛提供了根据。而朱熹在论证理与事的关系时也说："本只是一太极（即理之大全），而万物各有禀受，又自各全具一太极尔。如月在天，只一而已，及散在江湖，则随处可见。""只如月映万川相似"。① 认为每一事物的理并不是分有本体理的一部分，而是禀受了本体理的全体。从陈抟之《先天太极图》中亦可看出，太极并不是孤立存在的一物，太极即是阴阳、即是四象、即是八卦，八卦虽各各不同，但却为一太极所统摄。引申开来，万物各不同，但却都可以归到太极中来。如以太极喻"道"，则万物一道。道教以阴阳鱼太极图作为自己的标志，可能也取了这层涵义。因为道教讲万物莫不尊道而贵德，万物均可复归于"道"，为什么万物可以复归于"道"呢？因

---

① 《朱子语类》卷94。

为道在万物，不可以须臾离也！这就也为修仙成道提供了内在的可能性。

　　总之，陈抟的道教易图学思想的主要内容，包括他的《龙图易》、《无极图》和《先天图》等方面。这些易图一方面探寻了道教修炼内丹的具体方术，另一方面也着重探讨了修炼内丹所依据的天道自然之理。陈抟道教易图学对于天道自然之理的探讨，在形上之体方面启发了宋儒构建明体达用、贯通形上与形下的新儒学体系，在宋明学术史上有着重要的价值。而对于易学史而言，陈抟开启了有宋一代图书易学的学术流派，丰富了易学史的研究内容。对于道教史而言，陈抟的道教易图学，将自然天道与个体的人的修炼建立起联系，为隋唐道教外丹学向内丹学的过渡作了理论的铺垫，起到了承上启下的作用。因此，陈抟及其道教易学无论在易学史、道教史还是在宋明理学史方面，都应该有着非常重要的历史地位。

第六章　郝大通《太古集》的道教易图学思想

　　郝大通，字太古，生于金熙宗天眷三年（1140）正月初三，山东宁海人。元世祖至元六年（公元1269年）己巳正月褒赠"广宁通玄太古真人"，为全真七子之一。

　　据郝大通的弟子范圆曦在《太古集·序》所述郝大通的生平以及元赵道一《历世真仙体道通鉴》的记载，郝大通尝梦神人示以《周易》秘义，由是洞晓阴阳、律历、卜筮之术。金大定八年（1168年）至昆嵛山烟霞洞投王重阳入全真道。王重阳去世后，郝大通于岐山遇神人再授以《易》之大义。（范圆曦则认为是："一日至滦城南，神人授师大易，忽大开悟，事多前知，名满天下。"[1]）。大定十五年（1175），坐于沃州桥下（范圆曦认为是"赵州南石桥之下"），持不语偈。常有小儿辈戏累砖石为塔于其顶，或是河水泛溢，均不顾。如是者六年。大定二十二年（1182），居真定。每升堂讲演，远近来听者常数百人。崇庆元年（1212）十二月三十日仙蜕于宁海先天观，春秋七十有三。

　　郝大通的著述，据范圆曦于《太古集·序》所述，则有《三教入易论》一卷，《示教直言》一卷，《解心经》、《救苦经》各一卷，《太古集》十五卷（内附《周易参同契简要释义》一卷等）。《历世真仙体道通鉴》谓其著作，"有问答歌诗、《周易》、《参同》演说图象，总三万余言，目曰《太古集》"[2]。今所存《太古集》仅只四卷，收在明《正统道藏》太平部，尚有不少遗佚。其著述之特点在于"粹之以易象，广之以禅悦"，凡"辞旨所发，务以明理为宗，非必骈四俪六，抽青配白，如世之业文

---

[1] 郝大通著：《太古集》之《序》，《道藏》第25册，第866页。
[2] 元赵道一著：《历世真仙体道通鉴》，《道藏》第5册，第431页。

者，以声律意度相夸耳"①。郝大通著述时，亦颇有神异色彩。《历世真仙体道通鉴》载："师（郝大通）尝欲作易图，遽然索笔。其徒范圆曦以粥熟告，师曰：'速持来，我方得意。'笔入手，一朝挥三十图。"② 文思泉涌，一个早上能作易图三十。

《太古集》为郝大通的代表作。虽《道藏》本有佚，但从其所保留的内容中，我们可以一窥郝大通的道教易图学与内丹学的思想。《太古集》现仅存四卷，第一卷的内容为《周易参同契》简要释义。卷二与卷三均为"易图"。表达了宇宙生化万物之理，以及丹道修炼之理。第四卷为金丹诗，阐明金丹修炼之理。《太古集》卷二与卷三，共列有三十三图。对比《太古集》之卷二与卷三，可以发现，卷三所列之图一般是对卷二相应之图内容的进一步解说。如卷二提出乾天"取坤为妻，而生六子也。"③ 但在卷二中，并未出现乾与坤合如何生六子之图，而卷三篇首即为《乾坤生六子图》，对此进行了说明。卷二有《天地交泰图》、《日月会合图》，讲天地日月交会成岁月，卷三则有《八卦数爻成岁图》，对此进行补充。此外，卷二有《五行图》，卷三则有《五行悉备图》，卷二有《天数奇象图》、《地数偶象图》，卷三则有《天地生数图》、《天地成数图》，卷二有《三才入炉造化图》，卷三则有《三才象三坛之图》等。

从《太古集》所列三十三图的内容来看，大致可以将之分为三类。第一类，是描述天地宇宙生发过程的，体现其道教宇宙论思想的图式。如《乾象图》、《坤象图》、《日象图》、《月象图》、《天地交泰图》、《日月会合图》、《天数奇象图》、《地数偶象图》、《河图》、《变化图》、《五行图》、《乾坤生六子图》、《八卦数爻成岁图》、《五行悉备图》、《天地生数图》、《天地成数图》、《八卦反复图》等。第二类图，主要是考察天地生成之后，阴阳两气消长规律之图。由阴阳两气消长成五运、六气、十二律、二十四气、七十二候、六十甲子，并结合天象十干、二十八宿、地象十二支等来对照说明阴阳两气的变化，以易图的形式，对这些变化进行学理的探讨、归纳而形成的图式。如《二十八宿加临四象图》、《二十四气

---

① 郝大通：《太古集》之《序》，《道藏》第 25 册，第 867 页。
② 赵道一：《历世真仙体道通鉴》，《道藏》第 5 册，第 431 页。
③ 郝大通：《太古集》，《道藏》第 25 册，第 871 页。

加临七十二候图》、《二十四气加临乾坤二象阴阳损益图》、《六子加临二十四气阴阳损益图》、《二十四气加临卦象图》、《二十四气日行躔度加临九道图》、《天元十干图》、《十二律吕之图》、《六十甲子加临卦象图》、《五运图》、《六气图》、《四象图》、《北斗加临月将图》等。第三类图,法天地造化生成万物的原理,论在人体中进行内丹修炼的易图。天地造化以天地为鼎炉,以阴阳为药物,万物造化于其中。法此原理而论修丹,则有《三才入炉造化图》、《八卦收鼎炼丹图》、《三才象三坛之图》等图。

通过对《太古集》所载三十三图的三部分内容的大致分类,我们对郝大通的易图学思想基本有一个大体的了解。他的思想主要有三个方面,第一个方面,是关于宇宙万物生成的道教宇宙论思想。第二个方面,是认为天地宇宙造化生成万物虽然复杂多变,但有其规律可循,此规律也是内丹修炼所应遵循的规律。第三个方面,是法天地造化生物的原理以论还丹之炉鼎的思想。下面,我们分述之。

第一节 郝大通具有"易"道特征的道教宇宙论思想

内丹修炼的目的是要修成与天地齐寿,因此内丹修炼要法天地造化之理而进行。天地从何而来?又是如何化生万物的?为什么说天长地久,天地是不老的?这都是丹家所应该关心的问题。丹家也正是通过对这些问题的探讨,总结出内丹修炼的原理来的。

在探讨天地从何而来,天地化生万物的原理过程中,丹家形成了各具特色的道教宇宙论思想。郝大通道教宇宙论的特点有二:

一 道生万物是一个从无到有,又从有到无的过程

天地源出于道,道生天地、生万物。"虚无之神,统御万灵。先天地祖,运日月精。列光垂象,造物变形。推迁岁纪,应用生成。旁通恍惚,鼓荡杳冥。乾坤布化,导引群情。幽玄奥妙,贤劫圣因。"[①] 道为虚无之神,先天地而生,为天地之祖。道生天生地,运日月之精,造化生物,导引群情,这是从无而到有。郝大通认为乾坤造化,还有自有以归无的一

---

① 郝大通:《太古集》,《道藏》第 25 册,第 879 页。

面。他说:"大道恍惚,从无而入有。乾坤造化,自有以归无。夫有入于无,故无出乎有。"① 大道本无形,大道生成天地万物,是从无而到有;天地形而乾坤位,有形有象,为有,有形有象变化而趋于无,是有入于无。无与有是相待而存在的。道作为生成的存在有"有"与"无"两种形式,之所以称之为生成的存在,是因为从无到有是一生成的过程,从有到无亦是一生成的过程。从无到有,是大道作用的结果,从有到无,其靠后的力量也是大道作用的结果。大道从无到有,又从有到无,化生宇宙万物。但有与无只是对道的存在状态和功用的语言描述,是一种方便设教,并不能把有与无就看成是道的本身。在《周易参同契简要释义》中,郝大通认为,"道"本无名,强为之名曰道,此强为之名的行为即为"教"。"道"由"教"而显,"教"则假言辞以明。郝大通说:"教者,道之所以生也。道本无名,强名曰道。教本无形,假言显教。教之精粹,备包有无。故以无言之,存乎道体。以有言之,存乎器用。体之以为无,用之以为利。若曰有形生于无形,则乾坤安从而生用。教化于无知,则真知安从而出。"② 道是宇宙化生的根本,既是根本,则以任何一内涵有限的概念命名于它,均为不妥,故其本无名。以"道"命名宇宙化生的根本力量,是一种方便的约定,名不能尽其意,是一种方便的约定,故为强名,这即为教。教以显道,因教化之需要而有"道"之名,有"有"、"无"之名。因"道"为宇宙化生之根本,既涉有,亦涉无,故显道之"教"备包有无。因不定为无,亦不定为有,故就本质而言,教乃无形。以教言之,无乃言道之体,有乃言道显化的器用之实,故道就体而言为无,就用而言为实有之利;然道并不就是无。道是宇宙化生的根本,有其实实在在的功用,只不过它是天地万物最终极的原因,名词概念不能规范它。在现实中,不能像一般的形而下的物质那样能指实于它,道无形无名,但无形无名并不等同于道。如果说道即无形无名,那么,有形有象的天地乾坤怎么能从无形中产生出来呢?以无名、无知来指定道,那么,道作为无名无知之物,又从何而生真知真识呢?因此,在对道的言教中,只是用"无"来言道之体,"有"来言道之用。"无"并不是指的无形,也不是指的无

---

① 郝大通:《太古集》,《道藏》第 25 册,第 867 页。
② 同上书,第 868 页。

知，实则涵有"体之以为无，用之以为利"① 的蕴意在其中。道生万物，是从无到有，万物复归于道，则也可以看作是从有以归无。郝大通的这种道教宇宙观为道教修丹以归道提供了理论的说明。

二 自然天道与"易"之道、还丹之道

在天地之先，年代极为久远的时代，道就存在并发生着作用。《太古集》成书的主旨即在于揭示此宇宙生化的自然天道。郝大通认为，《太古集》意在"慕太古之风"，"务使将来慕道君子，知其不虚为者也"。② 化生宇宙的大道历经古远而常新，即便是将来的慕道君子所体所悟，仍然不离此道，这也表明自然天道是亘古而常存的。

此亘古常存之自然天道生化天地万物的过程又是一个"变易"的过程，即"易"的过程。郝大通释《太古集》中之"太古"说："夫太古者，太谓太易、太初、太始、太素，古谓远古、上古、邃古、亘古。"③ 太易、太初、太始、太素与太极一起构成"五太"，而远古、上古、邃古、亘古也是对年代久远的一种描述，它们构成了天地之前道演化生成的各个不同阶段。④《太古集》中有《变化图》，描绘了道以"无"、"有"生成天地、日月，从而阴阳交泰的过程。其文字解说曰："夫易之道，非神功而不可测，非圣智而不可知。故有太易，仍未见之气也。有太初，气之始也。有太始，形之始也。有太素，质之始也。气形质具，未相离者，谓之混沌。混沌既判，两仪有序，万物化成。混沌已前则为无也。混沌之后则属有也。一有一无而为混沌，混混沌沌，天地日月会合，交泰之时也。"⑤ 从未见气之太易至混沌天地日月会合交泰之时，都是自然天道的演化过程。这个过程是一变易的过程，故可以"易"道来概括它。

郝大通并不讳言自己将易学与内丹学进行结合的努力，他说："予尝

---

① 郝大通：《太古集》，《道藏》第25册，第868页。
② 同上书，第867页。
③ 同上。
④ 金代长筌子在《元始天尊说太古经注》中，释经题"太古"二字曰："太古者，无名无象，不变不迁，虚空同体，历劫长存，先天地而不为老，后六极而不为下，寂兮寥兮，独立而不改，经阴阳而不殆，不生不死，无往无来，卓然安静矣。"与郝大通释"太古"意略同。
⑤ 郝大通：《太古集》，《道藏》第25册，第873页。

第六章 郝大通《太古集》的道教易图学思想

研精于《周易》,删《正义》以为《参同》,画两仪、四象、三才、八卦、六律、九宫、七政、五行,星辰张布,日月度躔,有无混成,以为图象。述怀应问,诗词歌赋,共一十五卷,分并三帙,以慕太古之风。"[1] 又说:"且夫气象莫大乎天地,变通莫大乎阴阳,天地之英华,阴阳之根本,二气之谓也。木龙金虎,赤凤乌龟,四象之谓也。六七八九,其数之谓也。刀圭铅汞,生成备物之谓也。神遇气交,性命之谓也。紫府、丹宫、灵台、翠宇、琼楼、绛阙、玉洞、珠帘、玄关、阳道、地户、天门、玉液、金精、黄芽、白雪、真水、真火、姹女、婴儿、石人、木马、九虫、三尸、金翁、黄婆、芝草、丹砂,皆五行造化之谓也。"[2] 其所谓《正义》,不是指唐孔颖达所谓《周易正义》,而是指的一般学者所认同的对《周易》理解。郝大通研究《周易》的目的在于以其易理来指导内丹修炼的实践,以《周易》之理来论黄老与炼丹。这取得是和《周易参同契》相同的思路。所谓"参同",即在于融《周易》、黄老、炉火三道于一理中,三道由一,故谓"参同"。郝大通述自己与《易》的关系,说自己曾精研《周易》,删《正义》以为《参同》,因此,郝大通所画之种种易图,都不是如一般学者那样对《周易》卦爻辞直接进行注释,而是抽绎其理,旨在用来指导道教的内丹修炼的实践。这种易学与内丹结合为什么是可能的,它究竟是如何达成的呢?郝大通认为,《周易》所讲无非是天地阴阳变化之原理,此原理乃宇宙间所存的至大道理。气象以天地为大,变通以阴阳为最,天地、阴阳、气象的变通,成四象、五行而生成万物。内丹法天地阴阳之气而变通,其所谓采天地之英华,何谓天地之英华?就是指的阴阳之根本,而在《周易》则言阴阳二气;内丹言木龙、金虎、赤凤、乌龟,所谓和合四象,其四象即如《周易》之言老阴、老阳、少阴、少阳四象;内丹的六、七、八、九,言阴阳升降的数理,就如言《周易》筮法变化之数理;内丹的"刀圭"、"铅汞",指的是一种修炼内丹后生成的物质,在《周易》则为天地生成之万物之谓;内丹之神遇气交,意指《周易》的性命之道;而所谓紫府、丹宫、灵台、翠宇、琼楼、绛阙、玉洞、珠帘、玄关、阳道、地户、天门、玉液、金精、黄

---

[1] 郝大通:《太古集》,《道藏》第25册,第867页。
[2] 同上。

芽、白雪、真水、真火、姹女、婴儿、石人、木马、九虫、三尸、金翁、黄婆、芝草、丹砂等内丹的不同的名词、术语，就其实质而言，皆如《周易》中阴阳五行造化之谓。总之，《周易》之理，是宇宙天地间的大道理，内丹之理同于此宇宙的大道理，因此，内丹之道可以用《周易》之理来论说。

三　具有"易"道特征的道教宇宙论

《太古集》中有《乾象图》、《坤象图》、《日象图》、《月象图》、《天地交泰图》、《日月会合图》（见下页图十），通过这些图，郝大通描绘了天地宇宙造化生成的过程和原理。

郝大通认为，天地为万物之父母。何谓天？天为纯阳之气，清虚高远。郝大通于此取浑天说结合盖天说来形容天。认为天的形状像鸡蛋，又像一个大锅盖。天之一气潜运，由此，万物得以化生。《周易》乾卦效法天象，三画均为阳爻，以示天为纯阳之体。地为纯阴之气，敦厚宽广，普载万物。《周易》坤卦效法地之象，三阴爻共六画，示地为阴气积聚而形成。天气下降，地气上腾，天地阴阳气相交，形成天地万物。就天、地二气的性质而言，天之气纯阳，地之气纯阴。在阴阳二气的关系中，阳主阴辅，故天之阳能兼地之阴，而地之阴不能兼天之阳。乾阳三爻兼坤阴六爻，其数为九，故乾称九。坤为阴，其责在辅阳，不得兼阳，坤有六画，故其数为六。日为天之精华，天为纯阳之气，又名老阳，能覆荫生长万物。月为地之精华，地大能容载万物，又名老阴。《周易》离卦象日，坎卦象月，日之光明能普照天下，但其有昼夜出没，故为少阳，月之光明能照耀无穷，但其有圆有缺，故为少阴。日月为天地之子，子从父，离卦有四画，兼乾三画，故离数为七，坎卦有五画，兼乾三画，故坎数为八。

天地日月为阴阳两气生成之四象，乾、坤、坎、离则是以卦象的形式来表征此四象。对于此四者的关系，郝大通强调四者相交合，所谓"天地宜交，不宜不交"。天地交则成泰，"万物宜泰，不宜不泰，不泰则否"。在《太古集》中，有《天地交泰图》和《日月会合图》，天地交泰，万物生长通畅。天地不交，则万物否闭。日月运行，形成岁月。日月隔壁，谓之朔旦。日月不相会合，有两种情况，日月相衡，谓之望，日月以四分之一的角度相对，谓之弦。日月相会，光尽体伏，则谓之晦。

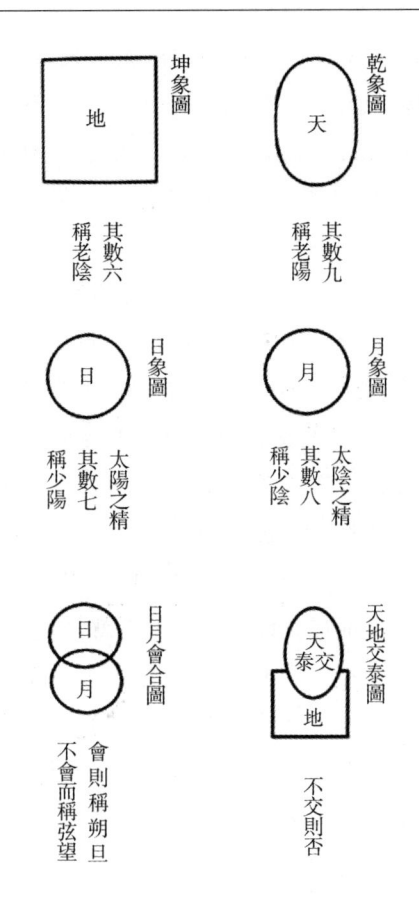

第六章　郝大通《太古集》的道教易图学思想　　213

```
┌─────┐        ╭─────╮
│     │坤      │     │乾
│  地 │象      │  天 │象
│     │图      │     │图
└─────┘        ╰─────╯
  其  称        其  称
  数  老        数  老
  六  阴        九  阳

  ◯ 日象图      ◯ 月象图
  日             月
  其  太         其  太
  数  阳         数  阴
  七  之         八  之
  称  精         称  精
  少             少
  阳             阴

  ◯日 日月       ┌天地┐ 天
  ◯月 会合       │泰交│ 地
        图       │地  │ 交
                 └────┘ 泰
                          图
  会 不
  则 会
  称 而        不
  朔 称        交
  日 弦        则
     望        否
```

图十　《乾象图》、《坤象图》、《日象图》、
《月象图》、《天地交泰图》、《日月会合图》

　　天地交合，就能生成万物，这是一种纷繁复杂的现象性存在。天地交合如何从理论上来探讨其形式，以掌握其规则，郝大通从天地奇偶象数图及其变化之河图与五行图来进行说明。在《天数奇象图》中，郝大通认为，天为纯阳之体，阳数为奇，以表天之纯阳。阳数有一、有三、有五、有七、有九，总而论之，共得二十有五。成乾之阳数而为奇者，谓奇为四正方而兼乎中。天数有五，自相乘之，则得奇数。故曰：北一、东三、南七、西九、中五，皆阳数也。阳之数一三五七九是也。在《地数偶象图》中，地为纯阴而有阴数。阴数有二、有四、有六、有八、有十，总而论之，共得三十，成坤之阴数而为偶者。偶者为四正方而兼乎中。故曰东

八、西四、北六、南二、中央十，皆阴数也。阴之数二四六八十是也。地本方，故称偶，天本圆，故称奇。在《太古集》中，有《天地生数图》、《天地成数图》。《天地生数图》主要讲"天地之道"，天地之道主要表现在天阳、地阴相交而成万物。在《天地生数图》中，"天阳而地阴，相交而有所生，生而各有其所。天一与地四而为生也，天三与地二为长也。凡生长之数，而天地之情可见矣。故曰：天地交而万物通，天地不交而万物不通之故也。今则阳数一三五，阴数有四与二，此阳之与阴共成一十有五。阴阳各半，而成天地之道。故曰生长而名之生数者也。"① 天一、天三为阳，地二、地四为阴，天地交而万物通，故天阳、地阴相交而各有生，阴阳各半，成天地之道。《天地成数图》主要讲"万物终始之道"，在《天地成数图》中，"地者，阴也。乘天之阳气，而可以成就万物终始之道。始则潜伏，终则飞跃，皆物之自然也。地有阴数六、八、十，天有阳数七与九，故地六与天九而成，地八与天七而就。凡成之数则见天地之情。其于天五与地十，自相交通，共成其数者，凡天地之数，五十有五，而生长成就万物终始之道也。"② 地乘天之阳气，可以成就万物终始之道。地之阴数六、八、十，天有阳数七与九，地六与天九相成，地八与天七而就，天五与地十，自相交通，天地之数，共计五十有五，其阴阳相配，生长成就万物，于此则见天地之情。

　　天地奇偶之数相交，则成《河图》。郝大通说："天地奇偶之数而成河图，则有五十有五，惟此图书则四十五数，而遍九宫，象龟之形状，头九尾一，左三右七，二四为肩，六八为足，此自然之象也。背上有五行而可以知来占，兆吉凶，故通神明之德，以类万物之情。天生神物，圣人则之。以为图书，一三五七九为奇，属阳也。四正方二四六八为偶，属阴也。惟地数十在于龙腹，不有所显，故存之不画也。"③ 对于河图，郝大通取"九宫说"，这同于刘牧的河图说。于此，郝大通对天地奇偶之数本五十有五，而在图书中，却只显示出四十有五，有一个解释，即认为地数十隐在龙之腹，故存之不画。郝大通同意天生神物——龙马负图，圣人则

---

① 郝大通：《太古集》，《道藏》第 25 册，第 877 页。
② 同上。
③ 同上书，第 873 页。

之以为图书，图书虽为天地五十五数，但只显其中的四十五数，四十五数之排列为"头九尾一，左三右七，二四为肩，六八为足"，象龟之形。图书体现的是一种自然之象，龟背上有五行而可以知来占，兆吉凶，故通神明之德，能类万物之情。

《天地生数图》与《天地成数图》，虽然都讲天地生成之数，但两图和其它讲天地之数的易图又有所不同。在《天地生数图》与《天地成数图》之中，天地之数的配合被分成两图，且天一与地四而为生，天三与地二为长，地六与天九而成，地八与天七而就。就五行生成数而言，一、六代表水，二、七代表火，三、八代表木，四、九代表金，上述数字的组合规律，也就是丹家所谓的"金水合处，木火为侣"。五行顺生，则金生水，木生火，丹家取五行反生，故求取"水中金"、"火中木"，"火中木"乃真神，"水中金"乃真精，以真神炼精化气，气则反旺于真神。丹家的精气神相合，和天地阴阳气交之理同。天地数交，表明的是天之阳气与地之阴气相交，生长成就万物终始之道，于此可以见天地之情。

有宋一代，有以五行生成之数图为河图者，其天地之数相合为：天一与地六生水，地二与天七生火，天三与地八生木，地四与天九生金，天五与地十生土。因此，有认为所谓河图实即五行生成图者，如蔡元定、朱熹。由此，形成图书易学上的"河洛九十"之争。宋元以后，以五行生成图为河图的观点，随着程朱理学成为主流意识形态，也占据了主导的地位。郝大通的《太古集》中，亦有《五行图》。在《五行图》中，郝大通指出："五行者，水、火、土、金、木是也。凡天地之数而各有合，生于五行者，所谓天一与地六，合而生水。地二与天七，合而生火。天三与地八，合而生木。地四与天九，合而生金。天五与地十，合而生土。天地之数，五十有五，而生成五行。五行之数，可见矣。七言得之水，九言得之火，十一数而得之木，十三数而得之金，十五数而得之土。此为天地生五行也。"[①] 郝大通《五行图》并未以黑白点的纯数字图来进行表达，因此，《五行图》与《五行生成数图》并不完全相同，从现存《太古集》的四卷中，自始至终也未出现"五行生成数图"。因此，郝大通可能和雷

[①] 郝大通：《太古集》，《道藏》第25册，第873页。

思齐在《易图通变》中的观点相似，即认为河图即是九宫图，无五行生成图。雷思齐以河图中虚五与十，故河图之数只四十。而郝大通则认为天地之数五十有五，河图只显四十有五之数，是地数藏在龙腹，显现不出来，故存之不画。可能在道教的传承中，龙图就是指的九宫图，而无五行生成图。但我们也可以看出，郝大通所论述的天地之数组合而成五行，就是朱熹、蔡元定所认为的河图。对于此《五行图》，郝大通完全是从炼丹的角度进行说明。其《五行悉备图》云："五行悉备三才众象之宜、八卦四维之属，以明变化之功。有类一方之所，自有生克而为顺逆之时，且如目主肝，以情怒者，必可以引金。金主肺，以情哭而诫劝，因此自相感而为相克之胜负。若不以金则用火，火主心，以情笑而接之，其怒情渐去者，为相生之故也。他皆效此，以明五行顺逆生克之道也。"① 天、地、人三才的种种现象，皆可纳入五行中。五行之间是循环流转而生生不息的，其中，五行有生有克，有顺有逆。如目主肝，位东方为木，于人之情为怒。金主肺，位西方为金，于人之情为哭。五行关系中，金克木。故以情怒者，欲息其怒，可以情哭而诫劝之，此相感而为相克胜负之道。如若不以金则用火，因木能生火，火主心，位南方，于情为笑，以笑待其怒，怒情渐去，则又为木、火相生之故也。其他依此理可推之。郝大通以此来明五行顺逆生克之道，当然，最主要的还是用之于还丹的理论建构，以指导其实践。如他认为，三与八合，位于东，东方属木，为龙，一与六合，位于北，北方属水，为龟，二与七合，位于南，南方属火，为凤，四与九合，位于西，西方属金，为虎。五与十合，位于中，中间属土，以一圆圈被十字分为四部，表明土王四季，从东方木中，即凤中产出铅，从南方火中，即风中产出汞。龙虎铅汞合，即可炼丹。（见下页图十一）

总之，郝大通以易图表现出来的道教宇宙论思想，利用《易》的卦爻象和卦数，组成不同的易图，以论宇宙万物化生之理和道教的内丹修炼之理。其宇宙论思想以天地为万物之父母，日月为天地之精华；并以《周易》之乾、坤、坎、离表示天、地、日、月；以卦爻画之数来论乾、坤、坎、离、震、巽、艮、兑之卦数。因此，天地交泰，宇宙化生的过程，也可以用《易》之卦、爻象与卦数来表征。不同卦爻象和卦数的排

---

① 郝大通：《太古集》，《道藏》第 25 册，第 877 页。

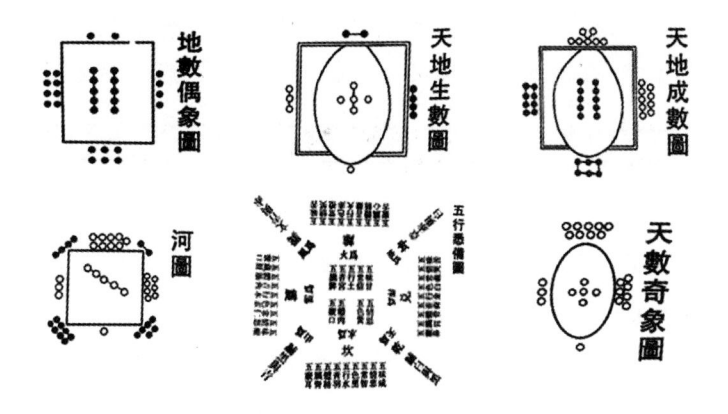

图十一　《天数奇象图》、《地数偶象图》、《天地生数图》、
　　　　《天地成数图》、《河图》、《五行悉备图》

列、组合形成了不同的易图，表明了天道的不同内容。同时，郝大通的道教易图学理论，以《易》的卦符、卦数来论道教的内丹修炼之理，在宋元道教易图学中独树一帜，具有重要的意义。

第二节　郝大通以易图解宇宙化生万物的规律性与道教内丹修炼

郝大通认为，道以一气化生天地万物。天、地、人和万物形成之后，不断地生生化化，形成了它们之间"有生有克，有利有害，有顺有逆，有好有恶，有是有非"的关系。《太古集》云："元之一气，先天地生，既著三才，浸成万物。万物之动，有生有克，有利有害，有顺有逆，有好有恶，有是有非。方而类聚，物以群分。尊卑有序，泰道将兴。上下失节，否时斯遘。临事之始而可潜，当事之期而可跃。履霜致坚冰之至，龙战则其血玄黄。屯，利居贞；讼，孚窒惕；矫世以童蒙而处，申令取毒蛊而明；刚进待需而行，有剥出门贵乎同人；祸发基于大过；艮止之，兑说之，贲华而离丽，蹇滞而坎陷。睽，背也；恒，久也；取新可以固鼎，失律所以覆师；光明则海内可观，晦迹则山林可遁。非神化灵通，其孰能与于此乎。"① 天地之前混沌的存在状态为先天地而生之一气，它化生成

---

①　郝大通：《太古集》，《道藏》第 25 册，第 867 页。

有形有象的天、地、人三才，并形成万物，先天一气即是形成天地人三才和万物的一个基始因。同时，在生成天地人和万物之后，它又浸著存在于其中，不即不离。所谓不即，因有天、地、人和万物之名，故先天之气未必就直接等同于天地人和万物。所谓不离，则谓天地人和万物中，又都蕴有先天一气。天地万物各各根据其性质而分类，划分为不同的群体。由于事物的性质不同，所形成的群体各异，故形成了宇宙间的事物有规律的秩序，并由此形成了宇宙间的和谐发展。

对于天地人和万物的种种在生化过程中的关系，都可以以《易》理来规范。郝大通说："若夫太极肇分，三才定位，布五行于玄极，列八卦于空廓，发挥七政，躔次纪纲，垂万象于上方，育群灵于下土。"① 因道的化生作用，太极开始阴阳分化，阴阳分化产生了天、地、人三才，定三才之位，布五行之序，列八卦之方，发挥七政，躔次纪纲，垂万象于上方，育群灵于下土，均是道的作用。"是故圣人仰观俯察，裁成辅相。信四时而生万物，通变化而行鬼神。通精无门，藏神无穴，寂然不动，感而遂通。"② 圣人通过对天地运化规律的探究，顺其规律而行事，裁成辅相，体道而行，顺四时之信而使物得以生，变通以适道之神妙莫测的变化，圣人之精神不散，不为物所转，故寂然不动，感而遂通。圣人作《易》，《易》理即包天地万物之理。郝大通仿《周易·杂卦传》之形式，来论卦理所展示的事物发展中的种种复杂的联系，以及在这种联系之中的人们的行为规则。如事物各循其序而发展，其理为泰；事物的发展进入到一种无序的状态，其理则否；一件事物在开始生长和发展之初，就如乾卦初九爻辞所言，应潜龙勿用，故临事之始适宜于潜而不发，当事物的发展进入到一种即将成熟的阶段之后，则如乾卦九四或跃在渊，则应及时进德修业而有所作为；在冬天，霜降之后，则知寒冷的"致坚冰"的日子将要到来，如此等等。因此，事物的发展是有其内在的规律的，掌握易理的圣人能顺此规律而行，运用易理来指导自己的行为，因而可以理解事物的发展过程，从而神化灵通，处于任何的境地，都能立于不败之地。

宇宙生化万物存在种种的规律性，《太古集》以易图的形式对之进行

---

① 郝大通：《太古集》，《道藏》第25册，第868页。

② 同上。

了概括。其一，认为天象二十八宿与日月五行七政相经纬，成宇宙时空循环周度的变化。《太古集》中有《二十八宿加临四象图》（见下页图十二），"天象有二十八宿，度则三百六十有五四分度之一者，分布于十二分野之中，而经星之常道也。所以日月五行七政为纬，循环周度，变化生焉。以分四维四正之义者，东方、南方、西方、北方，自得其数，同天地日月之功，有苍龙焉，有白虎焉，有朱雀焉，有玄武焉，此者亦象春之与夏，秋之与冬也。"[①] 从天象来看，二十八宿分布在周天三百六十五度四分度之一的区域，从地象来看，则以十二地支将二十八宿划为十二分野。以二十八宿为经，以日月、五行、七政的循环运行为纬，则有不同的天象和地象循环发生。最典型的，如天象的春、夏、秋、冬四季的变化，就与二十八宿中苍龙、白虎、朱雀、玄武的变化有关；地象的东、西、南、北、东北、东南、西北、西南之四维、四正，合于《周易》八卦之方与数。宇宙时空的形成与循环流转，是由天象二十八宿与日月五行七政相互作用而成的。《二十八宿加临四象图》既论宇宙时空运转的规律，亦涵有道教的内丹修炼之理在其中。《周易参同契》云："青龙处房六兮，春华在东卯；白虎在昴七兮，秋芒兑西酉；朱雀在张二兮，正阳离南午；三者俱来朝兮，家属为亲侣。本之但二物兮，末乃为三五；三五并为一兮，都集归一所；治之如上科兮，日数亦取甫。"《周易参同契》不明言炼丹之方，故托天象二十八宿以喻，《太古集》则以二十八宿为经，以日月五行七政为纬，论宇宙时空运转的规律和道教的内丹修炼之理。

其二，认为一年之中，物候自来，为应时之气。《太古集》中有《二十四气加临七十二候图》（见下页图十三），"天地定位，日月运行。八节四时，自然运转。所以暑往则寒至，春去则秋来，而成一岁之功。岁功之内，有七十二候焉。候谓应时之候，明物有自然应节气，则五日七分而为一候者也。自立春至大寒之后，凡为一年，则有之十二次，物候自来，应时之气也。"[②] 此图仅就时间循环来探讨天地的运转规律。对于时间问题的讨论，中西文化和哲学有所差异。西方哲学用理性去追溯和展示时间之源，最后与希伯来的宗教合流，以无所不能、无所不在的上帝为时间之

[①] 郝大通：《太古集》，《道藏》第 25 册，第 872 页。

[②] 同上。

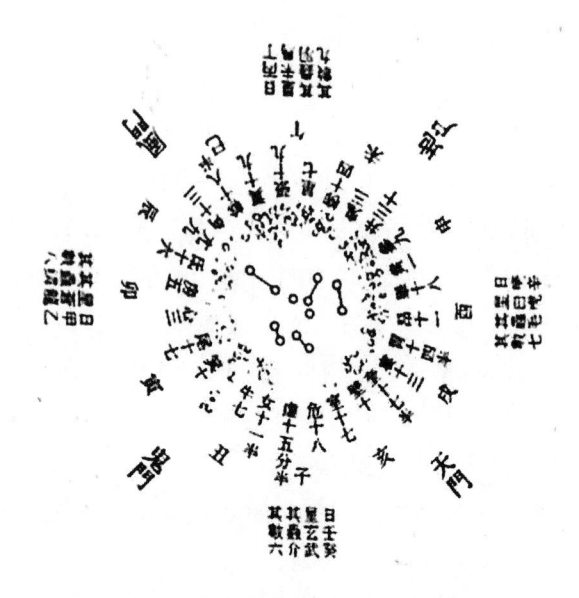

图十二　二十八宿加临四象图

源。中国哲学对于时间只把它作为一种宇宙的现象肯定下来，然后探讨时间以一种什么样的方式存在。《太古集》以为时间的存在是一种循环的现象，天地定位后，日月自然运转，形成时间。时间"暑往则寒至，春去则秋来"，是一种循环的存在。对于时间的存在，分得细一点，则有所谓"二十四节气"、"七十二候"之说。一年有十二月，一月有一节一气，五日六分为一候，一年有七十二候。所谓候，"谓应时之候，明物有自然应节气"。[①] 就是说，在一年节气变化的过程中，自然地有和节气变化相应的物候出现。如"水泉动"、"蚯蚓结"之类，共有七十二种物候的出现。物候主要是为了测量时候、节气的变化，故以物候来表征"应时之气"。而在道教内丹修炼中，物候以及应时之气可以用来表征天地运行的节度。修丹者应因循此节度以调内丹修炼之火候，不过亦不能不及，才可望修成大丹。

第三，天地间阴阳两气的消长遵循"物凡损之而益，益之而损"的原则。《太古集》卷之三中有《二十四气加临乾坤二象阴阳损益图》（见图十四），此图则实以"十二辟卦"结合二十四气论一年之间阴阳两气的

[①] 郝大通：《太古集》，《道藏》第25册，第872页。

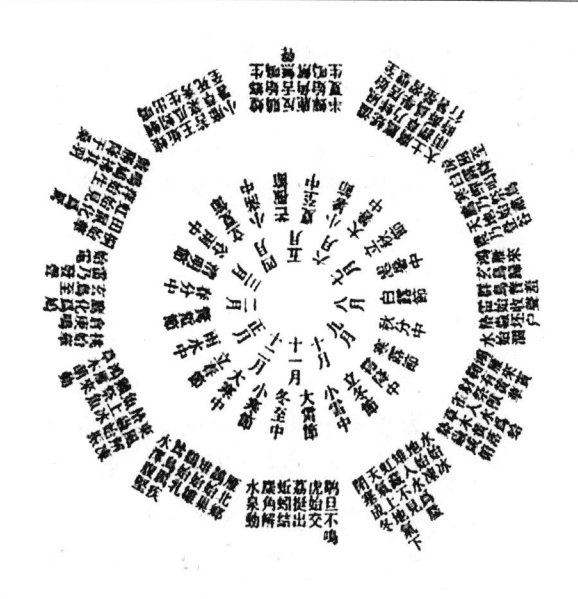

第六章　郝大通《太古集》的道教易图学思想　　221

图十三　二十四气加临七十二候图

循环消长。其言曰："冬至之日，一阳始生而成复卦。大寒之日，二阳始生而成临卦。雨水之日，三阳始生而成泰卦。春分之日，四阳始生而成大壮卦。谷雨之日，五阳始生而成夬卦。小满之日，纯阳而成乾卦。夏至之日，一阴始生而成姤卦。大暑之日，二阴始生而成遁卦。处暑之日，三阴始生而成否卦。秋分之日，四阴始生而成观卦。霜降之日，五阴始生而成剥卦。小雪之日，纯阴坤卦用事。所谓损之而益，益之而损也。"①其原则为"物凡损之而益，益之而损"，这又是老子《道德经》的思想。但《二十四气加临乾坤二象阴阳损益图》，以乾坤两卦的变化来论一年二十四气的变化，只能尽象天地运动之"大用"，即阴阳两气变化的大原则，而不能对于其中的细微处的原理，如日月之运行，风雷之出没，山泽之通塞等等的原理有所揭示。《太古集》中还有《六子加临二十四气阴阳损益图》（见图十五），认为"乾坤二象，象天地之大用，由未尽其理者。"②因此，"再明日月之运行，风雷之出没，山泽之通塞。据此六卦，三男三女所行之道，亦自冬至之日为首，以阳变阴，以阴变阳。至夏至之日为

---

①　郝大通：《太古集》，《道藏》第25册，第875页。
②　同上。

首，以阴变阳，以阳变阴，阳阴错杂，各有所变，变而通之，以明化物之功。本自无为之治，出于自然而然也。"① 此图，震、坎、兑居右下方，巽、离、艮居左上方。如自震、坎、兑开始，向左运行，第一组卦为豫、节、困；第二组卦为解、屯、萃；第三组卦为恒、既济、咸，此三组卦外卦均为震、坎、兑。向右运行，第一组卦为履、涣、噬嗑；第二组卦为睽、蒙、无妄，第三组卦为损、未济、益，此三组卦内卦均为震、坎、兑。如自巽、离、艮开始，向左运行，第一组卦为谦、丰、井；第二组卦为蹇、革、升；第三组卦为咸、既济、恒，此三组卦内卦均为巽、离、艮。向右运行，第一组卦为小畜、旅、贲；第二组卦为家人、鼎、大畜；第三组卦为益、未济、损，此三组卦外卦均为巽、离、艮。《六子加临二十四气阴阳损益图》是以六子卦的阴阳运行为主，据此六卦，三男三女所行之道，亦自冬至之日为首，以阳变阴，以阴变阳。至夏至之日为首，以阴变阳，以阳变阴，阳阴错杂，各有所变，变而通之，以明化物之功。本自无为之治，出于自然而然也。

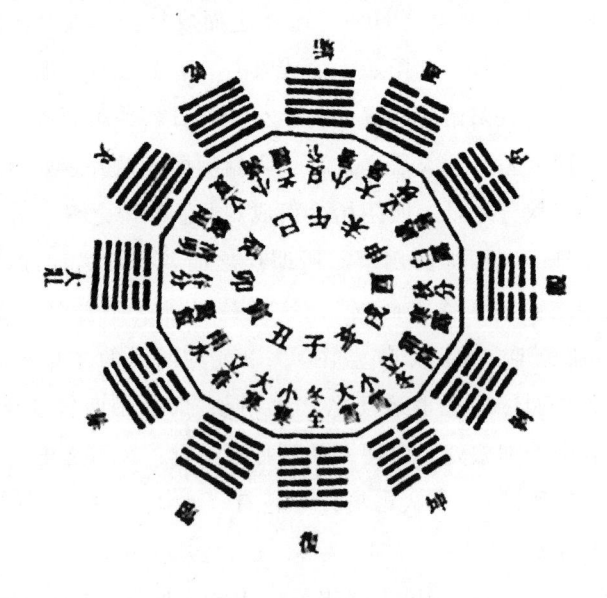

图十四　二十四气加临乾坤二象阴阳损益图

---

① 郝大通：《太古集》，《道藏》第 25 册，第 876 页。

第六章　郝大通《太古集》的道教易图学思想　　223

图十五　六子加临二十四气阴阳损益图

　　郝大通认为,《周易》六十四卦除坎、离、震、兑四正卦后共余六十卦共三百六十爻,其分布在一年中,一爻管一日,亦可以尽一年之阴阳消长。《太古集》中有《二十四气加临卦象图》(见图十六),最里一圈为一白圈;第二圈为坎、震、离、兑四卦分居北、东、南、西之位;第三圈为十二地支成一圆形;第四圈为二十四气成一圆形;第五圈为"公、辟、侯、大夫、卿"组成一圆圈;第六圈为六十卦周。这可能是解释《周易参同契》"六十卦周,张布为舆"之句。此图解曰:"起自冬至之日,以中孚有信,阳气始生。至夏至之日,以咸相感,一阴始长,故知卦有六十。经游二十四气之间,凡三百六十而成一岁之功。一年之内,则有三百五十四日,积之闰余,故知自冬之日至满一岁度,有三百六十五日四分度之一,每一日管行一爻,六日七分而成一卦,内有闰余,共成其数也。惟坎震离兑而归四正,不在其间者也。"① 此图以坎、离、震、兑为四正之卦,和汉代象数学的观点接近。此图所体现出来的思想,值得关注的是,冬至之日,值中孚与复,中孚有信,阳气始生,为复。夏至之日,以咸相

---

① 郝大通:《太古集》,《道藏》第25册,第876页。

感，一阴始长，为姤。卦有六十，每卦六爻共三百六十爻，一日行一爻，六日七分而为一卦。

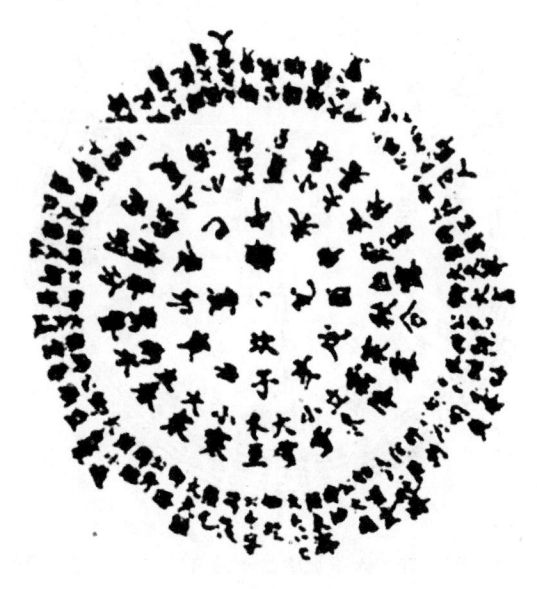

图十六　二十四气加临卦象图

《周易》十二辟卦、六子卦等以及六十四卦除坎离震兑四正卦外的卦爻变化，以《周易》卦爻象变化的形式表征天地间阴阳两气有规律的消长形式。其阴阳消长的原则就在于"物凡损之而益，益之而损"。天道有阴阳的消长，内丹的修炼亦要法此阴阳的消长，以和天道的运行同步。因此，对于天道阴阳运行的规律探讨，对道教内丹修炼而言，不仅在于满足一种力图了解外部事物、探寻未知世界的愿望，更在于对这种规律进行掌握和运用，以达成天人合一，与天地同在的宗教理想追求。

第四，《周易》六十四卦通天地万物之情性。《太古集》中有《六十甲子加临卦象图》（见图十七），其云："夫天地之道，而生万物，贵无过于人也，则成三才之道，而配支干纳音，为六十甲子。故有乾坤二卦，而生六十有四数，则有万一千五百二十象，万物之数也。众象之内，以屯为初，法此甲子有六十而自相配偶，六十四卦而通万物之情性，以存品类之吉凶悔吝、忧虞、存亡、得失、无不备矣。"[①] 天地之道生万物，而人最

---

① 郝大通：《太古集》，《道藏》第25册，第876页。

第六章　郝大通《太古集》的道教易图学思想　　225

为贵。人与天地并而为三才，天干为天象之反映，地支为地象之反映，人合天地之道，以天干、地支相合，组成六十甲子，并纳音以纪年之阴阳五行。《太古集》以《周易》六十四卦与六十甲子相配，六十四卦中，乾之策二百一十四，坤之策一百一十四，阳卦三十二，阴卦三十二，六十四卦共得万一千五百二十，像万物之数。寅月为一年之始，以屯卦值寅之月，布六十四卦于六十甲子中，成《六十甲子加临卦象图》，甲子、乙丑、丙寅、丁卯四年各纳两卦，甲子纳乾、中孚，乙丑纳坤、小过，丙寅纳屯、既济，丁卯纳蒙、未济。目的在于"通万物之情性，以存品类之吉凶悔吝、忧虞、存亡、得失，无不备矣"。通天地万物之性情对于道教内丹修炼来说，意义重大。因为道教内丹的修炼与天地造化同途，亦有吉凶悔吝、忧虞、存亡、得失等各种情况。对于这些情况处理妥当与否，直接关系到内丹修炼的成功与否。而《周易》六十四卦通天地万物之情性。故可以通过引《易》入道，以《易》之理证之以道教内丹修炼之理，达到趋吉避凶之功。

图十七　六十甲子加临卦象图

其它如《十二律吕之图》、《五运图》、《六气图》、《四象图》、《北斗加临月将图》、《二十四气日行躔度加临九道图》、《八卦数爻成岁图》、《天元十干图》等，皆有释义，从八卦五行，天文历法之图像，研究其间运动流转之象数规律，以用之于炼丹。

　　为什么《太古集》要对天地自然运转的规律进行探讨？这要从炼丹的理念和指导思想入手，才能得到合理的解释。炼丹家认为，炼丹乃是与天地造化用途的一种天人合一的行为。天人合一是指天人均循同一原理进行运转或生长，天地不老的原因是炼丹家所关注的一个重要问题。天地不老的一个最明显表现，即是斗转星移、四时运转的规律性和循环性。因其是循环和有规律的，故古人认为天地不老。按丹家的观点，人与天地均是道化的产物，不管此道是元气或是某种精神性的存在，都是同一源头的产物，其生生的原理是相同的。故而人与天地齐寿在理论上是可能的。如何在实际的操作过程中达成人与天地的齐寿，是炼丹家最为关注的一个问题。在这个问题探讨的过程中，炼丹学不仅实验了各种炼丹和养生的方法，并且更为重要的是，对天地不老的理论进行了探讨。从《周易参同契》开始，道教就已经以日月象结合五行、六律、天干、地支、二十八宿对天地运行的规律进行探讨，并以易卦、易爻、易理来说明天地运行的模式。如比较著名的"月相纳甲法"、"十二辟卦"、"十二律吕"结合"十二地支"明阴阳两气的循环消长说、"四时刑德说"等等。[①] 可以说，《周易参同契》的内容，对后世修丹的理念产生了重要的影响。而郝大通《太古集》法《周易参同契》之学，以易图来发明天地阴阳运行之理，并以之指导内丹修炼，对于道教内丹学的发展做出了贡献。

第三节　郝大通法天地造化生物的原理以论还丹之炉鼎的思想

　　《太古集》卷三有《三才像三坛之图》（见图十八），"夫三才者，天一、地二、人三也。今则不然，所谓天在上，地在下，人立乎中，以像三才，非取一二三，惟取上中下品是也。故知上品类天之万象，以明十干之类是也。中品类人有万事，此者皆自天之下，自地之上而居于中，以明八卦五行之属是也。下品类地之万物，以明十二支位是也。此具二品以证二

[①] 储华谷注：《周易参同契》谓"刚柔迭兴，更历分部，龙西虎东，建纬卯酉。刑德并会，相见欢喜，刑主伏杀，德主生起。二月榆落，魁临于卯，八月麦生，天罡据酉。子南午北，互为纲纪，一九之数，终而复始，含元虚危，播精于子。"

才。易曰：有天道焉，有人道焉，有地道焉。天道广矣，地道大矣，人道备矣。天道虽广，若不以人法之，而天道不能显著。地道虽大，若不以人则之，地道不能成就。惟人道独能法则于天地，变化于万有，兴废于万事者，亦自此而然也。"①

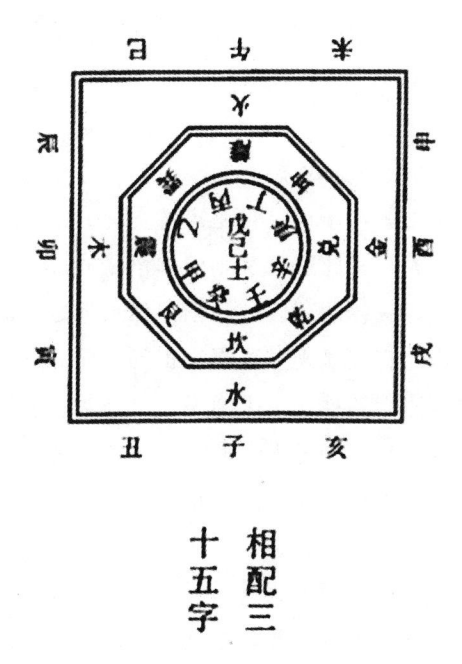

图十八　三才像三坛之图

　　人是法天地造化生物的原理来修炼内丹的。在天、地、人三才中，人的地位非常重要，因为修炼内丹的最后落脚点是人。天地之道，只有在人道的介入下才是有意义的。此图对"三才"的解释和以前有所不同。《道德经》云："人法地，地法天，天法道，道法自然。"对于天地人三者的关系，郝大通认为存在一种观点，认为天排第一、地排第二、人排第三，天地人三才，人为最末。在对此图的解释中，郝大通取天在上、地在下、人在中的观点，以上中下三品以像天地人三才。天圆而地方，天有十干，天之万象，以天干类之，地有十二支，地之万物，以地支类之，人有万事，以五行八卦类之，共同组成此图。此图特别强调人的作用，认为天道

---

①　郝大通：《太古集》，《道藏》第 25 册，第 879 页。

和地道虽然广大，但如果不以人法则之，则仍然处于一种不能"显著"和"成就"的"遮蔽"状态。天地之道的意义在于人道对之的理解和法则。人道能法则天地，变化于万有，兴废于万事。人道是一种在法则天地的实践活动中生成和表现出来的，这就凸现了人的主体性、能动性，但这种主体性和能动性又是建立在对天地进行法则的基础上的，认为人道之法则源出于天地之道，只有和天地之道和谐一致，人道才是有可能的。因此，天地人三才之道是一个和谐的统一整体。这是一种系统论的观点，同时，也表达了一种可贵的人学思想。

宇宙的秩序和法则源自于道，是受道的支配的结果。有一个永恒的道在生成和发展万物。人对于此道的法则的领悟是通过天地之理的领悟来得以实现的。人是和天地一体的，人道是依自然天地之道而建立起来的一种秩序，是形而上之道的直接显现。道是宇宙间秩序和法则的唯一来源，但人同时又能分有这种法则和秩序。人道是法天地之道而形成的，但人道本身又是自足的。所谓自足指的是人道和天地之道相比，并无不足之处，并没有缺陷，能够完整地把握生天生地之道的内容。故一方面人道源出于天地之道，直接和形而上的大道相通。但另一方面，人道也能通过天地之道把握无限的、永恒的大道，天人之间是相沟通的。郝大通法天地造化生物的原理以论还丹之炉鼎的思想就是建立在这个基础之上的。

因为天人之理是相通的，因此，对于天地造化的法则和原理，修练者可以以一己之心和一己之神去对之进行体会。这和孟子的"尽心、知性、知天"思想有着异曲同工之处。郝大通认为，对于道的认识，如道之教与化、道化生天地万物的功用，均必须通过人，特别是通过人的心神才能进行理解。在《〈周易参同契〉简要释义并序》中，郝大通说："易之道，以乾为门，以坤为户。以北辰为枢机，以日月为运化。以四时为职宰，以五行为变通。以虚静为体，以应动为用。以刚柔为基，以清净为正。以云雨为利，以万象为法。以品类为一，以吉凶为常。以生死为元，以有无为教。故知教之与化，必在乎人，体之善用，必在乎心。变而又通，必在乎神，以一神总无量之神，以一法包无边之法，以一心统无数之心，自古及今，绵绵若存，是谓《周易参同契》简要释之义也。"[①]《易》道是对天

[①] 郝大通：《太古集》，《道藏》第 25 册，第 868 页。

第六章　郝大通《太古集》的道教易图学思想

地之道的阐发。道体虽然言之以虚无，但其作用于器物，器物应道之动就能为用。《周易参同契》所言之道，以乾坤为门户，以北辰为枢机，法日月之运化，行天地四时之序，和合、变通五行，这都是对天地之道的阐明和循行，故修道人要以天地万法为象，以虚静为体，以应动为用，以刚柔为基，以清净为正，以云雨为利，以品类为一，以吉凶为常，以生死为元，以有无为教。这样，就能体味道之精髓。天地之理虽然既广且大，修丹者心体清静，以一己之心、一己之神来对天地造化之理进行领悟，以己之一心，代天地间无数之心，以己之一神统天地间无量之神。因为虽然自然之神妙变化莫测，人身体内的变化亦无穷，但天、地、人三才都是大道化现的产物。所以，修真之士修持之时，就能以一神总无量之神，以一法包无边之法，以一心统无数之心，从而与道相契。郝大通认为，此精神自古及今，绵绵若存，这就是内丹的法诀，也是《参同契》的精神实质。

以一神总无量之神，以一法包无边之法，以一心统无数之心，就能法天地造化之理以论还丹。《太古集》卷二中有《三才入炉造化图》（见图十九），对于内丹的原理，有所阐发。郝大通说："夫三才之道者，天地人也。天元有十干之属，地元有十二支之属。人元有五行八卦之属，此三

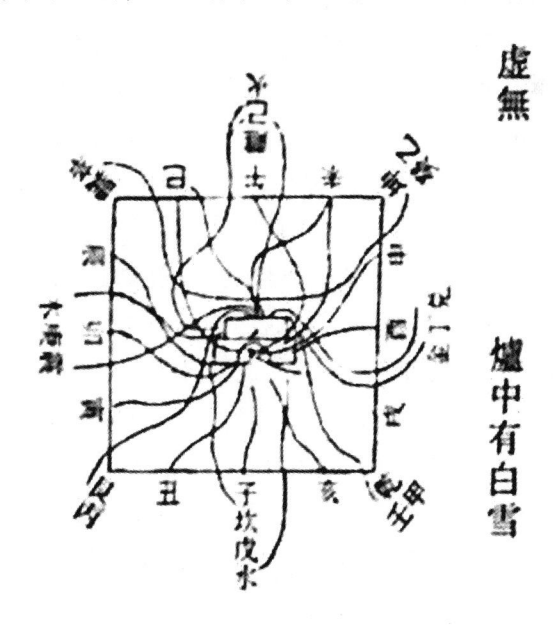

图十九　三才入炉造化图

才而配于支干、五行、卦象之属，而入乎虚，而出乎无。虚无之间，而生长成就万物之功不有怠倦者。因造作而必得所化，化之与造，为者本无为之化也。炉有三层，十二门，火居于中，炼乎三才之真气而合成道也。"①即认为道本身是一种形而上的存在，它和有形有象的实有的天地万物不同，道表现出来好像是既虚且无，但是，道生长成就万物之功却无有怠倦。因道之造作而使得天地万物生化万变，但化之与造，都是道的产物，道作为造化之主宰，作为"为者"，本质上又是无为的，是一种"无为之化"。人法道的"无为之化"，配天道以天干，配地道以地支，配人道以五行八卦，入乎虚而出乎无。内丹修炼中，所谓天干、地支、五行、八卦之属，即是对天、地、人三才之道的表述。"三才入炉造化"，即指人法天、地之道而炼丹，炼天地人三才之真气而合于道。三才入炉造化产出白雪，"无为之化"的"虚无大道"就是"炉中产白雪"的原因。于此，郝大通以《周易》之《革》卦象喻"白雪"，以《归妹》卦象喻炼丹之炉。对人而言，火为心火，泽为肾水，平常时，人的心火处上，肾水处下，修丹时，使心之火向下，肾之水处上，火在泽下，则水火交媾，产出"白雪"，故《革》卦为"白雪"，"白雪"当为炼丹之药；雷行泽上，谓之炉，于卦为《归妹》。因炉为炼还丹之所，合《归妹》之"归"意，且《归妹》卦雷行泽上，泽应雷而动，有炉中物熟之象，故以《归妹》卦喻炉。《太古集》卷二中还有《八卦收鼎炼丹图》，此图与《三才入炉造化图》一样，亦是论内丹修炼之理，在此图中，郝大通提出"清净"作为"鼎中有黄芽"的一个条件。认为"八卦收归于鼎者，谓乾象天，坤象地，震象龙，发乎雷。巽象虎，生乎风。坎象云，降乎雨。离象电，闪乎光。艮象山，通乎气。兑象泽，说乎物。因乾健而运，自坤顺而动，得此三男三女，妙乎大用而利于万物，此则明雷风云雨电闪之属，本自晴空而来，复归晴空而去，故谓之鼎。鼎之为器，下存于火中，炼其天、地、雷、风、火、山、水、泽而成大丹也。"② 其以《周易》之《恒》卦论丹之"黄芽"，认为"黄芽"乃天气下降，与地气相交，变化而成。它与"白雪"相应，"白雪"为地气上腾，与天气相交，变化而成。震为

---

① 郝大通：《太古集》，《道藏》第25册，第873、874页。
② 郝大通：《太古集》，《道藏》第25册，第874页。

雷，震卦一阳二阴，天之阳气始交阴；巽为风，巽卦二阳一阴，地之阴气始交阳。阴阳初交，在内丹景中，则谓之"黄芽"，故以雷风《恒》卦喻之。《鼎》卦有"鼎"之象，故以《鼎》卦喻丹之"金鼎"。八卦收归"鼎"内炼造，合成大丹。

从上述这些易图中，可以看出，郝大通认为天地人三才之道是相通的，人们所得之道与宇宙化生万物之道同。对于此道，人们的态度有二：一是顺此道而行，一是逆此道而动。郝大通此论顺逆和一般之内丹家有所不同。一般认为，内丹修炼为逆常规而行，所谓"顺则生人，逆则成仙"。顺是人体精气神三宝向外，从而生人生物，逆是精气神三宝保持在身体之内，神气相合，精气互化，从而成仙成道。郝大通的宇宙观认为，道生宇宙万物，宇宙万物中有道，宇宙万物只要随顺此道，法道之自然，就能阴阳和顺而百物兴，这就是道之清静；如果逆此道而行，恣情肆欲，则五行运行混乱，四方上下六合相倾，天地颠倒。因此，道是至极玄妙之物，不可以须臾离也。他说："是道也，用之以顺，两仪序而百物和，行之以逆，六位倾而五行乱。"[①] 因此，修真达道之士一方面法圣人之仰观俯察，顺天地自然之道以生物、成物，德化十方；另一方面其精神不妄为，故能寂然不动，同时感而遂通，从而慧超三界，直入玄都。《老子》有言，"人法地，地法天，天法道，道法自然"，郝大通以道法自然为内丹修炼的最高境界。西方的哲学和宗教在谈及造化者与造化者所生成之物时，通常有这么一种观点：即认为造化物的生成是对造化者的分有和摹拟，因此，相对于造化者而言，造化物是不完满。分有和摹拟的层次越多，其完满性就越差，由此形成了从造物主到各级造化物在完满性上从高到低的顺序递减的一种状况。如柏拉图的摹本、理念说，基督教的原罪说等，都认为现实的事物是由其形而上的理念所决定的，现实的事物相对于其所摹仿的理念来说，是不完善的，而理念本身则是完善的。郝大通的道法自然说，虽然认为天地人和万物均由道演化而来，但其完满并不比作为万物主宰的道差。人和万物顺道之自然，就能与道相合，从而达到与天地并存的境界。

人要法天地自然之道，也是非常简单的。郝大通说："大抵动静两

[①] 郝大通：《太古集》，《道藏》第25册，第868页。

忘，性圆命固，契乎自然。"① 就是这么简单易行。但人们对此简单易行之道似乎不能理解，"自然之道甚易知，甚易行，而天下莫能知，莫能行者"，其原因何在，郝大通认为："盖情欲缘想害之之谓也。人若去妄任真，超尘离法，混俗而不凡，独立而不改，抱一而不离，周行而不怠，于仙道其庶乎。"儒家本重纲常伦理政治，佛教重寂灭，但郝大通将儒、释之学均纳入到道教"道法自然"中来，他说："颜子有坐忘之德，孟轲有养素之功，盖亦专于一事也。今举其大纲，开诸异号，所谓同归而殊途，名多而理一，示之可以益于后学，能使道心坚固，真正无私。若执志待终，则位标仙籍，永作真人，神通万变，羽化飞升矣。"② 颜渊的"坐忘"，孟子"养浩然之气"，均和道教的内丹修炼去妄存真，抱一而不离，独立而不改，专于一事相同。而佛教禅宗"所谓毛吞大海，芥纳须弥，木马嘶鸣，石人唱和。此皆开悟后，觉不得已而为言。"③ 这都是通过不同的道路，达到相同的目的，名词不同，道理则一。

郝大通谓自己作此书的目的在于使后学者受益，使他们道心坚固，与道合真，无私妄而循正道而行，后学者如坚定其志向，自始至终，则能位入仙籍，永作真人，神通变化，羽化飞升。"如是则非我门而不入，非我道而不然，然而然，然于不然而然也。"这段是就《太古集》一书对弘道的作用而说的。郝大通曾持不语偈，坐于赵州桥下，六年不语亦不动，其侄女和侄女婿，过而视之，礼拜有加，他不介意，终无一语，让侄女与侄女婿嗟叹而去。但对于宣教，则又极显其迫切心理。认为其所作此书对于道门的后学者有极大的益处，能使之趋入道教之门，非道教之道而不信；而于道教之道，又是自然而然地去信，不会有任何强迫之感，是非常圆满的。

郝大通的《太古集》，借《易》理论天道运行之理和道教的修炼思想。认为道生万物是一个从无到有，又从有到无的过程。这个过程是大道作用的结果。天地自然之道、《易》道、大丹之道，其理是同一的。《易》之乾坤坎离，即代表了自然的天地日月；《易》之卦爻象及其数的变化，

---

① 郝大通：《太古集》，《道藏》第 25 册，第 867 页。
② 同上书，第 868 页。
③ 同上。

代表了宇宙化生万物的不同情况和规律。人通过习《易》之理进而达到悟天地自然之理，就可以贯通天地人三才，就可以修成大丹。而《易》之理主要是通过易图表现出来，通过赋予各种易图以炼丹的理念，郝大通将宋元道教易图学又推向了一个新的发展高峰，在道教史和易学史上作出了突出的贡献。

第七章　雷思齐的道教易图学思想

雷思齐，字齐贤，江西临川人。宋亡后，去儒服，称黄冠，独居空山之中，致力于道教理论研究，人称"空山先生"。曾著《老子本义》、《庄子旨义》、《和陶诗》及《易图通变》、《易筮通变》等书，为当时学界所敬仰。三十六代天师张宗演曾礼请雷思齐为龙虎山玄学讲师，著名高道吴全节由此得为其门下弟子。雷思齐所著之书，大多已佚。唯《易图通变》、《易筮通变》两书，保存在今《正统道藏》太玄部若字号中。两书试图以老子《道德经》来贯通《周易》，认为儒道同源，道教老子的思想实是作为儒学五经之首的《周易》思想之头活水。现试论之：

第一节　河图、衍数新释

嗣天师张宗演在《空山先生易图通变序》中说："《道德》数千言，吾教之所独尊，古今未有能废之者。然传注层出，渺茫业惑，莫适指归，徒见多歧之纷纷也。雷思齐嗜学有要，精研是书，探核本旨，为之传释，合儒老之所同，历诋其所导，条分绪别，终始一贯，不翅入老氏之室，避之席以相授受也。其将学是者，终究其说，知其玄之玄而不昧其所向传之将来，庶几于吾教非小补也。"[1] 据嗣天师张宗演序，雷思齐《易图通变》就其性质而言，仍为阐发老子《道德经》一书而作，不过又借助于易理而已。《周易》为五经之首，历来为儒者所重，然据雷思齐看来，儒者所重之《周易》，其核心思想乃道教老子《道德经》之意旨。雷思齐先儒后道，对此自有心得于其中。

---

[1] 张宗演：《空山先生易图通变序》，《道藏》第20册，第335页。

第七章　雷思齐的道教易图学思想　　235

在《通变》两书中，雷思齐通过对河图及大衍之数的解释和分析，来阐发《周易》和老子《道德经》思想的相合之处。雷思齐认为，古之河图，即《周易》八卦的来源，伏羲则河图而画八卦，河图之数及其排列即体现了《周易》八卦自然演化的秩序，所以，雷思齐说："河图，八卦是也。图之出，圣人则之。……图之数，以八卦成列，相荡相错，参天两地，参伍以变，皆自然而然。"① 但是，河图尽管在古籍中多有记载，具体应为何物，却众说纷纭。雷思齐以一种变化之后的九宫图为河图（见图二十），认为"河图本数，兼四方四维共四十，员布为体，以天五地十虚用以行其四十，故合天地之数五十有五。"②

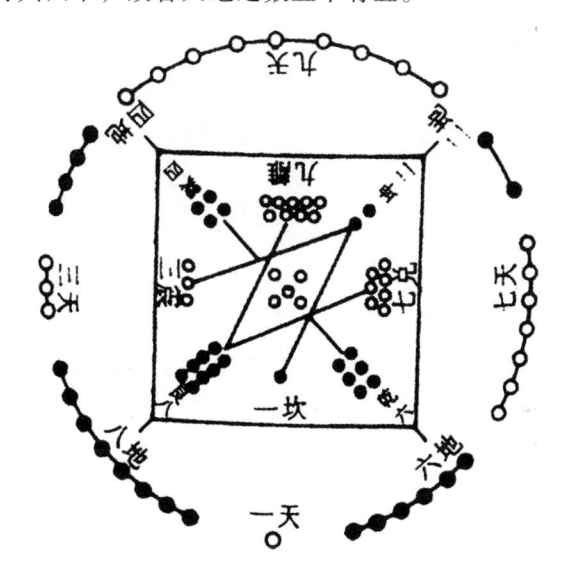

图二十　河图四十徵误之图

《周易·系辞传》中有："凡天地之数五十有五，此所以成变化而行鬼神也。"雷思齐继承了这个观点，认为天地万物的变化，均有其数理，是循数而变的。以数来概括事物的变化，具有高度的抽象性，同时，又具有外观的精确性。借助于数来表达事物的义理，客观事物处于隐蔽状态，凸显的只是数。雷思齐说："则河图以作《易》，其数之所由起乎？数之

---

① 雷思齐：《易图通变·序》，《道藏》第 20 册，第 335 页。
② 雷思齐：《易图通变·河图》，《道藏》第 20 册，第 336 页。

起,不过一阴一阳之道而已;《易》道之所以一阴一阳者,不过以奇偶之数互为分且合,以生且成而已。"① 伏羲则河图以作《易》,实则是循数的奇偶变化来进行的。雷思齐说:"易有太极,极,中也,一也,中自一也;是生两仪,仪,匹也,二也,匹而二也;两仪生四象,一、二、三、四,分之以为四生数;四象生八卦,则六、七、八、九,合之以为四成数也。"② 四生数与四成数中,四奇数为阳,四耦数为阴。阴阳之数的排列,亦很有规律,即"四奇为阳,阳虽有生成之异,而各列于四方之正;四耦为阴,阴亦有生成之异,而同均于四维之偏。"③ 四奇数为阳,各列于东西南北四方之正位,四耦数为阴,则位于东北、东南、西南、西北之偏位。阴阳奇耦之数相待相生,正位因偏位而立,偏位赖正位以成,故"由正生偏,由偏成正,一与三为奇,为阳之生数,而必待于六与八之阴数以为成,二与四为耦,为阴之生数,亦必赖于七与九之阳数以为成也。"④

在此图式中,五与十,没有自己的实位。按《周易·系辞传》:"天一、地二、天三、地四、天五、地六、天七、地八、天九、地十。天数五,地数五,五位相得而各有合。"而雷思齐的河图,生数为一二三四,成数为六七八九,于此中,天数为四,地数也为四,这个矛盾如何来解决呢?雷思齐认为:"天数之有五,地数之有十,均合于阴阳之奇偶,而同谓之生成,乃独无所见于四方之位,何也?四象无五,八卦无十故也。"⑤ 因为《周易·系辞传》关于生生之易的功用,有一说明:"易有太极,是生两仪,两仪生四象,四象生八卦",从这句话中所体现出的事物生成的数理看,是由一生二,二生四,四生八,而五和十在此生成的过程中,则没有自己实际的位置。河图是事物生成发展的模型图,直接显现事物生发的数理,据此,河图中不出现五与十的位置,是无可厚非的。

但是,雷思齐认为,五与十虽然在河图中没有实位,却在运转河图中起着非常关键的作用。以河图来看,"坎以一始于正北,而一五为乾六于

---

① 雷思齐:《易图通变》卷一,《河图传上》,《道藏》第20册,第337页。
② 同上。
③ 同上。
④ 同上。
⑤ 同上。

西北，坤以二分于西南，而二五为兑七于西，震以三出于东，而三五为艮八于东北，巽以四附于东南，而四五为离九于正南。故阳得五而阴，耦得五而奇，阴得五而阳，奇得五而耦，是生数之所以成，成数之所以生者也。"① 数的阴阳奇耦及生与成的变化，皆有赖于五。同时，"坎一巽四而五，故乾六离九而十五也，合之而二十。坤二震三而五，故兑七艮八而十五也，合之亦二十。是一二三四之十成六七八九之三十。故河图之数止于四十，而虚用天五地十而为天地之数五十有五也。"② 此即是说，河图之数为四十，因生数坎一（天一）巽四（地四）合为五，成数乾六（地六）离九（天九）合为十五，共二十。生数坤二（地二）震三（天三）合为五，成数兑七（天七）艮八（地八）合为十五，共二十。由此而得出河图之数为四十。河图四十数中，生数五以成成数，此五为虚数，当为天五。成数六七八九如各去其五，余数相合为十，此十亦为虚数，当为地十，它也无实位于河图。有此五、十之虚数，方有四十实数运行于河图中，所以，五与十虽在河图中没有实位，却在运转河图中起着非常关键的作用。

在《易筮通变》中，雷思齐对"虚五"为何物，有一说明。按《易纬·乾凿度》，道化生万物之前，自身运转还经历了五个阶段，即：太易、太初、太始、太素、太极，即所谓"五太"。雷思齐说："有太易、有太初、有太始、有太素。太易者，未见气者也，太初者，气之始也，太始者，形之始也，太素者，质之始也。气形质具而未相离，故曰浑沦。浑沦者，言万物相浑沦而未相离，故曰易也。易变而为一，一者形变之始也。是说也，重见于《易纬》之《乾凿度》，亦固谓然也。由是而观，则易之有太极，而太极者，特浑沦之寄称尔。浑沦而上，既有谓易、谓初、谓始、谓素，凡四其称，而至于浑沦而五，故以浑沦为太极，是之谓五太也，是则太极也者，既先含其五于中矣。"③《周易·系辞》一方面认为天地之数五十有五，一方面又说大衍之数五十，对此，雷思齐认为："天地之数五十有五，而大衍之数乃五十者，既虚其太极已上之五，而取用于五

---

① 雷思齐：《易图通变》卷一，《河图传上》，《道藏》第20册，第337页。
② 同上书，第338页。
③ 雷思齐：《易筮通变》卷下，《衍数》，《道藏》第20册，第330页。

十之妙也。"① 虚五即太极，太极浑沦涵太易、太初、太始、太素为五，此五为虚，代表道生万物之前的道的存在状态。而大衍之数的演变过程，乃是道生万物的过程，因此，天地之数和大衍之数有所不同，天地之数为五十五，而大衍之数为五十。

　　从筮法上讲，大衍之数的衍化，是道生万物的摹拟。五十数中，先尊其一作为道之化身的太极，以一数运转其余四十九数，以体现道生万物。那么，大衍之筮法与河图是什么关系呢？雷思齐认为："大衍之五十，先尊其太极不用之一，以为生生之本，而其用四十有九者，盖由一之二，其一以生两仪，是分而为二以象两，一又参其一以为三才之道，是挂一以象三，一复四其一为四象，则北南东西之判，冬夏春秋之序，水火木金之位，莫不由是以著，则所以揲之以四以象四时者也，而河图之数所以四十者也。"② 大衍之数五十，挂一为太极，此太极之一分二象两仪，揲三象三才之道，扐四以为四象，一二三四合为十，此十为虚，亦代表太极之道，而所剩四十数，即河图之实数。所以河图之实数应为四十，以虚五、虚十行其中而成大衍之数五十和天地之数五十有五。河图以图式来摹略道生万物的过程，而筮法则以蓍草之数的分合来完成同一过程，故而河图之数实则和大衍之数、天地之数相一致。

第二节　河图、衍数与《道德经》

　　雷思齐的河图及大衍筮法，区分数的虚与实，这个思想源出于老子《道德经》。在《道德经》中，道是一种不可言说的境界，具有高度的抽象性及概括力，所谓"道可道，非常道"（《道德经》一章，此下引《道德经》，只注章节名）、"道隐无名"（四十一章）等，但道生万物，却是具有可观感的具体实象。如何使"视之不见"、"听之不闻"、"抟之不得"的"恍惚"之道成为现实，必须经过一系列的"中介"，通过一系列的"感性显现"，故而道又离不开具体形象和情境，所以道是实与虚的对立。如何表达这种对立呢？雷思齐给出了自己的答案。即在河图及筮法

---

① 雷思齐：《易筮通变》卷二，《河图传中》，《道藏》第20册，第341页。
② 雷思齐：《易筮通变》卷下，《衍数》，《道藏》第20册，第330页。

中,"五"与"十"均处于虚位。以象征那不可言说之道,而其它实数实有赖此五、十之虚数,方能生成和衍化。虚数推动实数衍化的过程,即是道生万物的过程的摹略。

雷思齐的河图及筮法,一方面继承了《道德经》"道生万物"的思想,另一方面,又将"道生万物"的具体演进设计为一个程序。在河图中,生数一二三四,以虚五运生于其中,产生六七八九之成数,然后一六相应,二七相应等等,构成一个世界形成的模式。在筮法中,太极之挂一,分二,揲三,扐四,成一切卦,象征世界万事万物。就其指导思想而言,仍然是老子道生万物的思想,但在《道德经》中,只提供了一种思维向度,至于道生万物,具体如何演变,操作程序怎样,则显得不太明朗。所谓"道生一,一生二,二生三,三生万物"(四十二章),"大道泛兮,其可左右,万物恃之以生而不辞,功成而不名有,爱养万物而不为主"(三十四章),"道生之,德畜之,物形之,势成之。是以万物莫不尊道而贵德。"(五十一章)等等,都具有一定的模糊性。雷思齐的河图及筮法,用简单明了的图式及蓍数来形象地让人感知道生万物、及万物中皆有道的存在的思想,河图与筮法,其实质体现的是一种"象思维"与"数思维",这种思维相对于那种"玄之又玄"、绝相超宗的体验哲学而言,更具有理性的明确规定性。

同时,雷思齐对《道德经》中存在的阴阳对立统一思想,亦将之具体化了。从阴阳对立方面看,《道德经》第二章:"天下皆知美之为美,斯恶矣;皆知善之为善,斯不善矣。故有无相生,难易相成,长短相形,高下相倾,音声相合,前后相随。"雷思齐河图和筮法中的"参"、"两"之法,便是这个思想的进一步展开。雷思齐说:"参也者,一二之所以变也。由一自分其一以为二,起自为之对,则见其二,而不见其一矣。其一又自参出于二之中,故三也。"[①] 而"两也者,由一生二,起而对,并以立,既以象两仪,因之两其二,以象四象。"[②] "参"、"两"这两种方法结合使用,通过阴阳对待,便产生出一切事物及贯穿于这些事物生发中的数理。从阴阳相合统一方面看,《道德经》讲:"万物负阴而抱阳,冲气

---

① 雷思齐:《易图通变》卷二,《河图传中》,《道藏》第20册,第341页。
② 同上书,第342页。

以为和"（四十二章），雷思齐把这个思想诉诸数字表达，他说："天地之理，未始不有数行乎其中。然或有余于数，不足于数。惟其余不足而为之中制，故虽阴阳奇偶之数，有分，有合，有虚，有实，有进，有退，有自然互相生成之中道焉。"① 在数的分、合、虚、实、进、退等过程中，有一为之中制，为之主宰、调和的虚无之道，此道无形无象，但万事万物皆赖之以生，赖之以"和"。从雷思齐的河图看，则表现为："四方有中，中无定体，而四象八卦以之立，四时有五，五无定著，而四时八节以之行。"②

雷思齐反对河图中"五"、"十"之实体化，还在于启发一种与实体化有别的新思维。实体化的概念思维，其前提便是不分形上与形下，或只有形下，没有形上，这意味着主体仍在本体的"道"之外，没能和本体之道融为一体。随着"思"的深入，这种意识构架必须被打破，并由此进入形上之境。形上之境，主客区分泯灭，大道自然，无方无所，无为而无不为。雷思齐用图式来说明此理，便是河图无"五"、"十"之位，但实数之四十，却赖"五"、"十"以成，如《道德经》所说："三十辐，共一毂，当其无，有车之用。埏埴以为器，当其无，有器之用，凿户牖以为室，当其无，有室之用。故有之以为利，无之以为用。"（十一章）实数与虚数的区分，引申开来也即是一种形上与形下的区分，这对于道教徒而言，意义也是非常深远的。只看到实，不看到虚，在境界上是不能提升的。因为实往往和形下相联系，形下往往和感官相联系；而形上则和虚相联系，和超感官相联系。实与虚的刻意区分，实则是道教对超越感官，追求一种高尚、纯粹的形上精神之境密切相涉的。所以，雷思齐反对刘牧以九宫图为河图，其九宫图"实以天五于中"③，天五之数填实于图中，不能和形而下的构成世界万物的质料相区别，"鼓万物而不与圣人同忧"的主宰之道的特殊地位，在刘牧的九宫图中，不能凸显出来。在境界上，也落于形下，而不能趋向形上。

雷思齐不同意刘牧以九宫图为河图，还在于他认为河图必须不仅仅能

---

① 雷思齐：《易图通变》卷二，《河图传中》，《道藏》第20册，第340页。
② 同上。
③ 雷思齐：《易图通变·河图》，《道藏》第20册，第336页。

够在理论上自圆其说，更必须能实际地指导实践，这是判定河图真伪的一个重要标志。雷思齐认为，他所画的河图，完满地体现了天地自然运转的规律和法则。图中坎一为冬至，震三为春分，离九为夏至，兑七为秋分，一年四季，循环运转。同时，就一月来说，坎一当月之晦朔，震三为月之上弦，离九为月之望，兑七为月之下弦；就一天来说，坎一为夜分，震三为日出，离九为日中，兑七为日入，均是循环流转的。雷思齐以能否体现天地自然循环流转作为判断河图真伪的标准，而循环流转思想在老子《道德经》中，是非常突出的。《道德经》认为，运行于万事万物之中的道，一方面独立而不改，另一方面则周行而不殆，所谓"反者，道之动"（四十章），"有物混成，先天地生，寂兮寥兮！独立而不改，周行而不殆，可以为天下母。吾不知其名，字之曰道，强为之名曰大，大曰逝，逝曰远，远曰返。"（二十五章）《道德经》中的"循环论"，认为整个世界是一个开放的、动态的、循环更新的世界，各组成部分的发展表现出明显的合目的性。目的性为道，万物各自合于目的性则为德，道教之核心，便是尊道贵德。以此为标准，雷思齐认为朱熹以五行生成图为河图，也不尽合理。因为五行生成图在数与卦的方位配置上，"不过尽置《大传》五十有五之数于四方及中……并无传例言说，特移二七于南，四九于西，莫可知其何所祖法而作。"①"夫离之数九，居正南为火，兑之数七，居正西为金，乃天地自然参五以变之数，断断无以易之。"② 河图中，离火为九居南，兑七为金居西，这种秩序乃天地造化自然循环流转的反映，而朱熹的五行生成图则将之改易。为此，雷思齐批评道："二七、四九，徒论其数，无形象无方位可定，指定移易之则可。离、兑之有方所，火、金之有体用，岂天地造化，亦遂肯依附人之作为，亦为之变易乎？"③ 更何况朱熹的五行生成图，"以一二三四置于四方之内，而以六七八九随置其外者，按其分而数之则可也，不知将何以循序回环，以运行之乎？"④

雷思齐认为自己所画的河图，不仅和老子《道德经》的意旨相符，也与《易传》关于河图的经典性论述相一致，《说卦》云："昔者圣人之

---

① 雷思齐：《易图通变》卷五，《河图遗论》，《道藏》第20册，第351页。
② 同上书，第348页。
③ 同上。
④ 同上书，第349页。

作易也，幽赞于神明而生蓍，参天两地而倚数。"雷思齐认为自己河图中数与卦的排列，体现了"参天两地"的义理，故而可以成为作《易》的依据。因为艮八加震三中之一，为"参天之一"，离九为"参天之二"，乾六加兑七之三，为"参天之三"。而巽四加震三之二，为"两地之一"，坤二加兑七之四，为"两地之二"。而坎之一，"以其初不入于用之一数，寄于十以行其中，而为之分且合，以成其中制者。"[①] 即坎之一数虽不参与"参天两地"，但"坎一以无用之用而用有用之用"。[②] 因"坎一"的存在，故而离九坎一为十，坤二艮八为十，震三兑七为十，巽四乾六为十，而成河图四十之数，"坎一"也因此成为先天之道化生后天万物之始。同时，雷思齐认为自己的河图，亦可以解释《系辞》："参伍以变，错综其数，通其变遂成天地之文，极其数遂定天下之象"句，因为在雷思齐的河图中，坎一与乾六，相加为七，从中析出"五"数，则首尾各剩一。同理，坤二与兑七，相加为九，从中析出五，首尾各剩二；震三与艮八，相加为十一，从中析出五，首尾各剩三；巽四与离九，相加为十三，从中析出五，首尾各剩四。"参伍以变"，按雷思齐的理解，就是突出了"五"的作用，由于"五"的存在，所以八卦成列，相参相错。而雷思齐借《易传》来印证河图之数，亦可说明《易传》与《道德经》内在精神实质的一致性，因为雷思齐对河图之数的种种理解，是跟他对《道德经》中有无、虚实思想的深刻领悟密不可分的。

第三节　雷思齐道教易图学的意义

概言之，在雷思齐的河图及筮法中，宇宙生发表现为既流转又不迁。流转是一引展过程，不迁则是道体之恒常。万物皆赖道以生、以成。道既有生成，同时又永恒存在，是一种历时性与共时性的合一。一方面，生成的展开是在时间中进行的，道是一种历时的自然流变，不可指定某一个阶段、某一个方面为道，所谓"道可道，非常道"；另一方面，道亦是一种常道，常道一以贯之，不受时空影响，具有共时性的特点，它即存在于事

---

① 雷思齐：《易图通变》卷二，《河图传中》，《道藏》第 20 册，第 342 页。
② 同上书，第 344 页。

物之中，生成和本体是合一的。宇宙自然的生成变化，体现了一种无为而无不为的特点，道自然生成万物，不借人力；同时，道生万物，道的主宰作用又得以凸显。雷思齐借河图及筮法表现出来的这个思想，是对当时主流思潮的一个反动。因为形上之道，在儒、佛那里，更多的情况下是一种自我境界。如佛教将人们视为实有的大千世界仅仅当作不断变幻的心识的外化，重视人对自身主体性（佛性）的亲证。参禅即要求主体破除对象，对象从客观时空的真实存在变成了观者的心境，自然作为色相，被赋予了不可或缺的"唯心"意义，没有任何事物能够外在于我而"存在"。而儒学在两宋时期，理学、气学、心学、经世致用之学等均以一己之见来把握形上之道，或陈心性修养之术；或发以为刑政，经国纬民，但由于都赋予形上之道以"自我"性，故而都蔽于一曲而互相攻讦，成党争之势。程颐曾对北宋庆历以来持续不断的党争进行总结和反思，认为党争使国家和社会的危机加剧，很多具有建设性的政治运作仅仅因为党争而得不到很好贯彻。如对王安石新政，他说："新政之改，亦是吾党争之有太过，成就今日之事，涂炭天下，亦须两分其罪可也。"[①] 所谓空谈误国，即是如此。而这种党争情况的发生，很大原因乃在于各大家均师心自用，妄作妄为所导致。因此，"人化"的自我性如果成为自是而非彼的代名词，则还不如复归"无为"，以虚代实，顺应自然，以求得一种"和谐"。故经历过国亡家破之辱的雷思齐，意在以"人化"服从"道化"，因为"人化"只不过是自然宇宙"道化"的一个环节而已，虽然"人化"即"道化"，但"人化"不是"道化"的全部，所谓"人法地，地法天，天法道，道法自然"，自然之道是人的取法对象，只可能人合道，而不可能道合于人。雷思齐力图突破自我，回归自然。从关注自我到关注自然，构成了当时学术上的一个转向，虽然这个转向没有成为当时时代的强势，但也反映了一部分知识界尤其是道教界人士对时代变迁、社会变革的一种回应。

吴全节在《易图通变序》中，曾记载下雷思齐的如下观点："先生（指雷思齐）尝诲余（指吴全节）曰：文章于道，一技耳。人之为学，将以明斯道也，不明斯道，不足以为圣贤之学矣。"[②] 事实上，我们从《易

[①] 《二程遗书》卷二上。
[②] 吴全节：《易图通变》之《序》，《道藏》第20册，第335页。

图通变》、《易筮通变》两书中，亦可看出，雷思齐之所以讨论河图及筮法，乃在于提供出一种无始无终、自本自根的宇宙本体之道运转万物的操作模式，目的是突出大"道"的自然无为和无不为。因为在雷思齐看来，作为五经之首的《周易》的核心意旨实乃涵老子《道德经》的思想于其中。

第八章　张理的道教易图学思想

张理，字仲纯，元清江（今江西清江）人。据《宋元学案·草庐学案》记载，张理曾举茂才异军，历任泰宁教谕，勉斋书院山长等。元仁宗延祐间（1314—1320）为福建儒学副提举。早年曾从杜本学《易》于武夷山，"尽得其学，以其所得于《易》者，演为十有五图，以发明天道自然之象"。明《正统道藏》洞真部灵图类收录有张理著《易象图说》，分为《易象图说内篇》三卷与《易象图说外篇》三卷两种，均题清江后学张理仲纯述。此书《辽志》、《补辽志》、《元志》皆有著录。自序书于元至正二十四年（1346），时已值元末。

另文渊阁四库全书本经部易类收有《大易象数钩深图》三卷；明《正统道藏》洞真部灵图类也收录有《大易象数钩深图》，底本未题撰人。任继愈先生主编《道藏提要》认为此书为杨甲等人编撰，并为张理所增补。《道藏提要》云：

> 刘师培《读道藏记》考证是书实宋人《六经图》之第一卷。《六经图》为南宋绍兴（1131—1162年）中杨甲撰，乾道中毛邦翰复增补之。叶仲堪重编。毛邦翰增补《易图》为七十，叶仲堪增为百三十。今《道藏》本则有图百三十九，又有增补。今传明新都吴氏本为毛氏之图，四库本及信州石刻本，均经窜乱，非毛图之旧。师培谓："此册虽仅《易图》，然标题《象数钩深》与吴本毛图宛合。""计一百三十九图，较之毛图数虽增倍，然次第略同。'疑即叶仲堪之书。刘氏考《大易象数钩深图》取自杨甲《六经图》甚是。……故黄虞稷《千顷堂书目》著录《大易象数钩深图》三卷题赵元辅编。焦弘《国史经籍志》、《续文献通考·经籍考》、钱大昕《补元史艺文

志》、金门诏《补三史艺文志》并著录《大易象数钩深图》三卷张理编，则今本百三十九图，盖元时张理所增补也。明清以来于《六经图》历世均有增损，故有《六经图》、《五经图》、《七经图》、《九经图》层出不穷。而今《大易象数钩深图》则系杨甲编撰，毛邦翰、叶仲卿、张理等增补者也。①

从《大易象数钩深图》辑历代《易经》象数学之图，以《太极贯一之图》及周敦颐《太极图》为首，以邵雍《皇极经世图》、司马光《潜虚拟玄图》等殿后，末为《古今易学传授图》，上自孔子，下迄司马光再传弟子思纯的做法来看，基本可认定此书当不为张理所著，但张理可能对之进行过易图的增补。

朱伯崑先生认为，明《正统道藏》洞真部灵图类收录的《大易象数钩深图》，"与张理著作同名。但此书中关于河图、洛书的论述，取刘牧的河九洛十说，而《易象图说》则取蔡元定的河十洛书说。"② 对于这个矛盾，朱先生认为，如果道藏本《大易象数钩深图》为张理所作，则其河洛说经历了一个发展过程。由于不能确定道藏本《大易象数钩深图》为张理所作，故朱先生在论张理象数易学时，以其《易象图说》为主。因此，我们探讨张理的道教易图学思想，也以此书为主。

第一节　论图书易学与道教的关系

图书易学自宋代以来，成为学术界的显学之一。象数与义理之学是易学中传统的两大派，图书易学是从象数易学中歧出的一派，但其对后世的影响却相当的大。当时的一些学术大家，如陈抟、刘牧、朱震、朱熹、蔡元定、吴澄包括张理等，对图书易学都有深入地研究。张理更是以图书易学为中心，构成了独具特色的易学思想体系。

张理认为，图书易学与道教也有着密切的联系。这主要从以下几个方面反映出来：

---

① 任继愈主编：《道藏提要》，中国社会科学出版社1991年版，第116页。
② 朱伯崑：《易学哲学史》第3册，华夏出版社1995年版，第42页。

一 道教易学是图书易学传承的一个中间环节

紫云山人黄镇成在《易象图说·序》中说："《易》之象与天地准，故于天地之理无所不该，是以阴阳错综，奇偶离合，无不有以相通焉。《周官》三《易》经卦皆八，其别皆六十有四；以八为经，以六十四为纬，画卦之次序，先天之图位燎然矣。则伏羲作《易》时，已有其图，传之三代，故夫子极、仪、象、卦，因而重之之说，与京君明、魏伯阳纳甲卦气之法，皆圆图之序。"[①]《周易·系辞》提出"易与天地准，故能弥纶天地之道"。黄镇成和张理将"《易》与天地准"这个命题，进行概念内涵的转换，将之主要理解为"易之象与天地准"。这反映了他们以象解《易》的基本学术立场。象为《易》的根本，象以载理，理在象中。由图书易学的象与数阴阳错综、奇偶离合，可以衍生出各种先后天图式，这些图式涵括了天地间万事万物之象。而《易》之书即是对图书所表现的象的一种辞的概括。故图书象数是《易》的基础，为《易》之源，在易学中具有重要地位。

其次，黄镇成和张理将图书易学的传承看成是一个连续的过程，并将道教魏伯阳的《周易参同契》看成是先天图理论传承过程中的重要一环，也就是将道教易学看成是图书易学传承中的一个中间环节。

《周易·系辞》提出"古者包牺氏""始作八卦"的观点，"古者包牺氏之王天下也，仰则观象于天，俯则观法于地，观鸟兽之文与地之宜，近取诸身，远取诸物，于是始作八卦，以通神明之德，以类万物之情。"《汉书·艺文志》提出作《易》方面的"人更三圣"之说。张理和黄镇成在这个基础上，序编了一个图书易学的传承体系，以提高图书易学在易学中的地位。

他们认为伏羲（即包牺氏）作《易》之时，已有先天图等图书之象数的存在，此图乃作《易》之本原。从《周官》之三易——《连山》、《归藏》、《周易》卦爻的排列次序尽管不同，但它们却都是由八经卦和六十四别卦所组成的。此八经卦和六十四别卦与图书易学的先天八卦图和先天六十四卦图的图位燎然相合。因此，他们认为，先天图历夏、商、周三

[①] 黄镇成：《易象图说·序》，《道藏》第3册，第222页。

代，传至孔子；孔子在《周易·系辞》中提出："易有太极，是生两仪，两仪生四象，四象生八卦"、"因而重之"之说，这是对先天图位演变的理论阐明；孔子之后，汉代京君明与魏伯阳的纳甲法与卦气说，皆源出于先天图位。因此，以魏伯阳的《周易参同契》为代表的道教易学也就成为图书易学传承过程中的重要的一环。

二　图书易学是经由道教学者陈抟数传于邵雍之后而明于世的

前文提及，南宋初的易学家朱震对于北宋易学的传授，有一个观点，认为"陈抟以先天图传种放，放传穆修，穆修传李之才，之才传邵雍。放以河图、洛书传李溉，溉传许坚，许坚传范谔昌，谔昌传刘牧。穆修以太极图传周敦颐，敦颐传程颢、程颐。"张理和黄镇成赞同朱震此观点。认为汉代以后，图书易学虽然存在，但在儒家学者中的传授体系不明。一直到北宋，图书易学才经由道教学者陈抟数传于邵雍之后而明于世，邵雍将之重新发扬光大而为广大儒者所知。

黄镇成在其《易象图说·序》中说："先天图其来已久，特后之说《易》者不复追究作《易》原本，故其图虽在，而学者不传，至邵子而后得耳。先儒谓邵子传之李穆，李穆自希夷，意其必不妄也。或又谓启蒙先天图出自蔡氏，而朱子因之，不知朱汉上已有此图，则其出于邵氏为无疑。虽圣人复起，不易其言矣。"[1] 先天图等图书乃作易的本源，在远古的伏羲时代即已有了，故言其来已久。图书历夏、商、周三代传至孔子，由孔子至汉京房、魏伯阳。汉代以后，儒家学者不传图书之学。至北宋邵雍时，图书之学再次倡明于天下。而邵雍的图书之学传自李挺之和穆修，李、穆则传自华山道士希夷陈抟。因此，图书易学的传承与道教是有着密切关系的。

当时的一些学者认为，先天图是朱子和蔡元定首次于《易学启蒙》中提出，否认邵雍先天易学中有先天图的存在，从而否认先天图自道教传出。黄镇成、张理认为这是不对的，因为在早于朱子的南宋初著名学者朱震的书中，已有此图。因此，先天图并不是在《易学启蒙》中首次出现的。在汉以后和宋之前，张理和黄镇成虽然没有明确点明图书易学的传授

---

[1]　黄镇成：《易象图说·序》，《道藏》第3册，第222页。

是在道教中进行的，但由于他们将图书易学在宋以后的再次传出而为儒者所知的原因归之于道教学者陈抟，故而间接说明了先天图等图式与道教之间所存在的密切关系。

第二节　张理《易象图说》中反映的道教易图学思想

一　《易象图说》对《龙图序》图书思想的阐发对道教内丹学的意义

陈抟著有《龙图易》，已佚，现只有此书之序——《龙图序》尚存。张理《易象图说》中保留有陈抟《龙图序》的原文，并对其思想进行了阐发。

张理认为，陈抟《龙图易》中"仲尼默示三陈九卦"有其深意，体现了"龙图易"的精神和主旨。据陈抟《龙图序》，"仲尼默示三陈九卦"乃是孔子默识天地未合之数与天地已合之位，观其象而明其用之后所作的一个说明。

《履》，德之基。序卦次十，明用十，示人以辨上下也。《谦》，德之柄。次十五，明用十五，示人以裒多益寡。《复》，德之本。次二十四卦，示气变之始。《恒》，德之固。下经次二卦，示形化之始。《损》，德之修。《益》，德之裕。此二卦示人以盛衰之端。《困》，德之辨。《井》，德之地。此二卦示人以迁通之义。《巽》，德之制。巽以行权。权者，圣人之大用也。因事制宜，随时变易之义备矣。[①]

《履》卦为德之基，《履》卦在通行本《周易》中卦序为第十，龙图中，天数之图"十"下于地数之图中，"十"为土之成数，故地"十"源自于天数，是天地交、阴阳和的一个缩影。《履》卦在于明"用十"，以辨天地数图之上下阴阳相合，阐明天地造化的规律和过程。《谦》卦在通行本《周易》中卦序为第十五，龙图中，十与五分别为土的成数与生数，土在五行中，是变化的关键和枢纽，金木水火的变化有赖于十与五的变化，变化的实质，是裒多益寡，因为天数为阳，地数为阴，天数中阳

[①] 张理：《易象图说》，《道藏》第3册，第224页。

多，地数中阴多，衰多益寡，就是将天数之阳与地数之阴相配，这说明了龙图中"五"与"十"的作用，就在于配合阴阳，使阴阳和而不过。《复》卦在通行本《周易》中卦序为第二十四，一年有二十四节气，明《复》卦为二十四节气中阴阳气变的开始，阴阳气变，生成万物，而"复"为万物气变之始。《恒》卦在通行本《周易》中卦序为下经第二，《周易》下经咸、恒是讲人伦之大端，从天地及之于万物和人。因此，《恒》卦可看是形化之始。《损》《益》为盛衰之端，《困》则不通，《井》取通义，以《困》、《井》相联系，明迁通之义，迁通即变化，所谓"穷则变，变则通"也。《巽》卦取其行权之义，因事制宜，随时变易即为"权"，"权"乃圣人之大用也。

张理接着以"三陈九卦"之义来说明"龙图三变"的原理：即辨天地之上下；配合阴阳、衰多益寡；气变与形变；盛衰之端；迁通与行权之义等。其次，运用上述原理阐明"龙图"从天地未合之数到天地已合之位到龙图天地生成之数、洛书天地交午之数、洛书纵横十五之象的整个龙图易演变的过程。第三，阐明"龙图三变"后所形成的河、洛图式跟《易》的关系，并由此推导出各种易图，建立起一个庞大的图书易学体系。

张理认为，作《易》的根源在于易之象，即天地之数与河图、洛书。河图即"五行生成图"，洛书即"九宫图"，河图与洛书均是"龙图三变"的产物。河图与洛书，相为经纬。图书中心之"五与十"，为图书之枢纽。合五重十成"双十字"，为河图四正之体。合五交十成"米"字，成四正、四隅八方之位，加上中央，为九宫之文。河图、洛书是圣人作《易》的根本。"图书者，天地阴阳之象也。《易》者，圣人以写天地阴阳之神也。"[①] 图书与《易》，乃天地之象与天地之神的关系。天地有动静，《易》之卦有一阳爻、一阴爻。天地的动静互变，奇偶生生。四象上下、左右相交，《易》之卦画摹写之，则卦画成矣。具体地说，河图中一白圆圈代表天，两黑圆圈代表地，圣人法此作易，则画一阳爻表示天，画一阴爻表示地。图书中之"中五"即可代表四象，又可代表五行。阳数一、三、五，代表参天，合之为九，故《易》以九数为阳之用。图书中的阴

---

① 张理：《易象图说》，《道藏》第 3 册，第 222 页。

数二与四为两地,合之为六,故《易》以六为阴之用。在洛书中,其衡(横)为三,为三画经卦之体。以"井"字分洛书为九区,此九区为八卦和太极之位。书之纵横其数为十五,此为卦数之合。因为在《易》的筮法中,所得七、八、九、六之数,九为老阳,为阳爻、为乾卦,六为老阴,为阴爻、为坤卦。七、八之数,代表少阳、少阴,七为少阳,于卦为震、坎、艮,八为少阴,于卦为巽、离、兑。故乾九坤六,合十五。坎七离八,合十五。震七巽八,合十五。艮七兑八,合十五。因此,易之阴阳爻,易之九六,易之四象五行,均由图书演变而来。故"卦以表象,象以命名,名以显义,义以正辞,辞达而《易》书作矣。"① 作《易》的根源在于易之象,即天地之数与河图、洛书。由象生卦,因卦之象而命卦之名,卦与卦名能凸显象之义,义明则辞正,辞正则《易》书成。张理认为,河图、洛书乃"穷理尽性以至于命"之学,它表达了宇宙生化的规律,可以成变化而行鬼神。"将以顺性命之理,究礼乐之原,成变化而行鬼神者,要皆不出乎图书之象与数而已。"② 张理对图书的说明,无非在于认为图书能涵盖上至天文,下至封建井牧之理,中至人体修养之理,即能起到"范围天地之化而(不)过,曲成万物而不遗矣"的作用。而人得天地之正,所谓"唯人者,天地之德,阴阳之交,鬼神之会,(五)行之秀气也。身半以上同乎天,身半以下同乎地;头圆足方,腹阴背阳;离目外明,坎耳内聪;口鼻有肖乎山泽,声气有象乎雷风。故天下之理得而成位乎其中,是知易即我心,我心即易。"③ 人得天地之正,"易即我心,我心即易",故能效天法地,循道而行,成变化而行鬼神者,从而驾驭整个世界。

当然,对于道教来说,张理《易象图说》的贡献主要表现在通过对陈抟《龙图序》思想的阐发,确立了道教宇宙观问题在内丹学中的重大意义。张理在《易象图说》中关于"龙图三变"的说明,与《龙图序》中的文字记载相一致,基本上反映了陈抟《龙图易》的思想。陈抟作为一个道教学者,其著《龙图易》,主要目的还在于通过对"龙图三变"演

---

① 张理:《易象图说》,《道藏》第3册,第222页。

② 同上。

③ 同上书,第223页。

变过程的说明，阐发道教的宇宙观和修炼思想。正如朱伯崑先生所说："陈抟作为道教的大师，为什么要解释'天地之数五十有五'？看来，这与道教解易的系统也是相关的。《参同契》说：'刚施而退，柔化以滋。九还七返，八归六居。'此是以七八九六之数表示阴阳消长循环。又说：'七八数十五。九六亦相应。四者合三十，阳气索来藏。'亦是以七八九六之数表示一月之中月亮盈亏的四个阶段。为了说明七八九六之数和老阳老阴、少阳少阴之象的来源，道教易学则研究了天地之数演变的过程，最后导出龙图易。"①

对于朱先生的这个观点，我们认为比较符合道教图书易学发展的一般历史。因为道教图书易学主要目的在于为修丹寻求理论的依据，此理论的依据又主要体现为天地的自然之道方面，而《易》之象数可以表征天地自然之道的演变历程，故道教将《易》之图书象数引入，以说明道教的宇宙观，并以之为道教的宗教修持服务。

我们从五代时的道教学者、真一子彭晓注《周易参同契》中也可以得到证明。彭晓与陈抟基本为同一时代的人，陈抟所处时代较之彭晓可能还略晚一些。彭晓在建立自己的道教内丹学时的一个重要举措，是借《易》的符号与思维确立起道教的宇宙观。其在《周易参同契分章通真义》中提出：

> 太易、太初之前，虽含虚至妙，则未见兆萌，太始、太素、太极之际，因有混成，乃混沌也。中有真一之精，为天地之始，为万物之母。一气既形，二仪斯析，然后有乾坤焉，有阴阳焉，有三才五行焉，有万物众名焉。故配乾坤为天地之纪纲，运阴阳为造化之橐籥。是以乾坤立而阴阳行乎其中矣，魏公谓修丹与天地造化同途，因托易象而论之，莫不首采天地真一混沌之气而为根基，继取乾坤精粹潜运之踪而为法象，循坎离否泰之数而立刑德，盗阴阳变化之机而成冬夏。阴生午后，阳发子初，动则起于阳九，静则循于阴六，乃修月之大旨也。②

---

① 朱伯崑：《易学哲学史》中册，北京大学出版社1988年版，第22页。
② 彭晓：《周易参同契分章通真义》，《道藏》第20册，第133页。

彭晓的这段话，首先提出了从太易、太初、太始、太素到太极，再从太极到阴阳、三才、五行、万物众名的宇宙演化过程；其次提出了道教修持是法天地造化之理而进行，天地造化之理以易理来表征，故修丹亦可托易象而论之；其三，易中乾坤精粹潜运之法象，坎离否泰之数，阳九阴六之说，实则蕴含有道教修丹之大旨。

为什么彭晓在论述道教具体的丹道修炼之前，要先论从太易、太初、太始、太素到太极，从太极再到阴阳、三才、五行、万物众名这么一个宇宙的演化过程呢？这主要是因为彭晓持"修丹与天地造化同途"的观点。这个观点的提出，意义深远，表明彭晓在有意识地使内丹术向内丹学转变，内丹术不再仅仅是一种使人长生久视的法术，而是一种探讨天地和万物生成之前宇宙是怎样的存在状态？人和天地万物是如何化生的？天地间有没有一个主宰？永恒存在的东西是什么？人可不可以和天地合德，达成天长地久等问题的一种哲学思考，这种理论思考使得道教的内丹术由单纯的方术上升为一种宇宙天人之学。循着这么一种思路，彭晓构建了一个道教的宇宙发生论。他认为，天地万物生成以前，宇宙有太易、太初、太始、太素、太极五个演化阶段。其中，太易、太初为含虚至妙、未见兆萌的阶段，太始、太素、太极为混成中有真一之精的阶段，此真一之精，亦称之为天地真一混沌之气，为天地之始、万物之母。从太极再到阴阳、三才、五行、万物众名，均是此天地真一混沌之气的演化。此一气既形之后，化为阴阳二仪，生天地人三才、成金木水火土五行。由此，大化潜运，万物生生而众名立。道教的修丹与天地造化遵循同一原理，既然天地真一之精为天地之始、万物之母，人也是秉此天地真一之精而生的，故道教内丹修炼首采此天地真一之精为修丹之根基，根基立定之后，法象天地阴阳之运，盗天地阴阳变化之机，修成还丹。因易乃表征天地阴阳造化之理的，故托易象来阐明丹道修持之要：配人之乾首坤腹为修炼之鼎器，循日月坎离否泰之数为修丹之火候，法天地阴阳运行之度数，循人体阴阳气血之动静，表之以阳九、阴六，午后、子初，来进行修炼。彭晓认为，以上所论乃修丹之大旨。

联系陈抟与彭晓两人所处的时代，考察他们包括和他们同时代的道教钟、吕金丹派的著作①的共同学术特点，可以看出，"托易象以论还丹"、确立道教的宇宙观是当时道教界建构道教内丹学体系的一个重要举措。彭晓和钟、吕可能更多地倚重于借《易》的符号和思想体系来论内丹。陈抟则另辟蹊径，以易数导出易图，以易图的形式来论世界的形成和道教的修炼思想。陈抟《龙图序》中所论"龙图三变"和道教的修持有着密切的关系。历史上的很多易学家把《易》的揲蓍画卦的过程，当作是天地演化的过程，画卦是通过七、八、九、六来确定老阳老阴、少阳少阴，从而组成各种卦象，因此，七、八、九、六四个数字在天地的演化中其地位也是相当重要的，通过七、八、九、六可以演化出万事万物。道教易学循此同一思路，但演进的方向相反，是要使作为万物中一员的人通过七、八、九、六，逆此而回到画卦之前，即天地未生前的太极先天的状态。《周易参同契》讲九还七返，八归六居，就是说通过七、八、九、六阴阳的配合，进入到未画卦前的先天状态。陈抟《龙图易》讲"龙图三变"，从天地未合之数、天地已合之位到龙马所负之图，体现的是一幅宇宙顺生的演化图景，逆此而反观，就能与先天地生的"道"合为一体。不过陈抟的《龙图易》已佚，其《龙图序》中虽然简单地说了一下"龙图三变"的梗概，但还是有很多阐述不清楚的地方。对于道教来说，张理的贡献在于将陈抟"龙图易"所讲的"龙图三变"这一演化过程和原理揭示了出来，使得这一过程更加清晰明白，更富有阶次性和操作性。

例如，张理在通过观"河图"、"洛书"所作的诸图中，有一幅《先天八卦对待之图》（见下页图二十一）。张理认为，《先天八卦图对待之图》体现了"一本万殊"、"万殊一本"的哲学理念。这个理念也是对"龙图三变"这一演化过程和原理的总结。

《先天八卦对待之图》中间的一个白圈代表太极。由太极而两仪，而四象，而八卦。其中位于上方的阳仪所生乾、兑、离、震交于左，位于下方的阴仪所生巽、坎、艮、震交于右，组成《先天八卦对待之图》。张理认为，《先天八卦对待之图》体现了"一本万殊"、"万殊一本"的哲学理念。他说："康节先生云，坤北、乾南、离东、坎西、震东北、兑东南、巽西南、艮西北者，指此而言。其中〇者，太极也；（图略）者，二

---

① 如《钟吕传道集》、《灵宝毕法》等。

第八章 张理的道教易图学思想　　255

图二十一　先天八卦对待之图

仪也。前象奇偶定上下之位，由天地、四象、八卦总之而会于中，所谓敛之不盈一握，万殊而一本也。此图阴阳列左右之门，由动静、四时、八方推之而达于外，所谓放之则弥六合，一本而万殊也。万殊而一本，由天地、四象、八卦而会于中，一本而万殊，由动静、四时、八方推之而达于外，所谓放之则弥六合。"① 所谓"一本万殊"是从顺生的角度而言，表明宇宙的演化是由太极动静生化阴阳、四时、八方的过程。所谓"万殊一本"是从逆生的角度而言，天地、四象、八卦最终可归于太极之中。张理并以此"一本万殊"、"万殊一本"的哲学理念为道教的宗教修持服务。在道教看来，"一本万殊"可以说是重在讲作为本体的"道"向宇宙

---

① 张理：《易象图说》，《道藏》第3册，第230页。

万物的演化过程，而"万殊一本"则重在讲宇宙万殊之物向"道"的本体的回归。因此"一本万殊"、"万殊一本"实际上反映了道教内丹修炼得以成立的、顺逆结合的道教宇宙论思想。张理本人并不是一个道教学者，而是一个儒生，他的意图是借阐发陈抟的龙图易来建立一个具有儒学特色的图书易学体系。《易象图说》一书中，有许多处的论述反映了张理的这一立场。如他论《五气之图》说："得其气之正且通者，为圣，为贤；得其气之偏且窒者，为愚，为不肖。然五方之习俗，又各随其所见而局于一偏，其嗜欲好尚，亦有所不同者矣。东方生地，日之所出，故习见其生，而老氏有长生之说。西方收地，日之所入，故习见其死，而佛氏有寂灭之说。南方明盛，阳之伸而神灵著焉。北方幽翳、阴之屈而鬼怪见焉。惟圣人中天下而立，定四海之民，向明而治；无思也，无为也，寂然不动，感而遂通天下之故，天下之至神也。周子曰：圣人定之以中正仁义而主静，立人极焉。"① 张理将道教的长生之说和佛教的寂灭之说分别看成是东方和西方之"习俗"。而他本人所推崇的"圣人"，实则是如周敦颐所说的"中天下而立，定四海之民""定之以中正仁义而主静"的儒者。因此，他是推崇儒家的。同时，张理在解释陈抟的易龙图的过程中，还将道德、性命、礼乐、政刑之道等皆纳入到图书之学中，以建构起一个上至天文，下至封建井牧之理，中至人体修养之理的图书理论的体系。这又是对陈抟的《龙图序》思想的一个发展。于此，我们对之不作详细论述。但是，张理在对"龙图易"进行解释的过程中，客观上对道教的"逆"的宇宙模式有非常明晰化的说明，这个明晰性得益于《易》的符号体系和思维方法的运用。这个逆的宇宙模式，既体现了道教的宇宙观，同时，对于道教徒而言，也是一个十分精炼的介绍内丹修炼路径和模式的图式。尽管张理本人的意图，是借阐发陈抟的"龙图易"来建立一个具有儒学特色的同时又包容万象的图书易学体系，但道教徒可能通过他的阐发，从中更能领会陈抟"龙图易"中蕴含的内丹学意旨，从而更好地指导自己的宗教修炼。因为张理所阐发的陈抟的"龙图三变"思想，为建立起一个道教的宇宙模式以指导道教徒的内丹修炼，完善道教内丹术的学术体系、建立起真正意义上的道教内丹学，有着重要的理论价值。

---

① 张理：《易象图说》，《道藏》第 3 册，第 243 页。

总之，张理对陈抟《龙图序》的阐发，对道教而言，其价值就在于揭示了"龙图"各种图式对道教内丹学的理论启示意义，为道教提供了一个宇宙生化的模式和修炼模式。这对于道教的教义思想的发展来说，是具有重要意义的。

二 《先后（天）八卦德合之图》与《后天六十四卦变通之图》中的道教修持思想

《先后（天）八卦德合之图》与《后天六十四卦变通之图》（见下页图二十二）是张理《易象图说》中的两幅讲道教修持的重要图式。《先后（天）八卦德合之图》源自《八卦成列图》。由《八卦成列图》变化而来。《八卦成列图》是在"天地设位"、"乾坤成列"的基础上，描述"四象生八卦之象"。由此图出发，"推而图之，章之为六位而三极备，叙之为六节而四时行，合之为六体而身形具，经之为六脉而神气完，表之为六经而治教立，协之为六律而音声均，官之为六典而政令修，统之为六师而邦国平，是故因位以明道，因节以叙德，因体以原性，因脉以凝命，因经以考礼，因律以正乐，因典以平政，因师以慎刑，而大《易》八卦之体用备矣。"① 即由此图可以衍生出一系列内容不同的图，如《四象八卦六位之图》、《四象八卦六节之图》、《四象八卦六体之图》、《四象八卦六脉之图》、《四象八卦六经之图》、《四象八卦六律之图》、《四象八卦六典之图》、《四象八卦六师之图》等，而《先后（天）八卦德合之图》等就是源自于《八卦成列图》（见图二十三）中的一种易图。

《八卦成列图》如何推衍出《先后（天）八卦德合之图》的呢？《八卦成列图》中，天阳在上，地阴在下，指的是太极剖判，气之轻清者上浮为天，为阳，《易》以一阳爻示之；气之重浊者下凝为地，为阴，《易》以一阴爻示之。天上地下，上奇下偶，意指天地之定位。天地定位后，天之气与地之气相交，为四象八卦，万物化生之本。阳仪下生一奇一偶，为阴阳；阴仪上生一奇一偶，为刚柔。阴阳刚柔四象圜转，循环不穷；刚交于阴，阴交于刚；阳交于柔，柔交于阳；上下左右

---

① 张理：《易象图说》，《道藏》第3册，第223页。

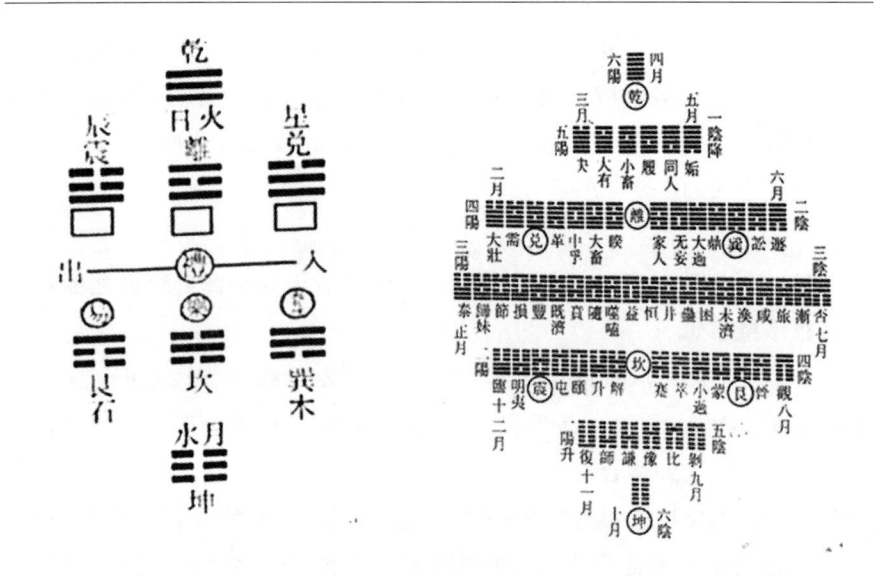

图二十二　《先（后）天八卦德合之图》《后天六十四卦变通之图》

相交而万物生。其中，阴仪上生一奇，为少阳；阳仪下生一奇，为太阳；阳仪下生一偶，为少阴；阴仪上生一偶，为太阴。太阳、太阴、少阳、少阴四象相交，阳下交于柔，柔上交于阳，而成乾、坤、艮、兑。乾、兑、离、震为天之四象，自上而下生。这就是"天地定位，山泽通气"；刚上交于阴，阴下交于刚，而成震、巽、坎、离。坤、艮、坎、巽为地之四象，自下而上生。这就是"雷风相薄，水火不相射"，八卦相荡、相错，定吉凶、生大业，这就是《八卦成列图》。《八卦成列图》中，以乾、兑、离、震天之四象交于左，坤、艮、坎、巽为地之四象交于右，则乾南坤北，离东坎西，而成先天八卦圆图之象；《八卦成列图》中，震与艮为反对之卦，即震卦反观则为艮卦，艮卦反观则为震卦，震艮互换，反震为艮，反艮为震，所成之图为乾、坤、艮、巽居隅，坎、离、震、兑居中。准之以河图，一、六居北为水，于卦为坎；二、七居南为火，于卦为离；三、八居东为木，于卦为震；四、九居西为金，于卦为兑；乾，为寒，为冰，位于西北，附兑而为金。巽，为扬，为风，位于东南，附震而为木。五十居中为土，而坤地、艮山分隶之。坤阴而退居西南，艮阳而奠居东北。成后天八卦方位之图。张理认为："由是动静相资，先后互体，圆方变用，而天地造化之义不可胜

第八章　张理的道教易图学思想　　259

列成卦八

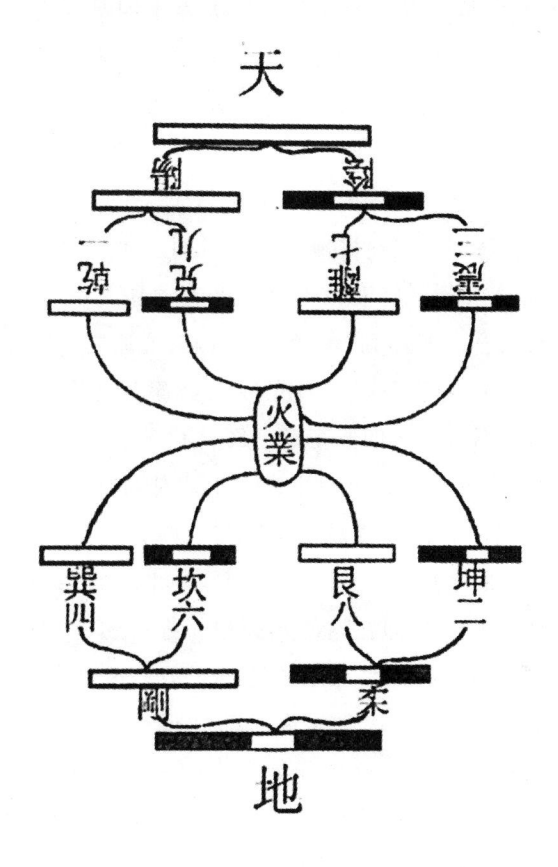

图二十三　八卦成列图

既矣。"①

《八卦成列图》左右四卦易位，易位之后，乾、离、坎、坤四卦居中，震、艮、巽、兑四卦居左、右；其中，乾、离、坎、坤像人之头、目、心、腹；震、艮、巽、兑居左、右，像人的左右手、足、股肱之象，这就是《先后（天）八卦德合之图》。此图，乾、坤、坎、离居中，先天八卦圆图以乾南坤北定天地之位，后天八卦方图以离南坎北定四气运行之

---

① 张理：《易象图说》，《道藏》第3册，第229页。

序，它体现了"先后互体，圆方变用"的天地造化之义。张理谓："希夷先生以为形类合。"① 大概希夷先生陈抟曾见过此图，或者此图为陈抟所作亦未可知。

《易象图说·内篇》卷下还列有《后天六十四卦变通之图》。此图与俞琰《易外别传》之《先天六十四卦直图》内容基本一致。② 和张理的《先后八卦德合之图》蕴意也有相同之处，都是乾、离、坎、坤居中，震、艮、巽、兑四卦居左、右。

对于《先后八卦德合之图》和《后天六十四卦变通之图》的异与同，张理没有直接进行解释，但间接地予以了说明。如《先后八卦德合之图》是由三画卦组成的，而《后天六十四卦变通之图》是由六画卦组成的。另外《先后八卦德合之图》和《后天六十四卦变通之图》中震、艮、巽、兑四卦居左、右位置略有不同。《先后八卦德合之图》中震、艮在左，巽、兑在右，而《后天六十四卦变通之图》中震、兑在左，巽、艮在右。同时，《六十四卦变通之图》又是一幅六十四卦的卦变图。对于这两幅图的相似之处，张理认为，这两幅图均以乾、坤、坎、离居中，"乾上坤下，定体不易，天地之道，贞观者也。离南坎北，日丽乎昼，月显乎夜，日月之道，贞明者也。"③ 即在这两幅图中，都论述了天地日月之道：两幅图中的乾上坤下体现的都是天地之道，天地之道亘古不变，故为"贞观者也"；两幅图中的离南坎北体现的都是日月之道，日月常明，故为"贞明者也"。天地日月之道，是万化生成的根本，一为"贞观"，一为"贞明"，乃不易之体，故在两幅图中都居中不变。人法天地之道，故对于人而言，头、目、心、腹，为天地日月之体现，因此，亦居人体之中，

---

① 张理：《易象图说》，《道藏》第3册，第231页。
② 对于此图，俞琰认为：乾坤，阴阳之纯，坎离，阴阳之交，乾纯阳为天，故居中之上，坤纯阴为地，故居中之下，坎阴中含阳为月，离阳中含阴为日，故居乾坤之中，其余六十卦，自坤中一阳之生而至五阳，则升之极矣，遂为六阳之纯乾。自乾之一阴之生而至五阴，则降之极矣，遂为六阴之纯坤。一升一降，上下往来，盖循环而无穷也。天地如此，人身亦如此。子时气到尾闾，丑寅在腰间，卯辰巳在脊背，午在泥丸，未申酉在胸膈，戌亥则又归于腹中。此一日之升降然也。一息亦然，呼则自下而升于上，吸则自上而降于下，在天则应星而如斗指子午，在地则应潮而如月在子午。子午盖为天地之中也。《参同契》云：合符行中，又云运移不失中，又云浮游守规中。人能知吾身之中以合乎天地之中，则乾坤不在天地而在吾身矣。
③ 张理：《易象图说》，《道藏》第3册，第236页。

为人体的主干。因此，这两幅图所反映的内容又有相通之处。

在天地日月之道的作用下，四时更迭，万物化生，形成了丰富多彩的世界。《周易·系辞下》谓"刚柔者，立本者也；变通者，趋时者也。"张理以其"刚柔立本"来释《后天六十四卦变通之图》的"乾上坤下"的不易定体之位，以"变通趋时"来释其"阴阳卦变"的变通时用之位。

张理认为，"刚柔者，变通之本体。变通者，刚柔之时用。以图推之，《乾》刚《坤》柔，位乎上下，乃不易之定体，故曰：刚柔者，立本者也。《坤》初爻柔变而趋于刚，为《复》，为《临》，为《泰》，为《大壮》，为《夬》，进之极而为《乾》，自冬而夏也。《乾》初爻刚化而趋于柔，为《姤》，为《遁》，为《否》，为《观》，为《剥》，退之极而为《坤》，自夏而冬也。故曰：变通者，趋时者也。"①乾坤居上下之位，乾坤卦变，生成其它卦，为刚柔之本体；其他卦由乾坤卦变而生，依时而成，故为刚柔之时用。张理以乾、坤卦变生成其它卦的方式是："《乾》、《坤》以初爻变，而一阴一阳之卦各六，皆自《复》、《姤》而推之；二爻变，而二阴二阳之卦各十有五，皆自《临》、《姤》而推之；三爻变，而三阴三阳之卦各二十，皆自《泰》、《否》而推之；四爻变，而四阴四阳之卦各十有五，皆自《大壮》、《观》而推之；五爻变，而五阴五阳之卦各六，皆自《夬》、《剥》而推之。"②以乾、坤两卦为基点，自一阴一阳之卦至五阴五阳之卦，均由乾、坤两卦变化而成。且卦变之时，"纵横上下，反复相推，无所不可，在识其通变，则无所拘泥，而无不通。《传》所谓变动不居，周流六虚，上下无常，刚柔相易，不可为典要，唯变所适。"③具有极大的灵活性。

以上所述也可以间接地说明，《后天六十四卦变通之图》和《先后八卦德合之图》虽左右四卦的具体位置不同，但这只是刚柔之体在不同情况下的通变和时用而已，识其通变，则无所拘泥而无不通。《易传》所谓"变动不居，周流六虚，上下无常，刚柔相易，不可为典要，唯变所适"正是这种"变通"和"时用"精神的体现。如何识其变通和时用？张理

---

① 张理：《易象图说》，《道藏》第3册，第235、236页。
② 同上书，第236页。
③ 同上。

认为，在这灵活的卦变形式中，也存在着不易的规律性，即所谓变通之"理"，其理为"阳主进，自《复》而左升；阴主退，自《姤》而右降。《泰》、《否》则阴阳中分，自寅至申皆昼也，而《乾》实冒之；自酉至丑皆夜也，而《坤》实承之。故《上系》言变化者，进退之象；刚柔者，昼夜之象也。或刚或柔，有失有得，而吉凶之理常相胜也。……天下之动，其变无穷，顺理则吉，逆理则凶，则其所正而常者，有恒以一之，是亦一理而已矣。"① 阴阳的进退，刚柔的转换，构成了天下无穷的变化。变化中，阳刚和阴柔有进有退，有失有得，变化即阴阳刚柔的进退、失得之象。要识天下无穷的变化，关键在识其阴阳刚柔的"变通"和"时用"之理。《先后（天）八卦德合之图》与《后天六十四卦变通之图》两图反映的阴阳刚柔的"变通"和"时用"之理不同，而究其根本精神，则两图是一致的。

《先后（天）八卦德合之图》与《后天六十四卦变通之图》中有着丰富的道教修持思想。张理认为，《先后（天）八卦德合之图》既体现了《周易·杂卦传》"《乾》刚《坤》柔，《离》上《坎》下，《兑》见《巽》伏，《震》起《艮》止"的思想，同时，"《参同契》云：《乾》、《坤》者，《易》之门户，众卦之父母。坎离匡郭，运毂正轴。牝牡四卦，以为橐籥。亦为有得于此。""故凡言道学者，皆原于此"。② 至于《后天六十四卦变通之图》，张理同意朱熹的观点，认为它能证明"《参同契》以乾、坤为鼎器，坎、离为药物，馀六十卦为火候"的思想为"不诬"。③

《先后（天）八卦德合之图》与《后天六十四卦变通之图》均体现了天地合气而生人的造化之义，对人体的身形结构与组成、人修道成仙的原理等方面作了重要的说明。道教以人的身体为基础，希望通过修炼，追求长生，达至天长地久，故对人的身体结构以及人与天地之间的关系较为关注，《先天八卦德合之图》和《后天六十四卦变通之图》即是一幅人体的身形图，其中也蕴含了道教修持的精神和天地宇宙变化的法则，能体现出道教对宇宙和人生的观点和看法，可以为修道成仙作理论的指导。

---

① 张理：《易象图说》，《道藏》第3册，第236页。
② 同上书，第231页。
③ 同上书，第236页。

第八章　张理的道教易图学思想

其一，两图中，乾、离、坎、坤四卦居中，像人之头、目、心、腹；震、艮、巽、兑居左、右，像人的左右手、足、股肱之象。这便以卦象的形式，描述了人体的身形结构与组成。其中，乾、坤、坎、离四卦居中，对于道教来说，意义深远。张理认为，两图"盖以人身形合之天地阴阳者也。乾为首而居上，坤为腹而居下，离为心，坎为肾。心，火也；肾，水也，故离上而坎下。"① 道教以人之乾首坤腹为内丹修炼的鼎炉，以坎、离为内丹修炼的药物，心肾相交，神气相合，结成大丹。朱熹注《周易参同契》"乾坤者，易之门户，众卦之父母。"一句时说："乾坤以宇内言之，则乾天在上，坤地在下，而阴阳变化，万物终始皆在其间。以人身言之，是乾阳在上，坤阴在下，而一身之阴阳、万物变化终始皆在其间，此乾坤所以为易之门户，众卦之父母也。凡言易者，皆指阴阳变化而言，在人则所谓金丹大药者也，然则乾坤其炉鼎欤？"② 以天地自然而言，天在上，地在下，阴阳万物生化于天地之间；就人而言，乾阳为首在上，坤阴为腹在下，人身阴阳的变化皆在其间，人身的阴阳变化可以成就金丹大药，乾首坤腹就是道教内丹修炼中，生成、烹炼金丹大药重要的炉鼎所在。

其二，两图中除居中的乾、离、坎、坤四卦之外，其余诸卦在道教的内丹修炼中，也有着积极的意义。震、艮、巽、兑居左、右，像人的左右手、足、股肱之象。朱熹解《周易参同契》"牝牡四卦，以为橐籥。"一句时说："牝牡谓配合之四卦，震、兑、巽、艮是也。……盖纳甲之法，乾为望、坤为晦而坎离升降于其间，震为生明而兑为上弦，巽为生魄而艮为下弦，如鼓鞴之有缓急也。"③ 认为震、兑、巽、艮四卦按月体纳甲法，是对内丹修炼的火候进行说明，一月三十日，乾代表十五月望之时，坤代表三十月晦之时，则震为月初生之时，兑为月上弦之时，巽为月初晦之时，艮为月之下弦。月相的变化代表了内丹火候的变化，其变化过程中有缓有急，有文有武。朱熹此论，可以用来对《先后八卦德合之图》进行说明，又张理在《易象图说》中解《六十四卦变通之图》之后，又以

---

① 张理：《易象图说》，《道藏》第3册，第236页。
② 张理：《易象图说》，《道藏》第20册，第119页。
③ 同上。

《参同契》意释此图。他说：

> 按朱子谓《参同契》以乾、坤为鼎器，坎、离为药物，馀六十卦为火候。今以此图推之，盖以人身形合之天地阴阳者也。乾为首而居上，坤为腹而居下，离为心，坎为肾。心，火也；肾，水也，故离上而坎下。阳起于《复》，自左而升，由人之督脉（阳脉也）起，自尻循脊背而上走于首；阴起于《姤》，自右而降，由人之任脉（阴脉也）至，自咽循膺胸而下起于腹也。上二十卦法天。天者，阳之轻清，故皆四阳、五阳之卦。下二十卦法地。地者，阴之重浊，故皆四阴、五阴之卦。中二十卦象人。人者，天地之德，阴阳之交，故皆三阴、三阳之卦，亦如人之经脉、手足，各有三阴三阳也。又人上部法天，中部法人，下部法地，亦其义也。由是言之，则《参同》之义不诬矣。若夫《恒》卦居中，则《书》所谓若有恒性，《传》所谓恒以一德，《孟子》所谓恒心而恒之。《象》曰：日月得天而能久照，四时变化而能久成，圣人久于其道而天下化成；观其所恒，而天地万物之情可见矣。①

以卦变的方式来讲内丹的火候，这又和上述《先天八卦德合之图》以月体纳甲法论内丹火候有所不同。在对这幅图进行解说的过程中，有更为清楚的说明。认为人身修炼合于天地阴阳之理。乾为头、坤为腹，离为心火，坎为肾水，一阳发动为复，在图而言，是自左而升，表明天道左旋，因天道为阳。在人而言，一阳发动之后，循人之督脉而起，督脉从人之尾闾始经命门、夹脊、脑后玉枕至头顶百会而下与任脉接，为阳脉，这在内丹中是为进阳火；升至头顶，表明阳已极，故转而一阴生，这就是退阴符。从姤卦始，天道右转，表明地道右转，在人而言则循任脉而降，经十二重楼即咽、喉至中丹田，再至气海。此图对于道教的意义在于，它是一幅人体的修炼之图。人体的修炼所应遵循的原则有借于易理，易理的刚柔、变通、趋时、贞乎一者，皆可以为道教修炼之至理。此图是出后天八十四卦变通而来，刚柔为变通之本，变通为刚柔之时用。《易传》有云

---

① 张理：《易象图说》，《道藏》第3册，第236页。

"刚柔者，立本者也。"于此图中，乾刚位上，坤柔位下，上下乃不易之定体。所有的变化，都是此刚柔两者的变化，但其变化的多样性又是通过卦象的变化来说明。例如，从坤至乾的变化，中间有一系列的过程。初爻变而趋向于阳，第一位为复，此后，从二自六依次为临、泰、大壮、为夬，至于极致则为乾。如果以卦象喻四时的变化，那么这是指的从冬季至夏季的变化过程。从乾至坤的变化，中间也有一系列的过程。乾为天，乾之初爻变而趋向于阴，就是所谓刚化而趋于柔。从一变至于六变，依次为姤、遁、否、观、剥，退到极致，则为坤，如果以卦象喻四时的运移，这就指的是自夏至冬。易之卦变，初爻变而一阴五阳之卦（姤、同人、履、小畜、大有、夬）、一阳五阴之卦（复、师、谦、豫、比、剥）各六，均自复、姤而来，二阳四阴和二阴四阳之卦各十五，从临、遁而来，三阴三阳之卦各（应为共）二十，皆自否、泰而来。如此等等不仅仅只是卦爻的不同排列组合，它反映出来的卦爻阴阳刚柔的推移变化，可以喻指许多方面的情况。《易》言："变通者，趋时者也"，不过是用卦象的变化来喻四时的变化而已。张理认为，《周易参同契》之理，以乾坤为鼎器，坎离为药物，余六十卦为火候，则是以《周易》卦变的形式来喻内丹修持的火候问题。①

三 "先天六十四卦方圆图"与道教的内丹修持

张理所述"先天六十四卦方圆图"与道教的内丹修持也有着密切的关系。黄镇成说："六十四卦圆图，以乾、兑、离、震、坤、艮、坎、巽循环旋布，而天地之动静，一岁周天之气节，一月太阴之行度，皆可见；方图以乾、兑、离、震、巽、坎、艮、坤，纵自上而下，横自左而右，而

---

① 清代学者胡渭认为：按希夷先天之学，《参同契》之的传也，伯阳所言无非丹道，其曰二用无爻位，周流行六虚，往来既不定，上下亦无常。盖借оях刚柔往来上下以明人身二气之升降。……唯石涧直图上乾下坤而坎离居中，正得乾坤为鼎器，坎离为药物之意。又据邵子天根月窟之说，自坤中一阳生而升至五阳，遂为六阳之纯乾，自乾中一阴生而降至五阴，遂为六阴之纯坤。一升一降，上下往来，与伯阳之义吻合。且诸卦皆生于乾坤，无复、姤小父母之疵，而四阴二阳与坎并列，四阳二阴与离并列，亦皆井然有条理，列重出之病，胜李氏二图远甚。然石涧未尝自名为卦变也，第因邵子有横图、圆图、方图而更作先天直图以申其意。自余观之，此图既非六十四卦之次序，又非六十四卦之方位，正可作卦变图耳。异哉！古涧能于三百余岁后绍闻知之统，使呼吸上下往来之象，一望燎然，真希夷先天之学而邵子所不及图者也。

《参同契》、邵子《太易吟》十二月之卦气、二十八舍之象，皆可推变通。"①

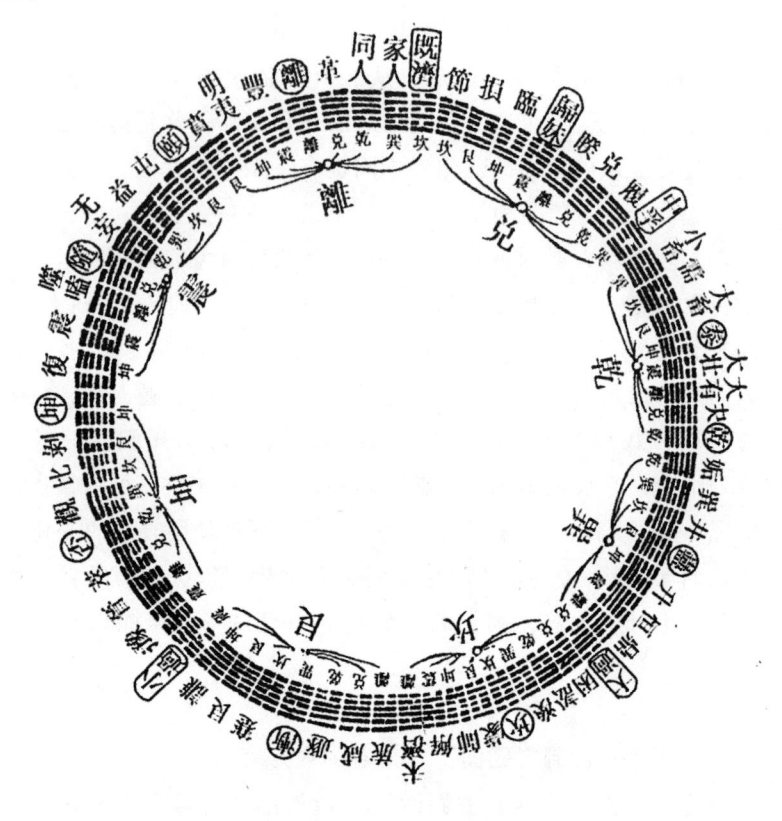

图二十四　六十四卦循环之图

《易象图说内篇》卷中《卦画七》为《六十四卦循环之图》（见图二十四），对于此图，张理认为，它是由先天八卦图的不同排列方式组合而成，其原理为"先天图一仰一覆，下体八卦静而守位，上体八卦动而右转，由是刚柔相摩，八卦相荡，一贞而八悔。八八六十四卦，左右相交。"② 就内卦言，《先天六十四卦圆图》，每八卦组成一组，其内卦的排列为：乾南坤北；山镇西北，泽汪东南；雷出东北，风盛西南；离东坎

---

① 张理：《易象图说》，《道藏》第 3 册，第 222 页。
② 同上书，第 231、232 页。

西。"此以内象言,主乎静而镇位者也。"① 外卦则由先天图八卦相错,"错者,交而互之,一左一右之谓"② 具体说来,所谓"错",就阳仪所生之卦与阴仪所生之卦的不同组合,乾、兑、离、震为阳仪之卦,在先天八卦图中本来排列在左方,今互居右方阴仪之卦上。坤、艮、坎、巽为阴仪之卦,在先天八卦图中本来排列在右方,今互居左方阳仪之上。由是刚柔相摩,八卦相荡,而变化无穷。"此以外象言,主乎动而趣时者也。"③

先天八卦图阴阳相推,成先天六十四卦圆图之象。其卦爻的变化可以喻一年四季阴阳的循环消长。张理说:

察其(指《先天六十四卦圆图》)自然之妙,非人力之所能为也。是故以一岁之节论之,《震》始交《坤》,一阳生冬至之卦。变《坤》为《复》,是以《乾》起于《复》之初九,而尽于午中。《巽》始消《乾》,一阴生夏至之卦。变《乾》为《姤》,是以《坤》起于《姤》之初六,尽于子中。《乾》、《坤》定上下之位,冬至变《坤》,阴多,多寒,昼极短,而夜极长;夏至变《乾》,阳多,多热,昼极长,而夜极短。冬、夏二至,阴阳合也。《乾》、《坤》交中而为《坎》、《离》,《坎》、《离》交而为《既》、《未》,《既》、《未》交南北两间之中,春分变《既济》而为《节》,是以《坎》起于《节》之九二,而尽于酉中。秋分变《未济》而为《旅》,是以《离》起于《旅》之六二,而尽于卯中。三阳、三阴,温凉适宜,昼夜平等,春秋二分,阴阳离也。立春变《颐》而为《贲》,《颐》卦二阳外而四阴内;立夏变《中孚》而为《小畜》,《中孚》四阳外而二阴内,此春夏阳在外而阴在内,圣人春夏养阳之时。立秋变《大过》而为《困》,《大过》二阴外而四阳内;立冬变《小过》而为《豫》,《小过》四阴外而二阳内,此秋冬阳在内而阴在外,圣人秋冬养阴之时。是则一岁周天之节备于图,而邵子所谓春、夏、秋、冬、昼、夜、长、短,由乎此者也。④

---

① 张理:《易象图说》,《道藏》第3册,第231页。
② 同上。
③ 同上。
④ 同上书,第232页。

此是以卦爻的变化来喻一年四季阴阳的循环消长。震始交坤为复，为冬至一阳生；巽始消乾为姤，为夏至一阴生；从冬至复卦一阳生起，至乾卦（纳地支为午），阳达到极盛；从夏至姤卦一阴生起，至坤卦（纳地支为子），阴达到极盛；冬至复卦一阳五阴，阴多阳少，故多寒，昼短而夜长；夏至姤卦一阴五阳，阳多阴少，故多热，昼长而夜短；乾、坤为纯阴纯阳，冬至、夏至则为阴阳相交之始，故为阴阳合；既济、未既交南北之中，此两卦各三阳、三阴，表明春、秋二分温凉适宜，昼夜平等；既济、未既阴阳平衡，喻指春、秋二分，过此之后，阴阳开始消长，由平衡态进入不平衡态，故为阴阳离，其中春、夏两季阳长而阴消，阳在外而阴在内，故春、夏养阳，秋、冬两季阴长阳消，阳在内而阴在外，故秋、冬养阴。张理此说，源自于邵雍的先天易学。邵雍之学，又来自于陈抟的解易系统。[①] 而先天图乾南坤北离东坎西的模式首出《周易参同契》。

张理以《先天六十四卦圆图》卦爻的变化喻一年四季阴阳的循环消长，这个思路，在道教内丹的修持中，比较普遍。五代彭晓《周易参同契分章通真义》解"牝牡四卦章第二"说：

凡修金液还丹，鼎中有金母华池，亦谓之金胎神室，乃用乾、坤、坎、离四卦为药。橐籥者，枢辖也。覆冒者，包裹也。则有阴鼎阳炉，刚火柔符，皆依约六十四卦，周而复始，循环互用，又于其间运春、夏、秋、冬，分二十四气，擘七十二候，以一年十二月气候虀于一月内，以一月气候陷于一昼夜十二辰中，定刻漏，分二弦，隔子午，按阴阳，通晦朔，合龙虎，依天地之大数，协阴阳之化机，其或控御不差，运移不失，则外交阴阳之符，内生龙虎之体，故云：善工者准绳墨以无差，能御者执衔辔而不挠，合其规矩轨辙也。盖喻修丹之士运火候也。月节有五六，乃三十日也；昼夜各一卦，乃六十卦也。乾、坤、坎、离四卦，为药之父母，枢辖鼎器，则非昼夜之数，

---

① 程颢：《邵尧夫先生墓志铭》中说："独先生之学为有传也。先生得之于李挺之，挺之得之于穆伯长，推其源流，远有端绪。"（《二程全书·明道全集》，转引自朱伯崑先生《易学哲学史》中册，北京大学出版社1988年版，第118页）故邵雍之学，又来自于陈抟的解易系统。

《契》乃统而言之，兼并为六十四卦也。以经纬奉日使者，卦爻为日用之经，而纬者律历数也。刚柔有表里者，阳刚阴柔，水火金木，互为表里也。①

是故修金液还丹，若非取法象天地造化，以自然之情，则无所成也。②

认为修金液还丹，要取法天地造化自然之情。何谓天地造化自然之情？天地造化无非为天在上、地在下，日月运行于天地之间，阴阳消长，成春、夏、秋、冬四季，成二十四节气和七十二候。修丹之士依此天地之大数，协阴阳之化机，于一昼夜十二辰中或一月中，按一年十二月、二十四气、七十二候来定刻漏、分二弦、隔子午、按阴阳、通晦朔、合龙虎。比如"春气发生谓之赏，秋气肃杀谓之罚。自子、丑、寅为春，卯、辰、巳为夏，阳火候也。午、未、申为秋，酉、戌、亥为冬，阴符候也。"③阳火自子进符至巳，纯阳用事，阴符自午退火至亥，纯阴用事，始《复》而终《坤》，皆以爻象的变化作为修炼的准则。修炼者于一日十二辰中，运其火符，应天地造化之四时五行，昏明寒暑，循爻象的变化而动，如果控御不差，运移不失，则外能交阴阳之符，内生龙虎之体，合成还丹。

对比彭晓和张理关于用卦爻的变化来喻一年四季阴阳的循环消长的思想，可以看出，两者有着很多相似之处。但两者的解释一年四季阴阳的循环消长思想的出发点有所不同。张理释此天地自然之理，意在说明《易》与天地准，认为《易》理与天地自然之理有相合处。张理以《周易·系辞》文"天尊地卑，乾坤定矣。卑高以陈，贵贱位矣。动静有常，刚柔断矣。方以类聚，物以群分，吉凶生矣。在天成象，在地成形，变化见矣。是故刚柔相摩，八卦相荡。鼓之以雷霆，润之以风雨；日月运行，一寒一暑。乾道成男，坤道成女。"与《先天六十四卦圆图》之理相对照，认为此图体现了从天地定位到乾道成男、坤道成女的万物化生的过程。张理还列举了邵雍和朱熹的观点，邵雍认为："图虽无文，吾终日言而未尝

---

① 彭晓：《周易参同契分章通真义》，《道藏》第20册，第133页。
② 同上书，第134页。
③ 同上。

离乎是，盖天地万物之理，尽在其中矣。"① 朱熹认为："先天图，今以一岁之运言之。若大而古今十二万九千六百年，亦只是这圈子；小而一日十二时，亦只是这圈子，都从《复》上推起去。"② 就是说，张理揭示《先天六十四卦圆图》的义理，目的在于证明天地万物之理都备于此易图中。道教对于此图的态度，主要在于以此来论还丹之理。另《先天六十四卦圆图》又可以一月之度推之。张理说："重《坤》之时，乃晦朔之间，以次而生明。《小过》之震反对二震，三日昏时出庚之西也；《大过》之兑反对二兑，八日上弦在丁之南也。至十五，则《乾》体就望而盛满，出于东方甲地，以渐而生魄。《中孚》之巽反对二巽，十八日平明见辛之西也；《颐》卦之艮反对二艮，二十三日下弦直丙之南也。此一月太阴之行度备于图，而邵子所谓晦、朔、弦、望，行、度、盈、缩，由乎此者也。至若艮东北之卦，万物之所成终所成始，故冬至之卦尽于艮山雷《颐》卦。而立春之节起于艮山火《贲》卦自然之数也。故曰：《易》与天地准。"③

张理《易象图说内篇·卷中》之《卦画八》列有《先天六十四卦方图》，又名《六十四卦因重之图》（见下页图二十五）。对于此图，张理以《周易·说卦》"雷以动之，风以散之，雨以润之，日以烜之，艮以止之，兑以说之，乾以君之，坤以藏之"一句阐发其意。邵雍认为："图皆从中起"。对此，张理阐发说："今按：雷以动之，风以散之，正居此图中央，及四维之中。雨以润之，日以烜之，则坎次巽，离次震。艮以止之，兑以说之，则艮次坎，兑次离。乾以君之，坤以藏之，则乾次兑，坤次艮。皆由乎中而达乎外，是故左右上下纵横相因，六十四卦方位所由定矣。"④ 对于《先天六十四卦方图》，张理从不同的角度进行了阐发，其中也从道教丹道的角度对此图进行了说明。他引《周易参同契》说：

《周易参同契》曰：朔旦为《复》，阳气始通。出入无疾，立表

---

① 张理：《易象图说》，《道藏》第 3 册，第 232 页。
② 同上书，第 232、233 页。
③ 同上书，第 232 页。
④ 张理：《易象图说》，《道藏》第 3 册，第 233、234 页。

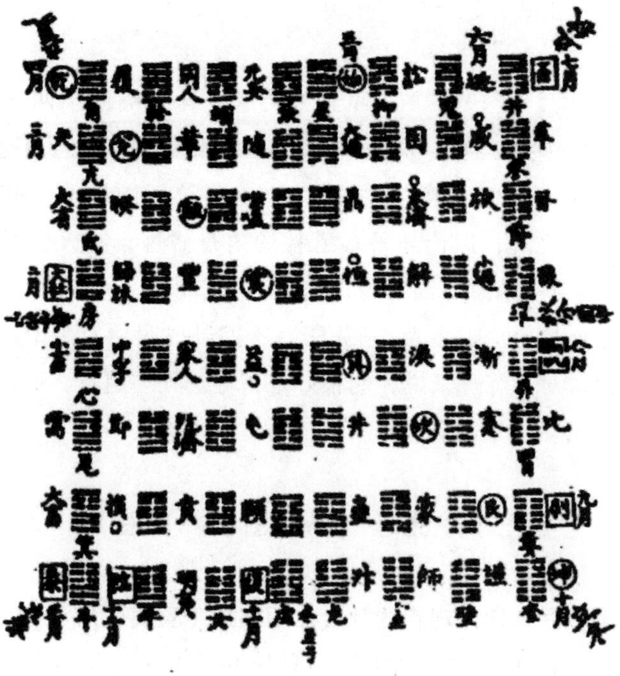

图二十五　六十四卦因重之图

微刚。黄锺建子，兆乃滋彰。播施柔暖，藜蒸得常。《临》炉施条，开路正光。光耀浸进，日以益长。丑之大吕，结正低昂。仰以成《泰》，刚柔并隆。阴阳交接，小往大来。辐凑于寅，进而趋时。渐历《大壮》，侠列卯门。榆荚堕落，还归本根。刑德相负，昼夜始分。《夬》阴以退，阳升而前。洗濯羽翮，振索宿尘。《乾》健盛明，广被四邻。阳终于巳，终而相干。《姤》始纪绪，履霜最先。井底寒泉，午为蕤宾。宾服于阴，阴为主人。《遁》去世位，收敛其精。怀德俟时，栖迟昧冥。《否》闭不通，萌者不生。阴伸阳诎，没阳姓名。《观》其耀景，察仲秋情。任蓄微稚，老枯复荣。荠麦牙蘖，因冒以生。《剥》烂支体，消灭其形。化气既竭，亡失至神。道穷则反，归乎《坤》元。恒顺地理，承天布宣。玄幽远眇，隔阂相连。应度育种，阴阳之原。寥廓恍惚，莫知其端。先迷失轨，后为主君。无平不陂，道之自然。变易更盛，消息相因。终《坤》始《复》，如循连环。帝王承御，千秋常存。①

《周易参同契》此段以十二辟卦卦爻的变化来喻阴阳两气的循环消长，把阴阳之气作为万物生化的种子。"道穷则反"、"无平不陂"，阴阳的消息和变易是"道之自然"，故修炼之士要"恒顺地理，承天布宣"，法天地阴阳消长之理，以论还丹。道教的内丹修炼，其火候的进退一依《周易》十二辟卦的消息。因为内丹修炼有其节次，一步有一步之候，不能不依阴阳之消长而主观妄为。《先天六十四卦方图》对于十二辟卦的阴阳消长的说明，对于炼丹来说，能很好地指导进火与退符，而这对于内丹的修炼来说，无疑是非常重要的。

第三节　张理《易象图说》的意义

一　为道教之道切入现实的社会生活起到了重要作用

张理《易象图说》中，认为图书易学并不本之于先儒，而是与华山道士陈抟以及一些阴阳术数家之学有联系，但张理本人对图书易学评价很高，认为儒者的忠恕、一贯之道也不外于是，所谓道德性命之学，礼乐刑政之原，不能超过此而另有一个内容。张理这样做，实则是将道教的自然天道，逐步地引向了社会人伦的这一面。道教对自然天道的考察，服从于得道成仙的需要，服从修炼的需要。道教追求得道成仙，为此，必须进行修炼。进行修炼需要有理论的指导，要解决一些重大的理论问题，比如，通过修炼而得道成仙为什么是可能的？如何进行修炼？在思考通过修炼而得道成仙为什么是可能的这个问题的时候，道教形成了自己对宇宙生化的看法，认为宇宙的生生不息中，有一个永恒存在的道，此道是万物的生化者和归属者，生物由它而生，万物生成之后，又都禀赋有它，最后，又都归属于它。道的顺生，化生阴阳天地万物，天地万物都禀有阴阳两性，通过阴阳的相互作用，可以回复到永恒的道。阴阳如何更好地相互作用，是修炼中需要解决的问题，天地造化的运行，为人们提供了最好的阴阳相互作用的蓝本，道教强调在修炼的方法上要法天地造化四时、阴阳运行的规

---

① 张理：《易象图说》，《道藏》第 3 册，第 234 页。

律，取天地之精，结成至宝。道家认为天道的运行，有其规律可循，强调人对天道的遵循。循天道而行，不以人灭天，道法自然。应该说，道家在一开始时，是从单个个体的要求出发来思考这些问题的。没有从人作为一个社会性的存在这个角度来考虑。

张理在《易象图说》中对源自道教的自然天道的内容进行了丰富和发展。其《易象图说》中所推衍的各种图式，贯通了自然天道与社会人伦，构建了一个从自然天道到人类社会的各个方面都无所不包的易图体系。道教的一些重要的修炼之图，也纳入到了张理的图书易学的思想体系中来，张理认为，对于易图，"学者于此虚心以玩之，反身而体之，实见是理，实得是道，默而成之，则道德性命之蕴，礼乐刑政之原，举不越乎此矣。"[①] 张理通过对道的这一概念的疏理，将道教单纯讲自然的天道，进行内容上的充实，道不再仅只是一个自然的天道，不再是一个高悬在社会人伦日用之外，在现实之外的一个道，而是现实社会合理性的深层的根据，此道大而化之，可以治国平天下，细而论之又可以养生、修性，独善其身。不论是治国平天下还是独善其身，都不离此道，这种改造，使得道教的道，在内容上有了丰富和发展，有了更广泛的用武之地。更为重要的是，这样做，使得道教的自然天道纳入到社会文化的各个方面，为道教之道切入现实的社会生活起到了一个重要的作用。

二 为儒学注入了天道自然的内容，使儒学也得到了发展

宋元明时期，儒学在继承传统儒学思想的同时，又通过吸收佛道两教的思想，确立起了儒学史上的"新儒学"思想体系——宋明理学。宋明理学的一个非常重要的方面是程朱理学。程朱理学提出"理"或者"天理"的概念，对于此"理"或者"天理"，也提出过"格物致知"、"即物而穷其理"等修养论原则。但"理"和"天理"虽有本体论的意味，其内涵却又主要表现为社会人伦日用的规则，究其实应主要指一种伦理的本体。此伦理本体主要是为人们的心性修养确立形而上的依据。所谓"格物致知"、"即物而穷其理"，也主要不是指的穷天地宇宙自然事物之理，而是指的社会的礼乐刑政、道德性命修养之理等。因此，将道教天道

---

① 张理：《易象图说》，《道藏》第 3 册，第 230 页。

自然的这一块内容补入到儒家思想的这一工作，至程朱理学的确立，也还未完全完成。如何将天地自然之理与社会的礼乐刑政、道德性命修养之理真正贯通，使社会的礼乐刑政、道德性命修养之理能真正站在天地宇宙之理的高度发生作用，从而将天地人三者真正地纳入到一个理论体系中来，在整个宋元儒学文化的重建过程中，一直是核心问题之一。

张理在《易象图说》一书中，通过构建图书易学的体系，将道教天道自然的这一块的内容补入到儒家思想中。对于天道，道教主要以此来叙述的修养之理，而儒家主要借此天道来论证人伦社会规则的合理性，当然，也为儒家的心性修养论提供理论的基础。儒家的道德性命之蕴，礼乐刑政之原，都可以从图书的数与象中得到说明。社会人伦之理就其本质而言，是天地之数演变的规律性的体现。天地是以此数的规律而运行的，人类社会也是遵循此理而行的。张理认为儒家的道德性命之理和礼乐刑政之源出于道家的先天之学，这是以道家的天道自然的形而上学来补儒家思想在这方面的不足。对于天道的自然规律，道教和儒家于此都是肯定的。人可以参赞天地之化育，能认识天地的运行规则，从而制天命而用之。道教基于这一理念，以之来修丹，修丹与天地造化同途，通过修丹能与天地齐寿，达到神仙长生和逍遥的境地。儒者通过对天地万物之理的认识，为其人伦社会的纲常提供了一个更高层面的理论的支持。社会的纲常规范，人们的日用常行，就其本原和实质言，都是天道的体现。对天道，重在从自然的角度而不是从人文的角度来进行阐发，使儒家的现实关怀能上升到一个更高的层次。现实的合理性可以从亘古不变的天道那里得到说明。这对于儒家理论的建构来说，无疑是很有价值的。因此，尽管张理是一名儒者，但他却要对源出于道教的图书易学作重点研究。佛教的空寂思想认为大千世界呈一虚幻象，对现实的一切都持一种虚无的态度，不太在意此世界是否是实在的，对世界去进行认识的问题。这对于儒者的社会教化来说，是不利的，可能会因此而使儒学失去存在的基础。这也是在这个问题上，儒家为什么没有从佛教思想中来吸收营养的成分的一个解释。

对于出自道教的图书易学，宋元明很多大儒如周敦颐、刘牧、邵雍、张行成、朱震、朱熹、蔡元定等，都对图书易学进行过深入的研究。当然，道教学者雷思齐、邵元节等，也对图书易学有过重要论述。儒、道两家皆阐发图书易学，同一个图，通过演变可以得出反映儒家的东西来，也可以得出反映道教的东西来。这反映出当时儒、道融通的一个学术的风气。于儒家而言，引进道教的自然天道理论和养生理论，此举能填补传统儒学理论上的一个空白。是对儒家思想的丰富和发展。对于道教而言，儒学重现实关怀的一面，也能填实其理论上存在的这方面的空白。且儒学以正统意识形态的地位，能对道教的天道自然的原理有所吸收，无疑对提高道教学术思想的地位，也有着重要的作用。

宋元时期，儒、释、道三教互相吸收，互相融通，以此来丰富和发展自己的理论，是三家在学术上的一个共同做法。儒、道是从中国社会本身的文化发展中涌现出来的两种文化，有着共同的生成土壤，儒、道之间互补也就是自然而然的了。儒道两种学术文化的互补，在道教而言，通过对道的这一概念补之以礼乐刑政、人文化成等内容，道教的道，不再仅只是一个自然的道，大而化之，它可以治国平天下；细而论之，此道又可以独善其身。不论是治国平天下还是独善其身，都不离此道，这使得道家的道有了更为广泛的用武之地，更为重要的是，为道家之道切入现实的社会生活起到了一个重要的作用。而对于儒家思想而言，引入道教的天道自然理论和修身理论，以整个宇宙自然为考察对象，可以使儒学的视野更为开阔，立足点更为高远，儒学的内容也因此而更为丰富。这是宋元时期儒、道互补的文化意义所在。也是张理研究图书易学的目的和意义所在。

下篇 宋元道教易老学

第九章　李道纯的道教易老学思想

李道纯，字元素，号清庵，别号莹蟾子。都梁人氏，生卒年不详。据李道纯所著《道德会元·序》谓"至元庚寅（1291年）孟夏旦日，都梁参学清庵莹蟾子李道纯元素序。"① 言其序作于公元1291年。又杜道坚《中和集·叙》称李道纯门人蔡志颐"勘破凡尘，笃修仙道，得清庵之残膏剩馥编次成书，题曰《中和集》，盖取师之静室名也。大德丙午（1306）秋谒余印可，欲寿诸梓，开悟后人。"② 谓《中和集》乃以"清庵之残膏剩馥"编次而成书。且蔡志颐并于大德丙午（1306）秋，访杜道坚以"印可"。由此推测，李道纯当为宋末元初之人。李道纯之学术渊源，据元代苗太素主编、王志谨编辑之《玄教大公案》说："清庵李君得玉蟾白真人弟子王金蟾真人授受，为玄门宗匠，继道统正传，以袭真明。"③ 认为李道纯为南宗白玉蟾的二传弟子，所承之学为宋代金丹派南宗之绪。李道纯的著述主要有：《三天易髓》、《中和集》、《清庵莹蟾子语录》、《道德会元》、《全真集玄秘要》、《太上大通经注》、《太上升玄说消灾护命妙经注》、《太上老君说常清静经注》、《无上赤文洞古真经注》等书。④ 就现存李道纯著述所反映出来的思想，可以看出，其有统合三教（儒、释、道），兼宗易老的特色。在宋代金丹派南宗的思想基础上，又有着重大的发展。下面，我们就李道纯统合三教（儒、释、道），兼宗易老的道教易老学思想来作一探讨。

---

① 李道纯：《道德会元·序》，《道藏》第12册，第642页。
② 李道纯：《中和集·叙》，《道藏》第4册，第482页。
③ 《玄教大公案·序》，《道藏》第23册，第889页。
④ 其中《中和集》、《清庵莹蟾子语录》为门弟子蔡志颐等人所编辑，但两书反映的基本上都是李道纯的思想。

第一节　道本至无，易在其中

所谓"易老学"，主要指的是以《易》解《老》或以《老》解《易》的各种思潮和思想。在学术史上，各种思潮的交融和互摄是极为普遍的现象，在这个过程中，基于某种立场和背景（此背景包括时代和社会背景等）的思潮和思想，通过吸收和借鉴与自己不同立场和背景的思想，使自身不断得到发展和进步。以《易》解《老》或以《老》解《易》所形成的"易老学"，就是在古代中国学术发展史上所形成起来的一个学术的流派。

从战国时期的《易传》开始，《易》、《老》思想就开始有所交融。如在理论建构的特点方面，《易传》推天道以明人事，将自然天道与人事发展贯通起来，这与《老子》一书的思维特点是非常接近的；《易传》的一些重要的观点，如"阴阳"的观点、"三才"的观点、辩证的思想，也多受《老子》思想的启发。《易传》通过吸收《老子》的思想，建构起具有儒道互补特色的天人之学的理论体系。魏晋玄学是在两汉经学的基础上发展起来的一种学术形态。它一反两汉经学的烦琐注释的沉闷学风，倡导简易精致，注重探讨现象之后的本体存在，富于哲学的思辨性。魏晋玄学的一个重要的代表人物是王弼，王弼的主要著述有《老子注》、《老子指略》、《周易注》、《周易略例》、《论语释疑》等，其"易老学"的主要特征就是以《老》解《易》，提出"以无为本"的思想，主张"言不尽意"、"得意忘象"。王弼的"以无为本"思想认为纷繁复杂的现象界是有限的、局部的，和本体的"无"相比较，是"末"。对于此"末"，人们只是借助它来领会本体之"无"，一旦要契入本体之"无"，则必须要舍弃现象之"末"。所谓得意忘象、得象忘言，即是如此。对于本体和现象的关系，魏晋玄学以本末来界定。本为主，末则只是人们体悟本之所借用的工具而已，此工具的作用仅在于它可以被用来作为认识本的一种手段。且最后对于本的契悟，必须以弃去末为前提。王弼的"易老学"，更侧重于以《老》之虚无本体来释《易》之理。

和魏晋玄学派的"以无为本"不同，宋元道教易老学，在对本体和现象的关系上，不是以"本""末"，而是以"体""用"来进行界定和说明。本体与现象是体用的关系，是即体即用，体即在用中，用中又有体，体不离用，用不离体。对于体的领悟，不是要舍弃体之表现的各种现象，才能认识体，相反，要对体有所领悟，必须在现象当中，才能有所认识。因此，宋元道教易老学通过探索宇宙的本源秩序、自然的客观法则，来对此本体之道进行界说。而魏晋玄学则对于探索宇宙的本源秩序、自然的客观法则并无大的兴趣。① 宋元道教易老学的这个观点和宋儒程颐的"体用一源，显微无间"是相似的。所谓相似，是从方法论上来讲，两者有相似之处。但对于体的内涵，则在认识上有所不同，宋儒的理体，一般来讲是人伦道德价值理念的客观化，而宋元道教易老学，则主要以老子的"虚"、"静"、"清"等概念和范畴来界定本体的内涵。李道纯提出，"道本至无，易在其中"，便是这种观点的一个代表。李道纯是一个道教学者，道教以"道"立教，道虽是不可言说的，但言说本身对于道的理解和领悟是不可少的。对于何谓道，李道纯虽然也认为是不可言说的，但他多角度地对何谓"道"作出了解释。李道纯认为，诸家对老子《道德经》的解义，都是各执一端，以自己的私意揣度其义。如"得之于治道者执于治道，得之于丹道者执于丹道，得之于兵机者执于兵机，得之于禅机者执于禅机。或言理而不言事者，或言事而不言理者，至于权变智谋，旁蹊曲径，遂堕于偏枯，皆失圣人之本意也。殊不知圣人作经之意，立极于天地之先，运化于阴阳之表，至于覆载之间，一事一理，无有不备，安可执一端而言之哉？"② 从这句话中，可以看出，李道纯所认为的《道德经》的"道"，先天地而存在，所谓"立极于天地之先"；同时又作用于万事万物，即"运化于阴阳之表"，乃至一事一理，均有"道"的存在。所以，道是万事万物的本体，其涵义是广泛的。诸家对《道德经》的解义只从某一个方面来论《道德经》之道，是有失偏颇的。李道纯认为，老子《道德经》之经义，可以"证颐神养气之要"，可以"明究本穷源之序"，可以"尽明心见性之机"，"至于修齐治平、纪纲法度、百姓日用之间，平常履践之道，洪纤巨细，广大精微，靡所不备于中。"③ 他将自己的著

---

① 李泽厚：《中国思想史论》（上），安徽文艺出版社1999年版。第199页。
② 李道纯：《道德会元·序》，《道藏》第12册，第642页。
③ 同上。

作取名为《道德会元》，目的在于破诸子解义之"偏枯"，同时，"会至道以归元"。① 对于何谓道，李道纯认为：

> 道之可以道者，非真常之道也。夫真常之道，始于无始，名于无名，拟议即乖，开口即错。设若可道，道是甚么？既不可道，何以见道？可道又不是，不可道又不是，如何即是？若向这里下得一转语，参学事毕。其或未然，须索向二六时中，兴居服食处，回头转脑处，校勘这令巍巍地、活拨拨（泼泼）地不与诸缘作对底是个甚么。校勘来校勘去，校勘到校勘不得处，忽然摸著鼻孔，通身汗下，方知道这个元是自家有的，自历劫以来，不曾变易。所谓道也者，不可须臾离也。又道行住坐卧，不离这个，况覆载之间，头头物物都是这个，亘古亘今只是这个，生天生地只是这个，至于日用平常，动静作息，只是这个。一切有形皆有败坏，性有这个常在。天地虚空亦有败坏，只有这个不坏。②

言说之道，非真常之道，真常之道无始无名，不可言说，开口即不是，活泼泼地，不即诸缘，又不离诸缘，所谓"道也者，不可以须臾离"，二六时中、行住坐卧皆在；道生天生地，亘古亘今，日用平常，动静作息，都是道的作用；一切有形，包括天地虚空，都可能败坏，但道却不坏。由此可以看出，李道纯认为，道是万事万物的本体，此本体的道，活泼泼地，生天生地，生人生物；亘古亘今，历劫常存；不即诸缘，不离诸缘；无象无形，无名无质。李道纯对于此本体的"道"，有一《颂》。其云："至道之极，虚无空寂，无象无形，无名无质。视之不见，抟之不得，听之不闻，觅无综迹，大无不包，细无不入。生育天地，长养万物，运化无穷，隐显莫测。不可知知，不可识识。太上老子，舌头无骨。向此经中，分明露出。多言数穷，不如一默。这〇便是，休更疑惑。"③ 道作为本体虽然虚无空寂，但却"大无不包，细无不入"，存在于万事万物之

---

① 李道纯：《道德会元·序》，《道藏》第12册，第642页。
② 李道纯：《道德会元》卷上，《道藏》第12册，第644页。
③ 同上。

中，并能"生育天地，长养万物，运化无穷"。道是无名的，多言数穷。但太上老子在《道德经》中，又分明点出了何谓"道"。对此道，学者不可以知知、识识，而贵在对之进行默会。

道是本体的存在，此本体之道与《易》是何关系？要回答这个问题，我们先要清楚李道纯对于何谓《易》的理解。李道纯说："窃谓伏羲画易，剖露先天。老子著书，全彰道德。此二者，其诸经之祖乎。"① 认为《老子》一书在于彰显道德，伏羲画《易》，剖露了先天之机，《道德经》和《周易》乃诸经之祖。对于《易》，李道纯的理解是广义的，即将易不仅仅看是成为文书、典籍的《易》，包括天地自然之易、圣人之易和人的"心"易，在李道纯看来，都是易的合理内容。在《中和集》中，李道纯提出"三易"之说。何谓"三易"？"三易者，一曰天易，二曰圣易，三曰心易。天易者，易之理也。圣易者，易之象也。心易者，易之道也。观圣易贵在明象，象明则入圣。观天易贵在穷理，理穷则知天。观心易贵在行道，道行则尽心。不读圣人之易，则不明天易，不明天易，则不知心易，不知心易则不足以通变。是知《易》者，通变之书也。"② 又云："予素不通书，因广参遍访，获遇至人，点开心易，得造义经之妙。于是罄其所得，撰成《三天易髓》。"天易关乎易之理，"气之消长，时之升降，运之否泰，世之通塞，天易也。"③ 穷天之理，便能知天之易；圣易主要指的是易之象，"卦之吉凶，爻之得失，辞之险易，象之贞晦，圣易也。"④ 明象则知圣人之易；心易主要指的是易之"道"，"命之穷达，身之进退，世之成败，位之安危，心易也。"⑤ 易之道体现在人的思想、行为中，即为心易，心易贵在践行，行道便能尽心之易。一般认为，《易》有理、象、数、辞等因素，李道纯的"三易"说，似乎其侧重点在于阐发《易》之理和象，以及对易之道的践行这些方面。李道纯认为，"深造天易，则知时势。深造圣易，则知变化。深造心易，则知性命。以心易会

---

① 李道纯：《道德会元·序》，《道藏》第 12 册，第 642 页。
② 李道纯：《中和集》卷 1，《道藏》第 4 册，第 484 页。
③ 同上书，第 486 页。
④ 同上。
⑤ 同上。

圣易，以圣易拟天易，以天易参心易，一以贯之，是名至士。"① 明"天易"则知时势，明"圣易"则知变化，明"心易"则知性命。"三易"之间的关系是，不读圣人之易，则不明"天易"，不明"天易"，则不知"心易"，不知"心易"则不足以通变。因此，要以"心易"会"圣易"，以"圣易"拟"天易"，以"天易"参"心易"，使"心易"、"圣易"、"天易"三易相参，一以贯之，才可以称得上是知易。最后，李道纯得出结论，所谓《易》，涵天地人三才之道，其最大的特点就是"通变"，《易》就是通变之书。

　　道虽然虚无空寂，无象无形，无名无质。视之不可见，抟之不可得，听之不可闻，但它大无不包，细无不入，可以生育天地，长养万物，运化无穷。李道纯的道教易老学补《老》以《易》，一个重要的方面在于《老子》谈得比较多的是本然之妙体，对于此妙体生发万物的过程，则着力不多；而《易》谈变异之法则，并在此变异法则的基础上，求得事物变化一般之规律。以《易》补《老》，将宇宙本体论与宇宙生成论进行结合，能沟通天与人、形上与形下，从而形成了一种新的天人之学。这种天人之学对于本然妙体的"道"不是将之高悬在人伦日用之外，道不是和此岸的现象界相隔离的彼岸的自在之物。虽然李道纯在进行理论建构时，认为道在天地和万物之先，是天地和万物的主宰和根据，是一种无始无终、无象无形的虚无本体，但天地万物和人产生后，道即在天地万物和人之中。因此作为本然之体的道既在天地人之外，又在天地人之中。这种对道的规定在理论上有两个优势，一是能体现出道的普适性、遍在性和主宰性，从而成为真正意义上的本体；另一方面，道又在天地万物和人之中，人可以通过一定的方式和渠道与本然之妙的道体相合。在这里，人不仅有受本然之体的道的主宰的一面，更有通过积极的主观努力，与天地相参，与道合真的一面。因此人在本然妙体的道面前，并不渺小。人性中即有道性，道由人显，道由天地万物显。天地万物和人离不开道，从某种意义上讲，道亦离不开天地万物和人。道与天地万物和人的关系是即体即用的关系。这种天人理论，使本然之妙的道体与天地万物和人之间形成一种互动的关系，同时，又保持有合适的张力，两者既对待，又流行。这种以

---

① 李道纯：《中和集》卷1，《道藏》第4册，第486页。

《易》补《老》的理论改造，使《道德经》关于"道"的理论不再显得虚无空寂，道不再仅是高悬在事物之上，支配事物的主宰者，道就是生生不息的存在，万事万物中都有道，道与人并不隔绝，人在道的面前，不是只能顶礼膜拜，而是可以通过一定的方式去体道、悟道。

李道纯以《易》之生生不息的变异性及其秩序性、规律性等内容补入《老》中，使《老子》之道既有本体的含义，又使此虚无本体有了生生不息之义，更为贴近人事，在理论上也更为圆满无碍。李道纯《中和集》卷之一《玄门宗旨》一节，有《颂》二十五章，对于其易老学的宗旨有所阐发。

在李道纯看来，道是虚无本体，为"无"，为"隐"，但道的显现离不开"万象"、"群情"，离不开"有"和"显"。"有无错综"、"隐显相扶"，本体的道与万象群情，即体即用，为此，他提出"道本至无，易在其中"的观点。其云：

> 道本至虚，至虚无体，穷于无穷，始于无始。虚极化神，神变生气，气聚有形，一分为二。二则有感，感则有配，阴阳互交，乾坤定位，动静不已，四象相系，健顺推荡，八卦兹系。运五行而有常，定四时而成岁。冲和化醇，资始资生。在天则斡旋万象，在地则长养群情。形形相授，物物相孕，化化生生，奚有穷尽。天下万物生于有，有生于无，有无错综，隐显相扶。原其始也，一切万有未有不本乎气。推其终也，一切万物未有不变于形。是知万物本一形气也，形气本一神也，神本至虚，道本至无，易在其中矣。
>
> 天位乎上，地位乎下，人物居中，自融自化，气在其中矣。天地物之最巨，人于物之最灵，天人一也。宇宙在乎手，万化生乎身，变在其中矣。人之极也，中天地而立命，禀虚灵以成性，立性立命，神在其中矣。命系乎气，性系乎神，潜神于心，聚气于身，道在其中矣。形化则有生，有生则有死，出生入死，物之常也。气化则无生，无生故无死，不生不死，神之常也。形化体地，气化象天，形化有感，气化自然。明达高士全气全神，千和万合自然成真。真中之真，玄之又玄，无质生质，是谓胎仙。欲造斯道，将奚所自，惟静惟虚，胎仙可冀。虚则无碍，静则无欲，虚极静笃，观化知复。动而主静，

实以抱虚，二理相须，神与道俱。道者神之主，神者气之主，气者形之主，形者生之主。无生则形住，形住则气住，气住则神住，神住则无住，是名无住住。金液炼形，玉符保神，形神俱妙，与道合真。命宝凝矣，性珠明矣，元神灵矣，胎仙成矣，虚无自然之道毕矣。

大哉神也，其变化之本欤。①

"天下万物生于有，有生于无"，这是老子的观点。"道本至虚，至虚无体，穷于无穷，始于无始。"这亦和老子的观点相应。在汲取老子的这些关于道为虚无本体、无始无终思想的基础上，李道纯对于此虚无本体化生万物提出了一个具体的"变异"的宇宙图式，开始引《易》入《老》，以《易》补《老》，构成他的道教易老学。李道纯首先设定"道本至虚"的理念，接着，便对道化生万物的宇宙演化的进程提出了一个变易的模式，使本体的道生化万物、主宰万物的属性更为具象化。至虚无体、无穷无始的"道"化而为"神"，由"神"变而生"气"，"气"聚而成"形"，"气"分阴阳，此即为"一分为二"，阴阳相感相应，相配相交，因此，有了天地乾坤健顺的对待与流行，从而生成了两仪、四象与八卦。于此中，五行运而有常，四时推而成岁，形形相授，物物相孕，化化生生，无有穷尽，万物从而生生不已。这就赋予了本体的道以变易的特性，也即"易"的特性。

至虚无体的道，"在天则斡旋万象，在地则长养群情"，生成万事万物。万物生成后，道又存在于万物中。那么，是否可以说，万物即是道呢？李道纯认为，通过万物可以显现出道的存在，但道又不等同于具体的万事万物，不能说具体的万事万物就是道。李道纯在其《太上老君说常清净经注》中说：

才言可道，即非常道，既不可道，何以名道？咦！只这道之一字，已道了也。视之不足见，听之不足闻，抟之不可得，用之不可既。惟惚惟恍，不属声闻，曰希曰夷，无有定体。若作声闻，会不足以成，若作定体，求不足以应变。道虽无形，因天地生育，其形可

---

① 李道纯：《中和集》卷1，《道藏》第4册，第483—484页。

见；道虽无情，推日月运行，其情可察；道虽无名，穷万物长养，其名可立；《易·系》云："在天成象，在地成形，变化见矣。"非道之形乎？又曰："鼓之以雷霆，润之以风雨，日月运行，一寒一暑。"非道之情乎？又曰："乾道成男，坤道成女。"非道之名乎？道本无名，圣人强立名道者，通天下万变，归天下之殊途，坦平荡直，大路之谓也。①

万物由道化生，万物中有道，但万物本身并不就是道，所以，可道非常道。言辞所能表达的只是具体的事物，由于具体的事物并不就是道，故以言辞来对本体的道进行界定，此道就非"常道"。因为"常道"无定体，不可以言说，言说即不是。既不能以言辞来论"道"，那么，"道"又有道之名，何以名"道"？李道纯认为，道无形，以天地来显现其"形"；道无情，以日月相推而见其"情"；道无名，但又育成万物，其主宰地位的存在可以凸显其名。从这里，我们可以看到，李道纯以《易》补《老》的学术趋势是很明显的。道本身是视之不足见，听之不足闻，抟之不可得，用之不可既的惚惚恍恍、无有定体的存在，这种形式的存在对于道而言是非常必要的。如果道不是至虚至无，可以作声闻、定体去求，那么就是有"定体"的存在，这种"定体"就不能成为"本体"，因为作为"定体"的道是不足以应万事万物之"变"的。对于至虚至无的"道"本体，如何去体认它的存在呢？李道纯认为，天之象，地之形，万物之变化，可以形道之体；日月运行，一寒一暑，雷霆风雨可以见道之情；乾道成男，坤道成女，万物长养，可以成道之名。天之象，地之形，万物之变化，日月之运行，一寒一暑，雷霆风雨，乾道成男，坤道成女，即所谓"易"，由"易"可以见道。这就是李道纯的"道本至虚，易在其中"的涵义所在。

圣人以"道"来通天下之变、归天下之殊途。一切万有原其始，都本乎气，一切万物推其终，都要变形于物。万物虽然丰富多彩，各有殊质，实不过由"形"、"气"所变，而"形""气"又源出于"神"，此"神"究其本乃"至虚"、"至无"之道。李道纯从虚无的道开始，由道

---

① 李道纯：《太上老君说常清净经注》，《道藏》第17册，第141页。

而神,由神而气,气为一,气分阴阳则为二,阴阳之气互相作用而有四象、五行和万物。这个宇宙发生论的落脚点还在于"人",人为物中之至灵,有"形"、有"气"、有"神","形"为"有"而"神"为"无",人的身心中,既有道体,亦有道用。人法道之"虚静","金液炼形"、"玉符保神",全气全神,从而形神俱妙,与道合真。因此,从虚无之道至天地万物和人,这是"形化"的路子;从人再返回到虚无之道,这是"气化"的路子。对于这两种"变易",李道纯认为,"形化"则有生有死,出生入死,是物的存在形式,"气化"则不生不死,无生无死,这是神的存在方式;形化为物的存在方式,有体有形,象地之体,气化为神的存在方式,无形无象,象天之体;形化有感,感则生生不已,气化自然,自然则与道合真。无论是"形化"还是"气化",都是道的作用。李道纯认为,知"气化"而不知"形化",则不能极广大;知"形化"而不知"气化",则不能尽精微。他并以其"气化"与"形化"之说来论周敦颐的《太极图》,作有《太极图颂》。他论周敦颐的《太极图》说:

中〇者,无极而太极也。太极动而生阳,动极而静,静而生阴,一阴一阳两仪立焉。〇者,两仪也。〇者,阳动也,〇者,阴静也。阴阳互交而生四象。〇者,四象。动而又动曰老阳,动极而静曰少阴,静极复动曰少阳,静而又静曰老阴。四象动静而生八卦,乾一兑二老阳动静也,离三震四少阴动静也,艮五坎六少阳动静也,兑七坤八老阴动静也。阴逆阳顺,一升一降,机缄不已,而生六十四卦,万物之道至是备矣。上〇者,气化之始也。下〇者,形化之母也。知气化而不知形化,则不能极广大。知形化而不知气化,则不能尽精微。故作颂而证之。①

李道纯基本以《周易·系辞传》"易有太极,是生两仪,两仪生四象,四象生八卦,八卦定吉凶,吉凶生大业"的理论思维对周敦颐《太极图》进行说明,而没有沿用周敦颐《太极图》原有的无极、太极、两仪、四象、五行、万物这个宇宙生发的模式。一个重要的理由可能在于他

---

① 李道纯:《中和集》卷1,《道藏》第4册,第483页。

认为《周易》六十四卦尽备万物之理，因此极力将《周易》六十四卦纳入到宇宙生化的模式中去，以期能对万物作出合乎规律性的认识。同时，对于《太极图》的演化历程，李道纯认为不是单向度的由上而下，或由下而上，而是两条路径并行不悖。《太极图》之上〇，是虚无之道气化之始；《太极图》之下〇，为虚无之道演化至化形的阶段，开始形成万物，为万物之母。知"气化"而不知"形化"，仅停留在《太极图》之上〇这个层面，则虚无之道不能化物，本然妙体之道的广大的一面不能体现出来；仅停留在《太极图》之下〇这个层面，知"形化"而不知"气"化，万事万物之形化虽然广泛，但广则广矣，却不能折射出众多"形化"背后的本体之根据，则不能尽本然妙体之道的精微。

　　本体的道以"形化"与"气化"的方式来展示自己。"形化"以显道之广大，"气化"以体道之精微。"形化"与"气化"两者都可以称之为变易，两者同出而异名，一体一用，一动一静，一源一流，一浊一清，相须而行。《太极图》之下〇，逆而上，向《太极图》之上〇演进，则为"气化"之路，通向无形无情无名的天地之始，此为知妙；《太极图》之下〇，顺而下，则是"形化"之路，通向有动有静有名的万物生成之序，此为知徼。李道纯解《道德经》"道可道章"说："虚无自然真常之道，本无可道。可道之道，非真常之道。元始祖气，化生诸天，随时应变之道也。道本无名，可名之名，非真常之名。天地运化，长养万物，著于形迹之名也。虚心无为则能见无名之妙，有心运用则能见有名之徼。妙即神也，徼即形也。知徼而不知妙，则不精，知妙而不知徼，则不备。徼妙两全，形神俱妙，是谓玄之又玄。三十六部尊经，皆从此出，是谓众妙之门。"[①] 虚无自然之道通过随时应变之道显现出来，人能虚心无为，就可以体道体的无名之妙，人能有心运用，就能得见万物有名之徼，道教的"三十六部尊经"所讲无非就是道体之妙与道用之徼。道有体有用，体用不离，如果仅知徼而不知妙，则不精微，仅知妙而不知徼，则不完备。徼妙两全，形神俱妙，才可以称得上是"玄之又玄"，才可以称得上是众妙之门。所以，李道纯对于"无欲"、"有欲"这对范畴作出了自己独到的解释。他为《道德经》"故常无欲以观其妙"一句"究理"，说：

———————
① 李道纯：《道德会元》卷上，《道藏》第 12 册，第 644 页。

或以常无点作一句，或云无欲者常存，有欲者亡身。若有欲者果亡身，何必曰同谓之玄乎？亡身为玄可乎？予谓无欲者，无心作为自然也。有欲者，有心运用工夫也。无为则能见无名之妙，全其性也。有为则能见有名之徼，全其命也。有与无，性与命，同出而异名，同谓之玄，玄之又玄。有无交入，性命双全也。《记》云："喜怒哀乐之未发谓之中"。中也者，天下之大本也，即无欲观妙之义也。发而皆中节谓之和。和也者，天下之达道也，即有欲观其徼之义也。致中和，天地位，万物育，即玄之又玄之义也。所谓欲者，欲人之不欲之谓[①]。

认为《道德经》此句的句读应为"故常无欲，以观其妙；常有欲，以观其徼"，而不是"故常无，欲以观其妙；常有，欲以观其徼"。在解义上，认为此句也不能解成"无欲者常存，有欲者亡身"这个意思。因为《道德经》后文有"同谓之玄"句，如果有欲者亡身，何必说"同谓之玄"呢？亡身是不能称之为玄的。李道纯认为，"无欲"就是无心作为，自自然然，就是"无为"；"有欲"就是有心作为，运用工夫，也就是"有为"。无为，则能体道体的无名之妙，可以葆全人之性；有为则能见万物有名之徼，可以因之而全人之命。"有欲"就是"有为"，"无欲"就是"无为"，两者一为修性，一为修命，故谓之"同出而异名，同谓之玄"。所谓"玄之又玄"指的就是"有无交入，性命双全"，也即性命双修。李道纯还以"无欲"比儒家典籍《礼记》所说的"喜怒哀乐之未发"，"有欲"比《礼记》所谓"发而皆中节"，也即"中和"之义。中为天下之大本，即无欲观妙之义；和为天下之达道，即有欲观其徼之义。致中和，天地位，万物育，即老子《道德经》玄之又玄义。

李道纯"道本至无，易在其中"的道教易老学观点，主旨在于补《易》入《老》，使《老子》的虚无道本有了《易》的丰富内涵，为《老子》的形上之道切入现实探寻了一条可行的路径。形上之道具有超越性，但又不是超验的彼岸存在，因其有与形下相关联的种种现实的联系，故因

---

① 李道纯：《道德会元序例》，《道藏》第 12 册，第 642 页。

一定之方式，形下可以与形而上的道本体相贯通。李道纯此论的目的有二：其一，是为《老子》道本体具有下放现实社会，规范现实社会的功能作理论的论证。这个观点是在当时儒、释、道"三教合一"的大的时代背景之下的一个产物。儒家学说和学者着重从社会政治整体立论、重视对现实人伦进行规范的特征，使其不仅能成为当时的一种重要学术流派，因其社会性的功能，进而使之能上升为占统治地位的社会意识形态。道家道教的理论形态和宗教实践，则更多的是将人和人性从社会的"异化"中"解放"出来，设立一个高度抽象的自然之道，作为人和人性归依的目标。这通常使道家和道教的理论具有在现实社会之外立论的特点，两者因此长期在理论上形成一种张力，互待、互动和互补。儒家学说在关注现实社会、政治和人伦的同时，更倾向于从道家道教学说中汲取建立形上之道的理论思维和方法，以为其道德伦理本体的建立和心性修养学说的成立服务。不论是宋儒的"理本"、"气本"、"心本"、"性本"等形上本体论，在立论的方式方法上，无疑有受道家道教影响的地方。道家道教则更多的是对儒学在切入现实性方面的特点进行借鉴，力图在自己原有理论特色的基础上，补足自己在现实社会关怀这个方面的内容。如何在自己已有理论的基础上强化现实的社会关怀，走出一条具有自己特色的对现实社会关怀的路子，道家道教理论有吸收于儒学的一面。但和儒学在方式上又有所不同。如李道纯就是通过建立道教易老学的理论，补《易》入《老》，在肯定道家道教虚无的道本体的基础上，将现实社会纳入到《易》的变易之中，以《易》的变易之理来总括现实社会林林总总的变化，然后再将《易》纳入到《老子》的虚无本体的道中，完成虚无本体的道与现实社会的"对接"，从而将现实社会纳入到《老子》的虚无本体的道中。在这个过程中，道教之道就不是远离社会的孤立的形上存在，而成为就在每一个人身边的社会性的存在。这是宋元时期儒、释、道"三教合一"的大的时代背景之下，道教教义吸收儒家学说，力图更强烈地切入现实生活所作出的一个理论的新发展。其二，李道纯的道教易老学还为修道者指出一条经由形下而达成形上的修证之路。人修道、证道、悟道的可能性问题，是道教修持理论首先必须解决的问题。对人与道合一的可能性、现实性进行说明和论证，是道教学者关注的一个中心的问题。以《易》补《老》，能对修道者由形下到达形上设立更具操作性的路径与方法。人与道的合一，为什么成为追求的目标？因为在道的境界，主宰万物而又虚静自由。人与道相合，意味着人可以获得这种自由。对道的求证，这实际上意味着人的一种对生存意义的崭新的探讨。人之所以生存在于道，与道合一之后的存在，不仅是个体自我的当下片刻，更是一种永恒。在这种永恒的境界中，自由、主动、超越、永存成为其特点，这就是对道教所追求的"长生久视"的一种理解。在脱去道教"长生久视"纯宗教信仰的一面之外，我们可以看到，它也是人类本身力求探求有价值、有意义的生活过程中的一种理想。道本至虚至无，其中有易。李道纯的道教易老学通过补《易》入《老》，使得道教"长生久视"的理想在理论上更具理性和理论的色彩；在道教教义思想建设方面，通过补《易》入《老》，使《老子》关于本体的内涵更为丰富和广泛，也在技术上沟通了形上之道与形下之事物，形而下变易的事物，因与本体道的结合而更为精妙，有了更为扎实的存在基础和价值的归依处。

第二节　易象乃道之原，常变乃易之原

《易》与《老》，均强调人与天地相参。《老》强调道法自然，无为而无不为，天道的自然无为是前提，人道服从于天道；《易》推天道以明人事，落脚点在明人事，天道是为人事服务的。二者在天人关系的思维进路上，可以互补，故李道纯以《易》、《老》互训，构筑了自己的道教易老学体系。李道纯的道教易老学一方面补《易》入《老》，另一方面也补《老》入《易》。李道纯提出"易也，象也，其道之原乎；常也，变也，其易之原乎"的观点，就是其融合《易》、《老》，以《老》补《易》的一个重要的内容。

李道纯对《易》之义补之以《老》的虚无本体的"道"的思想，从而对《易》的原有之义有所发挥。这主要表现在以下几个方面：

其一，提出"常易"与"大象"之说。

通常所谓《易》，只是画卦之后的《易》。李道纯认为，未画卦以前，亦有易，《易》只是"易"的一个表征。李道纯仿《道德经》首章，提出"易"有"常易"和"大象"之说，此"常易"、"大象"为《易》未画之前"易"的密意。他说：

易可易，非常易。象可象，非大象。常易不易，大象无象。常易未画以前易也，变易既画以后易也。常易不易，太极之体也。可易变易，造化之元也。大象，动静之始也。可象，形名之母也。历劫寂尔者，常易也。亘古不息者，变易也。至虚无体者，大象也。随事发见者，可象也。所谓常者，莫穷其始，莫测其终，历千万世，廓然而独存者也。所谓大者，外包乾坤，内充宇宙，遍河沙界，湛然圆满者也。常易不易，故能统摄天下无穷之变。大象无象，故能形容天下无穷之事。易也，象也，其道之原乎。①

在《易》之前，有画前密意在，有常易，有大象。所谓"常"，指的是无始无终，历千万世而廓然独存者。因此，常易是不变的，它是太极之体，是未画之前的易；常易和可易相对待而言，可易又称变易，乃既画以后之易，可易不能称之为常易，因为它是具体的、变易的存在，即可易非常易。所谓"大"，指的是外包乾坤，内充宇宙，遍河沙界，湛然圆满者。大象至虚无体，无具体之象，故无象可象；与大象相对的是可象，可象是随事发见之象。可易乃造化之元，即造化的开端；可象为形名之母，是形名的开始。但是，常易作为易之体，因其本身是不易的，故能统摄天下无穷之变易；大象本身是无象的，因其无象，所以能形容天下无穷之事物。李道纯认为，常易、大象是《易》之本，为画前之密意，亦是道之原。常易、大象的提出，受《老子》思想的影响。《老子》区分"常道"、"可道"，"常名"、"可名"，认为"可道"非"常道"，"可名"非"常名"。李道纯因之而提出常易、大象之说，并将之赋予道之原的意义，这是其以《老》补《易》的一个重要方面。

其二，提出易"体常用变"说。

《老子》认为，作为本体的道一方面"独立而不改"，另一方面又"周行而不殆"。李道纯从常与变、体与用等角度对《易》之义进行重阐。他论易之常与变说："常易不变，变易不常。其常不变，故能应变。其变不常，故能体常。始终不变，易之常也。动静不常，易之变也。独立而不

---

① 李道纯：《中和集》卷1，《道藏》第4册，第484页。

改，得其常也。周行而不殆，通其变也。不知常不足以通变，不通变不足以知常。常也，变也，其易之原乎。"① 一方面，常易是不变的，变易之易则不常。认为易有易之常与易之变，易之常，始终不变，易之变动静不常。但常易不离变易，因变易才能体常易之常；变易亦不离常易，因易之常才能应易之变。《易乾凿度》有"易"之三义说：简易、变易、不易。李道纯分常易与变易，不是继承《乾凿度》的传统，而是以《老》解《易》的一个表现。《道德经》对于道，称其"独立而不改，周行而不殆"。李道纯认为，独立而不改，此得易之常。周行而不殆，此通易之变。要了解易之变通，须知易之常，不知常不足以通变；要体易之常，亦需知易之变，不通变不足以知常。因此，易有常有变，常与变为《易》之根本。

从体用这个角度来看，李道纯认为："常者，易之体。变者，易之用。古今不易，易之体。随时变易，易之用。无思无为，易之体。有感有应，易之用。知其用，则能极其体。全其体，则能利其用。圣人仰观俯察，远求近取，得其体也。君子进德修业，作事制器，因其用也。至于穷理尽性，乐天知命，修齐治平，纪纲法度，未有外乎易者也。"② 常是易之体，变是易之用。"《易》以道阴阳"。传统对《易》的看法，就是认为《易》主要讲的是阴阳变易之理。李道纯对此传统的看法作了新的阐释，认为随时变易只是易之用，不易之常易乃是易之体。易之体无思无为，易之用有感有应。圣人仰观于天，俯察于地，远求诸物，近取于身，天地人物中均有易的存在，李道纯认为此易为易之体；而君子进德修业，作事制器，则是因易之体而得其用。在这里，我们可以看到，《易》之义已从君子的进德修业，作事制器，到天地万物之变；从穷理尽性，乐天知命，到修齐治平，纪纲法度，都不出于易之外。易道广大，无所不包，这个观点必然对传统的《易》义带来某种程度的改变。即《易》义不仅是讲变易，易有一种形而上的不变的常易的存在，有一种易体的存在。具体《易》的变异只是易体之用，只是作为本体的常易的一个显现。李道纯提出常易、大象之说，并以之作为道之原，是在理论上对常易、大象进行本

---

① 李道纯：《中和集》卷1，《道藏》第4册，第484页。
② 同上。

体化，即以常易、大象等同于本体的道存在。在变易的事物、具体的物象之外，提出不变的常易、无形的大象的存在，并以常与变、体与用的范畴对它们进行理论的定位，这就是李道纯所谓"常也，变也，其易之原乎"的观点，认有易有常、有变，有体、有用，体现了一种以《老》解《易》、用《易》的新的思路。

其三，认为"全其易体，足以知常，利其易用，足以通变"。

李道纯提出："全其易体，足以知常，利其易用，足以通变。"① 知易之体，就能知常；通易之用，就能通变利物。贯通易之体用，目的在于知常与通变。易之常与变，可以通过"动静"、"屈伸"、"消息"等表现出来。李道纯说："刚柔推荡，易之动静。阴阳升降，气之动静。奇偶交重，卦之动静。气形消息，物之动静。昼夜兴寝，身之动静。至于身之进退，心之起灭，世之通塞，事之成败，皆一动一静，互相倚伏也。观其动静，则万事之变，万物之情可见矣。静时有存，动则有察。静时有主，动则可断。静时有定，动罔不吉。静者动之基，动者静之机。动静不失其常，其道光明矣。"② 刚柔推荡、奇偶交重，这指的是《易》卦的动与静；气的阴阳升降、物形的消息盈虚，指的是气与物的动静；世之通塞，事之成败，指的是世事的动静；个人昼夜兴寝，处事之时身之进退，心法之起灭，指的是人事的动静。就在这一动一静之中，万事之变，万物之情可见。如何不为万事万物的动静变化所碍，李道纯认为要在"静时有存"、"静时有主"、"静时有定"。所谓有"存"、有"主"、有"定"，指的是体易之体，找到变易中的不变者，这样就能知常，从而"动则有察"、"动则可断"、"动罔不吉"，就能利易之用，足以通变。静时可以体易之体，动时可以利易之用，静为动之基，动为静之机。动静不失其常，则能体常通变，其道光明。

屈伸、消息均是易的体现。"暑往寒来，岁之屈伸。日往月来，气之屈伸。古往今来，世之屈伸。至于有无相生，难易相成，长短相形，高下相倾，皆屈伸之理也。知屈伸相感之道，则能尽天下无穷之利也。"③ 屈

---

① 李道纯：《中和集》卷1，《道藏》第4册，第484、485页。

② 同上书，第485页。

③ 同上。

伸相感之理表现在许多方面。暑往寒来，这是岁时之屈伸；日往月来，这是一气之屈伸；古往今来，这是世事之屈伸。至于《老子》所讲有无相生，难易相成，长短相形，高下相倾，李道纯认为皆是屈伸相感之道的体现。屈伸相感为易之用，屈伸相感之道为易之体，知屈伸相感之易道，则能知易之体，以尽天下无穷之利。有屈伸则有消息，"息者，消之始。消者，息之终。息者，气之聚。消者，形之散。生育长养谓之息，归根复命谓之消。元而亨，易之息也。利而贞，易之消也。春而夏，岁之息也。秋而冬，岁之消也。婴而壮，身之息也。老而终，身之消也。无而有，物之息也。有而无，物之消也。息者，生之徒。消者，死之徒。自二气肇分以来，未有消而不息之理，亦未有息而不消之物。通而知之者，烛理至明者也。"① 世间事，有消便有息，有阴阳，便有阴阳的消长。凡从无至有、生育长养、气之聚等皆可称为息，凡从有至无、归根复命、形之散等皆可以称为消。消息盈亏乃《易》的重要概念，《易》之元、亨为息，利、贞为消。消息亦如《老子》所云之"生"、"死"，"息者，生之徒；消者，死之徒"。但是对于消息，李道纯铺陈了种种表征之后，重在要求通消息而知之。不仅知消，而且知息，不仅知消息者，更要知不消不息者，如此，才能明至理所在。

如何"全其易体，利其易用"呢？李道纯认为贵在"神机"与"智行"。何谓"神机"？"存乎中者，神也，发而中者，机也；寂然不动，神也，感而遂通，机也；隐显莫测，神也，应用无方，机也；蕴之一身，神也，推之万物，机也；吉凶先兆，神也，变动不居，机也；备四德自强不息者，存乎神者也；贯三才应用无尽者，运其机者也。"② 神寂然不动、隐显莫测、吉凶先兆，是存乎中者，同时又蕴之于一身。所谓"中"，李道纯一般作"喜怒哀乐之未发"解，取《礼记》的说法。③ 因此，此神既是人心性的本体，更是整个存在的最后根据，是本然之妙。机是神之发，是神之运用。所谓发而中者、推之万物、感而遂通、应用无方、变动不居等，皆为神之应用，此应用无尽者，即是神之机。"全其易体"，在

---

① 李道纯：《中和集》卷1，《道藏》第4册，第485页。
② 同上。
③ 同上书，第483页。

于存神;"利其易用",在于慎发其机。《周易》作为卜筮之书,亦在于先知以应变,《周易》之先知是通过卜卦得到某种卦象,通过对卦象及卦爻辞的分析来得到指导行动的准则,以此准则来指导行动。李道纯并未改变《周易》原有的先知以应变的原则,但在如何先知以应变方面,则吸收了《老子》道的"无为"和"有为"的思想,将之与《周易》的变易思想相结合,力图求得变动背后、主宰变动的存在,并将之与人的心性相沟通,以支配现实存在的种种显象的变易。李道纯说:"进德修业,莫若正己。己一正,则无所不正。一切形名,非正不立。一切事故,非正不成。日用平常设施酬酢,未有不始于己者。一切事事、理理、头头、物物,亦未有不自己出者。是故进修之要,必以正己为立基。正己接人,人亦归正。正己处事,事亦归正。正己应物,物亦归正。惟天下之一正,为能通天下之万变。是知正己者,进修之大用也。入圣之阶梯也。"[①] 人通过"正己"的心性修养,能与道本体相通,达到道的高度,在这个道高度,人不仅获得了道教原有的"长生不老"的意义,更为重要的是人在这种状态下,能够主宰、支配现实世界的无穷变易,能获得一种高度的自由和超越。因此,李道纯的易老学在道教原有追求"长生不老"的教义思想的基础上,又增添了主宰、支配现实世界的种种变易的内容。这是道教教义上的一大进步,表明道教由追求个人"长生不老"的出世思想,向力求在现实社会中也同样能有所作为的方面转向。当然,这个转向,并不要求牺牲道教教义中原有的"长生不老"的信念,而是在这个信念的基础上,发掘出更多、更新的,为道教原有教义所无的新内容,即道教如何现实地对待现实生活和现实世界的内容。在李道纯看来,人站在道的高度,可以获得道的无始无终的恒存性、遍在性,由此而实现传统道教所追求的"长生不老"的理想,这个思想主要来自于对《老子》道的思想的改造;同时,人站在道的高度,也可以从容地应对现实世界的一切变易,在现实的种种变易中获得不仅仅是精神的,而是包括精神自由在内的现实的实实在在的自由和超脱。

李道纯论"智行"说:"智者,深知其理也。行者,力行其道也。深知其理,不见而知。力行其道,不为而成。不出户知天下,不窥牖见天

[①] 李道纯:《中和集》卷1,《道藏》第4册,第485、486页。

道，深知也。自强不息，无往不适，力行也。知乱于未乱，知危于未危，知亡于未亡，知祸于未祸，深知也。存于身而不为身累，行于心而不为心役，行于世而不为世移，行于事而不为事碍，力行也。深知其理者，可以变乱为治，变危为安，变亡为存，变祸为福。力行其道者，可以致身于寿域，致心于玄境，致世于太平，致事于大成。非大智大行者其孰能及此。"[①] 深知其理为智，力行其道为行。《老子》"不出户，知天下；不窥牖，见天道"为深知；《易》之"自强不息"、"无往不适"为力行。深知之知为何？为知乱于未乱，知危于未危，知亡于未亡，知祸于未祸。力行之行为何？为存于身而不为身累，行于心而不为心役，行于世而不为世移，行于事而不为事碍。深知的目的在于变乱为治，变危为安，变亡为存，变祸为福，力行的标准在于致身于寿域，致心于玄境，致世于太平，致事于大成。因此，道教中人不仅是要追求个人的长生不老，不仅是要致身于寿域，致心于玄境上，更要致世于太平，致事于大成，变乱世为治世，变危殆为安平，这样的深知力行之人才可以称之为大智大行之人。

李道纯的道教易老学是在宋元时期儒、释、道三教合一的大的思想背景之下建立起来的。他通过以《老》补《易》，希望能在治世于太平，变乱世为治世的现实政治与生活方面寻得一个形而上的理论解决的方法。认为易有常易、有大象，常易、大象是变易、可象的基础；常易、大象为体，变易、可象为用；全其易体，可以知易之常，利其易用，可以知易之用。所以李道强调体易之常，利易之用。为此就要存神、知机，要力行、深知。常易、大象为神，变易、可象为神发之机，存神才能知机；深知为体易，力行以用易，既能致个人身心于寿域、玄境，更能致世于太平，致事于大成。李道纯的道教易老学以《老》补《易》，其实质是要援道入儒，以调和、贯通儒、道。在李道纯看来，现实的种种变易中有不变易者，此不变易者乃是现实变易的主体。人们要求得对现实变易的把握，应把探求那变易之后的不易者。强调变易之后的不易，以不易指导变易，是李道纯以《老》补《易》，在儒、道互融互补这样的独特视角之下所想达到的一个理论的目标。

---

① 李道纯：《中和集》卷1，《道藏》第4册，第485页。

第三节　圣之为圣，用易而已。用易之成，虚静而已

无论是以《易》补《老》，还是以《老》补《易》，理论和实践的落脚点都是为了"用易"。李道纯提出：

> 圣人所以为圣者，用易而已矣。用易所以成功者，虚静而已矣。虚则无所不容，静则无所不察。虚则能受物，静则能应事，虚静久久则灵明。虚者，天之象也。静者，地之象也。自强不息，天之虚也。厚德载物，地之静也。空阔无涯，天之虚也。方广无际，地之静也。天地之道，惟虚惟静。虚静在己，则是天地在己也。道经云：人能常清静，天地悉皆归。其斯之谓欤。清即虚也，虚静也者，其神德圣功乎？①

在这段话中，李道纯表达了两层意思：其一，圣人之所以被称为圣人，在于他们善用易。其二，圣人只有虚静，才能更好地用易。

为什么善用易就能被称为圣人呢？因为善用易可以转危为安，转乱为治，有着极大的现实效用性。李道纯认为，从危到安，从乱到治，要完成这个转变，关键在于每个人自己对易的运用。李道纯说：

> 变动有时，安危在己。祸福得丧，皆自己始。是故通变者，趋时者也。趋时者，危亦安。通变者，乱亦治。不失其所守者，困亦亨。不谨其所行者，丰亦昧。晦其明者，处明夷而无伤。恃其有者，居大有而必害。至远而可应者，其志同也。至近而无与者，其意乖也。至弱而能胜者，得其辅也。至刚而无过者，有其道也。益之用凶事，济难也。睽之见恶人，免怨也。不怕其德者，无所容。不有其躬者，无所利。独立自恃者，无功。恐惧修省者，获福。益于人者，人益之。利于人者，人利之。信于人者，人信之。惠于人者，人惠之。畏凶者，无凶。畏眚者，无眚。畏祸者，福必至。忽福者，祸必至。予所

---

① 李道纯：《中和集》卷1，《道藏》第4册，第486页。

谓安危在己，复何疑哉①。

善用易者，处危能安，处乱能治，处困能亨，至远而可应，处明夷而无伤，至弱而能胜，至刚而无过；不善用易者，处丰亦昧，居大有而必害，至近而无与。善用易的法则，也即《老子》"反者道之动"、"弱者道之用"的原则。所谓畏凶者，无凶；畏眚者，无眚；畏祸者，福必至；忽福者，祸必至。如此等等。所以，李道纯强调《益》之用凶事，《睽》之见恶人，可以济难、免怨；独立自恃则无功，恐惧修省可获福。用易必须明时，明时则可以通变，能明时通变，就可以成为圣人。李道纯认为，现实世界的一切，都处于变化之中，但人们可以运用并掌握这种变化。"天之变化，观易可见。世之时势，观象可验。物之情伪，观形可辨。丽于形者，不能无偶。施于色者，不能无辨。天将阴雨，气必先蒸。山将崩裂，下必先殒。人将利害，貌必先变。譬如巢知风，穴知雨，蛰虫应候，叶落知秋。又如商人置雊尾于舟车之上，以候阴晴。天常晴则尾直竖，天将雨则尾下垂，无情之物尚尔，而况人乎。今人不识时变者，烛理未明也。"② 天之变化、世之时势、物之情伪，都处在变易之中，人们通过观其易、观其象、观其形的变化，识时、烛理，通变无碍，这就是时明、通变，也即是用易。

圣人只有虚静，才能更好地用易。李道纯提出："通变莫若识时，识时莫若通理，明理莫若虚静。虚则明，静则清，清明在躬，天理昭明。"③认为变通、识时都是建立在明理的基础之上，怎样才能明理呢？李道纯未走宋儒一般所提倡的格物致知的路子，或者是发明本心的路子，而是以《老子》的虚静之说来论明理的方式、方法。心虚则理明，心静则理清。天理即明且清，则识时、通变不成问题。为此，李道纯提出"易道之功夫"。他说："清心释累，绝虑忘情，少私寡欲，见素抱朴，易道之工夫也。心清累释，足以尽理。虑绝情忘，足以尽性。私欲俱泯，足以造道。素朴纯一，足以知天。"④ 虚与静是易道的功夫，易道之功夫包括尽理、

---

① 李道纯：《中和集》卷1，《道藏》第4册，第486页。
② 同上书，第485页。
③ 同上。
④ 同上书，第486页。

尽性、造道、知天这么几个方面，而虚与静是贯穿其中的总的原则。通过践行清心释累，绝虑忘情，少私寡欲，见素抱朴就能达成尽理、尽性、造道和知天。在《太上老君说常清净经注》中，李道纯对于虚静的功夫有着更详细地说明。首先，李道纯强调了"清净为天下正"的观点。他说："太上云：清净为天下正。所谓正者，至公无私也。惟天理之至公，为能胜人欲之至私。世人所以不能造道者，非不能也，为物欲之所眩也。绝欲之要，必先忘物我，忘物我者，内忘其心，外忘其形，远忘其物。三者既忘，复全天理，是名大。即艮止之义也。《易》云：'艮其背，不获其身，行其庭，不见其人，无咎。'艮其背，即内观其心，心无其心也。不获其身，即外观其形，形无其形也。行其庭不见其人，即远观其物，物无其物也。无咎，即无欲也。太上云：咎莫大于欲得，即此义也。至于物欲见空，则清净之天复矣。"① 为什么要强调虚静的功夫，因为清静是天下至公无私之理，它能胜人欲之私。人不能达到道的境界，就在于人被物欲所迷惑，从而人与道相隔不通。要想不为物欲所迷惑，必须忘物我，做到内忘其心，外忘其形，远忘其物，这也就是《易》的艮止之义。

要做好虚静的功夫，必须以道制欲，而不以欲制道。

  有道之士，常以道制欲，不以欲制道，以道制欲，神所以清，心所以静，至道与神气混混沦沦，周乎三才万物，应变而无穷，至广大尽精微矣。苟以欲制道，失道者也。失道之士，欲心一萌，无所不至，权利牵于外，念虑煎于内，心为物转，神为心役，心神既不清净，道安在哉？常能制欲，则归心不动，归心不动则自然澄澄湛湛，绝点翳、纯清复，其本然清净之大矣。何欲之有。《易传》云："山下有泽，损，君子以惩忿窒欲。"其斯之谓与？②

以道制欲，就能神清心静，以欲制道，心为物转，神为心役，则与道不合，归心不动才能合于本然清净之大道。但是虚静之虚，不等于空无一物，虚静之静不等于不动。李道纯说："攸攸万事不是空，一以贯之终归

---

① 李道纯：《太上老君说常清净经注》，《道藏》第17册，第141、142页。
② 同上书，第141页。

元物。此遣欲之要也。以空遣欲，欲既不生，和空亦无，空既无矣，无亦无也，无无既无，湛然寂。然湛寂亦无，是名真静。湛然常寂者，凝神入空寂也。寂无所寂者，融神出空寂也。所谓真静，非不动也。若以不动为静，则是有定体也。有定体则不足以应变，所以真常应物，真常得性者，动而应物而真体不动也。作如是见者，常应常静，常清净矣。"① 世间万事，纷纷攘攘，何曾空无？因其为众缘所会而有，故为空。静非不动，以静为不动则有定体，有定体则不能应物之变。只有动而应物而真体不动，常应常静，才是真清净。李道纯说："寂然不动为体，感而遂通为用，是名真静。至于体用一源，显微无间，真常之道得矣。得之一字，亦是强名，若谓实有所得，则不足以为道。圣人惟恐世人不知有无相生之理，落断常邪见。故以得道委曲成全，使其积渐而至顿成也。所谓传者，不传之传也。圣道者，圣而不可知之之谓也。"② 有无是相生的，体用是一源的，显微是无间的，执着其中的任何一边，即落断见和常见，而这两者均为邪见。《易传》所言寂然不动，感而遂通，就是真静的表现。

虚静不是空无，不是不动，而是动中有静，静中有动，有体有用，有显有微。因此，修道者当起照心而不起妄心。李道纯说：

古德云："常灭妄心，不灭照心。"一切不止之心皆妄心也，一切不动之心皆照心也。妄想一萌邪正分，枢机一发荣辱判，可不勉斋。妄心不止，生种种差别因缘，至于涉秽途，触祸机，落阴趣，未有不始于妄心也。学道之士固当谨始，始若不谨，焉得有终，妄念始萌，不自知觉，神为心役，心为物牵，纵三尸之炽盛，为六欲之忧扰，岂得不著物耶？著物之故，贪求心生，既生贪求，即是烦恼妄想，种种相缘，无由解脱。至于忧苦，身心便遭浊辱，流浪生死，常沉苦海，永失真道，良可悲哉。所以妄想之心，轮回之根本也。众生所以不得真道者，为妄想心不灭，所以然也。③

---

① 李道纯：《太上老君说常清净经注》，《道藏》第17册，第142页。
② 同上。
③ 同上。

心分两种，一种是不动之心，此为照心，照心不随物所转；一种是不止之心，此为妄心，妄心常随物迁，流浪生死，为轮回之根本。修道、悟道，要常存照心，不存妄心。照心即天心，无妄即真常。李道纯还认为，照心即不动心，即道心；妄心即不止之动心，即人心。人应存照心而灭妄心，顾道心而灭人心。对于道心与人心的关系，道心静而人心动，但道心与人心并不是两心，而是一心。人心中即有道心，道心中亦有人心，其区别只在于动静之间。照心常存，妄心常复。这就是《易》所谓"复"之理，复其见天地之心。天地之心即道心。不动之心与不止之心是相待的，不止就是无有止息的意思，这好理解。那么不动应作何理解呢？人们要应事接物，所谓不动，不是对事物不作任何的反应，而是在作出反应的同时，心不随物转。对此有一个比喻是比较恰当的，即如镜对事物的反映，物来则照，物去不留。李道纯说："惟悟道者，照心常存，照破种种缘相，皆是妄幻。勿令染著，照心既存，妄心无能为也。久久纯熟，决定证清净身，作是见者，真常之道得矣。所谓照心者，即天心也。真常者即无妄也。了悟此心，则有妄之心复矣，无妄之道成矣，无妄所以次复也。《易》曰：'复，其见天地之心乎？'到这里，纤介幽微，悉皆先照。至于如如不动，了了常知，至觉至灵，常清常静，真常之道，至是尽矣。圣人之能事毕矣。"[①] 修道者以照心照破种种缘相，获得心的清静。《周易》《复》卦后接《无妄》，由复见天地之心，即见照心，照心呈现，则心不随物转，又能照鉴万物之理，无妄之道由是而成。悟道后的境界，是心如如不动，却又了了常知，心至觉至灵，又常清常静。至此，则真常之道可得，圣人可为而至。

在李道纯看来，虚静是道本体的特征，用易是人具体的社会活动，成圣是人生的理想。李道纯的道教易老学将虚静与用易联系起来，又将用易与成圣联系起来，目的在于使虚静的道体能与人的现实的社会生活进行有机地结合，这是对中国传统哲学中"天人合一"的理论进一步在内容上进行丰富。李道纯以《易》与《老》相结合的理论形态来完成这种"天人合一"的思想，具有其时代的特色。在学术的旨趣上，《易》《老》的结合又主要体现的是儒、释、道三教思想理论的互补，并以道的思想为基

---

① 李道纯：《太上老君说常清净经注》，《道藏》第17册，第143页。

础，兼统儒、释的思想。李道纯《中和集》卷之一以《太极图》及其"动静无端"、"阴阳无始"的思想来论《玄门宗旨》，以道教的"主静"说来取代儒家的"主敬"说。其云：

> 释曰圆觉，道曰金丹，儒曰太极，所谓无极而太极者，不可极而极之谓也。释氏云：如如不动，了了常知。《易·系》云：寂然不动，感而遂通。丹书云：身心不动，以后复有无极真机，言太极之妙本也。是知三教所尚者，静定也。周子所谓主于静者是也。盖人心静定，未感物时湛然天理，即太极之妙也。一感于物，便有偏倚，即太极之变也。苟静定之时，谨其所存，则天理常明，虚灵不昧，动时自有主宰，一切事物之来俱可应也。静定工夫纯熟，不期然而自然至此。无极之真复矣，太极之妙应明矣，天地万物之理悉备于我矣。①

李道纯认为，不论是释的圆觉，儒之太极，还是道教所讲的金丹，都是以静定为其根本，金丹和太极、圆觉相待而言，表明金丹在李道纯这里，亦被理解为具有本体的意义。李道纯以《周易·系辞》所云："寂然不动，感而遂通"言"太极"，认为这是儒家的代表思想，"未感物时湛然天理，即太极之妙也。"此"妙本"如果培护不好，其"一感于物，便有偏倚，即太极之变也"，《太极图》"动静无端，阴阳无始"，其基础则在于静定之时，谨其所存，则天理常明，天理明，则人在精神状态上能虚灵不昧，因此，动时自有主宰，一切事物之来俱可应。即首先复"无极之真"，这通过做静定的工夫，使之纯熟。在此基础上，不期然而自然明"太极之妙应"，使天地万物之理悉备于我。认为只有主于静，人心静定，才能感而遂通。以"静"代"敬"，这是李道纯以道统儒的一个重要方面。两者的区别在于，敬是一种谨慎、认真、一丝不苟的认知和处事的态度，静则更多的是一种虚静、不动心、不为外物所扰的宗教性的神秘体验。要求得不为外物所扰，不动心，一般采取的是不见可欲，与外物保持相当的距离的方法。李道纯的道教易老学与此不同，他的理论重点不仅是要主"静"，而且主"静"的最好方法是要将"静"这种宗教性的神秘

---

① 李道纯：《中和集》卷1，《道藏》第4册，第482、483页。

体验不断地呈现出来，以应对外物，在这个过程中，发挥出它的功能。其论《中和图》说：

> 《礼记》云："喜怒哀乐未发，谓之中；发而皆中节，谓之和。"未发谓静定中，谨其所存也，故曰中；存而无体，故谓天下之大本。发而中节谓动时，谨其所发也，故曰和。发无不中，故谓天下之达道，诚能致中和于一身。则本然之体，虚而灵，静而觉，动而正。故能应天下无穷之变也。老君曰：人能常清静，天地悉皆归。即子思所谓致中和、天地位、万物育同一意。中也，和也，感通之妙用也，应变之枢机也。《周易》生育流行，一动一静之全体也。予以所居之舍中和二字扁名，不亦宜乎哉。①

对于"本然之体"，李道纯以"虚而灵，静而觉，动而正"来概括。要做到这一点，道教的观点即以《清净经》所谓"人能常清净，天地悉皆归"来指导修养。至于儒家的思想，李道纯以《礼记》的"中和"思想为代表，认为喜怒哀乐等情感未发之时，即谓之"中"，即人在静定之时，要谨其所存。存个什么，存个无体之清净，无体之清静即为天下之大本。发而皆中节，即谓之和，所谓动时，要谨其所发。因"本然之体"清净，故发无不中，这就是天下之达道。致中和，则天地位，万物育。李道纯的主要目的在于致中和于一身，这仍然是道教的传统观点。李道纯以道教的《清净经》与儒家子思的《中庸》相对照，认为两者意思是一致的。而《周易》讲卦爻的排列、变化，及其中的数理，所谓生育流行，一动一静，即《周易》的理、象、数的变化，有其本然之全体，对于这个本然之全体，李道纯认为即是"中和"二字，就能充分将之概括出来。

对于人之情感的喜怒哀乐，从完全摒弃，到能够有条件地接受，即所谓发而皆中节，从李道纯这里，可以看到道教教义发展的一个逐渐的转变。早期全真道教，虽然没有脱离现实社会，但一般强调住庵修持，力图与现实的社会生活保持一定的距离。张伯端《悟真篇》强调修炼内丹的"至宝""家家都有"，不必深山去"守静孤"。但李道纯对于人喜怒哀乐

---

① 李道纯：《中和集》卷1，《道藏》第4册，第483页。

的情感方面予以肯定，应该说，对道教的前辈学者的思想又有所发展。这个发展，就是一方面追求道教的"本然之体"的"清净"，另一方面，吸收儒家重人伦社会生活的伦理规则的一面，并对宋明理学将人的内在的道德情感上升为天理的思维方式有所借鉴。对于具有"清净"性质的本然之体，赋予其虚而灵，静而觉，动而正的性质，从而使之具有应变天下无穷之事的能力。李道纯在《中和集》卷之一《委顺图》中说：

> 身、心、世、事谓之四缘，一切世人皆为萦绊，惟委顺者能应之。常应常静，何缘之有？何谓委？委身寂然，委心洞然，委世混然，委事自然。何谓顺？顺天命，顺天道，顺天时，顺天理。身顺天命，故能应人心；顺天道，故能应物世，顺天时故能应变事，顺天理故能应机。即能委又能顺兼能应，则四缘脱洒。是作见者，常应常静常清静矣。①

所谓"身、心、世、事谓之四缘，一切世人皆为萦绊"，一般说来，以身、心、世、事四缘为萦绊的，更多的是佛道两教，儒家思想通常并不以此为"萦绊"。李道纯对于此"萦绊"，处之以"委顺"，常应常静，则能超然待之。这里我们要注意的是，李道纯对"身心世事"的态度，和道教的传统的看法已有所不同。对于此四缘，不是要极力避开，而是要寻得一个有效的方法，来积极应对它。这是要求和儒家在这个问题上的观点一致。在方法上，则是以易老互补。合易老而言，委身寂然，委心洞然，委世混然，委事自然。由混然、自然而寂然、洞然，既有道教老子的清净思想，也有《周易·系辞》所谓"感而遂通"的思想。同时，李道纯的这个思想中，还有顺天命以应人心，顺天道以应物世，顺天时以应变事，顺天理以应机等思想。天命与人心相应，有着政治方面的色彩；天道与物事相应，更多指的是自然的规律；天时与变事相应，指的是有人参与其中的自然和社会、事物的具体规律，天理与机相应，机是天理之用，天理可以理解为，事物未至时所先具有的发展规律。道教的内丹术，在李道纯看来，不仅是一种长生术，更重要的是，通过它能直通本体之道，同

---

① 李道纯：《中和集》卷1，《道藏》第4册，第483页。

时，也能应变万事万物，故内丹是"内圣外王"之学。所谓内圣，即用之能进行个体的人格修养，从而体悟"道"的存在；"外王"，即用之应事应物，都能运用自如，恰到好处。李道纯道教易老学将内丹术的意义发展到了传统的"长生久视"之外，也超出了将内丹术看作是体悟道的存在的一种手段，而且还将内丹术用之于应事接物的外王之学。这种理论是在宋元时期"三教合一"的总体的理论融合的形势下提出的，是代表道教对于"三教合一"理论思潮所作出的一种回应。全真道创立之初，就提"三教合一"，如重阳祖师兼以儒家的《孝经》、佛教的《般若心经》教育弟子，就是一例。李道纯在此基础上，进一步以道教的内丹学统合儒、释两教，建立起有体有用，即体即用的内丹学理论体系。从其理论的立论的内在要求出发，李道纯以《易》、《老》相互阐发，以《老》之体结合《易》之用，构成了独具特色的道教易老学。

李道纯的道教易老学的主旨和目的是要解决形而上与形而下的接恰问题。如何不将"形而上与形而下裁成两截"是宋元时期的学术主题。这个主题对于道教同样具有重要的意义。李道纯的易老学，也只在于寻求形上与形下的有机结合。他的观点即是以《老》语道之体，以《易》语道之用。道之体虚静，故能致广大；易之用"知周乎万物"，故能尽精微。致广大而尽精微即道之属性。以《易》、《老》相阐，融儒、释、道三教理论，发明天人关系的新韵，重构道教的新教义，沟通形上与形下，使虚静的本体之道，与活泼泼的现实相衔通，实现在现实中超越的理想。与儒家不同的是，道教既讲现实的超越，更讲超越现实之后的纯宗教的理想境界，这就是道教的各种仙境和各种神仙理想。故道教既有现实超越的内容，更有超出现实后的宗教理想的追求。正因为如此，它才成其为宗教。李道纯以《易》、《老》互训，看到了两者在理论上可以互补，他以《易》之义和《老》之义互训互补，使《易》、《老》各自的一些重要观点、概念和命题的原初之义有较大的改变，在这些重要观点、概念和命题的原初之义的基础上，又形成了新的意思。这些新思想构成了李道纯道教易老学思想的一个重要方面。因此，李道纯的道教易老学不仅是《易》和《老》思想的简单相加，而是两者思想彼此互相影响，并在自己原有思想的基础上，吸收、消化对方的一些重要思想，重新生成的一种新思想，从而形成一个和《易》、《老》原有理论不同的全新的理论体系。

结束语 宋元道教易学研究对当代文化建设的价值

经济的发展，体制的更新，要求文化建设的同步发展。如何建设适应新时代的新文化，是每一个中国人，尤其是中国的知识分子所应考虑的重要问题。当前我们文化的建设是否一定要与西方"解构主义"的道路亦步亦趋，否认对价值和意义的一般追问，否认本质主义和形而上学存在的必要？也就是说，是否一定要以解构为前提和基础？正如在经济发展的道路上我们能作出自己的特殊选择一样，我们在文化建设可不可以走出一条不同于西方后现代以"解构"为主要特征的新路子。我们认为，这是可能的。因为单独的个人，也许可能像动物一样，浑浑噩噩地生活，饥来吃饭倦来眠，今朝有酒今朝醉，但人类作为一个整体而言，对于诸如安身立命、终极关怀、人生意义等问题是必须要考虑的。这是关系到人类的价值取向和发展方向的问题，因为发展不单纯是经济的增长和科技的进步。一些先贤早已提出，科技的增长是一柄双刃剑。科技的发展必须是为人服务的，人的全面发展是衡量经济与科技进步的重要尺度。人的全面发展，离不开对人生意义和价值的探寻。在对人生意义和价值的探寻过程中，需要一定程度的"解构"，所谓"不破不立"即是如此；而为了寻求意义和价值而"解构"现存的一切价值和意义，或者说为"解构"而"解构"，在某个特定的社会形态和特定的时期，也许有其存在的合理性。正如西方工具理性的高度发达导致人日渐成为机器的奴隶，反理性主义的出现使人能够重拾自己作为人的尊严。但仅有非理性还不足以体现和维护人的真正的尊严，因为非理性本身并不能将人从动物群中分离出来，非理性也不能使人得到真正的身心自由和自身的全面发展。西方后现代主义对现存价值和意义的破坏性的"解构"，对于整个人类社会和所有的历史发展时期而言，并不具有普遍的意义。

中国是一个具有五千年灿烂文明的文化古国，有着历史悠久的文化传统。这个文化传统对于我们今天的人们来讲，如果处理不好，就是一个迈向现代化过程中的沉重包袱；而如果处理得好，也将极大地促进我国现代化的进程。是财富还是包袱，关键在于我们当代的中国人怎样对它进行创造性地转换。

如果说存在对中国传统文化和文明进行创造性转换的这么一条新路子，那么接下来的一个问题就是，这个新路子是什么？我们的传统文化在这个创造性转换的过程中，应该怎样来扬弃自身，弘扬什么，汲取什么，消解什么？这可以归结到这么一个问题，即中国传统文化能在当代的文化建设过程中发挥一个什么样的积极作用？具体到我这篇论文，就是要试着探讨一下，通过对宋元道教易学的研究，我们能在哪些方面为中国传统文化的创造性转换提供有价值的启示，从而赋予传统文化以新的时代内容，为建构起适应时代发展的新的文化体系做出贡献。宋元道教易学的内涵是非常广泛的，其中不乏很多对当前来说也仍然有着重要价值的方面。我们知道，哲学是时代精神的精华。不同的时代有不同的哲学，不同的民族也有不同的哲学。但是人类还是有着一些超越时空的、值得永远关注的一些哲学问题。比如，人们一般都要对现实世界价值的来源，价值世界与现实世界之间的关系问题进行探究。宋元道教易学认为天道与人事之间，也即价值世界与现实世界之间并不是割裂开来的，而是互融互摄，你中有我，我中有你，彼此之间保持着一种发展的张力。宋元道教易学一般将人间的秩序和道德的价值归源于"天"、"道"、"太极"、"理"、"性"、"心"等本体，但是对于此本体，并不认为它们就是超越性的，而是道器合一、体用合一。因为这些本体就其内涵而言，实际上反映、折射的是活生生的现实生活。因其能反映现实生活，就能指导现实生活。故在现实的此岸与超越的彼岸这两个世界之间并不存在一道不可逾越的鸿沟。现实在天道本体的价值性理想的引导下，能不断规正自己的发展方向；天道本体的价值也在规正现实的过程中显现出来。同时，本体的天道因其能不断反映现实生活，故其内涵也就生生不息，从而能不断得到丰富和发展。正因为如此，所以价值世界与现实世界之间的不断互动，在使现实的人文化成不断得到规范的过程中，也能使价值世界本身的文化理念不断得到升华和发展。

对于价值世界与现实世界之间的关系，西方文化一般先为人间秩序与一切价值确立一超越性源头，然后用理性去追溯和展示此价值之源，把超越的价值之源加以实质化、形式化。如柏拉图的理念，亚里士多德的实体以及西方哲学中普遍存在的逻各斯观念等。这种哲学思想发展到中世纪，便与希伯来的宗教合流，以无所不能、无所不在的上帝作为万有的根据和人间价值之源，个人实践的社会价值或道德价值也是听从上帝的召唤。即使是西方文艺复兴之后，这还仍然是西方哲学的一个主流思潮之一。因此，西方哲学一般走的是外在超越的路子，个体的价值实现有待于实质化、形式化的外在本体的赐予，从而在实现价值的能动性方面大打折扣。和西方哲学所走的将本体实质化、形式化的外在超越之路不同，宋元道教易学对"本体存在"所作的独特思考是走的"天人合一"的内在超越之路，所谓"修丹与天地造化同途"、"人与天地万物为一体"，个体的人能通向宇宙，与天地万物成为一体。人心中具有一种价值自觉的能力，每一个人都可以通过与天地造化的"同途"，而与天道的本体合一，从而实现"我命在我不在天"。宋元道教易学这种"天人同构"的思想，是中国哲学走"天人合一"的内在超越之路重要特点的一个表现。内在超越对于个体积极主动地实现自身的价值，即使在今天，无疑还是有其重要的意义的。

宋元道教易学在人与自然的关系问题上，强调人与自然皆秉承道性，都是大道的显现，从而是和谐一体的。修道所取法的对象包括天地日月运转的规律，阴阳时节的变换等。所谓卦气说、阴阳消息说、纳甲说，直至对天地运转规律进行理论说明的各种道教的易图，如龙图、河洛图式、先天图、太极图等，都是人们对天道自然规律进行探讨所总结出来的理论成果。人们只有遵循这些规律进行修炼，才可能取得成功。这里反映出来的是对天道的尊重，也即对自然规律的尊重。人修道并不能主观地破坏自然的规律，而是要循自然规律而行，才能达到与天地合一，修成大道。西方哲学在近代资产阶级革命以来，强调以"科技"来征服和宰制自然，但科技不但征服了世界，而且也宰制了人类。我们现在在追求经济高速发展的同时，更强调要保持一种"可持续的发展"，要求保护我们的生态环境，节约资源，反对人类中心主义，与自然和谐相处。故而宋元道教易学对于人与自然关系所作的独特思考，在我们现代仍然有着重要的启示意义。西方哲学把人客观化为一种认知的对象，进行多方面的分析，这虽然加深了对于"人"的了解，另一方面也不免把完整的"人"切成无数不相连贯的碎片。相反，宋元道教易学一般把人当作目的而非手段，它强调凸显每一个个人的道德精神和价值。每一个个体的人中，都秉承有普遍的道性，每个个体的人都是一个小宇宙，是整个大宇宙的一个缩影和折射，是自足自为的。每个个体的人都可以通过修炼自身的阴阳，交媾坎离，达到与大道的相通。在人的心性修养方面，宋元道教易学认为心性本清净，而后天的、非自然的主观作为破坏了这种清净。个体的心性修养只要法道性的自然无为，虚灵玄静，清净寡欲，就能返回到先天的道的状态。在终极关怀和理想人格塑造方面，宋元道教易学认为，理想的人就是自然的人，就是与天道相通、相合的人。人所追求的目标在于与天地大化同在，生生不息，不分彼此，这就是宋元道教易学所提出的人的终极关怀所在。

因此，通过研究宋元道教易学，我们可以得到很多对于我们今天来说仍然有价值的启示。本篇论文所做的工作相对于整个宋元道教易学的研究来说，还只是一个非常初级的探寻。我希望通过这篇论文的写作，能抛砖引玉，让更多的人来关注和研究宋元道教易学乃至整个的道教易学。

参考文献

原著

一 《参同契》及易学

1. 陈显微：《周易参同契解》，《道藏》第 20 册。
2. 陈致虚：《周易参同契分章注》，《藏外道书》第 9 册。（本论文所用《藏外道书》，均为巴蜀书社 1992 年版。下同。）
3. 储华谷：《周易参同契注》，《道藏》第 20 册。
4. 五代后蜀道士彭晓：《周易参同契鼎器歌明镜图》，《道藏》第 20 册。
5. 五代后蜀道士彭晓：《周易参同契分章通真义》，《道藏》第 20 册。（本论文所用《道藏》，均为北京文物出版社、上海书店出版社、天津古籍出版社 1988 年联合影印出版。下同。）
6. 俞琰：《周易参同契发挥》，《道藏》第 20 册。
7. 朱熹：《周易参同契考异》，《道藏》第 20 册。

二 道教易图类

1. 陈抟：《易龙图序》，《道藏》第 3 册。
2. 《大易象数钩深图》，《道藏》第 3 册。
3. 雷思齐：《易图通变》、《易筮通变》，《道藏》第 20 册。
4. 刘牧：《易数钩隐图》，《道藏》第 3 册。
5. 刘牧：《易数钩隐图遗论九事》，《道藏》第 3 册。
6. 俞琰：《易外别传》，《道藏》第 20 册。
7. 张理：《易象图说》，《道藏》第 3 册。

三 易老类

1. 邓锜：《道德真经三解》，《道藏》第 12 册。

2. 杜道坚：《道德玄经原旨》、《玄经原旨发挥》，《道藏》第 12 册。

3. 杜光庭：《道德真经广圣义》，《道藏》第 14 册。

4. 江赜：《道德真经疏义》，《道藏》第 12 册。

5. 李道纯：《道德会元》，《道藏》第 12 册。

6. 李隆基：《唐玄宗御制道德真经疏》，《道藏》第 11 册。

7. 李隆基：《唐玄宗御注道德真经》，《道藏》第 11 册。

8. 刘惟永、丁易东编《道德真经集义》，《道藏》第 14 册。

9. 陆希声：《道德真经传》，《道藏》第 12 册。

10. 彭耜：《道德真经集注》，《道藏》第 13 册。

11. 苏辙：《道德真经注》，《道藏》第 12 册。

12. 王弼：《道德真经注》，《道藏》第 12 册。

13. 王守正：《道德真经衍义手钞》，《道藏》第 13 册。

四　其他道书

1. 陈显微：《文始经言外旨》，《道藏》第 14 册。

2. 陈致虚：《上阳子金丹大要》，《道藏》第 24 册。

3. 郝大通：《太古集》，《道藏》第 25 册。

4. 旧题陈抟：《阴真君还丹歌注》，《道藏》第 2 册。

5. 李道纯：《清庵莹蟾子语录》，《道藏》第 23 册。

6. 李道纯：《太上老君说常清净经注》，《道藏》第 17 册。

7. 李道纯：《中和集》、《全真集玄秘要》、《三天易髓》，《道藏》第 4 册。

8. 麻衣道者撰《麻衣道者正易心法》，《藏外道书》第 5 册。

9. 苗太素、王志谨：《玄教大公案》，《道藏》第 23 册。

10. 牧常晁：《玄宗直指万法同归》，《道藏》第 23 册。

11. 邵雍：《皇极经世书》，《道藏》第 23 册。

12. 邵雍：《伊川击壤集》，《道藏》第 23 册。

13. 施肩吾：《西山群仙会真记》，《道藏》第 4 册。

14. 无名氏：《太上长文大洞灵宝幽玄上品妙经》，《道藏》第 20 册。

15. 《修真十书》，编者不详，成书于宋末元初，《道藏》第 4 册。

16. 曾慥：《道枢》，《道藏》第 20 册。

17. 张果：《太上九要心印妙经》，《道藏》第 4 册。

18. 张辂：《太华希夷志》，《道藏》第 5 册。

19. 张无梦：《学仙辨真诀》，《道藏》第 2 册。

20. 赵道一：《历世真仙体道通鉴》，《道藏》第 5 册。

今人研究成果

1. 陈鼓应主编：《道家文化研究》第十一辑，生活·读书·新知三联书店 1997 年版。

2. 李申：《易图考》，北京大学出版社 2001 年版。

3. 卢国龙：《道教哲学》，华夏出版社 1997 年版。

4. 卢国龙：《宋儒微言》，华夏出版社 2001 年版。

5. 孟乃昌、孟庆轩：《万古丹经王——〈周易参同契〉三十四家注释集萃》，华夏出版社 1993 年版。

6. 潘雨廷、孟乃昌：《周易参同契考证》，中国道教协会 1987 年编。

7. 卿希泰：《中国道教史》四卷，四川人民出版社 1996 年版。

8. 任继愈：《中国道教史》，上海人民出版社 1990 年版。

9. 萧汉明、郭东升：《〈周易参同契〉研究》，上海文化出版社 2001 年版。

10. 余敦康：《内圣外王的贯通——北宋易学的现代阐释》，学林出版社 1997 年版。

11. 詹石窗、连镇标：《易学与道教文化》，福建人民出版社 1995 年版。

12. 詹石窗：《易学与道教符号揭秘》，中国书店 2001 年版。

13. 张其成：《易图探秘》，中国书店 1999 年版。

14. 朱伯崑：《易学哲学史》上册，北京大学出版社 1986 年版。

15. 朱伯崑：《易学哲学史》四卷，华夏出版社 1996 年版。

16. 朱伯崑：《易学哲学史》中册，北京大学出版社 1988 年版。

其它参考书

1. 陈国符：《道藏源流考》，中华书局 1963 年版。

2. 陈国符：《道藏源流续考》，明文书局 1983 年版。

3. 陈少峰：《宋明理学与道家哲学》，上海文化出版社 2001 年版。

4. 董志铁：《名辨艺术与思维逻辑》，中国广播电视出版社 1998 年版。

5. 戈国龙：《道教内丹学探微》，巴蜀书社 2001 年版。

6. 葛荣晋：《道家文化与现代文明》，中国人民大学出版社 1991 年版。

7. 葛兆光：《中国思想史》，复旦大学出版社 2001 年版。

8. 胡孚琛：《中华道教大辞典》，中国社会科学出版社 1995 年版。

9. 胡渭：《易图明辨》，郑万耕主编《易学精华》，人民出版社 1995 年版。

10. 胡新生：《中国古代巫术》，山东人民出版社 1998 年版。

11. 黄宗羲：《黄宗羲全集》，浙江古籍出版社 1986 年版。

12. 江慎修：《河洛精蕴》，学苑出版社 1989 年版。

13. 李刚：《汉代道教哲学》，巴蜀书社 1995 年版。

14. 李景林：《教养的本原》，辽宁人民出版社 1998 年版。

15. 李零：《中国方术考》，东方出版社 2001 年版。

16. 李祥俊：《王安石学术思想研究》，北京师范大学出版社 2000 年版。

17. 李养正：《道教概说》，中华书局 1989 年版。

18. 李养正：《道教史略讲》，中国道教学院 1997 年版。

19. 李养正：《道教综论》，香港道教学院 2001 年版。

20. 李泽厚：《中国思想史论》（上、中、下），安徽文艺出版社 1999 年版。

21. 刘大钧：《周易概论》，齐鲁书社 1986 年版。

22. 陆游：《老学庵笔记》，中华书局 1979 年版。

23. 蒙培元：《理学范畴系统》，人民出版社 1989 年版。

24. 牟钟鉴、胡孚琛、王葆玹：《道教通论——兼论道家学说》，齐鲁书社 1991 年版。

25. 强昱：《从魏晋玄学到初唐重玄学》，上海文化出版社 2002 年版。

26. 卿希泰：《中国道教》四册，知识出版社 1994 年版。

27. 饶宗颐：《老子想尔注校证》，上海古籍出版社 1991 年版。

28. 任继愈：《道藏提要》，中国社会科学出版社 1991 年版。

29. 邵伯温：《邵氏闻见录》，中华书局 1983 年版。
30. 脱脱：《宋史》，中华书局 1977 年版。
31. 王葆玹：《老庄学新探》，上海文化出版社 2002 年版。
32. 王明：《道家与传统文化研究》，中国社会科学出版社 1995 年版。
33. 王明：《道家与道教思想研究》，中国社会科学出版社 1984 年版。
34. 王明：《太平经合校》，中华书局 1960 年版。
35. 魏泰：《东轩笔录》，中华书局 1983 年版。
36. 许抗生：《僧肇评传》，南京大学出版社 1998 年版。
37. 余敦康：《中国哲学论集》，辽宁大学出版社 1998 年版。
38. 张奇伟：《亚圣精蕴》，人民出版社 1997 年版。
39. 张善文：《象数与义理》，辽宁教育出版社 1993 年版。
40. 郑万耕：《易学源流》，沈阳出版社 1997 年版。
41. 周桂钿：《秦汉思想史》，河北人民出版社 2000 年版。
42. 周桂钿：《中国传统哲学》，北京师范大学出版社 1990 年版。
43. 朱熹撰、廖名春点校：《周易本义》，广州出版社 1994 年版。
44. 朱越利、陈敏：《道教学》，当代世界出版社 2000 年版。

后　　记

《宋元道教易学初探》是我的博士学位论文。承蒙香港圆玄学院资助，将此文列入儒、道、释博士论文丛书，由四川巴蜀书社正式出版。对香港圆玄学院的善举，我表示衷心的感谢！

能够走上学术研究这条路，我要感谢恩师郑万耕先生的悉心教导与关爱！1990年从江西师范大学政教系毕业后，我回到母校江西崇仁一中执教。1993年冬天，我的同事程晓峰要去报考研究生，邀我和他一道去考。就这样，我走上了考研之路。参照别人的经验，我给北京师范大学哲学系写了一封信，不久，我收到了郑先生的热情回信。在信中，郑先生对我参加工作后仍然有志于从事学术研究给予了积极鼓励；并希望我加强英语和古代汉语的学习。在郑先生的热情鼓励下，我得以实现自己的心愿，于1995年正式考入北京师范大学哲学系中国哲学专业攻读硕士学位。在校学习期间，郑先生根据我的研究兴趣，布置我研究元代理学家吴澄的易学思想。我在校期间公开发表的两篇易学论文《试论吴澄易学中的阴阳卦对思想》和《试论吴澄的易学象数思想》，都是在郑先生的指导下写出来的。为了开拓我们的学术视野，郑先生还多次创造条件，推荐我们参加高水平的学术研讨会，如1997年夏天在北京举办的第二届海峡两岸周易学术研讨会和1997年秋天在西安举办的国际周易学术研讨会等。1998年，我以《吴澄易学思想研究》一文获得哲学硕士学位，并顺利毕业。此后，我到中国道教协会研究室工作。郑先生仍然关心我的学术研究情况，积极推荐我的研究论文在高级别的学术刊物如《中国哲学史》、《国际易学研究》等刊出。在郑先生的推荐下，我还有幸于2000年夏天作为中国文化书院的代表赴台湾参加海峡两岸青年易学研究者论文发表会。2001年，我又考上了北京师范大学历史系中国古代史专业的博士研究生，跟随郑先生在职攻读博士学位。郑先生要求我把研究方向与本职工作结合起来，并建议我对"道教易学"这个问题进行一些探讨。在郑先生的指导下，我确定"宋元道教易学"作为自己的博士论文研究题目。在作论文期间，每当我碰到困难而想放弃的时候，郑先生总是给予热情的鼓励和指导，使我能克服一个又一个的困难，并最终完成博士论文，按期毕业。借着我的博士论文今天正式出版的机会，我要对郑先生表示深深的谢意！

　　我在工作和学习方面，还得到了中国道教协会张继禹道长的热情帮助。张继禹道长兼任中国道协研究室主任，是我们的直接上司。他在生活上关心我们，在工作上帮助我们。我提出想在职攻读博士学位时，张道长和中国道协其他领导积极予以支持，努力促成此事，在学习时间上给予充分照顾。我写的一些有关道教方面的学术论文，尽管还很不成熟，但张道长和《中国道教》编辑部的同仁也优先予以刊登，以示鼓励。在张道长的领导下，我有幸参加盛世大典——《中华道藏》的编纂工作，张道长特意将我列为此书的编委之一，以方便我将来在学术上得到更好发展。

　　我能从北师大顺利毕业，还要感谢我的博士论文评阅和答辩老师的晁福林教授、周桂钿教授、李景林教授、许抗生教授、廖名春教授、李存山研究员、王葆玹研究员、王卡研究员，他们在对我的博士论文提出许多宝贵修改意见的同时，也对论文给予了积极的评价，使我倍受鼓舞！李养正研究员审阅了我的博士论文开题报告，并给予了很高的评价。卢国龙研究员也非常关心我的论文写作，我论文中的一些观点就曾深受卢先生有关文章和观点的影响。在论文打印、装订时，尹志华博士、殷诚实道长给予了我热情帮助；我的同窗学友沈湘平、张丰乾、周彬、林耕、李进、曲京璞、唐娟霞等，对我论文写作给予了很多有益启发；田诚启道长蒋斌、王萍、黄义华、王安、黄燕等在查找资料和论文校对方面也给予了我帮助，在此一并表示感谢！

　　先父母章海和、邓清娇生养了我们兄弟姐妹共8人，吃了很多苦，受了很多累。如今，"子欲养而亲不在"，令我们做子女的感到非常遗憾！我希望这部书的出版，能寄托我对先父母的感恩与怀念！我的妻子蒋胜英女士对我的学术研究非常支持。2000年下半年，为了不影响我博士入学考试的复习，她放弃在北京生小孩子并且学校能给报销医药费的优越条件，自己到湖南老家去生产；我们的孩子章含出生后，为不影响我写作博士论文,她一边要完成教学工作,一边还承担了抚养、教育孩子等绝大部分家务。我的继母黄兰菊,岳父母蒋俊、蒋苏荷,我的三姐章爱华、妻嫂黎海燕,对我在博士期间学习、工作和生活中遇到的困难都给予了极大的关照和帮助,令我深受感动!我要将各位师友、家人的关爱铭记在心,争取更大的成绩,回报他们!

章伟文于北京白云观
2005年5月19日

再版后记

1995年秋天，我来到美丽的北京师范大学，在当时的哲学系中国哲学专业随郑万耕先生攻读硕士学位，并选择元代大儒吴澄的易学思想作为论文研究的题目；三年的学习时光一晃而过，1998年夏季，我顺利毕业，到中国道教协会研究室工作。恩师郑万耕先生鼓励我在工作中继续学术探索，争取围绕某个学术问题，一年能够写上一、两篇文章，五年积累下来，就可以有近十篇文章，这样便可以对这个学术问题有较为基本的理解，真正进入到学术研究的状态中来。遵从郑先生教诲，我根据当时工作的需要，结合自己所学，选择了道教与易学交叉的一个学术话题"道教易学"作为自己研究的对象，对宋、元时期的道教学者陈抟、陈显微、郝大通、俞琰、雷思齐、陈致虚、李道纯等人的丹道易学思想进行考察，对与此话题相关的一些学者如储华谷、张理等人的道教易学思想也作了一些探讨。2001年，我有幸继续师从郑万耕先生攻读博士学位，当时是在北京师范大学历史系中国古代史专业中国思想史方向，在考虑博士论文题目的时候，我顺理成章以"宋元道教易学"作为自己的选择。在攻读博士学位的三年时间里，我一边学习、一边工作、一边写论文，生活充实也比较辛苦，但得益于郑先生的不断鼓励、指导，我按时完成毕业论文的写作、顺利通过论文答辩并获得历史学博士学位。

2004年冬天，四川大学道教与宗教文化研究所李刚教授来北京来开会，会议期间他抽空到中国道教协会拜会一些朋友，我便将我的博士论文初稿拿给李刚教授看、请他指正，李刚教授对我的论文给予了肯定，并推荐参与香港圆玄学院资助的"儒、道、释博士论文丛书"出版计划、获得通过。2005年，我的博士学位论文由四川出版集团巴蜀书社正式出版，考虑到论文本身的篇幅略大，出版社的编辑建议将张理的易图学思想暂不放进去，所以，本书初版时，没有收进关于张理易图学的那一部分内容。当时，博士学位论文能够顺利出版，我是非常高兴的，这首先要感谢导师郑先生的精心指导，还要感谢李刚教授的大力推荐，当然，对于香港圆玄学院的无私资助我也一直铭心在心、不敢忘怀！

博士毕业之后，郑先生鼓励我继承进入博士后流动站从事研究工作。以前，我主要研究中国古代哲学中的易学与道教文化，对西方哲学了解很少，郑先生建议我与西方历史哲学研究大家、北京师范大学韩震教授联系，敬请他担任我的博士后合作导师，以便能够学习一些西方哲学、尤其是西方历史哲学方面的知识，这样便能让自己的哲学素养积累深厚一些，学术结构也能够更合理一些。从2004年至2006年，我开始随韩震老师研究历史哲学、历史观等问题，道教易学这个题目我就暂时放了下来；后来，在北京师范大学哲学学院的资助下，我出版了《易学历史哲学研究》，这也可以视为自己在历史哲学、历史观研究方面一个小的阶段性成果。

博士后出站，我有幸留在北京师范大学哲学学院（当时称北京师范大学哲学与社会学学院）工作。哲学学院与"教育部人文社会科学重点研究基地价值与文化研究中心"关系密切，所以，留校工作后的一段时间，我开始关注价值观的问题，与韩震老师等合作，写了一些价值观方面的文章和书，如《中国的价值观》《中国传统价值观及其当代转换》等。当然，这一时期，我对于道教易学这个问题的研究也没有完全中断，先后陆续写过一些书和文章，主要有《周易参同契译注》，《全真学案》丛书中的《郝大通学案》《钟离权学案》等，还完成了国家社科基金项目"道教易学研究"、并顺利结项。

此次，本书得以重版，我要感谢北京师范大学哲学学院、价值与文化研究中心的大力支持和资助！因为纯学术的冷门专业书籍受众有限，市场前景并不好，故很少有出版社愿意主动出版这类书籍。学院和中心考虑到教师们可能面临的这种困境，为了不让教师们辛苦多年的研究成果束之高阁，决定对学院教师出版、重版自己的学术专著给予资助，解决教师们的后顾之忧，在这种情况下，我这部书也有幸进入了学院和中心的资助范围。我明白一个人要想在学术研究工作中有一些突破，是非常不容易的！就我这部书而言，绝对不敢说有什么突破，而只能视作自己开展学术研究工作的一个起步,希望自己以后还能够在这个问题上继续进行研究,争取拿出一个能够让自己觉得满意的成果来。在这里,我也要感谢我的爱人蒋胜英女士,她帮我将这部书的插图都做了扫描,还帮我校对了部分稿件!同时,还要感谢中国社会科学出版社的冯春凤责任编辑为此书出版的辛勤付出!感谢北京师范大学哲学学院全体同仁对我工作和生活的关心、帮助!谢谢大家!